SPSS / Amos를 활용한

간호·보건 통계분석

한상숙
이상철 지음

개정판

SPSS/Amos를 활용한
간호·보건 통계분석 개정판

2018년 5월 15일 개정판 1쇄 펴냄
2020년 3월 31일 개정판 3쇄 펴냄

지은이 | 한상숙·이상철
펴낸이 | 한기철

펴낸곳 | 한나래출판사
등록 | 1991. 2. 25. 제22-80호
주소 | 서울시 마포구 토정로 222, 한국출판콘텐츠센터 309호
전화 | 02) 738-5637·팩스 | 02) 363-5637·e-mail | hannarae91@naver.com
www.hannarae.net

© 2018 한상숙·이상철
ISBN 978-89-5566-214-6 93310

2004년 《간호·보건 통계분석》을 집필한 이후 벌써 14년이라는 세월이 흘렀습니다. 그동안 이 책에 보여주신 뜨거운 관심에 다시 한 번 감사를 드립니다. 독자 분들에게 논문 작성과 연구에 많은 도움이 되었다는 이야기를 들을 때마다 책을 저술하기 잘 했다는 생각이 들었습니다. 하지만 많은 분들이 감사의 말과 함께 책에 미처 담지 못한 부분에 대한 질문과 개정판에 대한 아쉬움도 전해주셨습니다. 개정에 대한 마음은 늘 가지고 있었지만 학교의 중요한 보직을 맡게 되면서 여러 가지 핑계로 작업이 많이 늦어졌습니다. 여기서 더는 늦어지면 안 되겠다는 생각으로 이번에 개정판을 다시 집필하게 되었습니다.

통계학 방법들은 거의 변하지 않지만, 기존에 제시되었던 오류들에 대한 연구가 이루어지면서 방법론도 발전하고 있습니다. 이번 수정판에서는 이러한 부분을 최대한 많이 보충하려고 노력하였습니다 .

개정판에서 달라진 주요 사항은 다음과 같습니다.

1. IBM SPSS Statistics 24.0과 AMOS 24.0 버전을 사용하였습니다. 버전이 업그레이드되면서 바뀐 화면도 있으며, 사용하던 용어도 조금 수정된 부분이 있습니다. 예를 들어 '설명'을 '레이블'로 통일하거나, 영어 표현을 우리말로 번역하면서 새롭게 정리된 부분들도 있습니다. 이러한 부분을 반영하여 본문의 프로그램 화면 이미지를 바꾸고, 용어도 수정하였습니다.

2. 회귀분석에서 더미변수를 이용하는 방법, 조절효과를 이용하는 방법, 위계적 방법 등을 새롭게 추가하였습니다. 연속변수만 처리하던 회귀분석 방법에서 질적 변수, 또는 통제변수가 추가되었을 때 처리하는 방법을 추가하였습니다.

3. 구조방정식모델에서 동일방법편의(common method bias)를 통제하는 방법을 추가하

였습니다. 대부분의 연구에서는 설문지를 이용해서 자료를 측정하는데 같은 방법으로 변수를 측정하면 동일방법편의가 발생하게 됩니다. 최근 논문의 한계점에 이러한 동일방법 편의에 대한 언급이 많이 나오는데, 이번 개정판에서 이를 통제하는 방법을 추가하였습니다.

4. 2차 요인 구조방정식모델에서 평균을 이용하여 자료를 요약하는 방법 이외에 imputation을 이용하는 방법을 추가하였습니다. 그 외에도 변수명과 오차항을 자동으로 입력하는 방법, 상관관계를 자동으로 표시하는 방법 등 이전에 수동으로 기입하던 것을 자동으로 입력하는 방법을 추가로 설명하였습니다.

5. 구조방정식모델에서 조절효과를 측정하는 방법을 추가하였습니다. 조절효과 (moderating effect)란 두 변수 간 인과관계에 제3의 변수가 미치는 영향력을 의미합니다. 논문에서는 2가지로 구분하는데, 하나는 다중집단 구조방정식모델(MSEM, Multi-group Structural Equation Model)을 이용해 그룹 간 차이를 분석하는 방법이고, 다른 하나는 상호작용효과(interaction effect)를 이용하는 방법입니다. 이번 개정판에 MSEM을 이용한 다중집단 차이검정을 추가하였습니다.

저희의 조그마한 노력이 그동안 이 책의 개정을 기다려 왔던 많은 분들께 도움이 되기를 바랍니다. 또한 이 책의 개정판을 위해 도움을 주신 분들께도 감사의 마음을 전합니다. 그동안 연구를 위해서 많은 노력을 해준 석·박사들, 책의 출판을 도와주신 한나래출판사 직원 분들, 그리고 저자의 가족들에게 다시 한 번 깊은 감사를 전합니다.

2018년 1월 15일
저자 일동

Chapter 1

통계분석의 기초

SPSS / AMOS
Nursing and Health Statistical Analysis

1 통계분석의 이해

1-1 통계분석의 이해

현대 의료인들은 환자를 치료하고 간호하는 역할뿐만 아니라 이미 대기업화된 병원 조직의 일원으로서 매우 중요한 역할을 수행하고 있다. 즉, 많은 환자를 치료하는 본연의 역할뿐 아니라, 자신이 맡은 환자의 자료를 처리하고 분석하는 등 병원 행정의 역할도 담당한다. 따라서 매일 접하는 환자의 진료 기록을 자료로 만들고, 이 자료를 분석해서 보고서를 만들어야 한다. 이때 자료를 요약하고 정리하고 분석하는 데 사용할 수 있는 좋은 방법이 바로 통계분석이다.

이러한 필요성 때문에 대부분의 의료인들은 통계에 많은 관심을 가지고 있다. 하지만 통계를 접하게 되는 대부분의 의료인들은 두려움부터 느낀다. 통계라는 단어를 생각하는 순간 숫자가 먼저 떠오를 것이고, 복잡한 수식이나 기호에 다시 한 번 기가 죽을 것이다. 그리고 기각영역, 신뢰구간, 유의수준 등의 통계 용어를 듣는 순간 대부분은 통계 책을 덮게 될 것이다.

그러나 이제는 과거처럼 통계분석을 위해 복잡한 수식을 풀거나 계산기를 두드리지 않아도 된다. SPSS와 같은 다양한 통계 소프트웨어를 이용하여 통계 수식을 모르는 사람도 쉽게 통계분석을 할 수 있기 때문이다. SPSS 프로그램에 자료만 입력해주고 버튼 몇 번만 눌러주면, 몇 초 후에 SPSS가 알아서 자료를 분석해서 결과를 보여준다. 따라서 이제는 "자료를 분석하기 위한 계산 방법"을 배우는 것이 아니라, "문제가 생겼을 때 어떤 통계분석 방법을 이용하여 풀어야 하는지", 그리고 "SPSS를 통해서 분석된 결과를 어떻게 해석해야 하는지"를 배우는 것이 중요하다.

물론 SPSS가 해결해준다고는 하지만 실제로 연구 문제에 꼭 맞는 통계분석 방법을 찾거나, 구해진 결과를 올바로 해석하기 위해서는 통계학에 대한 기본 이론 지식이 있어야 한다. 다만 과거와는 달리 통계분석에 필요한 복잡한 수식에서 벗어날 수 있게 되었다는 것을 의미한다.

이 장에서는 통계분석에 대한 이론과 SPSS 사용 방법에 대해 구체적으로 배우기에 앞서, 간단한 통계분석 예제를 풀어보고자 한다. 통계분석에 대한 이론을 배우기 전에 먼저 예제부터 풀어보는 이유는 앞으로 배워야 할 내용에 대한 전반적인 이해를 돕기 위함이다. 예제를 풀어가는 과정 중에 모르는 용어나 이론들이 많이 나온다고 실망하지 말고 끝까지 따라 해보길 바란다.

1-2 통계분석 절차

통계를 처음 접하면 도대체 어디서부터 어떻게 시작해야 할지 막막할 것이다. 이 장에서는 통계분석을 어떻게 시작하고, 어떤 절차로 진행해야 하는지에 대하여 간단히 언급할 것이다. 구체적인 내용은 예제를 풀어보면서 배워보자.

① 문제 정의
해결해야 할 문제가 무엇인지 한 문장이나 문단으로 정리한다.

② 변수 정의
연구하고자 하는 대상의 특성이 무엇인지 결정하고, 어떻게 측정할 것인지를 결정한다.

③ 데이터 측정
실험이나 설문지를 통해 데이터를 구한다.

④ 데이터 분석
SPSS를 이용하여 데이터를 분석한다.

⑤ 보고서 작성
SPSS를 통해 구해진 결과를 해석하고, 이를 실제 생활에 적용할 수 있도록 보고서를 만든다.

2 문제 및 변수 정의

2-1 문제 정의

산모의 흡연이 신생아의 몸무게에 영향을 주는지를 알아보기 위해 흡연산모로부터 태어난 40명의 신생아 몸무게에 대한 자료를 수집하였다. 일반적으로 정상 신생아의 몸무게는 3300g(3.3kg)으로 알려져 있다. 그렇다면 흡연산모로부터 태어난 신생아의 몸무게도 평균 몸무게인 3300g이라고 할 수 있는지 확인해보고자 한다. 제1장 예제1.sav

2-2 변수 정의

일단 측정하고자 하는 대상은 흡연산모로부터 태어난 신생아 집단이며, 측정하고자 하는 변수는 신생아의 몸무게로 g(무게)으로 측정되어야 하기 때문에 연속변수(비율척도)이다. 분석하고자 하는 문제에 대한 귀무가설과 연구가설을 세운다. 아마 지금은 연속변수니, 척도니, 귀무가설이니 하는 말이 잘 이해되지 않을 것이다. 이러한 용어 및 이론에 관한 사항은 2장에서 설명하므로 걱정하지 말고 계속 진행해보자.

변수(variable)	정의(definition)	척도(measure)
몸무게	신생아의 몸무게(g)	비율(g)

- 귀무가설(H_0): 흡연산모로부터 태어난 신생아의 몸무게는 3300g이다.
    $H_0 : \mu = 3300$
- 연구가설(H_1): 흡연산모로부터 태어난 신생아의 몸무게는 3300g이 아니다.
    $H_1 : \mu = 3300$

3 데이터 입력

분석에 들어가기에 앞서 이 책에서 사용할 기호 및 약속에 대해서 언급하고자 한다.

- **메뉴 및 버튼, 명령어**: 굵은 글씨는 프로그램의 메뉴 및 버튼, 명령어 등을 나타낸다. 예를 들면 **파일, 저장, 분석** 등이 있다.
- **→** : 프로그램 및 명령어의 이동 순서를 나타낸다. 즉, **시작 → 프로그램**은 **시작**이라는 버튼을 누르고, 바로 **프로그램**이라는 버튼 또는 명령어를 누르라는 의미이다.
- **[변수명, 값]**: 명령어가 아닌 변수 이름 또는 값을 나타낸다.

3-1 변수 설정

① **시작 → 모든 프로그램** → IBM SPSS Statistics → IBM SPSS Statistics 24를 실행한다.

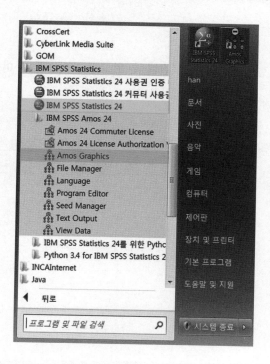

② SPSS를 실행하면 아래와 같이 **데이터 편집창**(IBM SPSS Statistics Data Editor)이 나타난다. 창 아래에 2가지 종류의 탭이 있는데, **데이터 보기(D)**는 데이터를 입력할 때, **변수 보기(V)**는 변수를 입력할 때 이용한다.

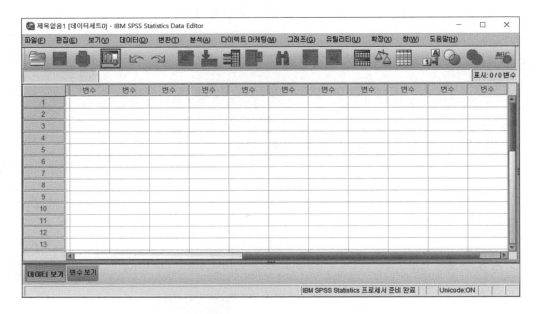

③ 아래의 탭 중에서 **변수 보기(V)**를 클릭한 후 변수명을 입력한다. **이름**에 [weight]라고 입력하고, **레이블**에는 [몸무게]라고 입력한다.

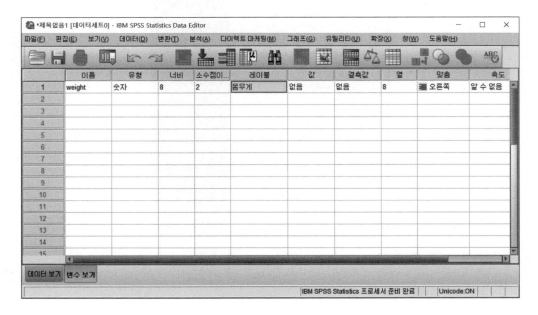

④ **파일(F)** → **저장(S)**을 클릭하면 다음과 같은 화면이 나오는데, 저장할 위치를 찾아 파일
이름을 입력한 후, **저장**을 누른다.

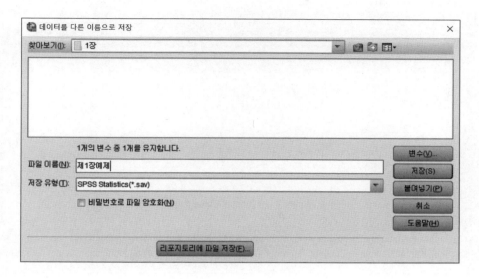

3-2 데이터 입력

데이터 보기(D)로 전환하여 다음과 같이 데이터를 입력한다. 한 셀당 하나의 데이터를 입
력할 수 있다.

2940	4020	2740	2760	3180	3580	3600	3320
3280	3300	2380	2380	3200	3500	2800	2900
2900	3200	3000	3460	3300	3210	2640	3080
3200	3180	2800	3200	2130	2600	2380	2400
3000	3000	3000	4000	4080	4000	3800	2900

데이터 보기(D) 시트를 완성하면 다음의 화면과 같이 입력된다. 제1장 예제1.sav

	weight	변수	변수	변수	변수	변수	변수	변수	변수	변수	변수
1	2940.00										
2	4020.00										
3	2740.00										
4	2760.00										
5	3180.00										
6	3580.00										
7	3600.00										
8	3320.00										
9	3280.00										
10	3300.00										
11	2380.00										
12	2380.00										
13	3200.00										

4 데이터 분석

4-1 통계분석 방법 결정

SPSS에 데이터를 입력했으면 이제 어떤 통계분석 방법을 이용해서 데이터를 분석할지를 결정해야 한다. 그러나 실제로는 데이터를 구하기 이전인 연구설계 시에 분석 방법이 결정된다. 아마 이 부분이 통계를 배운 사람들이 제일 어려워하는 부분이며, 또한 제일 중요한 부분일 것이다. 여러분들이 적합한 통계분석 방법을 스스로 찾을 수 있다면, 비로소 "통계분석을 할 수 있다"고 말할 수 있을 것이다. 이를 위해서 통계 이론이 꼭 필요하다.

간단히 언급하면, 분석 방법은 첫째, 어떤 목적을 가지고 분석하려고 하는지에 따라 구분된다(예를 들어, 평균차이검정인지 아니면 변수들과의 인과관계검정인지). 둘째, 자료가 어떤 척도로 측정되었는지에 따라 구분된다(예를 들어, 연속변수인지 아니면 질적 변수인지). 본 예제의 경우, 흡연산모에서 태어난 신생아의 몸무게가 비흡연산모에서 태어난 신생아의 몸무게와 차이가 있는지를 검증하는 것이 연구 목적이기 때문에 일표본 평균분석(one-sample t-test)을 이용해야 한다. 이 부분에 대한 자세한 사항은 2장에서 다시 언급할 것이다.

4-2 데이터 분석

① 분석(A) → 평균 비교(M) → 일표본 T 검정(S)을 선택한다.

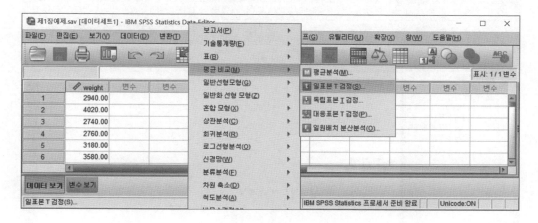

② 왼쪽 창에 있는 **[몸무게[weight]]** 변수를 클릭한 후에 ➡을 누르면 변수가 **검정변수(T)**
로 이동한다.

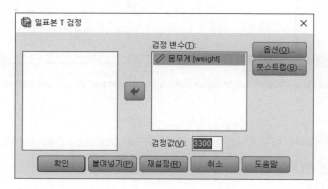

③ **검정값(V)**에 [3300]이라고 입력한다. **검정값(V)**은 검증하고자 하는 평균값을 입력하는
곳이다.

왼쪽 창에는 현재 열려 있는 파일에 포함되어 있는 변수들이 나와 있다. 이 중에서 분석에 필요한 변수들만 오른쪽 창으로 이동시키면 된다. 이런 방식은 모든 분석 방법에서 공통으로 사용하고 있는 방법이다.

④ **확인**을 클릭하면 잠시 데이터를 분석하는 과정을 거친 후에 분석 결과가 다음 결과창 (IBM SPSS Statistics Viewer)에 나타난다.

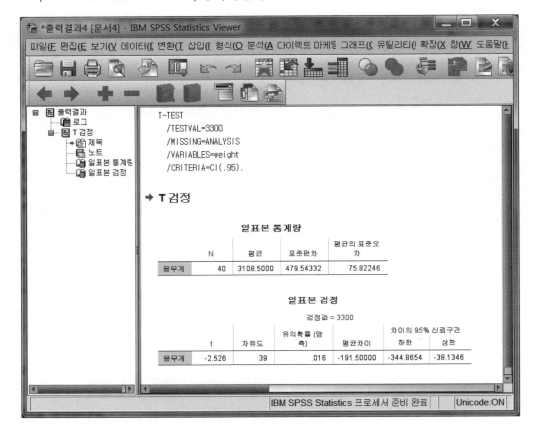

SPSS에는 데이터와 변수를 입력하는 IBM SPSS Statistics Data Editor 창과 통계분석 결과를 나타내는 IBM SPSS Statistics Viewer 창이 따로 존재한다.

⑤ **파일(F) → 저장(S)**을 선택하여 결과를 파일로 저장한다.

5-1 결과 해석 방법

SPSS를 통해 데이터를 분석하여 결과가 나왔다. 여기서 마지막 고비가 한 번 더 남아 있다. "이 결과를 어떻게 해석할 것인가?"이다. 결과를 해석할 때 고려할 점은 우리가 구한 데이터가 모든 흡연산모를 조사해서 구한 데이터가 아닌 40명을 통해서 구한 표본이라는 것이다. 따라서 40개의 표본 결과를 가지고 모든 흡연산모의 신생아의 몸무게도 그럴 것이라고 추측해야 한다. 이때 필요한 것이 바로 가설과 확률이라는 개념이다. 즉, 우리는 표본을 통해서 결과를 구했기 때문에 이 결과가 100% 정확하다고 말할 수 없다.

일반적으로 통계에서는 95%의 확률을 이용해서 가설을 검정하게 된다. 본 예제에서는 "흡연산모로부터 태어난 신생아의 몸무게는 3300g이다"라는 가설은 95% 확률로 검정하고, 이 귀무가설이 기각될 때 "흡연산모로부터 태어난 신생아의 몸무게는 3300g이 아니다"라는 연구가설을 받아들이게 된다.

5-2 결과 해석

일표본 통계량에는 분석에 사용된 데이터의 기술적 통계량이 나타나고, 실제적인 가설의 결과는 다음의 일표본 검정에 나타나 있다. 이에 대한 해석은 추후에 분석 방법에서 자세히 설명할 것이다. 간단하게 말하면, 이 분석 결과에서 우리는 한 가지만 보면 된다. 바로 유의확률(양쪽)이다.

유의확률(양쪽)이란 "흡연산모로부터 태어난 신생아의 몸무게가 3300g이다"라고 말할 수 있는 확률값을 의미한다. 이 값이 5%보다 크면, 즉 .050 이상(.050 1.00)이면 "신생아의 몸무게는 3300g이다"라고 말할 수 있고, .050 미만(.000 .049)이면 "신생아의 몸무게는 3300g이 아니다"라고 말할 수 있다. 본 연구의 결과는 유의확률이 .016이므로 "흡연산모로부터 태어난 신생아의 몸무게는 3300g이 아니다"라고 할 수 있다.

SPSS에서 구한 결과는 다음과 같다.

일표본 동계량

	N	평균	표준편차	평균의 표준오차
몸무게	40	3108.5000	479.54332	75.82246

일표본 검정

검정값 = 3300

	t	자유도	유의확률 (양측)	평균차이	차이의 95% 신뢰구간 하한	상한
몸무게	-2.526	39	.016	-191.50000	-344.8654	-38.1346

6 보고서 작성

마지막으로 보고서를 읽는 사람들이 연구의 결과를 제대로 이해할 수 있도록 필요한 내용들만 표나 그래프로 정리해서 보고서를 만드는 과정이 필요하다. 또는 이러한 결과가 의료 분야에서 어떤 의미가 있는지를 제시해주어야 한다.

흡연산모로부터 태어난 신생아의 몸무게를 분석한 결과, t = -2.53(p < .05)이므로, 흡연산모로부터 태어난 신생아의 몸무게는 3300g이 아니라고 말할 수 있다[표 1-1]. 구체적으로 보면 흡연산모로부터 태어난 신생아의 몸무게는 평균 3108.50g으로 나타나 일반적인 신생아의 몸무게인 3300g보다 평균 191.50g 정도 가벼웠다. 따라서 산모가 흡연을 하면 태아는 정상 무게보다 가볍게 태어날 수 있음이 확인되었다.

[표 1-1] 흡연산모로부터 태어난 신생아의 몸무게

	M±SD	t	p
몸무게	3108.50±479.54	-2.53	.016

Chapter 2

통계 이론의 이해

SPSS / AMOS
Nursing and Health Statistical Analysis

1 통계학이란?

어떤 학문을 하든지 그 분야가 어렵다고 느끼는 것은 용어가 생소하기 때문일 것이다. 여러분들이 처음 의료 분야의 학문을 접했을 때를 생각해보자. 아마 처음 접하는 단어의 뜻을 이해하기 위해 많은 시간을 소비했을 것이다. 그러나 차츰 시간이 지나고 그 용어들에 익숙해지면서 의료 분야에 대한 두려움도 점점 사라졌을 것이다.

통계학도 마찬가지이다. 처음에는 용어가 생소하기 때문에 어렵게 느껴진다. 그러나 자주 듣다보면 점차 익숙해지고, 통계학에 대한 두려움도 차츰 사라질 것이다. 따라서 이 장에서는 통계학이란 무엇이고, 통계에서 사용되는 용어에는 어떤 것들이 있는지 먼저 구체적으로 살펴볼 것이다.

1-1 통계란 무엇일까?

통계학이라고 하면 특정한 사람들만이 사용하는 학문, 또는 학교 수업 시간에 배우고 끝나는 학문이라고 생각하는 사람이 많다. 그러나 대다수의 사람들은 신문이나 라디오, TV 등을 통해 매일매일 통계(확률)를 접하고 있다. 다음의 예제는 특히 간호사들이 많이 접하는 통계 관련 뉴스들이다.

① 우리나라 성인의 약 20% 정도가 혈압이 높고, 이 중 20% 정도는 중증고혈압, 나머지 80%가 중등도고혈압이다.

② 강북삼성병원은 지난 93년부터 2000년까지 종합건강진단을 받은 20세 이상 16만 명(남: 10만 6720명, 여: 5만 3280명)을 대상으로 성별, 연령별, 연도별 총콜레스테롤 수치 변화 추이를 분석한 결과, 지난해의 총콜레스테롤 수치는 93년보다 평균10% 가량 증가한 것으로 나타났다고 밝혔다(연합뉴스, 2001.10.24).

③ 우리나라 성인의 15%가 퇴행성관절염을 앓고 있으며, 여성이 남성보다 2.5배 많은 것으로 조사됐다. 특히 뚱뚱하거나 초경(初經)이 늦었던 여성일수록 퇴행성관절염이 많은 것으로 나타났다(조선일보, 2002.05.28).

특히, 앞서 풀어본 예제처럼 간호사들은 매일 환자들을 간호하면서 데이터를 기록·보관하고, 때로는 이 데이터를 기초로 보고서를 작성하기도 한다. 이것이 바로 통계이며, 통계학이란 이러한 방법을 어떻게 하면 올바르게 사용할 수 있는지 배우는 학문이라고 할 수 있다.

1-2 통계학의 정의

통계학이란 현대사회에서 발생하는 다양한 형태의 자료를 수집·정리·요약하여, 이를 바탕으로 불확실한 미래에 대해 합리적으로 의사 결정할 수 있는 방법론을 연구하는 학문이다. 통계학은 불확실성의 시대에 최적의 의사 결정을 할 수 있도록 도와주므로 의사 결정에 따르는 위험을 감소시켜준다. 즉, 정보화 사회에서 쏟아지는 방대하고 다양한 종류의 자료들을 정리하여 유용한 정보를 제공해주며, 더 나아가 미래의 현상을 예측해주는 기능을 한다.

> • 통계학: 현대사회에서 발생되는 다양한 형태의 자료를 수집·정리·요약하여, 이를 바탕으로 불확실한 미래에 대해 합리적으로 의사 결정할 수 있는 방법론을 연구하는 학문

1-3 통계학의 분류

통계학은 크게 기술통계학(discriptive statistics)과 추리통계학(inferential statistics)으로 나눌 수 있다. 기술통계학이란 자료를 정리·요약하는 방법에 대해 연구하는 분야이다. 예를 들어 "오늘 병원에 들어온 환자 50명 중 남자와 여자의 비율이 어떻게 되는가?", "연령대를 20대 미만, 20대, 30대, 40대 이상으로 구분하면 어떻게 되는가?", 또는 "평균키는 얼마인가?" 등 어떤 집단의 특성을 수치로 요약하는 것을 말한다.

이에 비해 추리통계학이란 새로운 가설이 맞는지 틀리는지를 검증하거나 또는 과거의 데이터를 통해 미래의 현상을 예측하는 분야를 말한다. 예를 들어 "흡연산모와 비흡연산모의 재태기간은 차이가 있는가?", "암환자들의 예후에 가장 영향을 미치는 요인은 무엇이며, 이 요인을 가지고 있는 집단과 그렇지 않은 집단 간에 사망률 차이가 있는가?", 또는 "병원에 입사한 간호사들은 직무에 만족할까?", "간호사들의 직무만족에 영향을 주

는 것들은 무엇이 있을까?" 등이 있다.

　1장의 예제를 통해 다시 한 번 언급하면 흡연산모로부터 태어난 신생아의 몸무게를 구한 것은 기술통계학이라고 할 수 있고, 이 평균이 3300g인지 아닌지를 검증한 것은 추리통계학이라고 할 수 있다. 대부분의 간호사들이 어렵다고 느끼는 통계학 분야는 추리통계학으로, 우리가 앞으로 중점적으로 배워야 할 분야이기도 하다.

> • 기술통계학(discriptive statistics): 관심 있는 대상에 대하여 자료를 수집·정리 및 요약하는 방법을 연구하는 분야
> • 추리통계학(inferential statistics): 관찰된 결과를 통해서 미래의 불확실한 현상을 예측하는 방법을 연구하는 분야

2 모집단과 표본

통계조사를 이해하는 데 가장 중요한 용어가 바로 모집단(population)과 표본(sample)이라는 용어이다. 모집단이란 우리가 연구하려고 하는 대상 전체를 의미하고, 표본은 이 중에서 추출한 일부분을 의미한다. 예를 들어, 1장에서 흡연산모로부터 태어난 신생아의 몸무게를 연구한다고 할 때 모집단은 흡연산모에서 태어난 모든 신생아를 의미한다. 그러나 모집단 전체를 측정하기는 불가능하므로 우리는 표본을 이용해서 검증하게 된다. 1장에서는 K산부인과의 분만실에서 흡연산모로부터 태어난 신생아 40명이 표본이다.

> • 모집단(population): 관심 있는 연구 대상 전체의 집합
> • 표본(sample): 모집단에서 추출된 일부분

2-1 모수와 통계량

모집단이란 말과 표본이라는 말이 왜 중요한 것일까? 또한 모집단 전체의 자료를 구하지 않고 왜 일부분만 추출하는 것일까? 일반적으로 통계조사에서는 모집단 전체의 자료를

다 조사하기가 불가능하거나 어려운 경우가 대부분이다. 예를 들어, 흡연산모의 데이터를 구할 때 모든 흡연산모를 대상으로 조사하기는 불가능하다. 흡연산모가 얼마나 존재하는지도 알 수 없고, 설사 안다고 해도 모든 흡연산모를 다 조사하는 데는 많은 시간과 비용이 든다. 따라서 통계조사에서는 이러한 어려움과 경제적 이유로 인해 모집단 중에서 일정량의 표본을 선택하게 된다. 이를 표본추출(sampling)이라고 한다.

그러나 주의해야 할 점은 우리가 실제로 알고 싶은 것은 표본의 값(통계량)이 아니고 모집단의 값(모수)이라는 것이다. 즉, "표본에서 구한 값을 이용해 우리가 구하고자 하는 모집단의 값도 이럴 것이다"라고 유추하는 것이 실제 통계학의 목적이다. 이를 추론(inference)이라고 한다. 이처럼 통계조사에서 표본을 관찰하는 것은 표본 자체에 대한 정보를 얻기 위한 것이 아니고, 표본 데이터의 분석을 통해서 모집단에 대한 정보를 얻고 모집단에 대한 적절한 의사 결정과 행동을 취하는 데 있다.

- 모수(parameter): 모집단의 특성을 나타내는 양적인 측도로서 주어진 모집단을 따르는 고유의 상수
- 통계량(statistic): 표본의 특성을 나타내는 양적인 측도로서 모집단의 분포를 따르는 확률변수

2-2 표본오차

통계조사에서는 모집단 전체를 조사(전수조사)하지 못하고 표본을 이용한 조사(표본조사)를 하게 된다. 모집단에서 표본을 추출해서 조사하기 때문에 모수와 표본통계량 사이에 오차가 생기는데, 이를 표본오차(sampling error)라고 한다. 이 오차는 아무리 표본을 크게 해도 전수조사를 하지 않는 이상 존재한다. 다만 표본의 크기를 크게 함으로써 표본오차를 감소시킬 수 있다. 통계학에서 표본의 크기를 크게 하라는 이유가 바로 이 때문이다.

- 전수조사: 관심 있는 모집단 전체를 조사하는 경우로서 주로 모집단의 규모가 작을 경우에 실시
- 표본조사: 모집단에서 추출된 일부분인 표본을 가지고 하는 조사
- 표본오차(sampling error): 모집단에서 표본을 추출해서 조사하기 때문에 모수와 표본통계량 사이에 생기는 오차

2-3 추정과 가설검정

통계량으로부터 모수를 추측할 때 2가지 방법을 이용한다. 하나는 추정(estimation)이고 하나는 가설검정(hypothesis test)이다. 일반적으로 추정보다는 가설검정을 이용하여 모수를 추측하게 된다. 추정은 표본의 평균과 표준오차(standard error of means)를 구해서 모수의 범위를 구하는 것이다. 반면, 가설검정은 "모수는 얼마이다"라고 정하고 그것이 맞는지 틀리는지를 검증하는 방법이다. 연구의 결론은 같지만 결론을 이끌어내는 방법에서 차이가 있다고 할 수 있다.

이때 추정에는 신뢰구간이라는 개념이 쓰이고 가설검정에는 유의수준이라는 개념이 사용된다. 신뢰구간이란 일정한 확률 범위 내에서 모수의 값이 포함될 가능성이 있는 범위를 의미하고, 유의수준이란 모수와 통계량의 차이가 커서 확률적으로 가설을 기각할 수 있는 값을 의미한다. 보통 신뢰구간은 90%, 95%, 99%의 확률값 중에서 95%를 기준으로 구간을 정하고, 유의수준(α)은 1%, 5%, 10%가 있는데, 일반적으로 5%를 기준으로 한다.

가설검정의 예는 1장에서 이미 연습해보았다. 그렇다면 여기서는 추정을 통해 1장의 예제를 풀어보자. 먼저 "흡연산모로부터 태어난 신생아의 몸무게는 얼마나 될까?"라고 연구 문제를 정한다. 다음으로 95%의 신뢰구간을 구해보자.

1장 예제 1의 결과(p22) 일표본 검정(one-sample test) 표에서 차이의 95% 신뢰구간(95% confidence interval of the difference)을 보면 범위가 −344.8654 ~ −38.1346으로 나와 있다. 표본의 평균이 아닌 모집단의 평균(3300)에 이 값을 더하거나 빼서 95% 신뢰구간을 계산해보면 신뢰구간은 2955.1346 ~ 3261.8654g으로 나타난다. 이는 95%의 확률로 모수가 이 신뢰구간 사이에 있다는 것을 의미한다. 이 신뢰구간에는 원래 우리가 구하고자 하는 가설값인 3300g이 포함되어 있지 않다. 따라서 "결론적으로 모수는 3300이 아니다"라고 말할 수 있다.

통계분석에서는 추정보다는 주로 가설검정을 이용한다. 추정과 가설검정에 대한 자세한 내용은 3장에서 언급할 것이다.

- 신뢰구간: 일정한 확률 범위 내에서 모수의 값이 포함될 가능성이 있는 범위
- 유의수준: 모수와 통계량의 차이가 커서 확률적으로 가설을 기각할 수 있는 값

2-4 일반화

연구 조사에서 중요한 개념 중 하나가 일반화(generalization)라는 개념이다. 일반화란, 추출된 표본이 올바른 표본추출 방법으로 추출되었기 때문에 이 표본을 통해서 구한 값이 모집단의 값을 대표할 수 있다는 것을 의미한다. 즉, 표본의 대표성(representativeness)을 의미한다고 할 수 있다.

예를 들어, 우리나라 성인의 총콜레스테롤 수치가 매년 5%씩 증가 추세에 있다는 조사 결과가 나왔다고 하자. 그런데 실제로 이 연구의 조사 자료를 살펴보니 표본이 소아과의 아동을 대상으로 추출했다고 나와 있다. 표본의 연령대를 살펴보니 전부 10세 미만이었음이 밝혀졌다. 따라서 이 표본에서 구한 값을 가지고 우리나라 성인의 콜레스테롤 수치가 어떻다고 말할 수는 없을 것이다.

보통 연구 보고서의 앞부분에 기술통계학을 이용해 표본의 특성 및 연구 조사 방법에 대해 서술하고 있다. 바로 이 부분을 통해 이 연구가 올바로 진행이 되었는지, 이 연구의 결과를 일반화할 수 있는지 알 수 있다. 따라서 앞으로 여러분들도 보고서를 쓸 때 표본을 어떻게 구했는지, 그리고 연령대, 성별 등과 같은 표본의 특성에 대해서 꼭 기술해야 한다. 지금까지 언급한 내용을 그림으로 정리해보면 다음과 같이 표현할 수 있다.

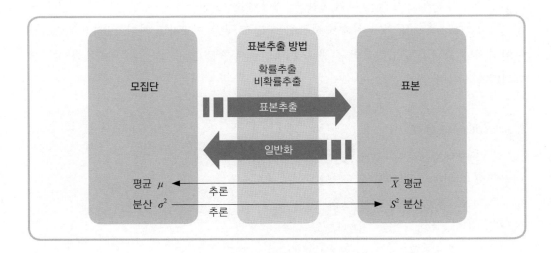

3 데이터와 척도

3-1 데이터 측정

SPSS를 이용해서 데이터를 분석하기 위해서는 모수의 특성을 측정해서 수치로 나타내야 한다. 여기서는 모수의 특성을 어떻게 수치화해서 데이터로 만들 것인지에 대해 살펴보고 자 한다.

먼저 어떤 대상을 관찰할지를 정한다. 이 관찰 대상을 개체(item)라고 한다. 예를 들어, 1장의 예제에서는 흡연산모로부터 태어난 신생아들이 관찰 대상이라고 할 수 있다. 신생아는 여러 특성을 가지고 있다. 예를 들면, 재태기간, 키, 몸무게, 건강 상태 등이 있다. 이 중에서 우리가 관심 있는 특성은 산모의 흡연으로 인한 신생아의 건강 상태이다. 이를 요인(factor)이라고 한다. 그러나 흡연으로 인한 건강 상태라고 하면 너무 막막하고 수치화하기가 애매하다. 따라서 이 영향력을 수치화하기 위해 신생아의 몸무게를 이용하였다. 이를 변수(variables)라고 한다. 그러나 일반적으로 변수와 요인은 구분해서 쓰지 않고 같은 개념으로 혼용한다.

신생아의 몸무게는 무게(g)로 측정할 수 있다. 이처럼 변수에 수치를 부여하는 것을 측정이라고 하고, 측정을 하기 위해서 사용한 측정 도구를 척도라고 한다. 마지막으로 K산부인과에서 출산한 흡연산모의 신생아 40명의 몸무게를 조사해서 나온 40개의 수치를 데이터라고 한다.

- 개체(item): 관찰 대상
- 요인(factor): 개체에 관한 특성 중 연구자가 관심을 갖는 특성
- 변수(variables): 요인의 특성을 수치화하기 위해 쓰이는 속성
- 데이터: 변수를 측정해서 수치화한 것
- 측정: 개체의 특성, 요인을 수치화하는 것
- 척도: 일정한 규칙을 가지고 기호 또는 숫자로 나타낸 것

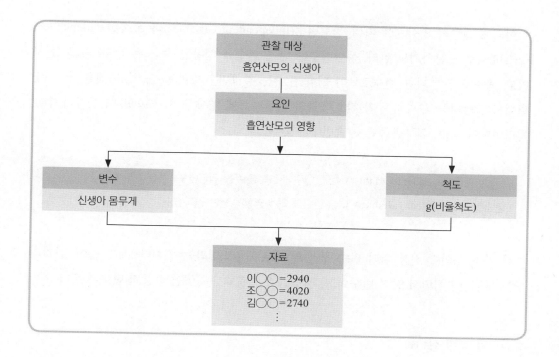

3-2 변수의 종류

변수에는 일반적으로 양적 변수(quantitative variables)와 질적 변수(qualitative variables)가 있다. 양적 변수는 변수의 특성이 수치로써 나타나는 변수로 연속변수라고도 한다. 예를 들어, 키, 몸무게, 나이, 만족도 등이 있다. 질적 변수는 변수의 특성이 수치보다는 범주로써 나타나는 변수를 말하며, 비연속변수라고도 한다. 예를 들어, 성별, 직업, 학력 등이 있다.

그러나 SPSS에서는 모든 자료를 숫자로 입력해서 분석하는 것이 일반적이다. 따라서 질적 변수도 숫자로 바꾸어주어야 한다. 예를 들어, 성별의 경우 남자는 1, 여자는 2로 변환해서 입력한다. 그러나 질적 변수의 척도로 쓰이는 1과 2는 수치가 아닌 구분의 의미이다. 따라서 숫자로 표시가 되었다고 해서 양적 변수인 것이 아니라, 척도의 원래 속성이 무엇인지가 중요하다.

- 양적 변수(quantitative variables): 변수의 특성이 수치로써 나타나는 변수
- 질적 변수(qualitative variables): 변수의 특성이 범주로써 나타나는 변수

이외에 변수의 영향력에 따라 독립변수(independent variables)와 종속변수(dependent variables)로 구분하기도 한다. 독립변수란 다른 변수에 영향을 주는 원인변수라고 할 수 있고, 종속변수란 다른 변수로부터 영향을 받는 결과변수라고 할 수 있다. 예를 들어, 병원에서 담당하는 환자의 수가 간호사들의 직무만족에 영향을 준다고 할 때 환자의 수는 독립변수가 되고, 직무만족은 종속변수가 된다.

- 독립변수(independent variables): 다른 변수에 영향을 주는 원인변수
- 종속변수(dependent variables): 다른 변수에 의해 영향을 받는 결과변수

한 가지 주의할 점은 위의 변수 구분은 서로 독립적이라는 것이다. 예를 들어, 환자의 수는 독립변수이면서 양적 변수이고, 직무만족은 종속변수이면서 양적 변수가 된다.

3-3 척도의 종류

자료를 얻기 위해서는 관찰 대상의 성질을 잘 파악해서 수치로 나타내주어야 한다. 이를 측정이라고 하고, 측정을 하기 위해서 사용한 측정 도구를 척도라고 했다. 척도가 중요한 이유는 척도에 따라 사용하는 통계 기법이 달라지기 때문이다. 척도에는 명목척도, 서열척도, 등간척도, 비율척도가 있으며 다음과 같은 특징이 있다.

1) 명목척도(nominal scale)

측정 대상의 특성을 분류하거나 확인하는 데 목적이 있는 변수이다. 단지 몇 개의 범주로 구분하는 데 의미가 있으며, 양적인 크기를 나타내지는 않는다. 예를 들어, 성별, 혈액형, 직업 구분, 학력 등이 있다. 성별의 경우 남자와 여자라는 2가지 범주로 구분이 된다. 이때 남자를 1로, 여자를 2라고 해서 성별의 평균은 1.5라고 이야기할 수는 없다. 어떤 사람들은 명목척도로 측정된 값의 평균을 구하는 사람이 있는데, 여기서 보듯이 명목척도인 변수는 평균을 쓸 수 없다.

2) 서열척도(ordinal scale)

측정 대상의 특성을 몇 개의 범주로 구분할 뿐만 아니라 그 범주들 사이에 순서 관계가 성립하는 경우를 말한다. 이러한 변수들은 부등식의 표현은 가능하지만 산술연산은 하지 못한다. 예를 들어, 좋아하는 과목을 순서대로 적을 때 통계학을 1위, 간호학을 2위, 수학을 3위로 정했다고 해서 1위와 2위의 선호도 차이와 2위와 3위의 선호도 차이를 정확하게 설명할 수 없다. 즉, 차이가 있다는 것을 의미할 뿐 이 차이의 정도를 구분하지는 못한다.

3) 등간척도(interval scale)

측정 대상의 양적인 차이를 나타내주는 변수로 절대영점이 존재하지는 않지만 균일한 간격을 두고 분할하여 측정하는 척도이다. 즉, 위의 서열척도와는 달리 간격 간의 차이가 동일하다는 의미이다. 예를 들어, 설문지의 설문 문항, 온도, 아이큐지수, 급여 등이 있다. 대표적인 것은 설문지로 조사할 때 사용하는 리커트 5점, 7점 척도가 있다. 단, 설문 문항의 경우 하나의 측정문항은 질적 변수로 볼 수 있지만, 우리가 요인을 측정할 때는 여러 개의 설문 문항을 합산하여 사용하기 때문에 연속변수로 볼 수 있다.

단일 항목식 평정척도(rating scale)

	전혀 그렇지 않다	약간 그렇지 않다	그렇지 않다	보통 이다	그렇다	약간 그렇다	매우 그렇다
	①	②	③	④	⑤	⑥	⑦
1. 이 병원에 대해서 전반적으로 만족하십니까?							

복수 항목식 척도: 5점 리커트 척도법(Likert scaling)

	전혀 그렇지 않다	그렇지 않다	보통 이다	그렇다	매우 그렇다
	①	②	③	④	⑤
1. 나는 때때로 현 직장을 그만두고 싶다는 생각을 한다.					
2. 만약 나에게 선택권이 있다면 다른 직장에서 일하고 싶다.					

복수 항목식 척도: 7점 리커트 척도법(Likert scaling)

	전혀 그렇지 않다	약간 그렇지 않다	그렇지 않다	보통 이다	그렇다	약간 그렇다	매우 그렇다
	①	②	③	④	⑤	⑥	⑦
2. 이 병원은 약속한 의료서비스(진료, 수술, 면담, 투약, 회진)를 모두 제공한다.							
3. 환자가 어려운 일에 발생했을 때 환자를 안심시키기 위해 노력한다.							
4. 이 병원은 믿고 의지할 만하다.							

4) 비율척도(ratio scale)

측정 대상의 양적인 차이를 나타내주는 변수로서 절대영점이 존재하는 변수를 말한다. 비율척도는 비율 계산이 가능할 뿐 아니라 가장 다양한 통계분석 방법을 적용할 수 있다. 예를 들어 시험 점수, 스트레스 점수, 키, 몸무게, 자기 효능, 자아 존중감, 우울 점수 등이 있다.

명목척도와 순위척도는 질적 변수의 척도로, 등간척도와 비율척도는 양적 변수의 척도로 사용한다. 일반적으로 척도라고 하지 않고 명목변수, 순위변수 등으로 사용하기도 한다.

유형	특성	특성			
		범주	순위	등간격	절대영점
질적 변수	명목	○	×	×	×
	서열	○	○	×	×
양적 변수	등간	○	○	○	×
	비율	○	○	○	○

유형	특성	비교 방법	평균값 측정 기준	빈도분석
질적 변수	명목	분류	최빈값	단순 막대그래프 (barchart)
	서열	순위 비교	중앙값	
양적 변수	등간	간격 비교	산술평균	histogram 및 각종 통계량
	비율	절대적 크기 비교	기하평균, 조화평균	

3-4 모수 통계분석과 비모수 통계분석

앞에서 추리통계학이란 표본의 통계량을 이용해 모집단의 특성인 모수를 추정하거나 가설을 검정하는 것이라고 배웠다. 이러한 통계분석 방법을 모수 통계학이라고 하고, 대부분의 통계분석이 여기에 속한다. 모수 통계학은 모집단의 확률분포가 특정한 분포, 예를 들어 정규분포라고 가정하고 분석하기 때문에, 만약 이 가정이 만족되지 못하는 경우라면 모수 통계분석을 쓸 수 없다. 일반적으로 연속변수이면서 표본의 수가 큰 경우에는 모수 통계분석 방법을 사용할 수 있다. 분포에 대한 내용은 3장에서 언급할 것이다.

그러나 간호 및 보건 통계에서는 이러한 가정을 만족하지 못하는 경우가 많다. 이때는 모집단의 분포가 특정한 분포임을 가정하지 않아도 되는 비모수 통계분석 방법을 사용해야 한다. 예를 들어, 실험을 통해 데이터를 구할 경우 표본의 개수가 30개 미만인 경우가 많은데 이때는 정규분포라고 가정하기 힘들기 때문에 비모수 통계 기법을 이용한다. 특히 표본 자료가 10개 미만일 때는 모수 통계분석을 쓸 수 없다.

- 모수 통계학(parametric statistics): 모집단의 분포에 대한 가정을 필요로 하는 통계적 방법으로서 대체로 연속형의 수량적 자료를 분석할 때 사용
- 비모수 통계학(non-parametric statistics): 모집단의 분포에 대한 가정을 필요로 하지 않으며 질적 자료 혹은 비연속형의 수량적 자료를 분석할 때 사용

4 통계분석 방법

통계분석 방법의 종류는 많이 있지만 일반적으로 통계학을 처음 배우는 사람들은 크게 평균의 차이를 검정하거나, 변수들 간의 관계 그리고 요인의 타당도와 신뢰도에 대한 검정 방법까지만 배우게 된다. 그 외에 여러 변수들 간의 관계를 분석하는 다변량분석 방법은 중·고급 통계학에서 배우게 된다.

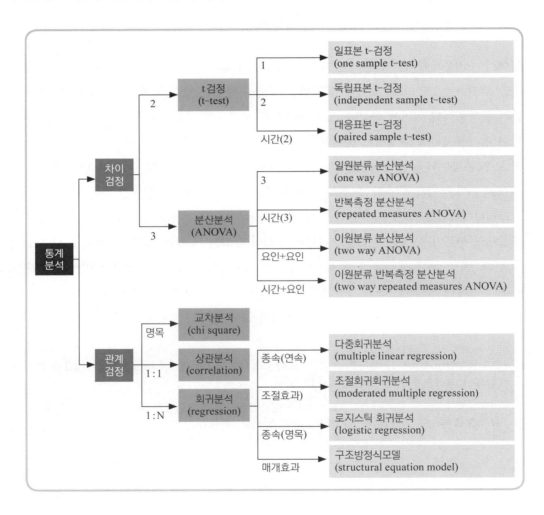

4-1 차이검정

차이검정이란 집단 간 평균의 차이를 검정하는 방법이다. 따라서 이 분석 방법을 이용하기 위해서는 집단을 구분할 수 있는 1개의 질적 변수와 평균을 구할 수 있는 1개의 연속변수가 필요하다. 이 분석 방법에는 t검정(t-test)과 분산분석(ANOVA)이 있다. 집단이 2개 이하로 구분될 때는 t검정을 집단이 3개 이상으로 구분될 때는 분산분석을 사용한다.

1) t 검정

t검정은 다시 일표본 t검정(onesample t-test), 독립표본 t검정(independent samples t-test), 대응표본 t검정(paired samples t-test)으로 나눌 수 있다. 예를 들면, 흡연산모의 신생아 몸무게 평균이 3300g인지 아닌지를 검증할 때는 일표본 t검정을 이용하고, 결혼상태에 따라 조직몰입도에 차이가 있는지를 검증할 때는 독립표본 t검정을 이용한다. 마지막으로 하나의 집단이지만 이 집단을 처리 전과 처리 후, 2개로 나누어서 비교할 때는 대응표본 t검정을 사용한다. 예를 들어, 3개월간 식사 관리 교육을 하고, 교육 전과 교육 후에 콜레스테롤의 변화가 있는지 비교할 수 있다.

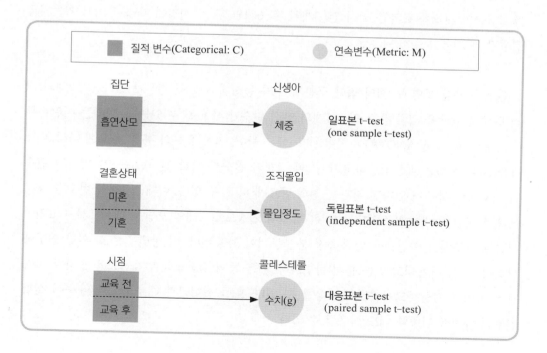

2) 분산분석

분산분석은 집단이 3개 이상일 때 사용한다. 집단이 3개일 때 분산분석을 이용하지 않고, t 검정을 이용할 수도 있다. 예를 들어 1, 2, 3이라는 집단이 있을 경우에 1과 2, 2와 3, 1과 3처럼 쌍을 지어 3번 평균 비교를 할 수 있다. 그러나 이처럼 여러 번 t 검정을 해주면 1종 오류를 범할 확률이 증가한다. 따라서 집단이 여러 개일 경우에는 모든 집단의 평균이 같은지(1=2=3) 분산을 이용하여 분석하는 것이 필요하다. 그리고 분산분석을 실시한 후에 3개의 집단 간에 평균이 틀리다고 밝혀지면, 그때 비로소 각 집단 간 3쌍의 평균을 비교해주면 된다. 이를 사후분석(post-hoc)이라고 한다. 그러나 이때도 Scheffe, Tukey, Duncan 등 1종 오류를 보정해주는 방법을 이용해서 집단 간 평균을 분석한다.

분산분석은 다시 집단 구분 변수의 수에 따라 구분된다. 집단을 구분하는 변수가 하나 사용되면 일원분류 분산분석(one way ANOVA)이 이용된다. 예를 들어 간호사의 직위, 평간호사, 주임간호사, 수간호사에 따라 직무만족도가 차이가 있는지를 검증할 때 이용할 수 있다. 또한 대응표본 t 검정처럼 시점에 의해 측정 횟수가 3회 이상 반복측정된 자료를 검증할 때는 반복측정 분산분석(repeated measures ANOVA)이 사용된다. 예를 들어, 심폐소생술의 재교육 효과는 실시 전, 3개월 후, 6개월 후 등 시점에 따라 차이가 있는지를 검증할 때 이용할 수 있다.

연구를 하다 보면 두 개의 집단 구분 변수가 동시에 사용될 경우가 있다. 즉, 2개의 질적 변수와 평균을 검증할 수 있는 1개의 양적 변수가 사용될 수 있는데, 이때는 이원분류 분산분석(two way ANOVA)이 사용된다. 예를 들어, 협착 유무와 흥통 유무에 따라 스트레스 차이가 있는지를 검증하고자 할 때, 2개의 변수를 각각 검증할 수 있지만, 두 변수가 서로 상호작용이 있다면 결과는 전혀 다르게 나올 수 있다. 이때는 2개의 변수를 동시에 분석하는 방법이 필요하다. 이러한 방법의 연장으로 2개의 요인 중에서 1개의 요인이 시점일 경우에는 이원분류 반복측정 분산분석이 사용된다. 이 방법은 간호 실험 연구에서 가장 많이 사용되고 있는 분석 방법이다. 예를 들어 집단교육과 개별교육에 따른 자가간호 차이를 검증하고자 할 때 사용할 수 있다. 또한 실험군과 대조군으로 나누어 실험 전후의 차이를 검증할 때도 이용할 수 있다.

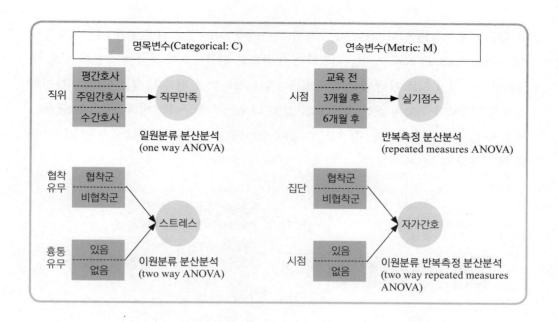

4-2 관계검정

관계검정이란 변수와 변수의 관계를 검정하는 방법으로 두 변수가 모두 연속변수일 때는 상관분석(correlation test)과 회귀분석(regression)으로, 두 변수가 모두 질적 변수일 때는 교차분석(χ^2-test)을 이용한다. 또한 상관분석과 회귀분석의 차이는 변수와 변수의 관계에 있어서 인과관계가 있는지 없는지에 따라 구분된다. 인과관계란 하나의 변수가 원인이 되어 다른 변수(들)에 영향을 미치는 관계를 의미한다. 상관분석은 두 변수 사이에 인과관계가 없이 서로 동등한 입장에서 관계를 분석하는 방법이다. 이에 비해 회귀분석은 변수들 간에 인과관계가 있을 때 분석하는 방법이다.

1) 교차분석

교차분석은 2개의 질적 변수로만 이루어진 변수들 간의 관계를 검정할 때 사용하는 분석 방법으로, 질적 변수를 분석할 때 가장 많이 쓰이는 방법이다. 교차분석에는 동질성 검정과 독립성 검정이 있다. 동질성 검정은 분포의 동질성(homogeneity of proportions)을 검정하는 방법으로 집단 간에 분포가 동질한지 아니면 차이가 있는지를 검정한다. 이는 보통 실험을 하기 전에 실험군과 대조군이 연령, 학력, 결혼유무 등 인구통계학적으로 서로 같은 분포로 이루어져 있는지를 검정할 때 이용한다. 독립성 검정은 변수들 간의 독립성(independence of variables)을 검정하는 방법으로 연구하고자 하는 변수들이 서로 독립적인지 아니면 서로 관련성(종속)이 있는지를 검정하는 방법이다. 예를 들어, 비타민의 효과를 검증하기 위하여 실험군과 대조군으로 나누어 실험군에는 비타민을, 대조군에는 가짜 약을 주고 겨울이 지난 후 어느 그룹에 감기를 걸린 사람이 더 많은지 검증하고자 할 때 이용할 수 있다.

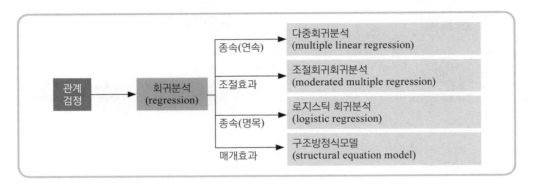

2) 상관분석

상관분석은 다시 상관분석과 편상관분석(partial correlation analysis)으로 나눌 수 있다. 상관분석은 예를 들어, 조직몰입과 직무만족 간에 어떠한 관계가 있는지 보고자 할 때 이용할 수 있다. 즉, 하나의 변화가 다른 변수의 변화와 밀접한 관계(상관관계)가 있는지를 검증할 수 있다. 일반적인 상관관계는 2개의 변수 사이의 관계를 살펴보는 것이지만 중간에 다른 변수의 영향력이 있을 때 이를 통제하고 값을 구할 수도 있는데, 이때 쓰이는 분석 방법이 편상관분석이다. 예를 들어, 몸무게가 많이 나가면 허리둘레도 크지만 신장도 몸무게와 허리둘레의 관계에 어떤 영향을 줄 수 있다. 이 영향을 통제하고 순수하게 몸무게와 허리둘레의 관계만을 분석할 때 이용되는 방법이 편상관분석이다.

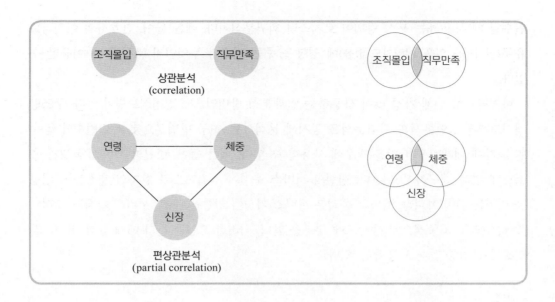

3) 회귀분석

회귀분석은 보통 2개 이상의 독립변수가 동시에 하나의 종속변수에 미치는 영향을 분석할 때 쓰인다. 회귀분석의 형태를 이용한 다양한 분석이 많지만 이 책에서는 다중회귀분석과 더미/통제 회귀분석, 위계적 회귀분석, 조절회귀분석, 로지스틱 회귀분석 및 구조방정식모형(structural equation model)을 다루고자 한다. 다중회귀분석의 예를 들면, 간호사의 이직의도에 영향을 미치는 변수로 직무만족, 조직몰입, 소진, 스트레스가 있다. 또한 명목척도가 있는 경우는 더미변수로 전환하여 사용한다. 이때 각각의 변수가 간호사의 이직의도에 얼마만큼의 영향력이 있는지를 분석하고자 할 때 이용된다. 단, 회귀분석은 종속변수가 1개이다. 만약 종속변수가 2개라면 회귀분석을 2번 독립적으로 해주어야 한다. 회귀분석은 독립변수(영향을 미치는 변수)와 종속변수(영향을 받는 변수)가 모두 연속변수이다.

조절회귀분석은 독립변수와 종속변수의 인과관계에서 조절변수가 미치는 영향을 보고자 할 때 이용할 수 있다. 예를 들어 조직몰입은 이직의도 감소에 영향을 주는 것으로 알려져 있는데, 직무만족이 이 2개 변수의 관계에 영향을 줄 수 있다. 이때 직무만족을 조절변수라고 하며, 조절변수의 효과를 검증하는 것이 조절회귀분석이다.

회귀분석 이외에 인과관계를 분석할 수 있는 통계 기법이 있다. 먼저, 종속변수가 질적 변수일 때 사용하는 분석 방법이 로지스틱 회귀분석이다. 예를 들어, 간호사의 이직의도 유무(이직의도 있음, 이직의도 없음)에 영향을 주는 변수가 무엇인지 분석할 때 이용할 수 있다.

마지막으로 현재 가장 많이 사용하는 인과분석 방법인 구조방정식모형이 있다. 구조방정식모형은 요인분석과 회귀분석을 동시에 분석하는 연구 방법론으로 독립변수와 종속변수 간에 매개변수가 있을 경우에 사용할 수 있다. 예를 들어, 병원의 서비스 품질과 충성도에 관해 연구하고자 한다. 병원의 서비스 품질이 직접적으로 환자의 충성도에 영향을 미치는 것이 아니라, 서비스 품질은 서비스 가치에 영향을 주고, 서비스 가치는 고객만족에, 그리고 최종적으로 충성도에 영향을 준다. 이러한 요인들 간의 매개 효과 및 직·간접효과를 검증할 때 사용할 수 있다.

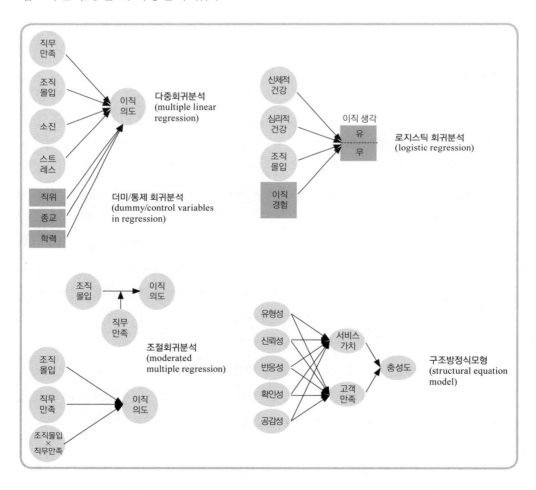

4-3 타당도와 신뢰도 검정

마지막으로 변수의 타당도와 신뢰도를 검증하는 방법으로는 요인분석과 신뢰도분석이 있다. 타당도(validity)란 측정하고자 하는 개념(요인)을 얼마나 정확하게 측정하였는지를 나타내는 것이고, 신뢰도(reliability)란 측정 도구(설문 문항들)가 얼마나 일관성 있게 측정되었는지를 나타내는 것이다.

일반적으로 직무만족도, 조직몰입, 소진 등 관계검정에서 사용되는 많은 변수들은 리커트 5점 척도를 이용한 설문 문항으로 개발된다. 예를 들어, 간호사들의 사회적 지지에 대해 연구하고자 할 때, 하나의 설문 문항으로 측정하기보다는 "직장 상사는 내 기분과 문제에 대해 관심을 기울여준다", "직장 상사는 내가 일하는 방식을 인정한다" 등 사회적 지지를 측정할 수 있는 여러 개의 설문 문항을 이용하게 된다. 이때 만든 여러 개의 설문 문항들이 사회적 지지를 얼마나 잘 나타내는지를 통계적으로 검정하는 방법이 요인분석이다. 요인분석을 실시하면 서로 관련이 있는 측정문항들끼리 묶이게 되며, 이때 관련이 없는 변수들은 삭제된다.

요인분석을 통해 타당도가 검정된 설문 문항들은 신뢰도검정을 하게 되는데, 이는 설문 문항을 여러 번 반복측정해도 동일한 결과가 도출된다는 것을 검증하는 방법이다. 따라서 일반적으로 요인분석을 한 후에는 꼭 신뢰도분석을 같이 해준다.

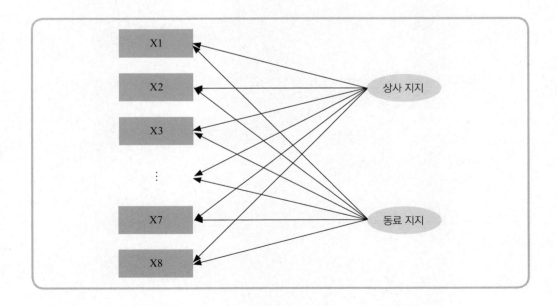

Chapter 3

확률분포와 가설검정

SPSS / AMOS
Nursing and Health Statistical Analysis

1-1 확률과 확률분포

추리통계학이란 표본의 자료를 통해서 구한 통계량을 가지고 모집단의 모수를 추론하는 것이라고 하였다. 우리가 알고 있는 대부분의 통계분석들, 평균차이검정, 분산분석, 회귀분석 등은 대부분 추리통계학을 위한 분석 기법들이다.

2장에서 언급한 것처럼 추리통계학에는 크게 추정과 가설검정이 있는데, 모두 일정한 확률을 이용하여 모수를 추측한다. 이때 추정에서는 신뢰수준(95%)을, 가설검정에서는 유의수준(5%)을 이용하는데, 여기서 사용되는 개념이 바로 확률과 확률분포이다. 그렇다면 확률이란 무엇이고, 확률분포란 무엇인지, 왜 확률분포가 중요한지 알아보자.

먼저, 확률이란 어떤 사건이 일어날 가능성을 0~1 사이의 수치로 나타낸 것이다. 예를 들어, K산부인과에서 태어난 신생아 100명을 조사해보았더니 남아가 65명이었다. 이를 비율로 표시하면 65/100＝.65(65%)로 나타낼 수 있다. 이러한 사실을 알고 있고, 오늘 K산부인과에서 태어난 아이가 1명이라고 한다면, 이 아이가 남아일 확률은 65%이고, 여아일 확률은 35%라는 것을 알 수 있을 것이다. 이처럼 확률을 간단하게 설명하면 전체 사건 중에서 특정 사건이 일어날 경우를 비율로 표현한 것이다.

위의 예시와 같이 아이가 1명만 태어난다면 간단하게 확률값을 구할 수 있을 것이다. 그러나 만약 동시에 여러 명의 아이가 태어난다면 이야기는 달라진다. K산부인과에서 4명의 아이가 태어났다고 가정했을 때 그중 3명이 여아일 확률은 얼마나 될까? 이 문제의 답은 다음과 같은 이항분포 공식을 통해서 구할 수 있지만, 수학을 잘하는 사람이 아니고서는 풀기 어려울 것이다.

$$P(X=3)=f(x)$$
X＝확률변수
x＝사상
$f(x)$＝확률밀도함수

$$f(x)={_n}C_x(\pi)^x(1-\pi)^{n-x}$$
n＝총시행 횟수
x＝성공 횟수
π＝성공할 확률
$1-\pi$＝실패할 확률

위의 식에서 어떤 사건에 대하여 일정한 값을 갖는 변수를 확률변수라고 하고, 확률변수가 가질 수 있는 값을 사상(경우의 수)이라고 한다. 예를 들어, 4명의 아이가 태어난다면 4명 다 여아일 경우는 $f(4)$, 3명만 여아일 경우는 $f(3)$, 2명만 여아일 경우는 $f(2)$, 1명만 여아일 경우는 $f(1)$, 모두 남아일 경우는 $f(0)$으로 총 5가지 사상이 나오게 된다. 이때 모든 사상에 확률값을 부여해서 나열한 것을 확률분포라고 한다.

즉, 태어난 아이가 여아일 확률분포 $f(x)$는 $x=4$, $x=3$, $\pi=.35$, $1-\pi=.65$일 때, $f(4)=.0150, f(3)=.1115, f(2)=.3105, f(1)=.3845, f(0)=.1785$의 확률값을 갖는다.

> • 확률변수: 어떤 사건에 대하여 일정한 값을 갖는 변수
> • 확률분포: 확률변수 X가 취할 수 있는 모든 사상에 대응하는 확률값을 나타내주는 분포

아마 여러분은 지금 처음으로 이 책에서 수식을 접했을 것이고, 대부분은 이와 같은 수식을 이해하지 못할 것이다. 그러나 수식을 모른다고 걱정할 필요는 없다. 수식에 어려움을 느끼는 사람들을 위하여 통계학자들이 미리 앞의 함수를 모두 풀어서 표로 정리해 놓았다. 따라서 여러분들은 앞의 수식을 풀지 않아도 값을 구할 수 있다. 위의 예시의 경우에는 확률분포가 이항분포라는 분포를 이루고 있으므로 이항분포표라는 확률분포표를 이용해서 쉽게 값을 구할 수 있다. 다음의 표는 본 예제에서 사용한 이항분포표의 일부분이다. 이번 장에서는 이항분포표 이외에도 여러 가지 확률분포포가 언급될 것이다. 이러한 확률분포표는 책의 말미에 부록으로 나와 있으니 참고하기 바란다.

	x	0.01	0.05	0.10	0.15	0.20	0.25	0.30	0.35	0.40	0.45	0.50	
							p						
n=1	0	.9900	.9500	.9000	.8500	.8000	.7500	.7000	.6500	.6000	.5500	.5000	1
	1	.0100	.0500	.1000	.1500	.2000	.2500	.3000	.3500	.4000	.4500	.5000	0
n=2	0	.9801	.9025	.8100	.7225	.6400	.5625	.4900	.4225	.3600	.3025	.2500	2
	1	.0198	.0950	.1800	.2550	.3200	.3750	.4200	.4550	.4800	.4950	.5000	1
	2	.0001	.0025	.0100	.0225	.0400	.0625	.0900	.1225	.1600	.2025	.2500	0
n=3	0	.9703	.8574	.7290	.6141	.5120	.4219	.3430	.2746	.2160	.1664	.1250	3
	1	.0294	.1354	.2430	.3251	.3840	.4219	.4410	.4436	.4320	.4084	.3750	2
	2	.0003	.0071	.0270	.0574	.0960	.1406	.1890	.2389	.2880	.3341	.3750	1
	3		.0001	.0010	.0034	.0080	.0156	.0270	.0429	.0640	.0911	.1250	0
n=4	0	.9606	.8145	.6561	.5220	.4096	.3164	.2401	.1785	.1296	.0915	.0625	4
	1	.0388	.1715	.2916	.3685	.4096	.4219	.4116	.3845	.3456	.2995	.2500	3
	2	.0006	.0135	.0486	.0975	.1536	.2109	.2646	.3105	.3456	.3675	.3750	2
	3		.0005	.0036	.0115	.0256	.0469	.0756	.1115	.1536	.2005	.2500	1
	4			.0001	.0005	.0016	.0039	.0081	.0150	.0256	.0410	.0625	0
n=5	0	.9510	.7738	.5905	.4437	.3277	.2373	.1681	.1160	.0778	.0503	.0313	5
	1	.0480	.2036	.3281	.3915	.4096	.3955	.3602	.3124	.2592	.2059	.1563	4

중요한 것은 앞서의 수식보다는 확률분포라는 개념에 대해서 이해하고, 어떤 경우에 어느 확률분포함수를 써서 확률값을 구해야 하는지를 아는 것이다. 척도나 통계적 분석 방법에 따라 사용되는 확률분포가 달라지기 때문이다. 예를 들면, 대부분의 통계 방법은 모수 통계라고 하였으며, 모수 통계에서는 모집단의 분포를 정규분포라고 가정하고 통계 분석을 한다. 따라서 정규분포가 무엇인지 이해해야 한다.

또한 우리가 구한 표본의 통계량도 확률변수이므로 분포를 갖는다(표본분포). 통계분석을 할 때 이 표본분포가 어떤 분포를 갖는지 중요하다. 왜냐하면, 모집단의 평균을 추정할 때 표본분포를 이용하여 가설검정을 하는데, 이때 신뢰구간, 유의도의 확률값으로 정규분포의 확률값을 사용하기 때문이다.

1-2 이산확률분포와 연속확률분포

먼저, 통계학에서 사용되는 확률분포의 종류에 대해서 알아보자. 통계학의 확률분포는 크게 이산확률분포와 연속확률분포가 있다. 이산확률분포란 앞의 예에서처럼 확률변수가 일정한 값, 0, 1, 2, …만을 취할 수 있는 변수이다. 이산확률분포의 대표적인 종류로는 앞에서 언급한 이항분포와 포아송분포 등이 있다. 이항분포란 2개의 사상만 가지고 있는 실험을 여러 번 반복했을 때 이용한다. 즉, 앞의 예제와 같이 신생아에서 나올 수 있는 사상은 남아와 여아라는 2가지밖에 없을 때 이용한다. 포아송분포는 일정한 시간이나 구간 내에 이루어지는 사건의 확률값을 알아볼 때 사용한다. 예를 들어, 9시에 병원 진료를 시작하고 이후 30분 동안 환자가 3명 들어올 확률을 구할 때 이용할 수 있다. 그러나 이러한 분포들은 우리가 배우게 될 통계분석에서는 거의 사용되지 않으므로 여기서는 설명을 생략한다.

다음으로 통계분석에서 주로 이용되는 확률분포는 바로 연속확률분포이다. 연속확률분포란 몸무게나 키, 온도처럼 일정한 범위 내에서 무한히 많은 값을 취할 수 있는 확률변수의 분포를 말한다. 즉, 몸무게의 경우 54.1kg과 54.2kg 사이에는 무한히 많은 값이 존재한다. 따라서 연속확률분포는 이산확률분포처럼 $P(X=3)$이라는 특정한 값을 가질 수 없고, $P(54 \leq X \leq 56)$라는 구간 확률을 갖게 된다. 이 확률을 구하는 공식은 다음과 같다.

$$P(54 \leq X \leq 56) = \int_{54}^{56} f(x)dx$$

여기서 보는 것처럼 연속확률분포의 함수는 수학의 적분을 이용한다. 즉, 다음 그림의 빗금 친 부분과 같이 일정 구간의 면적이 바로 확률값이 되는 것이다. 그러나 여러분은 적분을 몰라도 된다. 이항분포와 마찬가지로 통계학에서는 표준정규분포라는 특정한 확률분포를 이용할 수 있기 때문이다.

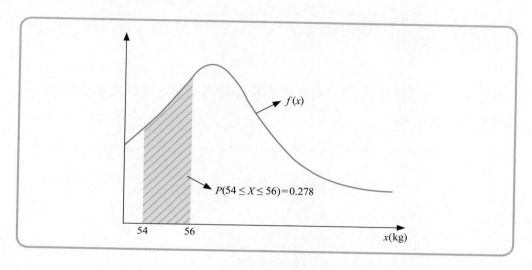

2 연속확률분포의 종류

통계분석에서 가장 많이 사용되는 연속확률분포에는 정규분포, 표준정규분포, t분포, χ^2(카이자승)분포, F분포 등이 있다. 이 중에서 정규분포, 표준정규분포, t분포는 평균과 관련된 분포이고, χ^2분포, F분포는 분산과 관련된 분포이다. 앞으로 우리가 가설검정에서 이용할 분포들이니 잘 알아두어야 한다.

2-1 정규분포

정규분포(normal distribution)는 통계 이론에 있어서 매우 중요한 확률분포이다. 통계분석 시에 모집단의 분포를 대부분 정규분포라고 가정하기 때문이다. 정규분포란, $-\infty$, ∞사이의 모든 실수를 확률값으로 갖는 분포로 좌우대칭의 종 모양을 보인다. 정규분포의 모수는 평균(μ)과 분산(σ^2)으로, 정규분포의 모양은 평균과 분산에 의해서 결정된다. 일반적으로 평균이 μ, 분산이 σ^2인 정규확률분포는 $X \sim N(\mu, \sigma^2)$로 표시한다.

다음은 정규밀도함수인 $f(x)$를 구하는 공식이다.

$$f(x) = \frac{1}{\sqrt{2\pi}\ \sigma^2} e^{-\frac{1}{2}\left(\frac{x-\mu}{\sigma}\right)^2}, \quad -\infty \leq x \leq \infty$$

따라서 정규분포의 확률값을 구하기 위해서는 평균과 분산을 구한 후에 앞의 식을 이용해서 적분하면 된다.

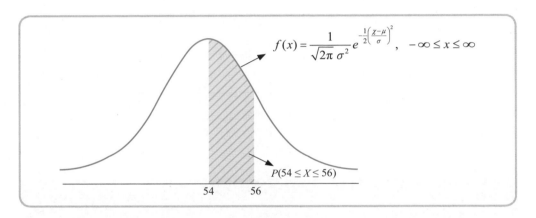

$$P(54 \leq X \leq 56) = \int_{54}^{56} f(x)\, dx$$
$$= \int_{54}^{56} \frac{1}{\sqrt{2\pi}\ \sigma^2} e^{-\frac{1}{2}\left(\frac{x-\mu}{\sigma}\right)^2}\, dx$$
$$= ?$$

2-2 표준정규분포

이처럼 정규분포의 면적을 구하기 위해서는 적분이 필요하기 때문에 쉽게 값을 구하기 어렵다. 또한 다음의 그림 a), b)처럼 평균과 표준편차에 따라 모양이 달라지기 때문에 두 분포를 비교하기가 쉽지 않다. 따라서 통계학에서는 정규분포를 그림의 c)처럼 표준화시켜서 사용하는데, 이를 표준정규분포(standard normal distribution), 또는 Z분포라고 한다.

표준정규분포는 평균이 '0', 분산이 '1'인 정규분포를 의미하며 $Z \sim N(0, 1)$로 표현한다. Z의 확률밀도함수는 다음 식과 같다.

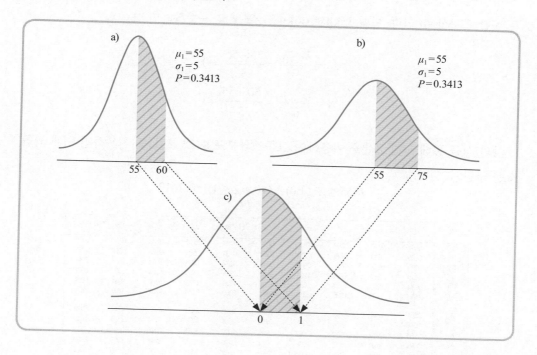

$$f(z) = \frac{1}{\sqrt{2\pi}} e^{-\frac{1}{2}z^2}, \quad -\infty \leq z \leq \infty$$

앞의 식과 별로 달라진 것이 없어보인다. 그러나 우리는 이 식을 쓰지 않을 것이다. 통계학자들이 이미 이 분포의 확률값을 다 구해서 표로 만들어놓았기 때문이다. 이 표를 표준정규분포표, Z분포표라고 한다. 따라서 여러분이 구할 것은 평균이 μ, 분산이 σ^2인 정규확률분포 $X \sim N(\mu, \sigma^2)$을 평균이 0, 분산이 1인 표준정규확률분포 $Z \sim N(0, 1)$로 표준화하는 것이다.

이를 위해서 다음과 같은 식을 이용한다.

$$z = \frac{X - \mu}{\sigma}$$

예를 들어, 앞의 그림 a)에서처럼 평균 55kg, 표준편차 5kg인 정규분포를 이루는 집단에서 어떤 한 사람을 뽑았을 때 그 사람의 몸무게가 55kg과 60kg 사이에 있을 확률은 다음과 같이 구할 수 있다. 먼저 55kg과 60kg을 Z분포로 표준화하면 다음과 같다.

$$z_1 = \frac{X - \mu}{\sigma} = \frac{55 - 55}{5} = 0$$

$$z_2 = \frac{X - \mu}{\sigma} = \frac{60 - 55}{5} = 1$$

앞의 식을 통해 구한 Z값을 이용하여 표준정규분포표(Z분포표)를 이용하면 쉽게 확률값을 구할 수 있다.

$$P(55 \leq X \leq 60) = P(0 \leq Z \leq 1) = 0.3413$$

z	.00	.01	.02	.03	.04	.05	.06	.07	.08	.09
0.0	.0000	.0040	.0080	.012	.0160	.0199	.0239	.0279	.0319	.0359
0.1	.0398	.0438	.0478	.0517	.0557	.0596	.0636	.0675	.0714	.0753
0.2	.0793	.0832	.0871	.0910	.0948	.0987	.1026	.1064	.1103	.1141
0.3	.1179	.1217	.1255	.1293	.1331	.1368	.1406	.1443	.1480	.1517
0.4	.1554	.1591	.1628	.1664	.1700	.1736	.1772	.1808	.1844	.1879
0.5	.1915	.1950	.1985	.2019	.2054	.2088	.2123	.2157	.2190	.2224
0.6	.2257	.2291	.2324	.2357	.2389	.2422	.2454	.2486	.2517	.2549
0.7	.2580	.2611	.2642	.2673	.2704	.2734	.2764	.2794	.2823	.2852
0.8	.2881	.2910	.2939	.2967	.2995	.3023	.3051	.3078	.3106	.3133
0.9	.3159	.3186	.3212	.3238	.3264	.3289	.3315	.3340	.3365	.3389
1.0	.3413	.3438	.3461	.3485	.3508	.3531	.3554	.3577	.3599	.3621
1.1	.3643	.3665	.3686	.3708	.3279	.3749	.3770	.3790	.3810	.3830
1.2	.3849	.3869	.3888	.3907	.3925	.3944	.3962	.3980	.3997	.4015
1.3	.4032	.4049	.4066	.4082	.4099	.4115	.4131	.4147	.4162	.4177
1.4	.4192	.4207	.4222	.4236	.4251	.4265	.4279	.4292	.4306	.4319
1.5	.4332	.4345	.4357	.4370	.7382	.4394	.4406	.4418	.4429	.4441

이렇게 구한 확률값을 이용하여 가설검정이나 추정에 사용한다. 이에 대한 자세한 내용은 이후 '3 추정'과 '4 가설검정'에서 다시 언급할 것이다.

2-3 t분포

표본분포(sampling distribution)란 모집단에서 일정한 크기(n)로 표본을 모두(k개) 뽑아서 각 표본의 평균을 계산하였을 때, 그 표본의 평균 $\overline{X_1}, \overline{X_2}, \cdots, \overline{X_n}$의 확률분포를 말한다. 통계분석은 모집단에서 추출한 표본을 이용하여 모집단에 관한 추측이나 결론을 이끌어내는 과정이라고 하였다. 그러나 표본 추출 시에는 표본추출변동이라는 문제가 있다. 표본추출변동이란 통계량값이 표본에 따라 달라지는 것을 의미한다. 즉, 표본평균과 분산은 표본이 어떻게 뽑히는지(표본추출변동)에 따라 추정치가 변화하게 된다. 따라서 표본분포란 표본추출변동에 의해 나타나는 표본통계량의 분포를 의미한다.

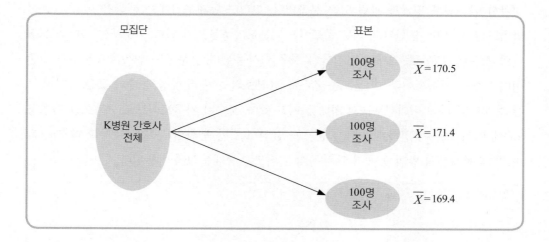

지금까지 설명한 정규분포나 표준정규분포는 모집단의 분산(σ^2)을 알고 있을 경우에, 또는 표본의 크기가 30개 이상일 경우에 사용된다. 그러나 실제로 우리는 모집단의 분산을 모르는 경우가 대부분이며, 표본의 크기가 30개 미만일 경우도 있다. 즉, 대부분의 경우에 우리는 모집단의 값을 모르고 우리가 구한 표본의 값만을 알고 있다. 따라서 모집단의 분산(σ^2) 대신에 표본의 분산인 S^2을 사용하며, 이때 표본분포가 t분포를 이룬다고 가정하고 분석한다.

t분포의 특징은 정규분포처럼 종 모양의 대칭분포이지만 자유도(degree of freedom)에 의해서 모양이 결정된다는 차이가 있다. 그러나 표본의 크기가 증가하면 t분포는 표준정규분포(Z분포)에 접근하게 된다.

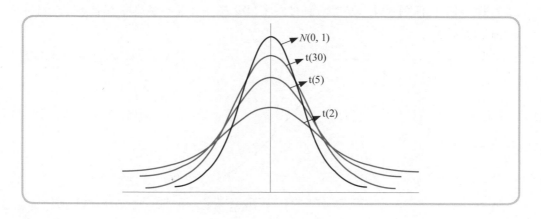

2-4 χ^2분포

지금까지는 전부 평균과 관련 있는 분포였다. 그러나 통계분석에는 분산을 이용한 분석 방법도 많이 있다. 분산과 관련된 분포에는 χ^2분포와 F분포가 있다. χ^2분포는 하나의 모집 단일 경우에, F분포는 2개의 모집단일 경우에 사용된다. χ^2분포는 연속확률분포의 일종이며 모수는 자유도이다. 이 분포는 Z분포나 t분포와는 달리 항상 양수의 값을 가지며 오른쪽 꼬리를 가진 비대칭분포의 형태를 띠고 있다. 모수가 자유도이므로 χ^2분포는 자유도 (df)에 따라 모양이 변하게 된다. χ^2분포는 단일 모집단 분산의 분포를 추정할 때 사용되며, 특히 통계분석 방법 중에서 교차분석과 비모수 통계분석에 이용된다.

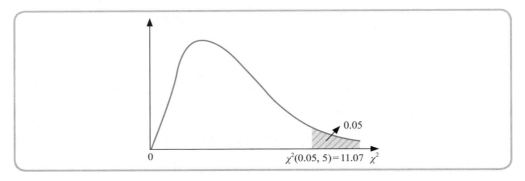

2-5 F분포

F분포는 2개의 모집단의 분산을 비교할 때 사용된다. 이 분포도 χ^2분포와 마찬가지고 항상 양수의 값을 가지며 오른쪽 꼬리를 가진 비대칭분포의 형태를 가지나, χ^2분포와는 달리 2개의 자유도를 가진다. F분포는 통계분석 기법 중에서 분산분석과 회귀분석을 사용할 때 이용된다.

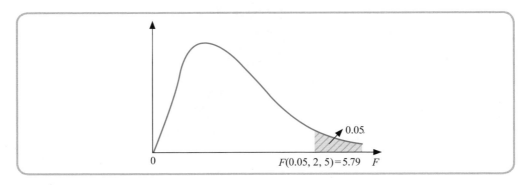

3. 추정

3-1 점추정

앞 장에서 통계량으로부터 모수를 추측할 때 추정과 가설검정을 이용한다고 하였다. 먼저 추정에 대해서 살펴보면, 추정에는 점추정과 구간추정이 있다. 점추정(point estimation)이란 모수에 가장 가까우리라고 생각되는 하나의 값으로 모수를 추정하는 것이다. 예를 들어, 표본으로부터 구한 표본평균 $\overline{X}$가 55kg이라고 할 때, "모집단의 평균은 55kg이다"라고 하나의 값으로 표시한다.

3-2 구간추정

그러나 우리는 표본으로부터 값을 구했기 때문에 표본오차가 존재한다고 하였다. 따라서 추정 시에는 점추정보다는 구간추정을 이용한다. 구간추정(interval estimation)이란 모수의 값이 속할 것으로 기대되는 일정한 범위, 즉 신뢰구간을 이용하여 모수를 추정하는 방법이다. 예를 들어 "모수의 평균은 55kg±2kg(53kg~57kg)이다"라고 표시한다. 여기서 신뢰구간이란 일정한 신뢰수준하에서의 모수가 포함될 구간을 말하며, 신뢰수준이란 특정 구간 안에 모수가 포함될 확률을 의미한다.

일반적으로 신뢰수준은 (1-α)로 측정하는데, α는 오차를 의미한다. 신뢰수준의 확률로는 90%, 95%, 99%가 있는데, 95%가 가장 많이 이용된다. 여기서 신뢰구간 95%의 의미는 동일한 모집단에 대해서 동일한 방법으로 표본을 다시 뽑아서 신뢰구간을 구하면 100번 중 95번은 모수를 포함한다는 뜻이다. 앞에서 언급한 것처럼 표본분포가 정규분포를 따른다고 가정하기 때문에 모수의 평균을 추정할 때 표준정규분포표나 t분포표의 확률값을 이용해서 쉽게 신뢰구간을 구할 수 있다.

4-1 가설검정

가설검정(hypothesis test)은 추정과는 달리 모수의 특성이 어떻다고 진술하고 그 진술의 진위를 판단하는 것이다. 즉, 모수의 특성에 대한 가설을 세우고 그 가설을 받아들일지 기각할지를 검증하게 된다. 예를 들면, 우리는 비흡연산모로부터 태어난 신생아의 몸무게가 3300g이라는 것을 미리 알고 있다. 따라서 이러한 정보를 기반으로 다음과 같이 "흡연산모로부터 태어난 신생아의 몸무게도 3300g이다"라는 가설을 세울 수 있다. 이처럼 "흡연산모로부터 태어난 신생아의 몸무게가 3300g이 아니다"라고 하지 않고 "3300g이다"라고 먼저 가설을 세우는 이유는 우리의 가설검정이 "비흡연산모로부터 태어난 신생아의 몸무게가 3300g"이라는 사실을 기반으로 하고 있기 때문이다. 즉, 아직까지는 "흡연산모로부터 태어난 신생아의 몸무게가 3300g이 아니다"라고 밝혀지지 않았기 때문에 연구결과가 나오기 전까지는 "흡연산모로부터 태어난 신생아의 몸무게가 3300g이다"라고 먼저 인정하고 검정하게 된다.

처음 세운 가설을 귀무가설(H_0)이라고 하고, 이 가설이 기각될 때 우리가 채택할 가설을 연구가설(H_1)이라고 한다. 따라서 연구가설은 "흡연산모로부터 태어난 신생아의 몸무게가 3300g이 아니다"로 세울 수 있다. 우리는 SPSS를 이용하여 귀무가설이 사실인지를 검증하고, 이 귀무가설이 기각될 때는 자동으로 연구가설을 받아들인다.

4-2 가설검정의 오류

그러나 우리가 가설을 검정한다고 해서 반드시 옳은 것은 아니다. 가설을 검정하면서 2가지 오류를 범할 수 있다. 하나는 실제로 귀무가설이 진실인데 연구가설을 채택하는 경우이고, 다른 하나는 귀무가설이 거짓인데 귀무가설을 채택하는 경우다. 전자를 제1종 오류(α)라고 하고 후자를 제2종 오류(β)라고 한다.

α오류와 β오류는 서로 상반된다. 즉, α오류가 발생할 확률을 줄이면 β오류가 증가하게 되고, β오류가 발생할 확률 줄이면 반대로 α오류가 증가하게 된다. 두 오류를 동시에 최소

로 하는 검정 방법이 가장 좋지만 현실적으로 존재하지 않는다. 일반적으로 통계학에서는 귀무가설을 기각하고 연구가설을 채택하는 것이 중요한 의미를 가지므로 α오류의 확률에 관심을 갖고 가설을 검정하게 된다.

	진실 H_0	거짓 H_0
H_0 채택	옳은 결정	제2종 오류(β)
H_1 채택	제1종 오류(α)	옳은 결정

4-3 유의수준

가설검정을 하기 위해서는 귀무가설을 기각하거나 채택할 수 있는 기준이 필요한데, 이를 유의수준(α)이라고 한다. 유의수준이란 제1종 오류(α)를 범할 확률의 최대 허용치를 의미하며, .01, .05, .10이 있다. 이 중에서 .05(5%)의 확률값이 일반적으로 쓰인다. 이 확률값을 표준정규분포의 Z값이나 t분포의 t값으로 전환한 값을 임계치(critical value)라고 한다. 다음의 그림처럼 유의수준(α)이 5%일 때 임계치를 Z값으로 나타내면 ± 1.96이 된다. 이때 양쪽 부분의 빗금 친 부분을 기각영역이라고 하며, 이 부분에 표본의 확률값이 들어가게 된다면 귀무가설을 기각하게 된다.

그러나 실제로 SPSS에서는 유의수준과 임계치를 구해주는 것이 아니고 유의확률(*p-value*)을 구해준다. 유의확률이란 귀무가설이 맞는다는 가정하에서 표본의 통계량(검정통계량)의 값이 나타날 확률을 의미한다. 따라서 우리는 유의확률과 유의수준을 비교하여 가설을 검정할 수 있다. 유의확률이 유의수준보다 낮으면 귀무가설을 기각하고, 유의수준보다 높으면 귀무가설을 채택한다.

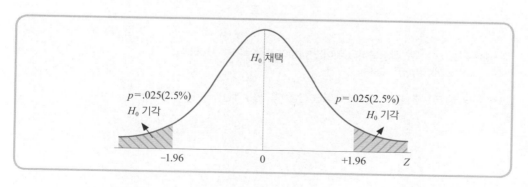

예를 들어, 제1장에서는 흡연산모로부터 태어난 신생아의 체중이 3300g이라고 귀무가설을 세웠다. 가설검정에서는 먼저 귀무가설이 맞다는 가정에서 출발한다. 따라서 귀무가설이 맞다면 우리가 알고 싶은 모집단, 즉 흡연산모로부터 태어난 신생아의 체중이 3300g일 것이다. 그리고 우리가 뽑은 표본도 이 집단에서 추출한 것이기 때문에 표본의 평균도 3300g이 나와야 한다. 그런데 앞에서 우리가 뽑은 표본의 평균은 3108.50g으로 나왔다. 그렇다면 평균이 3300g인 모집단에서 평균이 3108.50g인 표본집단이 나올 확률은 얼마나 될까?

1장에서 우리가 구한 표본의 통계량을 보면 $t = -2.526$, $p = .016$으로 나타났다. 즉, 확률적으로 평균이 3300g인 모집단에서 평균이 3108.5g인 표본이 추출될 확률은 1.6%로 거의 추출되기 불가능하다는 것을 의미한다. 이는 표본이 추출된 모집단의 모수가 3300g이 아니라는 것을 의미한다. 따라서 우리는 흡연산모(모집단)로부터 태어난 신생아의 체중이 3300g이 아니라는 결론을 이끌어낼 수 있다.

4-4 통계적 가설검정의 절차

1) 가설 설정

마지막으로 지금까지 배운 내용을 토대로 가설을 검정하는 절차를 정리해보자. 먼저, 가설을 검정하려면 귀무가설과 연구가설을 세워야 한다. 앞에서도 언급한 것처럼 우리는 귀무가설을 통해 모집단의 모수가 어떤 값을 갖는다고 가정한 후에 표본통계량을 통해 이를 채택하거나 기각하게 된다. 예를 들어, 다음과 같은 가설을 세울 수 있다. 이때 말로 풀어서 가설을 만들 수도 있고, 아래처럼 기호를 이용할 수도 있다. 제1장 예제1.sav

- 귀무가설(H_0): 흡연산모로부터 태어난 신생아의 몸무게는 3300g이다.
  $$H_0 : \mu = 3300$$
- 연구가설(H_1): 흡연산모로부터 태어난 신생아의 몸무게는 3300g이 아니다.
  $$H_1 : \mu \neq 3300$$

2) 유의수준(α) 결정

연구의 목적에 따라 .01, .05, .10 중에서 합당한 값을 결정한다. 이때 유의할 것은 α오류를 무조건 낮춘다고 좋은 것은 아니라는 점이다. α오류를 낮추게 되면 그만큼 β오류가 증가하기 때문이다. 일반적으로 .05 수준에서 가설을 검정한다. 이때 양측검정의 경우 .025가 되며, 임계치인 Z값은 ±1.96이 된다.

3) 통계량 계산

가설과 유의수준이 결정되면 일정한 수의 표본을 구하고 통계량을 구한다. 모집단 평균의 가설을 검정하는 경우 다음과 같은 식을 통해 검정통계량을 구하게 된다. 즉, 표본의 평균과 표준편차, 그리고 표본의 크기에 따라 검정통계량이 결정된다.

$$Z = \frac{\overline{x} - \mu}{\frac{\sigma}{\sqrt{n}}} \quad \text{또는} \quad t = \frac{\overline{x} - \mu}{\frac{S}{\sqrt{n}}}; \quad \frac{\sigma}{\sqrt{n}}, \frac{S}{\sqrt{n}} = \text{표준오차}$$

그러나 우리는 이러한 수식을 이용하지 않고 SPSS를 통해서 쉽게 검정통계량을 구할 수 있다고 하였다. 가설검정에서 쓸 수 있는 검정통계량으로는 Z값, t값, 그리고 유의확률(*p-value*) 등이 있다. 제1장 예제에서 SPSS를 이용해 구한 검정통계량을 보면 t=−2.526, 이를 확률로 표시하면 *p*=.016이다. 이때 SPSS에서는 유의확률(양쪽)으로 표시된다.

4) 통계량 검정 및 결론

앞 단계에서 구한 검정통계량의 값을 가지고 유의수준, 임계치, 또는 기각영역과 비교한다. 다 같은 의미이므로 어떤 것을 이용해도 같다. 먼저 임계치를 이용하면 다음과 같다. 만약 흡연산모의 신생아의 몸무게가 3300g이라는 귀무가설이 채택되려면 표본의 평균은 3151g ~ 3448g 사이에 있어야 한다. 그러나 실제로 구한 표본의 평균은 3108g이므로 귀무가설이 기각되고 연구가설이 채택된다. 따라서 흡연산모의 신생아의 몸무게는 3300g 보다 가볍다고 할 수 있다.

$$c = \bar{\mu} \pm t_{0.05} \frac{\sigma}{\sqrt{n}}$$
$$= 3300 \pm 1.96 \frac{479.54}{\sqrt{40}}$$
$$= 3300 \pm 148.61$$
$$= \lceil 3151, 3448 \rceil$$

t값의 경우도, t=−2.53으로 임계치인 −1.96(95%)보다 작다. *p−value*도 *p*=.016으로 유의수준인 .05보다 작다. 따라서 귀무가설을 기각하고 연구가설을 채택한다. 결론적으로 흡연산모로부터 태어난 신생아의 체중이 3300g이 아니라고 95% 유의수준에서 말할 수 있다.

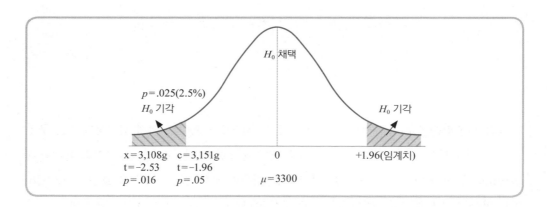

Chapter 4

SPSS 사용법

SPSS / AMOS
Nursing and Health Statistical Analysis

1 SPSS의 이해

SPSS는 Statistical Package for the Social Science의 약어로서 사회과학 분야의 데이터 분석을 목적으로 1969년 미국에서 개발된 통계 소프트웨어이다. 통계 소프트웨어란 자료를 효율적으로 분석할 수 있도록 개발된 데이터 분석용 도구라고 할 수 있다. 현재 많이 사용하고 있는 통계 소프트웨어로는 SPSS가 있으며, 이외에도 SAS, S-PLUS, MINITAB 등이 있다. 이번 장에서는 SPSS 24.0 한글 버전을 중심으로 그 사용법과 통계분석 방법에 대해 설명하고자 한다.

2 SPSS의 실행 및 화면구성

SPSS를 실행하면 **데이터 편집기(IBM SPSS Statistics Data Editor)**라는 창이 나타난다. **데이터 편집기**에는 2가지 창이 있는데, **데이터 보기** 창과 **변수 보기** 창이다. 데이터 보기는 새로운 데이터를 입력하거나 기존의 데이터 파일을 불러와서 편집할 때, 변수 보기는 변수를 입력하거나 편집할 때 사용한다. 창 아래에 탭이 있는데 이 탭을 이용해 데이터 보기 창과 변수 보기 창 사이를 이동할 수 있다. 제4장 예제1.sav

데이터 보기

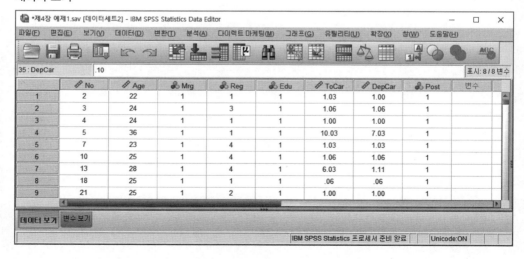

변수 보기

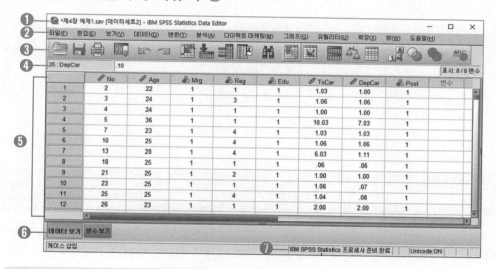

2-1 데이터 편집기의 메뉴 구성

❶ **제목 표시줄**: 현재 창의 이름과 파일의 이름이 표시되어 있다.

❷ **메뉴**: 데이터 편집기에서 사용할 수 있는 모든 기능들이 메뉴 형식으로 나열된다.

❸ **도구모음**: 자주 사용되는 메뉴의 기능들을 보다 간편하게 수행하기 위한 아이콘들을 모아놓은 곳이다.

❹ **셀 표시 및 입력**: 커서가 있는 셀의 위치를 행과 열로 표시한다.

❺ **데이터시트**: 자료의 내용이 표시되는 곳이다.

❻ **시트 탭**: 데이터 보기(D)와 변수 보기(V)의 2개의 탭으로 구성되어 있다.

❼ **상태 표시줄**: SPSS 동작 상태를 표시하는 곳으로서, SPSS 작업이 수행되지 않을 때는 "IBM SPSS Statistics 프로세서 준비 완료"로 표시되어 있다.

2-2 메뉴 구성

❶ **파일**: 분석 자료의 불러오기, 저장, 출력 등이 있다.

❷ **편집**: 분석 자료의 복사, 오려 두기, 붙이기, 지우기, 찾기, 옵션 설정 등이 있다.

❸ **보기**: 글자의 크기나 종류를 조정하고, 아이콘 메뉴를 편집한다.

❹ **데이터**: 자료의 정의, 변인/사례수의 이동, 정렬, 선택, 파일의 합성 및 분리등과 같이 자료를 관리한다.

❺ **변환**: 자료의 값을 수정하고, 2개 이상의 자료를 합쳐 하나의 변수로 만들 때 사용한다.

❻ **분석**: 통계분석을 위한 수행 명령어들이 모여 있는 곳으로 우리가 앞으로 제일 많이 사용할 메뉴이다.

❼ **다이렉트 마케팅**: 다양한 기법을 이용하여 효과적인 캠페인 대상 선정 및 캠페인 비교를 수행할 수 있는 메뉴이다.

❽ **그래프**: 분석 결과를 다양한 그래프로 표현한다.

❾ **유틸리티**: SPSS의 사용을 편리하게 해주는 기능이다.

❿ **확장**: SPSS의 기능을 확장하는 사용자 정의 구성요소이다.

⓫ **창**: 현재 작업 중인 파일을 제시주며, 창의 크기를 조절한다.

3 SPSS의 창 종류

SPSS에는 데이터 편집기 외에 SPSS 뷰어, 도표 편집기, 명령문 편집기, 피벗표 편집기 등이 있다.

3-1 데이터 편집기(IBM SPSS Statistics Data Editor)

데이터 편집기는 새로운 데이터의 작성은 물론 기존의 데이터 파일을 불러들여 데이터를 삭제, 수정, 추가하는 등의 편집을 할 수 있다. SPSS가 실행되면 자동으로 열리며, 17.0 버전부터는 2개 이상의 편집기를 동시에 열 수 있고, 동시에 여러 작업을 할 수 있게 되었다.

3-2 SPSS 뷰어(IBM SPSS Statistics Viewer)

SPSS 뷰어는 SPSS 프로시저의 수행 결과가 출력되는 창으로서 첫 번째 프로시저 수행 시에 자동으로 열린다.

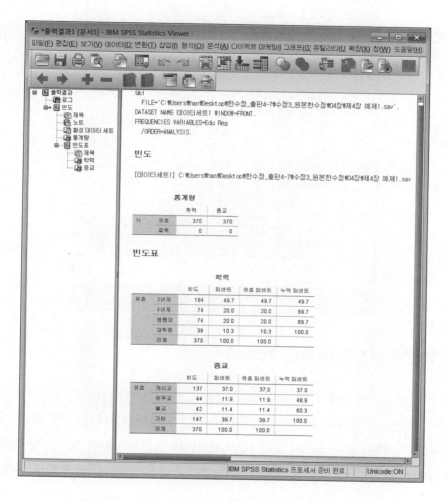

　　SPSS 뷰어는 왼쪽의 **개요 보기**와 오른쪽의 **출력결과** 영역으로 나뉘어져 있다. 왼쪽의 개요 보기에는 프로시저가 실행될 때마다 각각 제목이 하나씩 생겨나며 이 제목을 클릭하면 바로 그 프로시저 결과로 이동한다. 오른쪽 창에 실제로 출력결과가 나타난다. 프로시저의 결과는 현재의 창에 누적되어 나타난다.

3-3 도표 편집기(Chart Editor)

SPSS 뷰어 결과창에 출력된 그래프를 편집할 때 사용한다.

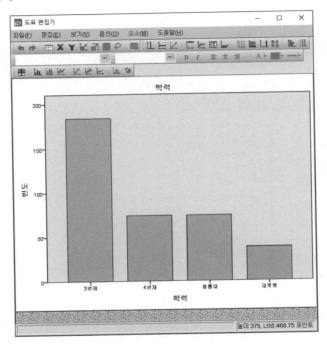

3-4 명령문 편집기(Syntax Editor)

SPSS 프로시저 명령문을 작성, 편집 및 수행하기 위한 창이다. 실제로 대부분의 통계분석에서는 버튼을 이용해서 옵션을 설정하지만, 가끔 고급 통계학에서는 명령문을 작성해서 통계분석을 해야 하는 경우가 있다. SPSS에서는 통계분석 메뉴를 실행할 때 대화상자에서 **[붙여넣기(P)]**가 나타나는데, 이 버튼을 누르면 관련된 명령문이 이 창으로 나타난다.

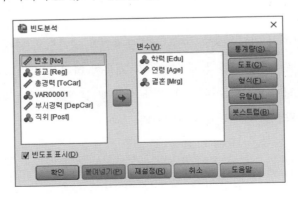

직접 새로운 명령문을 만들고 싶을 때는 **파일(F)** → **새 파일(N)** → **명령문(S)**을 클릭한다.
특정 프로시저의 명령문을 알고 싶으면 도움말을 이용하면 된다.

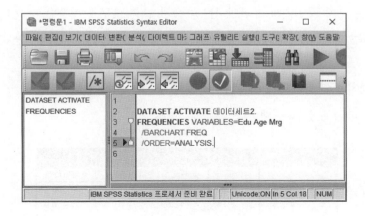

3-5 피벗표 편집기(Pivot Table Editor)

SPSS **뷰어**에 출력된 테이블을 피벗 테이블이라고 하는데, **피벗표 편집기**는 아래와 같이
피벗 테이블을 편집하기 위한 창이다.

1) 테이블 편집 방법

① 원하는 테이블을 선택한다.
② **마우스 오른쪽 버튼** → **내용 편집(O)** → **별도의 창에서(W)**를 클릭한다.

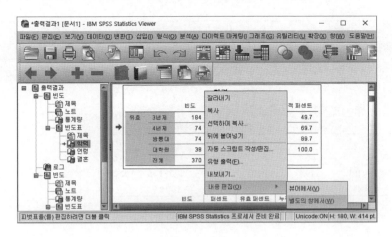

2) 서식 도구모음

테이블에 있는 문자를 편집하기 위해서는 다음과 같은 도구를 이용할 수 있다. 이 도구상자는 처음에는 자동으로 나타나지 않는다. 도구상자를 나타내기 위해서는 다음과 같이 실행한다.

① 원하는 테이블을 선택해서 더블클릭하면 편집 모드로 바뀐다.

② 바꾸고자 하는 부분을 선택한다.

학력				
	빈도	퍼센트	유효 퍼센트	누적퍼센트
3년제	190	50.4	50.4	50.4
4년제	74	19.6	19.6	70.0
방통대	74	19.6	19.6	89.7
대학원	39	10.3	10.3	100.0
합계	377	100.0	100.0	

③ **마우스 오른쪽 버튼 → 도구모음**을 선택하여 글자체, 크기 등을 바꿀 수 있다.

④ **피벗(P) → 행과 열 전치(T)**를 선택하여 행과 열을 바꿀 수 있다.

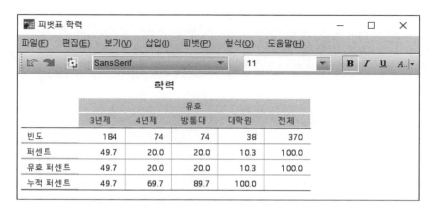

학력					
	유효				
	3년제	4년제	방통대	대학원	전체
빈도	184	74	74	38	370
퍼센트	49.7	20.0	20.0	10.3	100.0
유효 퍼센트	49.7	20.0	20.0	10.3	100.0
누적 퍼센트	49.7	69.7	89.7	100.0	

3) 테이블 형식 수정

원하는 보고서 형식으로 테이블 형식을 수정한다.

① 원하는 테이블을 더블클릭한 후, **마우스 오른쪽 버튼 → 표모양(L)**을 선택한다.

② **표모양 파일(F) →** Academic을 선택한다.

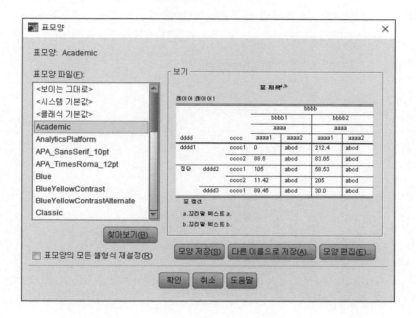

③ **모양 편집(E)**을 선택하여 수정할 내용을 수정한 후 **확인(O)**을 클릭하면 아래와 같은 표로 바뀐다.

학력		빈도	퍼센트	유효 퍼센트	누적 퍼센트
유효	3년제	184	49.7	49.7	49.7
	4년제	74	20.0	20.0	69.7
	방통대	74	20.0	20.0	89.7
	대학원	38	10.3	10.3	100.0
	전체	370	100.0	100.0	

SPSS에서 워드로 바로 가져올 경우에 에러가 나는 경우가 많기 때문에 일반적으로 엑셀에서 불러 편집한 후 한글에 붙여 넣는다.

4-1 설문지 및 자료 입력

간호사들이 출근 시 자녀를 위탁하는 유형(기관양육, 대리모양육, 조부모양육)에 따른 죄책감의 차이를 비교하기 위하여 4개 대학 부속병원에서 367명으로부터 자료를 수집하였다. 설문지의 내용은 다음과 같다. `제4장 예제2.sav`

I. 다음의 내용 중 본인에게 해당하는 곳에 ∨표 해주십시오.

		전혀 아니다	아니다	보통 이다	그렇다	아주 그렇다
1	아이를 데리러 갔을 때 기저귀나 옷이 젖어 있어서 화가 난 적이 있다.					
2	아이를 데리러 갔을 때 얼굴이나 손이 더러워서 화가 난 적이 있다.					
3	아이를 돌보는 사람이 아이를 거칠게 대하지 않을까 걱정된다.					
4	아이의 잘못을 직장에 다니는 엄마 탓으로 돌리려는 주변 사람들 때문에 힘들 때가 있다.					
5	아이가 아픈 것을 직장에 다니는 엄마 탓으로 돌리려는 주변 사람들 때문에 힘들 때가 있다.					
6	다른 사람이 아이를 돌보는 동안 다칠까 봐 걱정된다.					
7	다른 사람에게 애를 맡기게 되면 버릇이 나빠질까 봐 걱정된다.					
8	근무하는 동안 아이에게 갑작스런 문제가 생겼을 때 즉시 가보지 못해 안타까웠던 적이 있다.					

대상자의 특성

1. 자녀의 대리양육 형태는 다음 중 어떤 유형입니까?
   1) 기관양육 2) 대리모양육 3) 조부모양육

2. 귀하의 총 자녀수는? (   )명

3. 귀하의 근무 조건은?
   1) 낮 근무 2) 2교대 3) 3교대

4. 간호사로써 총 근무 경력은 ? (   )년 (   )개월

1) 실제 자료

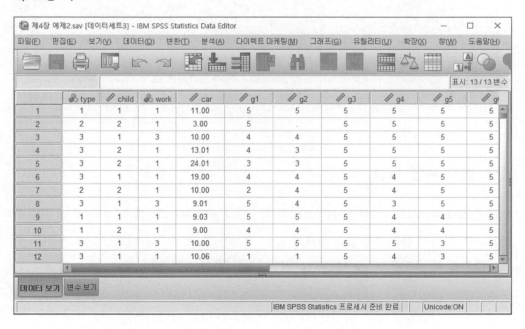

일반적으로 자료를 분석하기 위해서는 자료의 형태가 숫자로 입력된다. 따라서 얻어진 실제 자료를 다음과 같이 SPSS 코딩 형태로 전환하여 입력한다.

2) 코딩 자료

	type	child	work	car	g1	g2	g3	g4	g5	g
1	1	1	1	11.00	5	5	5	5	5	5
2	2	2	1	3.00	5	.	5	5	5	5
3	3	1	3	10.00	4	4	5	5	5	5
4	3	2	1	13.01	4	3	5	5	5	5
5	3	2	1	24.01	3	3	5	5	5	5
6	3	1	1	19.00	4	4	5	4	5	5
7	2	2	1	10.00	2	4	5	4	5	5
8	3	1	3	9.01	5	3	5	3	5	5
9	1	1	1	9.03	5	5	5	4	4	5
10	1	2	1	9.00	4	4	5	4	4	5
11	3	1	3	10.00	5	5	5	5	3	5
12	3	1	1	10.06	1	1	5	4	3	5

4-2 변수명 입력

IBM SPSS Statistics Data Editor에서 새로운 데이터 파일을 작성하려면 먼저 **변수 보기** 창을 이용해 변수명을 입력하고 나서 **데이터 보기**를 이용해 자료를 입력한다. 변수 보기에는 변수를 만들기 위해 **이름, 유형, 너비, 소수점 이하자리, 설명, 값, 결측값, 열, 맞춤, 측도**를 입력해야 한다. **이름**은 변수명을 입력하는 곳으로 대소문자를 구분하지 않는다.

① 메뉴의 **파일(F) → 새 파일(N) → 데이터(D)**를 선택한다.

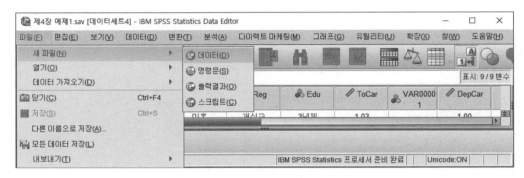

② **변수 보기(V) → 이름 → [type]**이라고 입력하고 엔터키를 누른다.

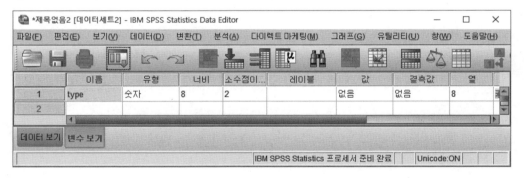

4-3 변수 유형 설정

디폴트(default: 초기값) **유형**은 **숫자**로 설정되어 있다. SPSS에 자료를 입력할 때 대부분 숫자로 이루어지기 때문에 변경할 필요가 없는 경우가 많다. 하지만 때로는 변수 유형을 변경해주어야 하는 경우가 있는데, 그럴 때는 다음과 같이 하면 된다.

① **유형 → 숫자**를 클릭하거나, 오른쪽의 ▦을 클릭한다.

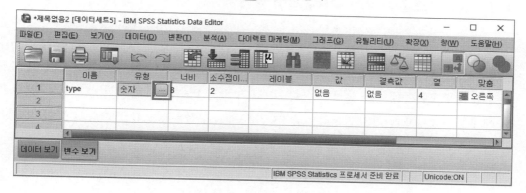

② **변수 유형**을 **숫자(N)**로 설정한다.

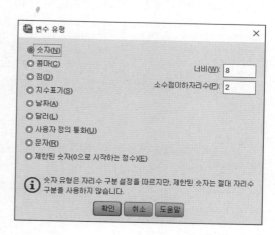

다음 표와 같이 다양한 변수 유형이 있다.

변수 유형	설명	
숫자	• 자료가 숫자	예) 1234.56
콤마	• 세 자리마다 [,] 표기	예) 1,234.56
점	• 세 자리마다 [.] 표기	예) 1.234.56
지수 표기	• 지수 형식	예) 1.2E+03
날짜	• 날짜 및 시간	
달러	• 미국화폐 표기	예) $1,234.56
사용자 통화	• CCA, CCB, CCC, CCD, CCE 등의 5가지	
문자	• 자료가 문자인 경우	
너비	• 입력할 자료의 전체 자리수	
소수점이하자리수	• 소수점 이하 자리수	

4-4 너비와 소수점 이하 자리 설정

너비(width)와 **소수점이하자리수**(decimals)는 화면에 보이는 자료의 자리수를 결정하는 것이다. 성별은 소수점이 없으므로 다음과 같이 변경한다. 직접 너비와 소수점에 값을 입력하거나 셀의 오른쪽에 있는 █을 이용할 수 있다. 앞의 변수 유형에서 설정한 것과 같다. 본 예제의 자료에서 type은 기본적으로 1자리이며, 소수점은 없으므로 다음과 같이 변경한다.

① [type]의 너비 → [2], 소수점이하자리수 → [0]으로 조정한다.

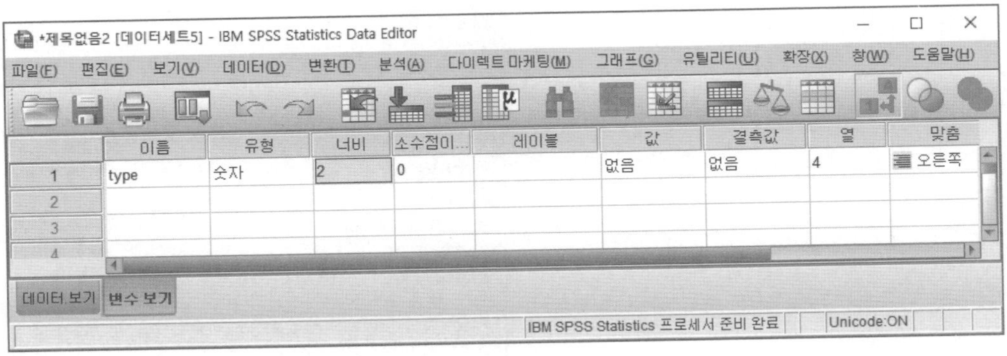

4-5 레이블 설정

레이블(label)은 변수에 대한 설명을 기록하는 곳이나, 영어 변수명의 한글명을 적는 것이 보통이다.

① 레이블에 아래의 그림과 같이 [양육형태]라고 입력한다.

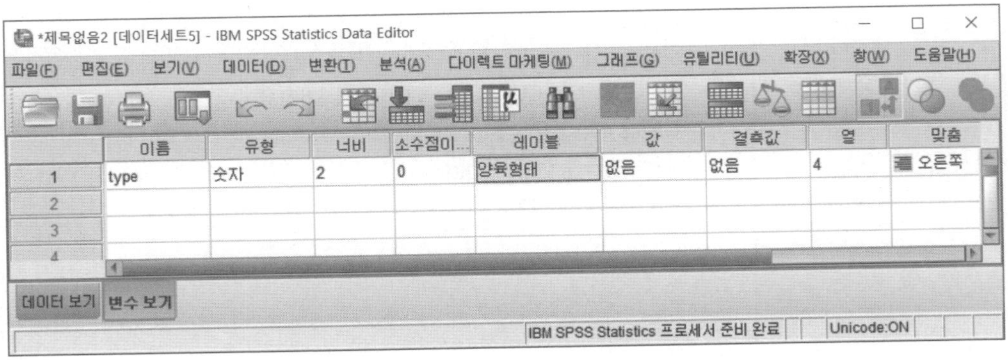

통계분석을 하기 위해서 열리는 대화상자나 IBM SPSS Statistics Viewer에는 레이블이 있으면 변수명보다 **레이블**이 우선으로 표시된다.

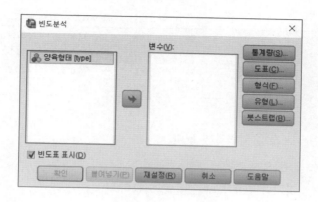

4-6 값(values) 설정

앞 장에서 자료의 척도에 대해서 언급한 것처럼 SPSS의 모든 자료는 숫자로 입력된다. 문제는 통계분석의 결과도 모두 숫자로 나타나서 해석하기가 어렵다는 것이다. 아래 그림의 예를 보자. 이 자료의 경우 양육형태에 대해 기관양육은 1, 대리모양육은 2, 조부모양육은 3으로 표시하였다. 이때 1, 2, 3이라는 숫자는 연구자가 임의로 설정한 값이기 때문에 다른 사람은 이 결과를 해석할 수 없다. 또한 연구자가 얼마의 기간이 지난 후에 다시 이 결과를 보았을 때에도 1, 2, 3이 무엇을 의미하는지 기억하기가 쉽지 않다.

양육형태

		빈도	퍼센트	유효 퍼센트	누적 퍼센트
유효	1	139	37.9	37.9	37.9
	2	96	26.2	26.2	64.0
	3	132	36.0	36.0	100.0
	전체	367	100.0	100.0	

따라서 앞의 **레이블**처럼 명목 자료의 경우 입력된 자료의 숫자가 무엇을 의미하는지 설정해줄 필요가 있다. **값** 항목에서 이 문제를 처리해준다. **레이블**은 변수명을 한글로 바꾸는 것이고, **값**은 **변수값**을 텍스트로 나타내주는 것이다.

다음의 화면은 **레이블**을 이용해 변수값을 처리해준 결과이다.

양육형태

		빈도	퍼센트	유효 퍼센트	누적 퍼센트
유효	기관양육	139	37.9	37.9	37.9
	대리모양육	96	26.2	26.2	64.0
	조부모양육	132	36.0	36.0	100.0
	전체	367	100.0	100.0	

아래와 같은 순서로 값을 입력하면 된다.

① **값**은 디폴트로 [**없음**]으로 되어 있다.
② **값** → [**없음**] 클릭하거나 오른쪽의 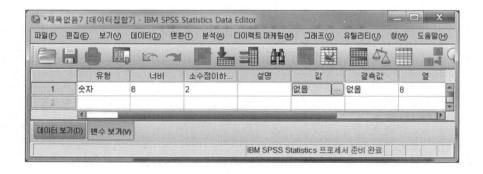을 클릭한다.

③ **값 레이블**의 **기준값**(U) → [1]이라고 입력한다.
④ **값 레이블**의 **레이블**(L) → [**기관양육**]이라고 입력한다.

⑤ **추가**를 누르면 다음의 빈 화면에 1 = "**기관양육**" 이라고 추가된다.

⑥ 차례대로 다음과 같이 입력한다.

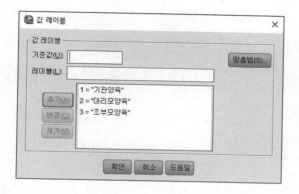

4-7 결측값

설문조사를 통하여 자료를 구하다 보면 한두 문항에서 값이 누락된 경우가 자주 발생한
다. 이 사람의 자료를 모두 뺄 수도 있지만 표본의 수가 적거나 꼭 필요한 경우에는 자료
로 이용할 수 있다. 이때 값이 누락된 셀에 "0"을 입력하면 안 된다. SPSS가 이를 "0"이라
는 값으로 인식해버리기 때문이다. 이때는 빈칸으로 두어서 시스템 결측값(missing)으로
처리해주어야 한다.

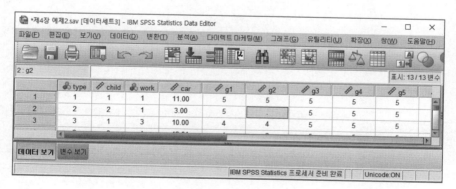

4-8 열과 맞춤

열(columns)은 데이터시트에서 해당 변수의 너비를 조정하고, **맞춤**(align)은 오른쪽, 왼쪽,
가운데 맞춤으로 자료를 정렬할 수 있다. 여기서는 디폴트로 둔다.

4-9 측도 설정

앞 장에서 변수의 척도가 매우 중요하다고 하였다. **측도**(measure)는 변수의 척도를 설정하는 곳이다. SPSS에서는 4가지 척도로 분류하지 않고 3가지로 분류한다.

종류	설명
척도(scale)	등간척도나 비율척도
순서형(ordinal)	순위척도
명목(nominal)	명목척도

본 예제에서는 [type], [근무조건]은 **명목**으로, [자녀수], [경력], [죄책감]은 **척도**로 변경한다. **변수 보기**를 완성하면 다음 화면과 같다.

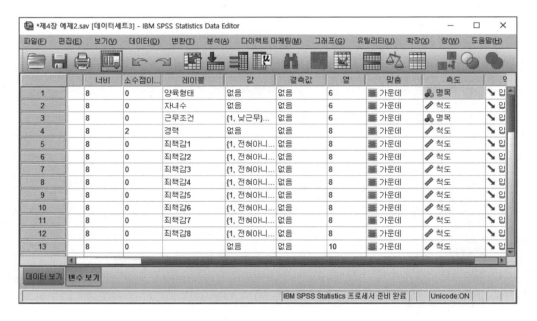

4-10 자료 입력

모든 변수에 대한 정의가 끝났으면 수집한 자료를 입력한다. 셀 간의 이동은 Enter나 Tab, **방향키**(←, →) 등으로 할 수 있다. **데이터 보기** 시트를 완성하면 다음 화면과 같이 입력된다. 제4장 예제2.sav

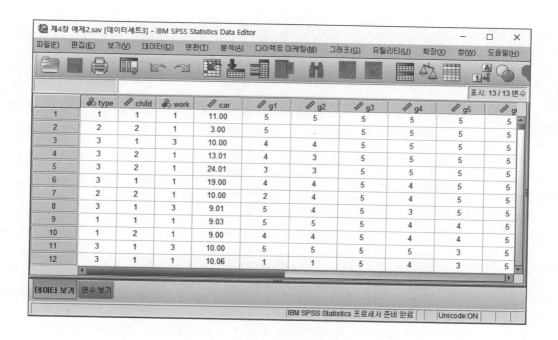

만약 입력한 자료의 실제값을 보고 싶을 때는 아래와 같이 **값 레이블(V)**을 이용할 수 있다.

① 메뉴의 **보기(V)** → **값 레이블(V)**을 선택하면 다음의 화면을 확인할 수 있다.

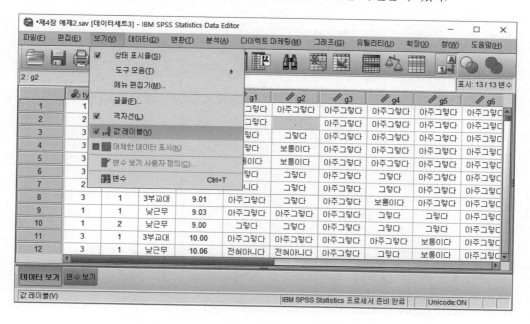

5 파일 합치기(Merge Files)

여러 사람이 같이 조사하는 경우, 또는 자료를 여러 사람이 나누어서 입력해야 하는 경우에 최종적으로 만들어진 자료를 합쳐야 한다. 파일을 결합하는 경우에는 2가지가 있다. 하나는 케이스를 합치는 것이고, 하나는 변수를 합치는 것이다.

5-1 케이스 추가

조사 연구에서 표본수가 많은 경우 여러 사람이 입력하여 합쳐야 할 경우가 발생한다. [제4장 예제3.sav]의 케이스 10개와 [제4장 예제4.sav]의 케이스 15개를 합쳐보자. 이때 잘못해서 한 사람은 결혼을 [Mrg]라고 변수명을 주고, 또 다른 한 사람은 [Mar]이라고 변수명을 주었다고 하자. 이를 똑같은 변수로 만들어 합쳐보자. 제4장 예제3.sav 제4장 예제4.sav

① 먼저 [제4장 예제3.sav]와 [제4장 예제4.sav]를 연다.
② 메뉴의 데이터(D) → 파일 합치기(G) → 케이스 추가(C)를 선택한다.

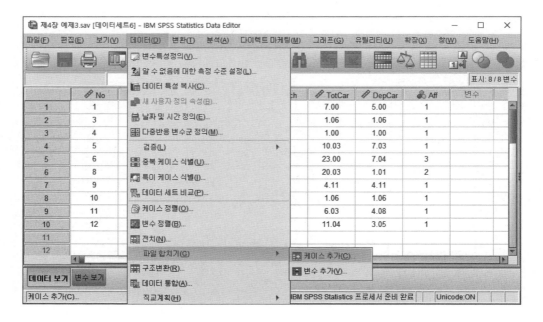

③ 추가할 파일인 [제4장 예제4.sav]를 선택한 후 **계속**을 클릭한다.

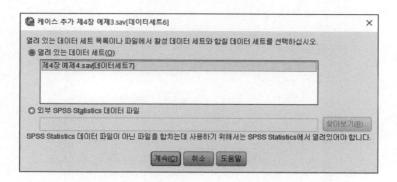

이때 2개 파일의 변수명이 일치하지 않을 때는 왼쪽의 **대응되지 않은 변수** 상자에 해당
변수가 나타난다. [Mar]을 [Mrg]로 바꾸어서 합쳐보자.

④ **대응되지 않은 변수(U)**의 [Mar(+)]을 선택한 후 **이름변경(E)**을 클릭한다.

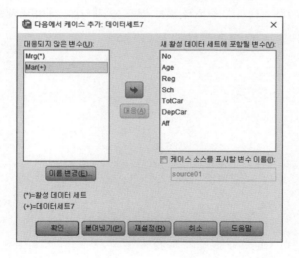

⑤ 새 이름(N)에 있는 [Mar] → [Mrg]로 변경한다.

⑥ [Mar->Mrg(+)]가 선택된 상태에서 [Ctrl] 또는 [Shift] 키를 누르면서 [Mrg(*)]를 마우스로 클릭하면 두 변수가 동시에 선택된다.

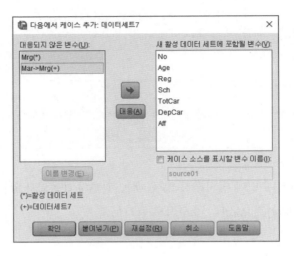

⑦ 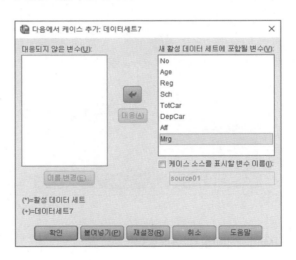가 아니라 [대응(A)]을 클릭한다.
⑧ [Mrg(*)]와 [Mar->Mrg(+)]가 **대응되지 않은 변수 → 새 활성 데이터 세트에 포함될 변수**로 옮겨지면서 변수명은 [Mrg]로 통일된다.

⑨ **확인** 누르면 [제4장 예제3.sav]의 케이스와 [제4장 예제4.sav]의 케이스가 합쳐져서 총 25개의 케이스가 된 것을 확인할 수 있다.

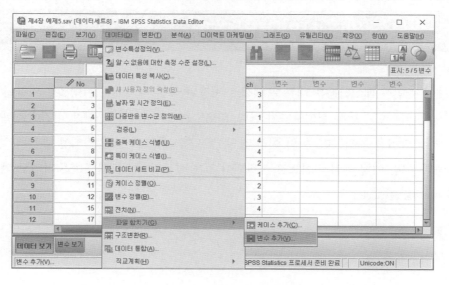

5-2 변수 추가

자료를 입력하는 과정에서 한 사람은 대상자의 일반적 특성(연령, 학력, 종교, 결혼여부)에
대한 변수만 입력하였고(제4장 예제5.sav), 다른 한 사람은 행태적 특성(총경력, 부서경력, 직
위)에 대한 변수만 입력하였을 때(제4장 예제6.sav), 이 두 변수를 합쳐보자.

① 먼저 [제4장 예제5.sav]와 [제4장 예제6.sav]를 연다.
② [제4장 예제5.sav]에서 메뉴의 데이터(D) → 파일 합치기(G) → 변수 추가(V)를 선택한다.

③ 추가할 [제4장 예제6.sav]
파일을 선택한 후 **계속**을
클릭한다.

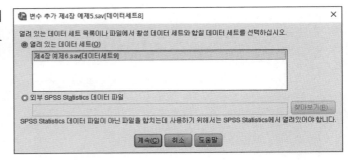

④ **새 활성 데이터 파일(N)**에
두 파일의 모든 변수가
나타난다.
만약 합치고 싶지 않은
변수가 있다면 선택한
후에 을 클릭하면 **새
활성 데이터 파일(N)**에서
제외된 변수(E)로 해당 변
수가 옮겨진다.

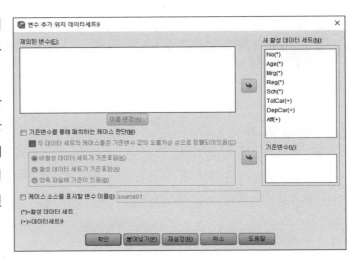

6 외부 데이터 파일 불러오기

병원에서 작업한 데이터들은 대부분 엑셀로 저장된다. 본 예제에서는 엑셀로 저장된 데이터 파일을 읽어오는 법을 설명하고자 한다. SPSS 15.0 이후부터는 엑셀 버전에 상관없이 모든 엑셀 파일을 지원하며, 특히 여러 장의 스프레드시트로 구성된 엑셀 파일도 인식이 가능하다. 그럼 엑셀 파일 형식으로 저장되어 있는 설문지 데이터를 SPSS 파일로 만들어 보자. 제4장 예제8.xls

① 메뉴의 **파일(F) → 열기(O) → 데이터(D)**를 선택한다.

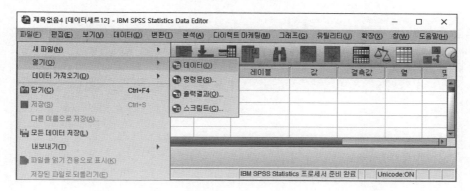

② **데이터 열기** 대화상자
하단의 **파일 유형**을 클
릭한 후 Excel(*.xls)을
선택한다.

③ **제4장 예제8.xls**를 선택
한다.

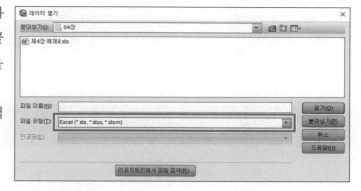

④ **열기(O)**를 선택하면 다음
과 같이 워크시트를 선
택하는 창이 나타난다.

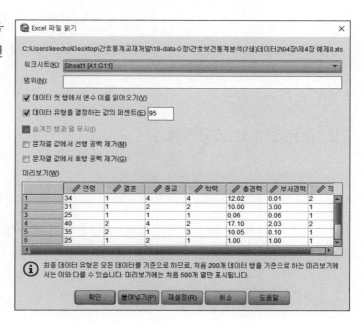

⑤ 확인을 클릭하면 최종적으로 다음과 같이 데이터 집합기에 데이터 파일이 나타난다.

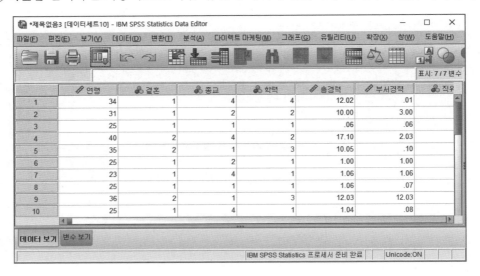

7 변수값 변환

SPSS 데이터 편집기를 이용하여 직접 데이터를 생성하거나, 외부 파일로 저장된 데이터를 불러오는 방법들을 살펴보았다. 이렇게 입력된 자료를 그대로 이용해서 통계분석을 하는 경우도 있지만 일차적으로 만들어진 데이터 파일을 변환해서 사용해야 될 때도 있다. 이때는 SPSS 데이터 편집기(data editor) 메뉴 중에서 주로 데이터(data) 혹은 변환(transform) 메뉴를 이용한다.

7-1 같은 변수로 코딩변경

설문 문항 중에 부정문항이 있는 경우에는 혼동을 초래할 수 있으므로 부정문항은 역코딩하여 처리한다. 본 예제에서는 간호사의 소진을 10개(7점척도)의 문항으로 측정하였는데, 그중에 4개(7번~10번) 문항이 부정문으로 구성되었다. 기존 값을 수정하여 값을 전환해보자. 제4장 예제9.sav

소진 요인 항목	1	2	3	4	5
1. 나는 대개 일을 한 후에 피로감과 함께 녹초가 됨을 느낀다.					
2. 나는 몸의 회복을 위해서 일한 시간보다 더 많은 시간을 쉬어야 한다.					
3. 나는 일을 한 후에 감정까지 메마르게 된다.					
4. 나는 내가 하는 일이 별 볼 일 없는 일이라고 말하곤 한다.					
5. 내가 하는 일은 기계적인 일이다.					
6. 내가 하는 일이 지겹고 신물이 난다.					
*7. 나는 일을 하면 할수록 그 일에 몰입하게 된다.					
*8. 내가 하는 일은 나에게 도전을 준다.					
*9. 나에게 할당된 업무량은 충분히 견딜 만한 양이다.					
*10. 일을 한 후에도 여가 활동을 즐길 수 있을 만큼 충분한 힘이 남아 있다.					

① 메뉴에서 **변환(T) → 같은 변수로 코딩변경(S)**을 선택한다.

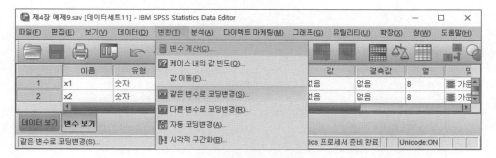

② 왼쪽 변수들 중에서 **소진7[x7]~소진10[x10]**을 **숫자변수**로 이동시킨다.

③ **기존값 및 새로운 값(Q)**을 클릭한다.

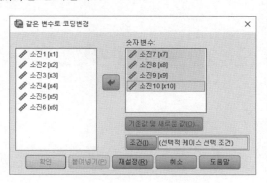

④ **기존값**에서 **값(V)** → [7]을 입력, 새로운 값에서 **값(L)** → [1]을 입력한 후 **추가(A)** 버튼을 클릭하면, **기존값** → **새로운 값(D):**에 변환될 값이 입력된다.

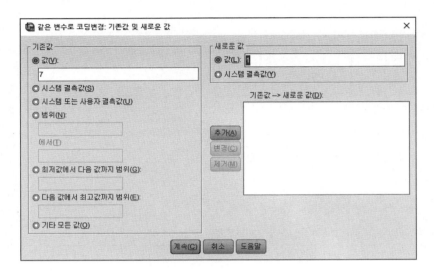

⑤ 나머지 값 [6~1]도 아래와 같이 입력한다.

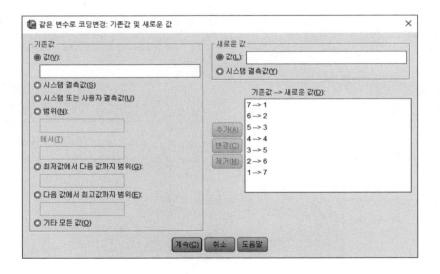

⑥ 최종 변경된 데이터는 아래 화면과 같다.

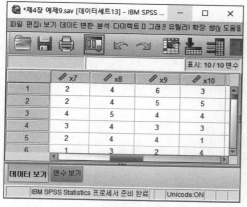

수정 전	수정 후

7-2 변수 계산

변수 계산(compute variable)은 기존 변수들을 이용해서 새로운 변수를 계산할 경우, 혹은 기존 변수의 값을 새롭게 계산할 경우 사용한다. 앞에서 부정문으로 된 역코딩을 변경하였다. 이제 이 10개의 측정문항들을 이용해서 하나의 **소진합**이라는 변수로 만들어보자.

제4장 예제9(후).sav

① 메뉴에서 **변환(T)** → **변수 계산(C)**을 선택한다.

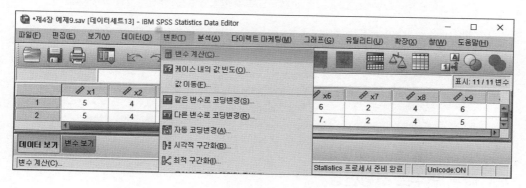

② 변수 계산의 **목표변수(T):** → **[소진합]**을 입력한다.

③ 변수 계산의 **함수 집단(G)** → **통계**를 선택한 후, **함수 및 특수변수(F)** → Sum을 찾아서 더블클릭한다.

④ **유형 및 레이블(L)**에 나와 있는 변수들 중에서 **[x1]~[x10] → 숫자표현식(E)**으로 이동시킨다.

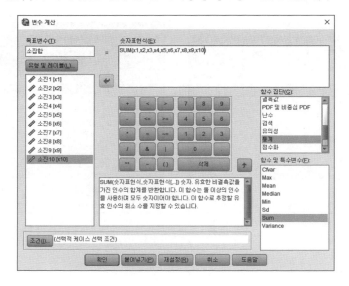

　　숫자표현식(E)에는 계산식을 입력하는데 직접 타이핑해서 입력해도 되고, **함수 및 특수 변수(F)**에 저장되어 있는 함수값을 이용해도 된다.

⑤ **확인**을 클릭하면 **데이터 보기**에 **[소진합]**이라는 새로운 변수가 생성된다.

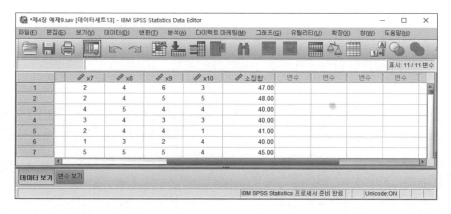

7-3 다른 변수로 코딩변경

연령 등과 같이 연구 대상자의 특성을 제시할 때 비율척도로 된 변수를 명목척도로 변경해서 사용하는 경우가 있다. 예를 들어, 간호사의 연령을 그대로 이용하기보다는 4개 집

단으로 나누어서 빈도(%)를 볼 수도 있다. 다음과 같이 값을 변경해보자. 제4장 예제1.sav

> 25세이하 → 1, 26세~30세 → 2, 31세~35세 → 3, 36세이상 → 4

이때 변경된 값을 간호사의 연령이라는 기존 변수값에 덮어쓸 수도 있고, 새로운 변수로 만들어서 저장할 수도 있다. 일반적으로는 기초 데이터는 그대로 유지한 채 새로운 변수로 만들어서 사용한다.

① 메뉴에서 **변환(T)** → **다른 변수로 코딩변경(R)**을 선택한다.

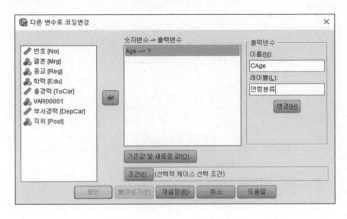

② 왼쪽 변수들 중 [Age] → **숫자변수(V)**->**출력변수**:로 이동한다.

③ **출력변수의 이름(N)** → [CAge]라고 입력하고, **레이블(L)** → [연령분류]라고 입력한 후에 **변경(H)**을 클릭하면 [Age] → [CAge]로 바뀐다. 즉, [연령]이라는 변수의 값은 그대로 유지하고 [연령분류]라는 새로운 변수가 생성된다.

④ **기존값 및 새로운 값(O)**을 클릭한 후에, **기존값**에는 현재의 변수값을 입력하고 **새로운 값**에는 새롭게 바꿀 값을 입력한다.

⑤ **기존값**에서 **최저값에서 다음 값까지 범위(G)**: → [25]를 입력, **새로운 값**에서 **값(L)** → [1]을 입력 후 **추가(A)**를 클릭하면 **기존값->새로운 값(D)**:에 변환될 값이 입력된다.

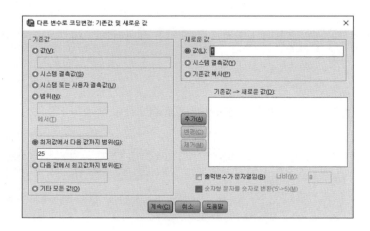

⑥ **기존값**에서 **범위(N)** → [26]에서 [30] 입력, **새로운 값**에서 **값(L)** → [2]를 입력한다.

⑦ **기존값**에서 **범위(N)** → [31]에서 [35] 입력, **새로운 값**에서 **값(L)** → [3]을 입력한다.

⑧ **기존값**에서 **다음 값에서 최고값까지 범위(E)** → [36]을 입력한 후, **새로운 값**에서 **값(L)** → [4]를 입력한다.

⑨ **계속** → **확인**을 클릭하면 다음과 같이 **[연령분류]**라는 새로운 변수가 만들어진다.

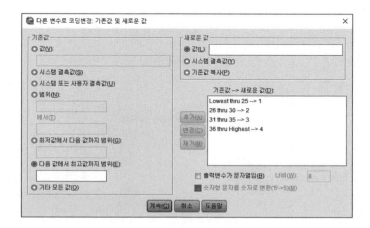

7-4 케이스 선택

전체 자료 중 특정 조건에 맞는 케이스만을 선택해서 분석할 수 있다. 예를 들어, 결혼유무에서 결혼 안 한 간호사(**결혼**=1)의 케이스만 뽑고 싶을 때 사용한다.

① 메뉴에서 **데이터(D) → 케이스 선택(S)**을 선택한다.

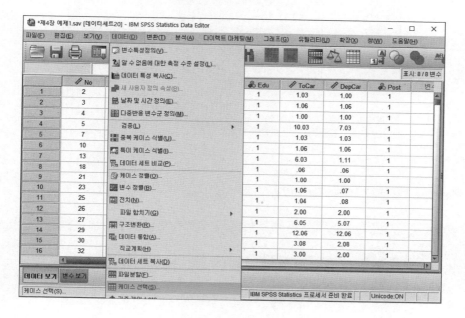

② **조건을 만족하는 케이스(C) → 조건(I)**을 선택한다.

출력결과에서 **선택하지 않은 케이스 필터(F)**를 선택하면 조건에 만족하지 못하는 케이스 번호에 사선으로 표시해준다. **선택하지 않은 케이스 삭제(L)**를 선택하면 선택한 케이스만 남고 나머지 데이터는 삭제되니 조심해서 사용해야 한다.

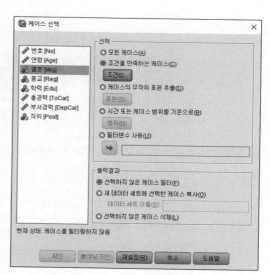

③ [결혼]을 오른쪽 상자로 이동한 후 Mrg=1로 지정한 후 **계속**을 클릭한다.

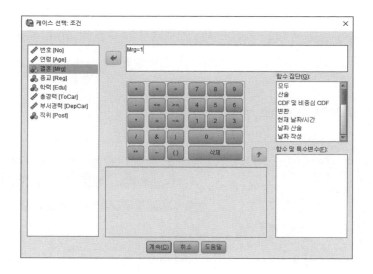

④ **확인**을 클릭하면 아래와 같이 미혼(**결혼**=1)인 자료만 선택이 된다.

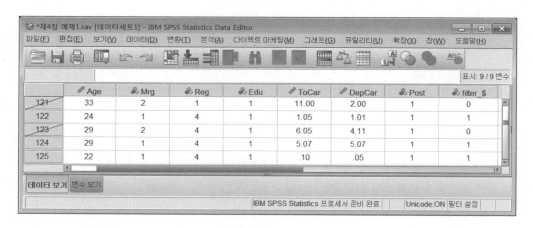

　　출력결과에서 **선택하지 않은 케이스 필터(F)**를 선택하면 위의 그림처럼 [결혼]이 [1]이 아닌 케이스는 번호에 사선(/)으로 표시된다. 또한 제일 뒤에 [filter_$]라는 이름의 변수가 생성되는데, "1"은 선택된 케이스이고 "0"은 제외된 케이스를 의미한다. [filter_$] 변수를 삭제하면 케이스 선택이 해제된다.

7-5 파일 분할

파일 분할은 집단별로 데이터의 결과를 조사하고 싶을 때 이용할 수 있다. 예를 들어, 학력별로 분석을 따로 하고 싶을 때 이용한다. 단, 실제로 파일을 분리하는 것이 아니고 가상으로 분리된 것처럼 처리하는 것이다. 본 예제에서는 학력에 따른 직위를 분석해보고자 한다. 제4장 예제1.sav

① 메뉴의 **데이터(D) → 파일분할(F)**을 선택한다.

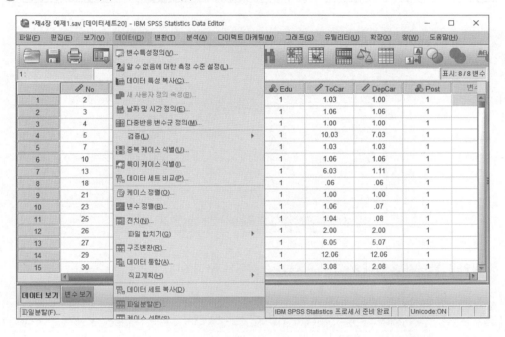

② **각 집단별로 출력결과를 나타냄(O)**을 체크한 후 [학력] → **분할 집단변수(G)**로 이동한 후 **확인**을 클릭한다.

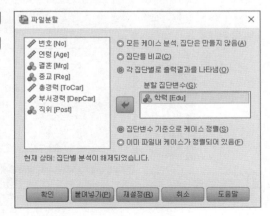

③ 메뉴에서 **분석(A)** → **기술통계량(E)** → **빈도분석(F)**을 선택한다.

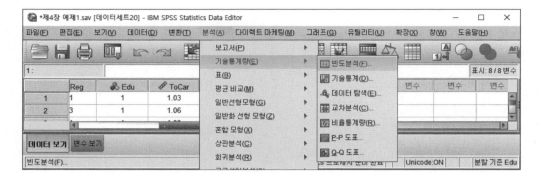

④ **[직위]** → **변수(V)**로 이동한다.

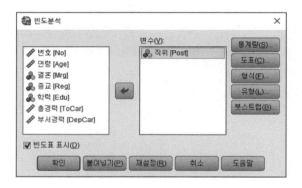

⑤ **확인**을 클릭하면 아래와 같이 학력별로 직위가 구해진다.

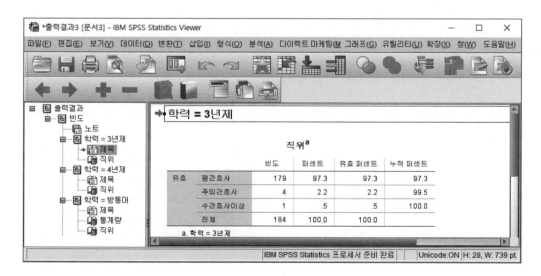

7-6 가중치 부여

데이터를 구하다 보면 초기 데이터가 아니라 일단 한 번 정리가 된 데이터를 얻을 수 있다. 예를 들어, 아래와 같이 경부암(cervical cancer) 발생 유무를 조사한 자료를 이용해서 분석에 사용할 수 있다. 이때 42, 203은 데이터의 개수이다. 즉, 첫 임신 연령이 24세이하인 사람 중에서 경부암이 발생한 사람은 전체 중에 42명이라는 의미이다. 따라서 이 수치는 데이터 개수로 인식해서 분석해야 한다. 주로 교차분석(χ^2분석)에서 사용된다.

제4장 예제10.sav

첫 임신 연령	경부암 발생 유	경부암 발생 무
24세 이하	42	203
25세 이상	7	114

(건수)

데이터 입력도 지금까지와는 다르게 원데이터가 아니라 다음과 같이 2차 데이터 값을 입력한다.

① 메뉴에서 **데이터(D) → 가중 케이스(W)**를 선택한다.

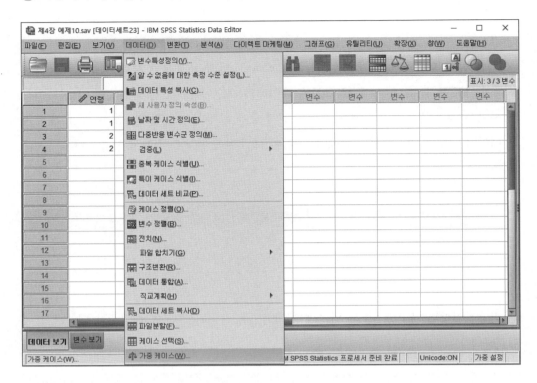

② **[관찰치] → 가중 케이스 지정(W) → 빈도 변수(F)**로 이동시킨다.
　더 자세한 분석 방법은 교차분석에서 다시 설명할 것이다.

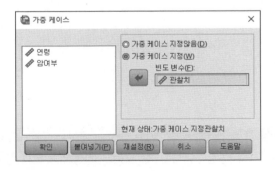

Chapter 5

기술통계 분석

SPSS / AMOS
Nursing and Health Statistical Analysis

통계학의 2가지 분류 중 하나는 수집된 자료를 정리·요약하여 수치, 표, 그래프로 자료의 특징을 파악하는 기술통계학(descriptive statistics)이다. 기술통계 분석은 자료가 가지는 원래 특성만을 잘 표현해주는 분석 방법이다. 자료를 정리하는 방법에는 표나 그래프를 이용하여 시각적으로 정리하는 방법과 수치로 정리하는 방법이 있다. 질적 변수의 경우에는 표로 정리하고, 연속변수의 경우에는 수치로 정리한다.

종류	설명
표, 그래프	• 주로 질적 변수(명목척도)로 이루어진 자료의 요약에 이용 • 도수분포표, 히스토그램, 막대그래프 등
기술통계량 (수치)	• 주로 연속변수(등간 및 비율척도)로 이루어진 자료의 요약에 이용 • 대표치: 평균, 중위수, 최빈수 • 산포도: 표준편차, 분산, 범위, 사분위수 범위 등 • 분포도: 왜도, 첨도 등

종류	적합한 그래프
질적 변수	• 막대도표, 선도표/면적도표, 원도표, 상한-하한도표
연속변수	• 산점도, P–P도표/Q–Q도표, 상자도표/오차막대도표, 순차도/시계열도표, 히스토그램

2 질적 변수

2-1 도수분포표

도수분포표(frequency table)란 수집된 자료를 적절한 계급으로 분류, 정리한 표이다. 각 데이터 값의 도수를 세거나 몇 개의 구간으로 나누어 각 구간에 속하는 데이터의 개수를 세어서 정리한 것을 말한다. 처음 조사된 원자료는 그 자료의 특징 및 분포를 파악하기 어렵다. 따라서 처음 조사된 원자료를 구간을 나누거나 도수를 파악해서 정리하여 자료의 구조적 특징을 파악해야 한다. 일반적으로 질적 변수일 때 사용한다.

		빈도	퍼센트
학력	3년제	191	90.1
	4년제	13	6.1
	방통대	8	3.8
	합계	212	100.0

2-2 빈도분석

빈도분석은 질적 변수들의 응답 분포를 알고 싶을 때 사용한다. 예제 중 질적 변수인 학력, 결혼여부에 대한 자료를 요약해보자. 제5장 예제1.sav

① 메뉴에서 **분석(A) → 기술통계량(E) → 빈도분석(F)**을 선택한다.

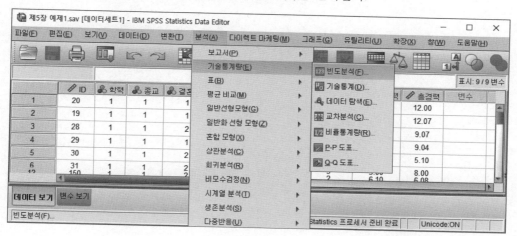

② **[학력], [종교], [결혼여부] → 변수(V)**
로 이동시킨다.

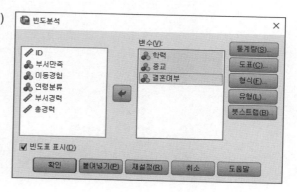

종류	설명
빈도표 출력 (display frequency tables)	• 빈도표 출력, 빈도분석 결과를 표로 보기 원할 때
통계량(statistics)	• 빈도분석 결과의 기술통계량 선택
도표(charts)	• 빈도분석 결과의 차트(막대도표, 히스토그램 등)
형식(format)	• 빈도분석표의 출력 형식 지정

일반적으로 연속변수는 앞에서 설명한 **기술통계** 혹은 **데이터 탐색**의 2가지 방법으로 분석하는 것이 보통이지만 **빈도분석**을 이용하는 사람도 있다. 이때 **통계량**은 연속변수를 **빈도분석**을 이용해 분석할 때 주로 이용된다.

③ **도표(C) → 도표 유형 → 막대도표(B)**를 선택한 후 **계속, 확인**을 클릭한다.

다음은 빈도분석 결과이다.

학력

		빈도	퍼센트	유효 퍼센트	누적 퍼센트
유효	3년제	69	76.7	76.7	76.7
	4년제	13	14.4	14.4	91.1
	방통대	8	8.9	8.9	100.0
	전체	90	100.0	100.0	

종교

		빈도	퍼센트	유효 퍼센트	누적 퍼센트
유효	기독교	38	42.2	42.2	42.2
	불교	13	14.4	14.4	56.7
	천주교	10	11.1	11.1	67.8
	무	26	28.9	28.9	96.7
	기타	3	3.3	3.3	100.0
	전체	90	100.0	100.0	

결혼여부

		빈도	퍼센트	유효 퍼센트	누적 퍼센트
유효	기혼	43	47.8	47.8	47.8
	미혼	47	52.2	52.2	100.0
	전체	90	100.0	100.0	

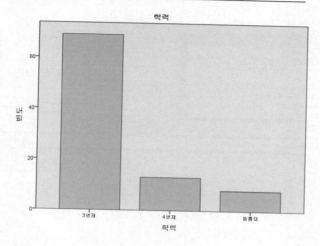

다음으로, 구해진 결과를 가지고 보고서를 만들기 위해 엑셀로 복사하여 도수분포표를 만들어보자. 결과창의 분석 결과는 엑셀로 저장할 수 있다.

④ 결과창에서 **파일(F) → 내보내기(T)**를 누른다.

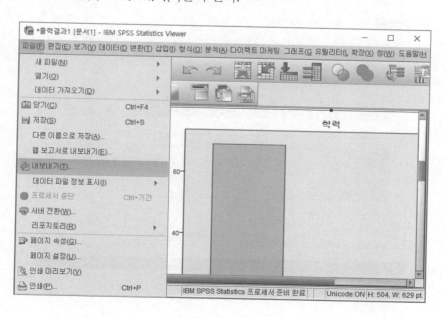

⑤ **내보내기 출력결과** 창이 나오면 → **유형(T): Excel 2007이상(*xlsx)**을 선택한다.

⑥ **파일 이름(F)** → **찾아보기(B)**에서 저장할 위치를 선택한다.

⑦ **확인**을 클릭하면 Excel로 저장된다.

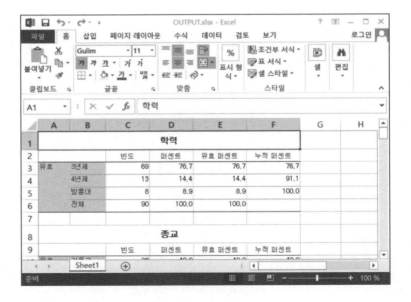

⑧ 엑셀에서 정리한 표를 복사해서 워드 파일 또는 한글에 붙여 최종 편집을 한다.

변수	항목	빈도	%
학력	3년제	69	76.7
	4년제	13	14.4
	방통대	8	8.9
종교	기독교	38	42.2
	불교	13	14.4
	천주교	10	11.1
	무	26	28.9
	기타	3	3.3
결혼여부	기혼	43	47.8
	미혼	47	52.2

2-3 다중반응 분석

다중반응이란 설문에서 하나의 값을 선택하는 것이 아니라, 여러 개의 값을 동시에 선택할 수 있을 때 사용하는 방법이다. 주의할 점은, 설문지를 구성할 때 "모두 선택하시오"라고 하기보다는 2개 또는 3개만 선택하라고 명확하게 해주는 것이 좋다.

1) 설문지 구성

간호대학 입학생을 대상으로 아래와 같은 보기를 주고 간호학 선택 동기를 2개만 고르도록 하였다. 제5장 예제2.sav

① 내 적성과 흥미에 알맞으므로
② 외국에 갈 기회가 많으므로
③ 남을 도울 수 있는 직업이므로
④ 가족, 친지들의 권유에 의해서
⑤ 취업이 보장되므로
⑥ 성적에 맞아서

2) 데이터 세트 만들기

① 아래 데이터 창에서 나타나듯이 변수는 하나지만 값은 2개가 들어갈 수 있으므로 입력 변수를 2개로 나누어서 [X3_1], [X3_2]로 입력한다.

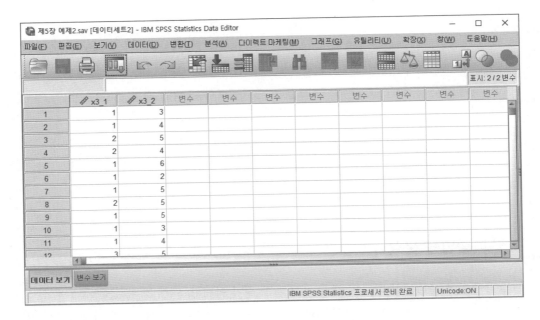

변수 [X3_1], [X3_2] 레이블에 아래와 같이 동일하게 입력한다.

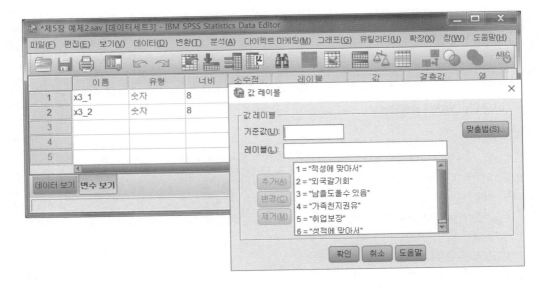

② 메뉴에서 **분석 → 다중반응(U) → 변수군 정의(D)**를 선택한다.

③ 변수군 정의(D)에서 [x3_1], [x3_2] → **변수군에 포함된 변수(V)**로 이동시킨다.

④ 변수들의 코딩형식에서 → **범주형(G): [1]에서 [6]**으로 입력한다.

⑤ 이름(N): → **[Mot]**, 레이블(L): → **[선택동기]**를 입력한다.

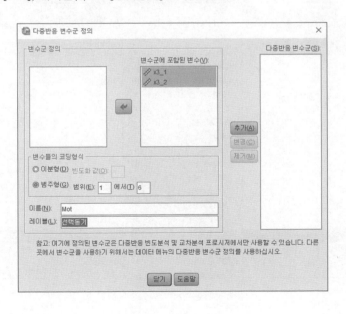

⑥ **추가(A)**를 클릭하면 **다중반응 변수군(S): → [$Mot]**가 만들어진다.

⑦ **닫기**를 선택한 후 **확인**을 클릭한다.

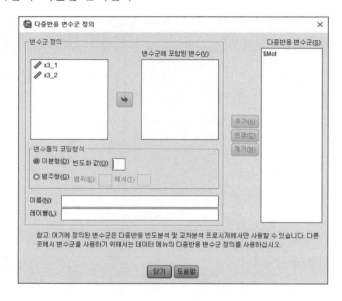

3) 빈도분석

① 메뉴에서 **분석(A) → 다중반응(U) → 빈도분석(F)**을 선택한다.

② **다중반응변수군(M):**의 **선택동기[$Mot]** → **표작성 응답군(T):**으로 이동한 후 **확인**을 클릭한다.

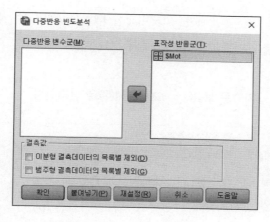

③ 다음은 빈도분석의 결과이다. 총 168명이 응답했으며, 결측치 없이 168개의 자료가 모두 사용되었다.

케이스 요약

	케이스					
	유효		결측		전체	
	N	퍼센트	N	퍼센트	N	퍼센트
$Mot[a]	168	100.0%	0	0.0%	168	100.0%

a. 범주형 변수 집단

168명의 응답자가 2개씩 응답해서 총 335개의 응답이 만들어졌다. 이를 통합하면 **[취업보장]**이 94명, 총 28.1%로 가장 많이 선택한 것으로 나타났다.

$Mot 빈도

		반응		케이스 중 %
		N	퍼센트	
선택동기[a]	적성에 맞아서	54	16.1%	32.1%
	외국갈기회	23	6.9%	13.7%
	남을도울수 있음	36	10.7%	21.4%
	가족친지권유	73	21.8%	43.5%
	취업보장	94	28.1%	56.0%
	성적에 맞아서	55	16.4%	32.7%
전체		335	100.0%	199.4%

a. 범주형 변수 집단

2-4 교차분석

교차분석(crosstabs)은 2개의 질적 변수를 비교할 때 이용된다. 본 예제에서는 **[이동경험]**과 **[부서만족]**의 관계를 살펴보고자 한다. 제5장 예제1.sav

① 메뉴에서 **분석(A) → 기술통계량(E) → 교차분석(C)**을 선택한다.

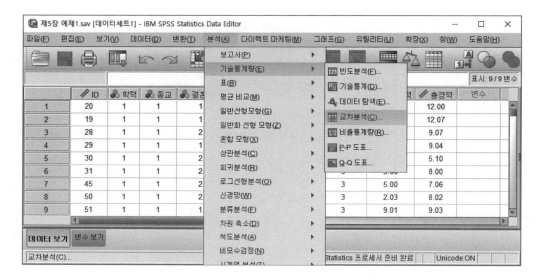

② **[이동경험] → 행(O)**, **[부서만족] → 열(C)**로 이동, **수평배열 막대도표 표시(B)**를 체크한다.

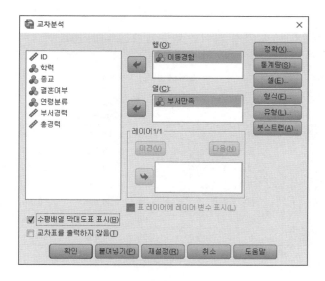

종류	설명
수평배열 막대도표 표시 (display clustered bar charts)	• 수평배열 막대도표 출력을 원할 때 선택
교차표를 출력하지 않음 (suppress tables)	• 교차표를 출력하지 않을 때 체크
정확(exact)	• 작은 데이터 파일을 이용한 분석이나 균형이 잡혀 있지 않은 교차표 를 이용해서 분석할 때
통계량(statistics)	• 통계량 선택
셀(cells)	• 교차표의 각 셀의 옵션을 결정
형식(format)	• 교차표의 열 순서 결정

이 중에서 **통계량(S)**과 **셀(C)** 옵션을 가장 많이 이용한다. 통계량은 교차분석에서 이용되는 검정통계량을 구할 때 이용되므로 8장에서 언급하고자 한다.

③ **통계량(S)** → **카이제곱(H)** → **계속**을 클릭한다.
④ **셀(E)** → **전체(T)** → **계속** → **확인**을 클릭한다.

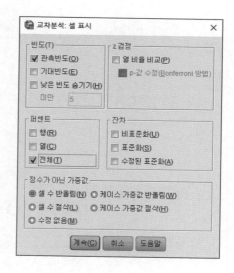

다음은 **빈도(T)**의 옵션에 대한 설명이다.

종류	설명
관측빈도(observed)	• 실제로 관측된 케이스 수
기대빈도(expected)	• 기대된 케이스 수

다음은 **퍼센트**의 옵션에 대한 설명이다. **퍼센트**는 빈도표의 결과에 퍼센트 양식을 추가해준다.

종류	설명
행(row)	• 행의 퍼센트 값 추가
열(column)	• 열의 퍼센트 값 추가
전체(total)	• 합의 퍼센트 값 추가

다음은 교차분석 결과이다. **케이스 처리 요약**에 의하면 90개의 데이터 중 90개가 모두 분석에 사용되었다는 것을 알 수 있다.

케이스 처리 요약

	케이스					
	유효		결측		전체	
	N	퍼센트	N	퍼센트	N	퍼센트
이동경험 * 부서만족	90	100.0%	0	0.0%	90	100.0%

다음은 이동경험*부서만족 교차표이다.

이동경험 * 부서만족 교차표

			부서만족				전체
			매우만족	만족	불만족	매우불만족	
이동경험	예	빈도	3	5	4	0	12
		전체 중 %	3.3%	5.6%	4.4%	0.0%	13.3%
	아니오	빈도	7	48	18	5	78
		전체 중 %	7.8%	53.3%	20.0%	5.6%	86.7%
전체		빈도	10	53	22	5	90
		전체 중 %	11.1%	58.9%	24.4%	5.6%	100.0%

2-5 도표 작성과 편집

연구자가 결과를 보고서로 작성할 때 수치가 들어 있는 표만 보여주는 것보다 표와 함께 그래프도 보여주는 것이 더 효과적이다. 그래프는 데이터의 특성을 한눈에 파악할 수 있게 해주기 때문이다. 일반적으로 그래프는 통계분석을 할 때 선택 사항으로 같이 구한다. 하지만 그래프만을 필요로 하는 경우나 그래프를 좀 더 세부적으로 만들고 싶을 때에는 이 메뉴를 이용한다.

그래프를 만들 때에도 변수가 질적 변수인지 연속변수인지에 따라 사용하는 그래프의 종류가 다르다. 또한 분석되는 변수가 1개일 때와 2개일 때 사용되는 옵션이 다르다. 먼저 질적 변수 그래프를 작성하는 방법을 알아보자. 제5장 예제1.sav

1) 단순 막대도표

1개의 질적 변수 그래프를 작성할 때 사용된다.

① 메뉴에서 **그래프(G) → 레거시 대화상자(L) → 막대도표(B)**를 선택한다.

② **도표에 표시할 데이터 → 케이스 집단들의 요약값(G)**을 선택한다.
③ **막대도표 종류→단순**을 선택하고 **정의**를 클릭한다.

먼저 변수의 종류에 따라 옵션을 선택한다. 본 예제는 질적 변수이므로 **도표에 표시할 데이터** 중 **케이스 집단들의 요약값(G)**을 이용한다.

종류	설명
케이스 집단들의 요약값	• 질적 변수일 때 사용
개별 변수의 요약값	• 연속변수일 때 사용
각 케이스의 값	• 각 케이스의 값

막대도표의 종류에는 다음과 같이 3가지가 있으며, 변수의 개수에 따라서 선택할 수 있다. 본 예제에서는 1개의 변수에 대한 그래프 작성이므로 **단순**을 선택한다.

종류	설명	
단순	• 단순 막대도표	• 하나의 변수에 대해 요약
수평배열	• 수평배열 막대도표	• 둘 이상의 변수를 요약
수직누적	• 수직누적 막대도표 • 요약값을 사용하지 않고, 개별 변수값을 도표로 작성	

④ **막대 표시** → **케이스 수(N)**를 선택하고, **[연령분류]** → **범주축(X)**으로 이동한다.

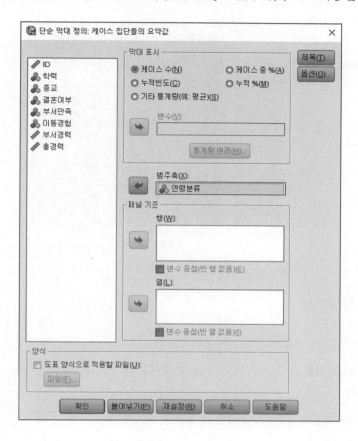

다음은 **막대 표시**의 옵션에 대한 설명이다.

종류	설명
케이스 수	• 케이스 수 표시
케이스 중 %	• 케이스 퍼센트 표시
누적빈도	• 누적 케이스 수 표시
누적빈도 %	• 누적 케이스 퍼센트 표시
기타 통계량(예: 평균)	• 기타 요약 함수 표시

아래와 같이 **연령분류**라는 제목의 그래프가 나타난다.

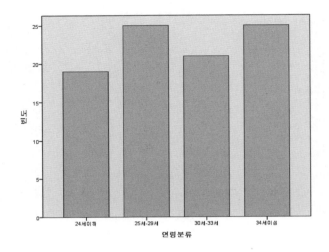

2) 수평배열 막대도표

수평배열 막대도표는 변수가 2개 있을 때 이용된다. 본 예제에서는 결혼여부에 따른 연령대가 어떤 분포를 이루고 있는지 막대도표로 알아본다.

① **케이스 집단들의 요약값(G), 수평배열 → 정의**를 클릭한다.

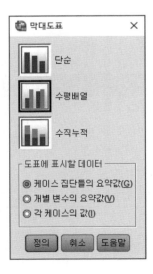

② [결혼여부] → 범주축(X), [연령분류] → 수평배열 정의기준(B)으로 이동한다.
③ 막대 표시 → 케이스 수(N)를 선택한 후 확인을 클릭한다.

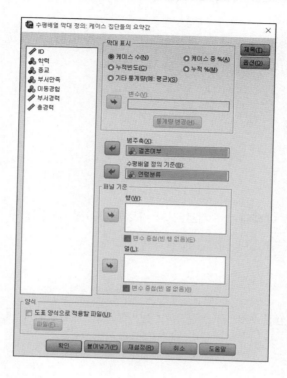

최종 도표는 다음과 같다.

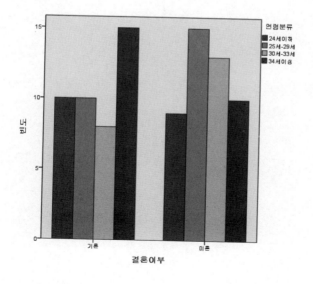

3 연속변수

주로 연속변수의 데이터를 요약할 때 이용되는 수치로는 대표치(평균, 중위수, 최빈수), 산포도(분산, 표준편차), 분포 형태(왜도, 첨도) 등이 있다

3-1 기술통계량

1) 대표치

자료의 중심 경향을 나타내는 수치로 전체 자료를 대표할 수 있는 수치이다. 다음과 같이 평균, 중위수, 최빈수가 있다.

① 평균(mean)
전체 자료의 합을 표본수로 나눈 값으로 일반적으로 연속변수의 대표치로서 가장 많이 사용된다.

$$\overline{X} = \frac{\sum_{i=1}^{n} x_1}{n}$$

② 중위수(median)
순위의 개념으로서 전체 자료를 크기 순서대로 나열했을 때 가운데 오는 값이다.

③ 최빈수(mode)
전체 자료 중에서 가장 빈도가 높게 나타난 값으로, 보통 명목변수의 대표치로 사용된다.

2) 산포도

① 분산(variance)

자료들이 평균으로부터 흩어져 있는 정도를 나타낸다.

$$S^2 = \frac{\sum_{i=1}^{n}(X_i - \bar{x})^2}{n-1}$$

② 표준편차(standard deviation)

분산과 같이 자료들이 평균으로부터 흩어져 있는 정도를 나타낸다.

$$S = \sqrt{\frac{\sum_{i=1}^{n}(X_i - \bar{x})^2}{n-1}}$$

③ 사분위수 범위(quartile range)

전체 자료를 크기 순서대로 나열한 후 전체를 4등분한 값이다.

범위	설명
1사분위수	• 1/4지점(25%)의 값
2사분위수	• 2/4지점(50%)의 값(중위수)
3사분위수	• 3/4(75%)지점의 값

3) 분포도

자료 분포의 모양과 특성을 나타내는 수치로서 왜도와 첨도가 있다.

① 왜도(skewness)

자료 분포의 기울어진 정도와 방향을 나타낸다.

종류	설명
$Sk < 0$	• 자료는 왼쪽(작은 값 쪽)으로 긴꼬리 분포
$Sk = 0$	• 자료는 좌우대칭형인 분포
$Sk > 0$	• 오른쪽(큰 값 쪽)으로 긴꼬리 분포

② **첨도(kurtosis)**

자료 분포의 뾰족한 정도를 나타낸다.

종류	설명
K < 0	• 자료 분포는 정규분포보다 완만한 봉우리
K = 0	• 자료 분포는 정규분포와 같은 봉우리
K > 0	• 자료 분포는 정규분포보다 뾰족한 봉우리

SPSS에서는 첨도의 값을 0을 중심으로 계산해주기 때문에, 0이면 정규분포와 같은 봉우리를 가지고, 0보다 작으면 봉우리의 형태가 완만하고, 0보다 크면 봉우리가 뾰족한 형태를 가진다고 해석한다.

4) 기술통계량 선택

① **대표치 선택**

변수의 척도에 따라 대표치를 선택해야 한다.

종류	설명
등간척도/비율척도	• 일반적으로는 평균을 대표치로 선택한다. 그러나 만약 좌우대칭형이 아니라 한쪽으로 심하게 치우쳐 있을 때는 중위수를 대표치로 사용한다.
순위척도	• 자료값의 형태에 따라 중위수나 최빈수를 대표치로 선택한다. 평균은 의미가 없다.
명목척도	• 최빈수를 유일한 대표치로 선택한다. 순위척도와 마찬가지로 평균은 의미가 없다.

② **산포도의 선택**

연속형 자료일 경우에 산포도를 사용하며, 일반적으로 표준편차(분산)를 사용하는 것이 가장 바람직하다. 그러나 산포도는 평균과 같이 쓰이는 것이므로 평균을 쓰지 못하는 경우, 즉 분포 모양의 평균이 한쪽으로 치우친 분포일 때는 평균보다 사분위수를 사용하는 것이 바람직하다.

3-2 기술통계

예제 중 연속변수인 총경력에 대한 자료를 요약해보자. 제5장 예제3.sav

① 메뉴에서 **분석(A) → 기술통계량(E) → 기술통계(D)**를 선택한다.

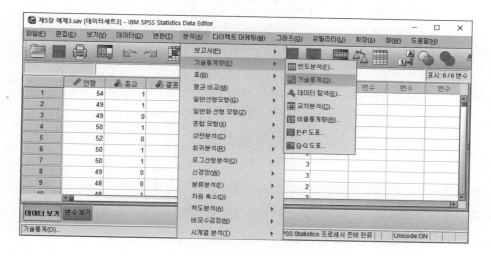

② **[총경력] → 변수(V):**로 이동시킨다.

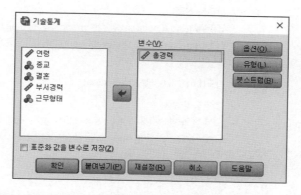

종류	설명
표준화값을 변수로 저장	• 선택한 변수의 모든 관측값을 Z값으로 저장
옵션	• 다양한 기술통계량을 따로 지정

③ **옵션(O)**을 클릭한다.

옵션(O)에서는 다양한 기술통계량을 지정할 수 있으며 대표치는 **평균(M)**, 산포도에서는 **표준편차(T)**, **최소값(N)**, **최대값(M)**, 출력 순서는 **변수목록(B)**이 기본값으로 되어 있다. 여기서는 기본값으로 지정하고 분석한다.

종류	설명
평균(mean), 합계(sum)	• 평균 및 합계 선택
산포도(dispersion)	• 산포도 선택 • 표준편차(Std.deviation), 분산(variance), 범위(range), 최소값(minimum), 최대값(maxmum), 평균의 표준오차(S.E.mean)
분포(distribution)	• 분포 선택 • 첨도(kurtosis), 왜도(skewness)
출력 순서(display order)	• 결과 출력 순서 • 옵션 창의 변수목록 순서(variable list), 문자순(alphabetic), 평균값 오름차순(ascending means), 평균값 내림차순(descending means)

④ **계속 → 확인**을 누르면 다음과 같은 결과가 나타난다.

기술통계량

	N	최소값	최대값	평균	표준편차
총경력	380	.02	40.00	9.1921	7.62946
유효 N(목록별)	380				

3-3 데이터 탐색

기술통계량(E)보다 다양한 기술통계량을 얻고 싶다면 **데이터 탐색(E)**을 이용할 수 있다.

제5장 예제3.sav

① 메뉴에서 **분석(A) → 기술통계량(E) → 데이터 탐색(E)**을 선택한다.

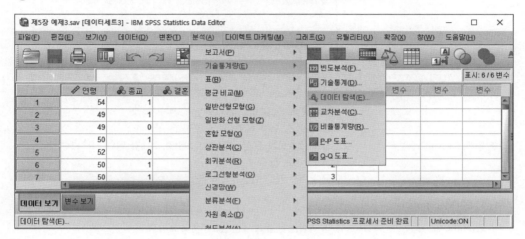

② **[총경력] → 종속변수(D):**로 이동시킨다.
  표시는 기본값인 **모두(B)**로 선택하고
  통계량(S), 도표(T)를 이용해 추가 사
  항을 지정한다.

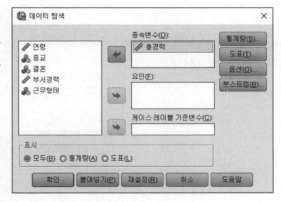

종류	설명
표시(display)	• 결과 화면에 출력할 결과물 선택 • 모두(기술통계량과 도표), 통계량(기술통계량만), 도표(도표만)
통계량(statistics)	• 기술통계량 선택
도표(plots)	• 도표 선택(상자도표, 히스토그램 등)

③ **통계량(S) → 기술통계(D) 평균의 신뢰구간(C): 95%, M-추정량(M), 이상값(O), 백분위수(P)**
를 체크하고 **계속**을 클릭한다. 이 중에서는 일반적으로 **기술통계(D)**만 선택한다.

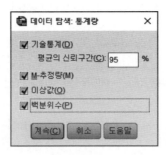

종류	설명
기술통계(descriptives)	• 대표치, 산포도, 분포도, 신뢰구간을 모두 나타냄 • 대표치: 평균, 중위수, 5% 절삭 평균 • 산포도: 표준오차, 분산, 표준편차, 최소값, 최대값, 범위, 사분위수 범위 • 분포도: 왜도, 첨도 • 평균에 대한 95% 수준의 신뢰구간
M-추정량(M-estimators)	• M-통계량
이상값(outliers)	• 값이 가장 높은 것과 낮은 것을 5개씩 표시
백분위수(percentiles)	• 5, 10, 25, 50, 75 , 90, 95 백분위수값 표시

④ **도표(T) → 요인수준들과 함께(F), 줄기와 잎그림(S), 히스토그램(H), 검정과 함께 정규성도표**
(O)를 체크한다.

다음은 **상자도표**(boxplots)의 옵션에 대한 설명이다.

종류	설명
요인수준들과 함께 (factor levels together)	• 이전의 변수 지정 대화상자에서 요인과 같이 사용할 수 있음 • 요인변수에서 정의한 집단별로 결과가 따로 나타남
종속변수들과 함께 (dependents together)	• 서로 다른 변수가 다른 시간에 측정한 단일 특성을 나타낼 때 유용
지정않음 (none)	• 상자도표를 나타내지 않음

다음은 **기술통계**의 옵션에 대한 설명이다.

종류	설명
줄기와 잎그림 (stem-and-leaf)	• 히스토그램(막대그래프)과 같은 시각적인 효과를 냄과 동시에 원자료의 값을 빠짐없이 그대로 표시
히스토그램 (histogram)	• 연속형 자료에 대하여 계급으로 구분해서 표시

검정과 함께 정규성 도표(O)는 표본의 분포가 정규분포인지에 대한 정규성 검정과 함께 정규 Q-Q도표를 그려준다.

다음은 데이터 탐색 결과 화면이다.

기술통계

			통계량	표준오차
총경력	평균		9.1921	.39138
	평균의 95% 신뢰구간	하한	8.4226	
		상한	9.9617	
	5% 절사평균		8.6895	
	중위수		8.0000	
	분산		58.209	
	표준편차		7.62946	
	최소값		.02	
	최대값		40.00	
	범위		39.98	
	사분위수 범위		11.05	
	왜도		.900	.125
	첨도		.178	.250

이 중에서 5% **절삭평균**(trimmed mean)은 상위 5%의 큰 값과 하위 5%의 작은 값을 제외하고 가운데 위치한 90%의 관측값만을 가지고 계산한 평균값을 의미한다. 총경력의 평균은 9.19년이며, 95%의 신뢰구간은 8.42~9.96을 나타낸다.

다음은 M-추정량 결과 화면이다.

M-추정량

	Huber의 M-추정량[a]	Tukey의 이중 가중[b]	Hampel의 M-추정량[c]	Andrews의 웨이브[d]
총경력	7.8535	7.5339	8.1384	7.5051

a. 가중 상수는 1.339입니다.
b. 가중 상수는 4.685입니다.
c. 가중 상수는 1.700, 3.400 및 8.500입니다.
d. 가중 상수는 1.340*pi입니다.

다음은 **백분위수** 결과 화면이다.

백분위수

		백분위수						
		5	10	25	50	75	90	95
가중평균(정의 1)	총경력	.0800	1.0010	3.0000	8.0000	14.0500	20.9030	25.0000
Tukey의 Hinges	총경력			3.0000	8.0000	14.0400		

다음은 **극단값** 결과 화면이다.

극단값

			케이스 번호	값
총경력	최대값	1	1	40.00
		2	2	29.00
		3	3	28.00
		4	4	28.00
		5	5	28.00
	최소값	1	380	.02
		2	379	.03
		3	378	.03
		4	377	.04
		5	376	.04[a]

a. 값 .04을(를) 가지는 케이스의 부분 목록만 하한 극단값 표에 표시됩니다.

이상값의 결과는 도표 중 **상자도표**와 연결해서 보면 이해가 빠르다.

마지막으로 아래의 **정규성 검정** 결과 유의확률이 .000으로 유의수준 .05보다 작아 정규분포를 따르지 않는다고 할 수 있다.

정규성 검정

	Kolmogorov-Smirnov[a]			Shapiro-Wilk		
	통계량	자유도	유의확률	통계량	자유도	유의확률
총경력	.126	380	.000	.913	380	.000

a. Lilliefors 유의확률 수정

먼저 연속변수의 그래프인 **히스토그램**이 출력되고, **줄기와 잎그림 도표**(stem-and-leaf plots)도 출력된다. 줄기와 잎그림 도표는 히스토그램과 유사한 표현 방법이지만 히스토그램의 막대표 대신에 실제적인 수치를 사용한다. 히스토그램보다 많은 정보를 제공해준다.

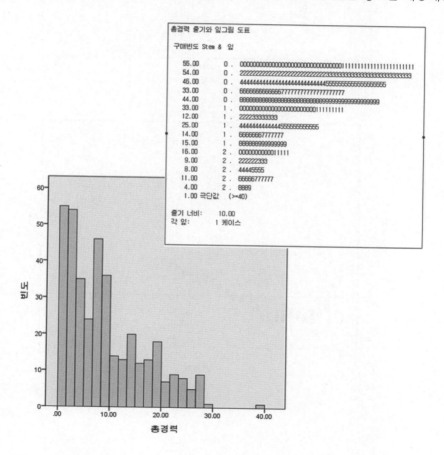

다음의 **정규 Q-Q도표**는 검정분포값의 분위수(직선)에 대한 변인의 분포분위(점)를 그래프화한 것으로 투입한 검정분포의 유형이 변인에 적절할 경우 점들이 직선 주위에 모여 있다. 그러나 1번과 380번이 직선, 즉 평균에서 멀리 떨어져 있는 것을 볼 수 있다.

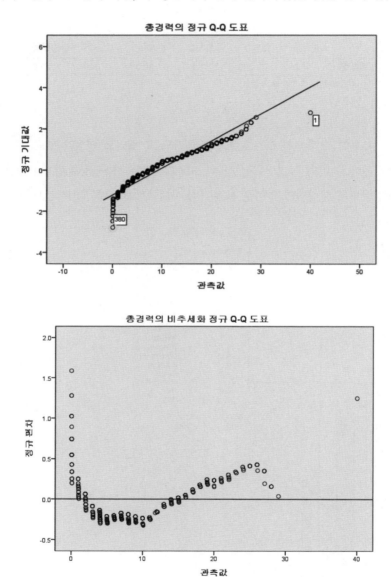

상자도표는 중위수, Q1, Q3, 최소값, 최대값을 이용하여 만든 상자 모양 그래프로, 이상값(○)과 극단값(*)을 표시해주는 기능이 있다. SPSS에서는 상자 바깥 먼 쪽에 "○", "*" 기호로 표시해준다. "○", "*" 기호 옆의 숫자는 케이스의 번호를 나타낸다. "*1"은 1번 케이스를 나타내며 값은 40이다(코딩 작업 중 총경력이 40년으로 입력됨). 상자와 막대는 최대값 및 사분위수를 나타낸다.

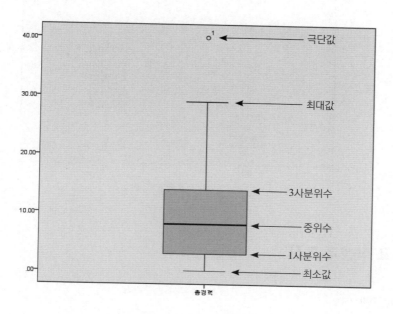

　　상자도표는 그룹별로 구분해서 분석할 수 있다. 예를 들어, 다음 그림은 변수 지정 대화상자에서 **요인(F)**에 [결혼]을 택한 후에 나타난 결과 화면이다.

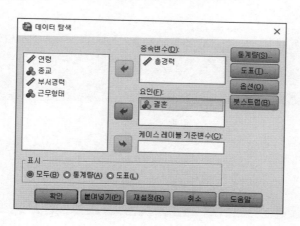

이상값(○)과 극단값(*)이 미혼과 기혼으로 나뉘어서 표시된다.

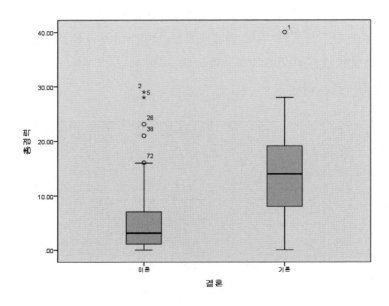

3-4 도표 작성과 편집

1) 히스토그램

1개의 양적 변수 그래프를 작성할 때 사용된다. 제5장 예제3.sav

① 메뉴에서 **그래프(G) → 레거시 대화상자(L) → 히스토그램(I)**을 선택한다.

② **[총경력]** → **변수(V)**로 이동하고, **정규곡선 표시(D)**를 선택한다.

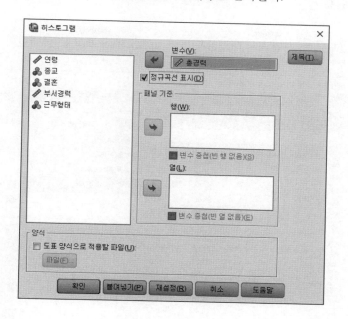

최종 도표는 다음과 같다.

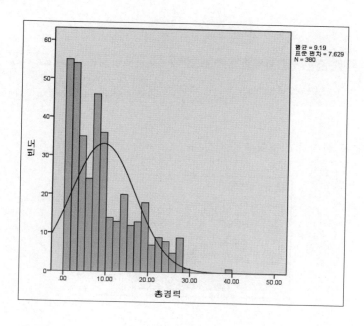

2) 산점도/점도표

① 메뉴에서 **그래프(G) → 레거시 대화상자(L) → 산점도/점도표(S)**를 선택한다.

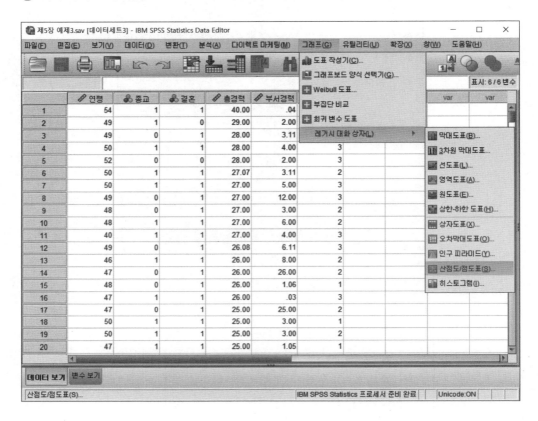

② **단순 산점도**를 선택하고 **정의**를 클릭한다.

③ [총경력] → Y-축, [연령] → X-축으로 이동한다.

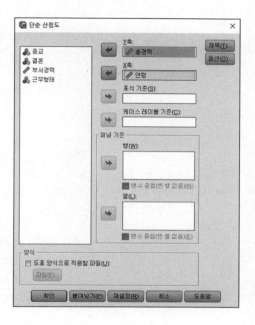

④ **확인**을 클릭하면 최종 도표가 나타난다.

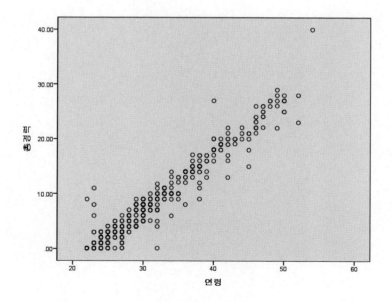

Chapter 6

t 검정

차이검정이란 집단 간 평균차이를 검정하는 방법으로, 집단을 구분하는 1개의 질적 변수와 평균의 차이를 검정하는 1개의 양적 변수가 사용된다. 앞에서 평균을 검정하는 방법에는 t 검정(t-test), 분산분석(ANOVA)이 있다고 하였는데, 이 장에서는 그중에서 집단이 1개일 때와 2개일 때 비교할 수 있는 t 검정에 대해서 설명하고자 한다.

 t 검정은 또다시 집단이 1개일 때와 2개일 때로 나눌 수 있다. 집단이 1개일 때는 일표본 t 검정(one sample t-test)을 실시하고, 집단이 2개일 때는 다시 독립표본 t 검정(independent samples t-test)과 대응표본 t 검정(paired samples t-test)으로 나눌 수 있다.

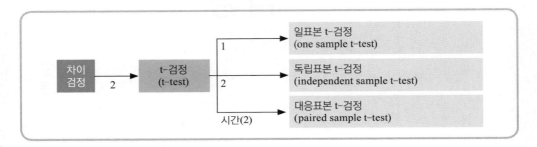

1-1 모수 분석

본 연구에서 사용할 예제와 이 분석 방법을 이용하기 위한 SPSS 메뉴 이용 방법은 다음과 같다.

- 일표본 t 검정: 흡연산모 신생아의 체중은 얼마인가?
  분석(A) → 평균 비교(M) → 일표본 T 검정(S)
- 독립표본 t 검정: 간호사의 결혼유무에 따라 조직몰입에 차이가 있는가?
  분석(A) → 평균 비교(M) → 독립표본 T 검정(T)
- 대응표본 t 검정: 3개월간의 식사관리 교육 후, 교육 전과 후에 콜레스테롤의 변화가 있는가?
  분석(A) → 평균 비교(M) → 대응표본 T 검정(P)

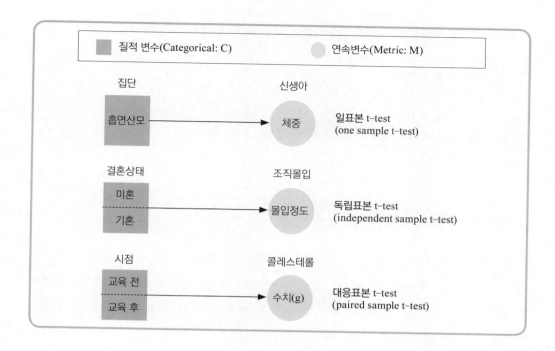

1-2 비모수 분석

앞과 같은 분석 기법은 모수 통계분석 방법이다. 즉, 우리가 구한 표본이 특정 모집단의 분포로부터 추출되었다는 전제와 표본의 수가 30개 이상이어야 한다는 가정이 필요하다. 그러나 실험을 하다 보면 많은 표본을 이용할 수 없는 경우가 자주 있다. 일반적으로 표본의 수가 30개 미만일 때는 정규분포를 가정할 수 없기 때문에 앞의 방법을 쓸 수 없으며, 대신 비모수 통계분석 방법을 이용해야 한다. 다음 표는 모수 통계분석 방법과 쓰임이 같은 것끼리 묶어놓은 것이다.

질적		양적	모수	비모수
유형	집단수	유형		
C	1	M	일표본 t 검정	
C	2	M	독립표본 t 검정	Mann–Whitney U test 외
			대응표본 t 검정	Wilcoxon signed rank test 외

비모수 분석 방법을 이용하기 위한 SPSS 메뉴 이용 방법은 다음과 같다.

- 비모수 독립표본 T 검정
  분석(A) → 비모수 검정(N) → 레거시 대화 상자(L) → 독립 2-표본(2)
- 비모수 대응표본 T 검정
  분석(A) → 비모수 검정(N) → 레거시 대화 상자(L) → 대응 2-표본(L)

1) 비모수 독립표본 t 검정

독립적인 두 집단의 평균차이를 검증하기 위한 비모수 방법 중에서 SPSS에서 이용할 수 있는 방법으로는 Mann-Whitney U 검정(Mann-Whitney U), Kolmogorov-Smirnov의 Z 검정(Kolmogorov-Smirnov Z), Wald-Wolfowitz의 런 검정(Wald-Wolfowitz runs), Moses의 극단반동(extreme reactions) 검정이 있다.

◆ Mann-Whitney의 U 검정

Mann-Whitney의 U 검정은 가장 널리 사용되는 독립표본 t 검정 방법으로, 독립표본의 평균이 같은지를 검증한다. SPSS에서는 Mann-Whitney 방법과 함께 Wilcoxon 순위 합계(rank sum) 검정도 같이 해준다.

일반적으로 비모수 통계분석 방법은 분포의 가정 없이 구한 표본의 값만을 이용하여 순위를 매기고 이 값을 이용하여 가설을 검정한다. 순위값을 구하는 방법은 다음과 같다. 2개의 집단을 무작위로 혼합한 후에 표본의 값을 이용하여 순위를 구한다. 순위값은 역순으로 계산되며, 이에 대한 예는 다음 표와 같다.

	원자료				순위 자료 변환	
분류	실험군	대조군		분류	실험군	대조군
	13	6			5	1
자료	15	12	→	자료	6	4
	10	8			3	2
합계	38	26		합계	14	7

예를 들어, 원자료의 값을 순서대로 나열하면 15, 13, 12, 10, 8, 6이고, 이 값에 순위를 매기면 6, 5, 4, 3, 2, 1이 된다. 이후 계산에서는 표본의 값은 이용되지 않고 오로지 여기서 구한 순위값만이 이용된다. 다음 단계로는 통계적 수식에 따라 Mann-Whitney의 U 검정에서는 U값을, Wilcoxon 순위 합계에서는 W값을 구한 후, 이 값을 정규분포에 접근시켜서 가설을 검증한다.

◆ Kolmogorov-Smirnov의 Z 검정

Kolmogorov-Smirnov의 Z 검정과 Wald-Wolfowitz 런 검정은 보다 일반적인 검정 방법으로 분포의 위치와 모양에 있어서 차이가 있는지 검정한다. 먼저 Kolmogorov-Smirnov 검정은 두 표본에 대해 관측된 누적분포함수 간의 최대 차이 값을 이용하여 분석하는 방법이다. 이 차이가 매우 클 경우 두 분포에 차이가 있다고 말할 수 있다.

◆ Wald-Wolfowitz 런 검정

Wald-Wolfowitz 런 검정은 두 집단의 관측값을 조합하고 순위를 지정한다. 두 표본이 같은 모집단에서 비롯된 경우 두 집단은 순위 전반에 걸쳐 무작위로 산포해야 한다.

◆ Moses의 극단반동 검정

Moses의 극단반동 검정은 실험이 두 집단에서 반대 방향으로 영향을 미친다는 가정을 갖는다. 따라서 이 검정은 통제 집단의 범위에 중점을 두면서 실험 집단이 통제 집단과 조합될 때 해당 실험 집단의 극단값이 이 범위에 얼마나 큰 영향을 주는지를 측정하게 된다.

2) 비모수 대응표본 t 검정

대응표본 t 검정을 위한 비모수 방법으로는 Wilcoxon, 부호(sign), McNemar, 주변동질성(marginal homogeneity) 방법이 있다.

◆ Wilcoxon과 부호(sign)검정

데이터가 연속형인 경우 부호검정이나 Wilcoxon 부호순위검정을 사용한다. 부호검정은 모든 케이스에 대해 두 변수 간의 차이를 계산하고 그 차이를 양수, 음수 또는 동률에 따라 분류한다. Wilcoxon 부호순위검정은 이러한 변수 부호 차이와 대응변수 간 차이의 크기에 대한 정보를 모두 고려하는 분석 방법이다. Wilcoxon 부호순위검정은 데이터에 대한 정보를 구체화할 수 있으므로 부호검정보다 강력한 검정 방법이다.

◆ McNemar와 주변동질성 검정

데이터가 범주형이면서 2개이면 McNemar 검정을 사용하고 3개 이상이면 주변동질성 검정을 사용한다. McNemar 검정은 반복측정 상황에서 주로 사용되므로 각 개체의 반응이 지정한 사건 발생 전후로 1번씩 나타날 때 사용된다. McNemar 검정은 사건 전이 사건 후와 같은지 확인한다. 이러한 검정은 전후 계획에서 처치에 따라 반응이 다르게 나타나는 변화를 파악하는 데 유용하다.

　주변동질성 검정은 McNemar 검정을 확장한 검정 방법이다. χ^2 분포를 사용하여 반응의 변화를 확인하고 전후 계획에서 실험 개입에 따라 나타나는 변화를 파악하는 데 유용하다. 주변동질성 검정은 SPSS 설치 시 **정확검정** 옵션을 설치한 경우에만 사용할 수 있다.

2 일표본 t 검정

1) 문제의 정의

흡연이 신생아의 체중에 영향을 주는지를 알아보기 위해 흡연산모로부터 태어난 40명의 신생아 체중에 대한 자료를 수집하였다. 정상 신생아의 체중은 일반적으로 3300g으로 알려져 있다. 그렇다면 흡연산모로부터 태어난 신생아의 체중도 평균과 같이 3300g이라고 말할 수 있는지 확인해보자. 　제6장 예제1.sav

　먼저 본 연구의 가설은 다음과 같이 세울 수 있다.

- 귀무가설(H_0): 흡연산모로부터 태어난 신생아의 몸무게는 3300g이다.
　　　$H_0 : \mu = 3300$
- 연구가설(H_1): 흡연산모로부터 태어난 신생아의 몸무게는 3300g이 아니다.
　　　$H_1 : \mu = 3300$

이 가설을 검정하기 위해 사용될 변수는 다음과 같다.

변수(variable)	정의(definition)	척도(measure)
몸무게	신생아의 몸무게(g)	비율(g)

이 가설을 검정하기 위해서는 단일표본 평균검정 방법이 사용되며 검정통계량은 다음과 같은 식에 의해서 구해진다.

$$T = \frac{\bar{x} - \mu_0}{s / \sqrt{n}} \sim t(n-1)$$

2) SPSS 분석

① 먼저 자료를 수집한 후에 다음과 같이 입력한다.

아래 그림과 같이, 여기서는 집단이 하나이기 때문에 집단에 대한 변수는 필요 없고, t 검정에 필요한 하나의 연속변수만 사용하면 된다. 제6장 예제1.sav

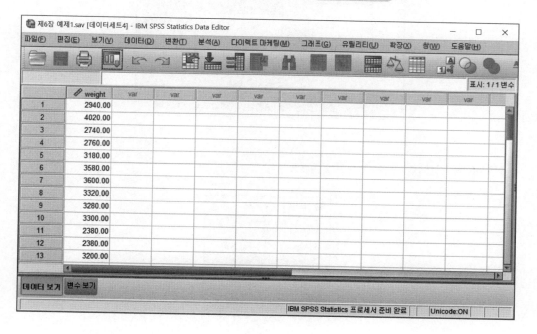

② 메뉴에서 **분석(A)** → **평균 비교(M)** → **일표본 T 검정(S)**을 선택한다.

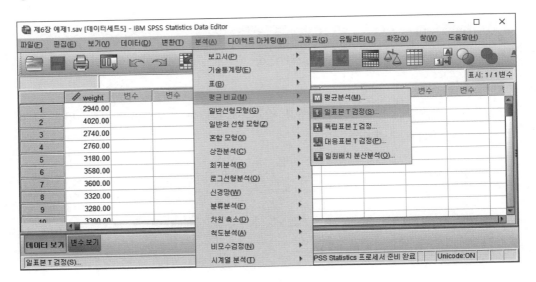

③ 왼쪽에 있는 변수 **[몸무게[Weight]]** → **검정변수(T)**로 이동한다.

④ **검정값(V)** → **[3300]**이라고 입력한다. 검정하고자 하는 평균값을 입력하면 된다.

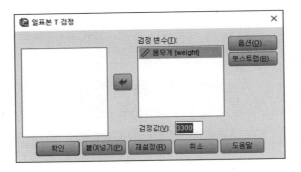

⑤ **옵션(O)**을 선택한 후 **계속**을 클릭한다.

옵션에는 **신뢰구간**(confidence interval)과 **결측값**(missing values)이 있다.

신뢰구간은 디폴트로 평균과 가정된 검정값과의 차이에 대해 95% 신뢰구간이 표시된다. 다른 신뢰수준을 원하면 1~99 사이의 값을 입력하면 된다. **결측값**은 여러 변수를 검정하고 1개 이상의 변수에 대한 데이터가 없을 경우 어떤 케이스를 포함할 것인지, 또는 제외할 것인지를 결정한다. 여기에는 2개의 옵션이 있는데 다음과 같다.

종류	설명
분석별 결측값 제외 (exclude cases analysis by analysis)	• 데이터 중에서 유효한 모든 케이스만 사용, 표본 크기는 검정마다 다를 수 있음
목록별 결측값 제외 (exclude cases listwise)	• 모든 변수의 데이터가 유효한 케이스만 사용, 표본 크기는 모든 검정 시에 똑같음

3) 출력결과 해석

다음은 SPSS View에 구해진 분석 결과 화면이다. 먼저 일표본 t 검정에는 표본에 대한 간단한 기술통계가 나와 있다. 분석에 쓰인 표본의 수(N)는 40개, 평균(mean)은 3108.5, 표준편차(Std. deviation)는 479.54, 표준오차(Std. error mean)는 .75.82이다.

일표본 통계량

	N	평균	표준편차	평균의 표준오차
몸무게	40	3108.5000	479.54332	75.82246

다음으로 일표본 검정은 실제로 우리가 보아야 할 분석 결과 테이블이다. 검정값(test value)은 3300, t값은 −2.53, 자유도(df)는 39, 유의확률(Sig.)은 $p = .016$, 평균차(mean difference)는 3108.50 − 3300 = −191.50, 95%의 신뢰구간은 −344.865~38.135이다. 결론적으로 유의확률이 .016 < .05이므로 귀무가설을 기각하게 된다. 또 다른 방법으로는 검정치(3300)와 평균(3108.50)과의 차이에 대한 95% 신뢰구간이 [0]을 포함하고 있으면 귀무가설을 채택하게 되는데, 여기서는 포함하고 있지 않으므로 귀무가설을 기각한다. 즉, 흡연산모의 신생아 체중과 비흡연산모의 신생아의 체중은 같다고 할 수 없다.

4) 연구 보고서

결과 테이블을 제시하고 해석하는 방법에는 분야마다 차이가 있을 수 있다. 본서는 간호 및 보건 분야를 다루는 통계학 서적이므로 간호 영역에서 일반적으로 이해하기 쉬운 방법으로 표현하고자 하였다. 따라서 본 연구에 대해서는 다음과 같이 보고서를 작성할 수 있겠다.

흡연산모 신생아의 체중(3108.5g)은 비흡연산모 신생아의 체중(3300g)보다 통계적으로 유의하게 적었다(t = -2.53, p = .016), [표 6-1].

[표 6-1] 흡연산모의 신생아 체중 분석 결과(N=40)

변수	M±SD	t	p
체중	3108.5±479.5	-2.53	.016

5) 연습 문제

1 흡연이 신생아에게 미치는 영향을 알아보기 위해 흡연산모로부터 태어난 40명의 신생아의 Apgar score에 대한 자료를 수집하였다. 일반적으로 비흡연산모로부터 태어난 신생아의 Apgar score는 심박동, 호흡, 자극에 대한 반응, 근력, 피부색 등의 상태를 10점 만점으로 평가한다. 그렇다면 흡연산모로부터 태어난 신생아의 Apgar score도 10이라고 할 수 있는지를 알아보라. 예제 6-1-1.sav

2 K 대학병원에 근무하는 간호사 110명을 대상으로 연령, 총경력, 근무부서 경력 등에 대한 자료를 수집하였다. 다음을 검정하여라. 예제 6-1-2.sav
① 대학병원에 근무하는 간호사의 평균 임상경력은 약 6년으로 알려져 있다. K대학병원에 근무하는 간호사의 평균 임상경력을 6년이라고 할 수 있는가?
② 대학병원에 근무하는 간호사의 평균 근무부서 경력은 3년으로 알려져 있다. K대학병원에 근무하는 간호사의 평균 근무부서 경력을 3년이라고 할 수 있는가?
③ 대학병원에 근무하는 간호사의 평균연령은 30세로 알려져 있다. K대학병원에 근무하는 간호사의 평균연령은 30세라고 할 수 있는가?

3 독립표본 t 검정

3-1 모수 분석

1) 문제의 정의

결혼유무에 따라 간호사가 지각하는 조직몰입과 조직시민행동에 차이가 있는지를 검정하고자 한다. 이를 위해 서울에 있는 3개 대학 부속병원에서 간호사 333명으로부터 자료를 수집하였다. 제6장 예제2.sav

먼저 본 연구에서는 다음과 같이 동시에 2개의 가설을 세울 것이다. 일반적으로 하나의 연구 보고서에서는 여러 개의 가설이 존재하기 때문에 이에 대한 연습도 같이 하고자 한다.

가설 1

- 귀무가설(H_0): 조직몰입은 결혼유무에 따라 차이가 없다.
  $$H_0 : \mu_1 = \mu_2$$
- 연구가설(H_1): 조직몰입은 결혼유무에 따라 차이가 있다.
  $$H_1 : \mu_1 \neq \mu_2$$

가설 2

- 귀무가설(H_0): 조직시민행동은 결혼유무에 따라 차이가 없다.
  $$H_0 : \mu_1 = \mu_2$$
- 연구가설(H_1): 조직시민행동은 결혼유무에 따라 차이가 있다.
  $$H_1 : \mu_1 \neq \mu_2$$

이 가설을 검정하기 위해 사용될 변수는 다음과 같다.

변수	정의	척도
결혼유무	• 1 = 기혼 • 2 = 미혼	명목(1, 2)
조직몰입	• 자기가 속한 조직에 대해 동일시, 몰입, 일체감, 애착심을 의미하며, 3개 영역(사명감, 자긍심, 이직의도) 총 9문항(5점 척도)으로 점수가 높을수록 조직몰입 정도가 높음을 의미	비율(점수)
조직시민행동	• 조직에서 주어진 역할 업무와 그 이상의 업무를 수행함으로써 조직에 기여하는 행동을 의미하며, 5개 영역(이타주의 행동, 양심적 행동, 정당한 행동, 예의 바른 행동, 참여적 행동) 총 14문항(5점 척도)으로 점수가 높을수록 조직시민행동의 정도가 높음을 의미	비율(점수)

이 가설을 검정하기 위해서는 독립표본 t검정 방법이 사용되며 검정통계량은 다음과 같은 식에 의해서 구해진다. 이때 두 모집단의 분산이 같은 경우와 다른 경우로 나뉘지며, 각각 사용되는 검정통계량과 그 분포는 다음과 같다.

• 등분산인 경우: $T = \dfrac{(\bar{x}_1 - \bar{x}_2) - (\mu_1 - \mu_2)}{s_p\sqrt{\dfrac{1}{n_1} + \dfrac{1}{n_2}}} \sim t(n_1 + n_2 - 2)$

$$s_p = \sqrt{\dfrac{(n_1 - 1)s_1^{2} + (n_2 - 1)s_2^{2}}{n_1 + n_2 - 2}}$$

• 이분산인 경우: $T = \dfrac{(\bar{x}_1 - \bar{x}_2) - (\mu_1 - \mu_2)}{s_p\sqrt{\dfrac{s_1^{2}}{n_1} + \dfrac{s_2^{2}}{n_2}}} \sim t(p^*)$

$$p^* = \dfrac{(\upsilon_1 + \upsilon_2)^2}{\dfrac{\upsilon_1^{2}}{(n_1 - 1)} + \dfrac{\upsilon_2^{2}}{(n_2 - 1)}}, \quad \upsilon_1 = \dfrac{s_1^{2}}{n_1}, \quad \upsilon_2 = \dfrac{s_2^{2}}{n_2}$$

• 검정통계량: $F = \dfrac{s_1^{2}}{s_2^{2}} \sim F(n_1 - 1, \ n_2 - 1)$

2) SPSS 분석

① 메뉴에서 **분석(A) → 평균 비교(M) → 독립표본 T 검정**을 선택한다.

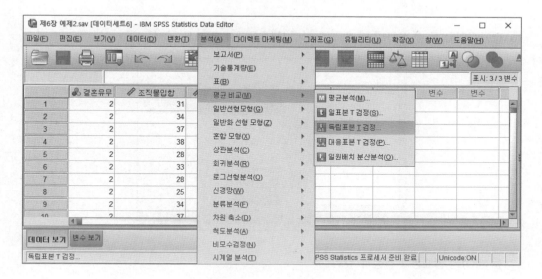

② [조직몰입], [조직시민행동] → 검정변수(T):로 이동한다.

③ [결혼유무] → 집단변수(G):로 이동한다.

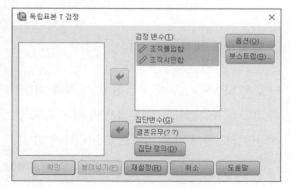

④ [결혼유무(??)] → 집단정의(D)를 클릭한다.

⑤ 지정값 사용(U)에서 집단 1: → [1], 집단 2: → [2]를 입력한 후, 계속을 클릭한다.

본 연구에서는 기혼을 [1], 미혼을 [2]로 표시했다. 여기서 [1]과 [2]는 수치가 아닌 집단의 구분자로 쓰였다. 분석 결과를 잘 해석하기 위해서 **변수 보기** 창의 **기준값(A)** 및 **설명(L)** 에서 다음과 같이 설정한다.

⑥ **집단정의(D)**를 설정하면 다음 그림처럼 [**결혼유무**(1 2)]라고 표시된다.

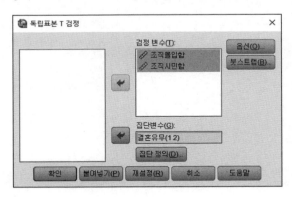

⑦ **옵션(O)**은 **일표본 T 검정**과 같다.
⑧ **확인**을 클릭하면 결과가 출력된다.

3) 출력결과 해석

다음은 SPSS View에 구해진 분석 결과 화면이다. 평균은 조직몰입합은 기혼 32.43, 미혼 30.31, 표준편차는 기혼 4.957, 미혼 4.565, 표준오차는 기혼 .456, 미혼 .312이다. 조직시민합도 앞과 같은 방법으로 이해하면 된다.

집단동계량

	결혼유무	N	평균	표준편차	평균의 표준오차
조직몰입합	기혼	118	32.43	4.957	.456
	미혼	215	30.31	4.555	.311
조직시민합	기혼	118	51.77	5.776	.532
	미혼	215	49.48	5.461	.372

다음으로 독립표본 T 검정은 실제로 우리가 보아야 할 분석 결과 테이블이다. 먼저 두 집단의 분산이 동일한지를 검정해야 한다. 이 값은 Levene의 등분산 검정에 나와 있다. 두 집

단이 동질하다면 Levene의 등분산 검정의 F값의 유의확률이 .05보다 커야 한다($p > .05$). 분산의 동질성 검정 결과가 .05보다 커서 등분산이라고 한다면 **등분산이 가정됨**의 값으로 검정해야 하고, 그렇지 않다면 **등분산이 가정되지 않음**의 값으로 결과를 검정해야 한다.

본 예제에서는 조직몰입합과 조직시민합 모두 F값이 .699와 .284로 나타났으며, 유의 확률도 모두 .404과 .595로 나타났다. 이는 기혼과 미혼 간호사의 분산이 동질하다고 볼 수 있다. 따라서 **등분산이 가정됨**의 값으로 두 집단의 평균차이를 검증한다.

가설을 검정하면 조직몰입합은 t값이 3.937, 자유도(df)는 331, 유의확률(Sig.)은 .000 으로 나타나 가설검정의 유의수준인 .05보다 작으므로 연구가설을 채택하게 된다. 또한 조직시민합도 t값이 3.582, 자유도는 331, 유의확률은 .000으로 나타나 유의수준인 .05 보다 작으므로 연구가설을 채택한다.

독립표본 검정

| | | Levene의 등분산 검정 | | 평균의 동일성에 대한 T 검정 | | | | | 차이의 95% 신뢰구간 | |
		F	유의확률	t	자유도	유의확률(양측)	평균차이	차이의 표준오차	하한	상한
조직몰입합	등분산을 가정함	.699	.404	3.937	331	.000	2.121	.539	1.061	3.2
	등분산을 가정하지 않음			3.841	224.239	.000	2.121	.552	1.033	3.2
조직시민합	등분산을 가정함	.284	.595	3.582	331	.000	2.287	.639	1.031	3.5
	등분산을 가정하지 않음			3.524	229.741	.001	2.287	.649	1.008	3.6

4) 연구 보고서

조직몰입은 기혼 간호사(M=32.43)가 미혼 간호사(M=30.31)보다 통계적으로 유의하게 높았으며(t=3.94, $p < .001$), 조직시민행동도 기혼 간호사(M=51.77)가 미혼 간호사(M=49.48)보다 통계적으로 유의하게 높았다(t=3.58, $p < .001$), [표 6-2].

[표 6-2] 결혼유무에 따른 조직몰입과 조직시민행동 비교(N=333)

| | 기혼(n=118) | 미혼(n=215) | t | p |
	M±SD	M±SD		
조직몰입	32.43±4.96	30.31±4.56	3.94	<.001
조직시민행동	51.77±5.78	49.48±5.46	3.58	<.001

5) 연습 문제

1 결혼유무와 직위에 따라 간호사가 지각한 상사의 리더십에 차이가 있는지를 검정하고자 한다. 조력자로서 상사의 리더십을 의미하는 서번트리더십은 총 33문항(5점 척도)으로 구성된 도구를 사용하여 3개 대학 부속병원에서 간호사 333명으로부터 자료를 수집하였다. 결혼유무와 직위에 따라 상사의 리더쉽에 차이가 있다고 할 수 있는지를 검증해보자. 예제 6-2-1.sav

2 낮고정근무 간호사와 3부교대근무 간호사 간에 직무만족도와 소진에 차이가 있는지를 검증하고자 한다. 이를 위해 서울에 있는 4개 대학 부속병원에서 낮고정근무 간호사 238명, 3부교대근무 간호사 265명으로부터 응답을 받았다. 근무형태에 따라 직무만족과 소진에 차이가 있다고 할 수 있는지를 검증해보자. 예제 6-2-2.sav

3 일반적으로 국공립 병원의 간호사들은 사립 병원 간호사보다 자율적으로 간호 행위를 할 수 있는 조직 문화를 형성하고 있어 만족도가 높고 조직몰입 정도가 높은 것으로 추정되고 있다. 실제로 국공립 병원과 사립 병원 간에 이러한 차이가 존재하는지 분석하기 위해 450명의 간호사들을 대상으로 직무만족과 조직몰입에 대한 데이터를 수집하였다. 병원유형에 따라 직무만족, 조직몰입에 차이가 있는가? 예제 6-2-3.sav

4 K대학 부속병원 간호사 509명으로부터 결혼여부, 부서이동에 대한 찬반여부, 근무부서 이동경험 유무에 따라 간호사의 직무만족에 차이가 있다고 할 수 있는가?
예제 6-2-4.sav

5 간호사의 이직경험 유무, 부서이동희망 여부, 결혼여부, 직위에 따라 셀프리더십, 고객지향성에 차이가 있는지 검증하기 위해 서울에 있는 4개 대학 부속병원에서 386명으로부터 자료를 얻었다. 이직경험의 유무와 직위에 따라 셀프리더십과 고객지향성에 차이가 있다고 할 수 있는가? 예제 6-2-5.sav

3-2 비모수 분석

1) 문제의 정의

가정 연계 성교육 프로그램이 초등학교 4학년 아동의 성지식과 성태도에 미치는 영향을 확인하고자 한다. 사전에 가정 연계 성교육을 받은 실험군(26명)과 일반 성교육을 받은 대조군(26명)의 사전 성지식 점수와 성태도 점수가 동질한지를 검증하고자 한다.

제6장 예제3.sav

먼저 본 연구의 가설은 다음과 같이 세울 수 있다.

가설 1

- 귀무가설(H_0): 실험군과 대조군의 실험 전 성지식 점수는 차이가 없다.
  $H_0 : \mu_1 = \mu_2$
- 연구가설(H_1): 실험군과 대조군의 실험 전 성지식 점수는 차이가 있다.
  $H_1 : \mu_1 \neq \mu_2$

가설 2

- 귀무가설(H_0): 실험군과 대조군의 실험 전 성태도 점수는 차이가 없다.
  $H_0 : \mu_1 = \mu_2$
- 연구가설(H_1): 실험군과 대조군의 실험 전 성태도 점수는 차이가 있다.
  $H_1 : \mu_1 \neq \mu_2$

이 가설을 검정하기 위해 사용될 변수는 다음과 같다.

변수	정의	척도
집단	• 1 = 가정 연계 성교육을 받은 실험군 • 2 = 일반 성교육을 받은 대조군	명목(1, 2)
성지식	• 신체 발달, 심리 발달, 임신과 출산, 성윤리, 성폭행, 5개 영역으로 구성된 총 35문항(3점 척도)으로 측정한 점수로, 점수가 높을수록 성지식 정도가 높음을 의미	비율(점수)
성태도	• 신체 발달, 심리 발달, 임신과 출산, 인간관계, 양성 평등, 성윤리, 6개 영역 총 25문항(4점 척도)으로 측정한 점수로, 점수가 높을수록 성태도 정도가 높음을 의미	비율(점수)

본 연구에서 사용된 데이터의 수는 총 52개이지만 집단별로 실험군 26명, 대조군 26명 이므로 비모수적 방법을 이용해야 한다. 즉, 모수적 방법을 이용해서 가설을 검증하기 위해서는 각 집단별로 최소한 30개 이상의 데이터가 있어야 한다.

2) SPSS 분석

① 먼저 자료를 수집한 후 메뉴에서 **분석(A) → 비모수 검정(N) → 레거시 대화상자(L) → 2-독립표본**을 선택한다.

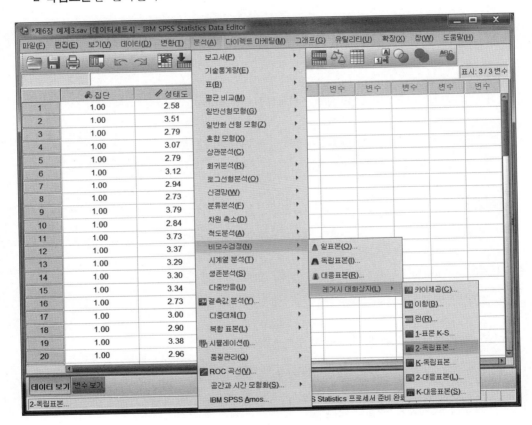

② **[성태도, 성지식] → 검정변수(T)**로 이동한다.
③ **[집단] → 집단변수(G)**로 이동한다.
④ **집단변수(G)**에서 **집단정의(D)**를 클릭한다.
⑤ **집단 1 → [1], 집단 2 → [2]**를 입력한 후, **계속**을 클릭한다.

⑥ 검정 유형 → Mann-Whitney의 U(M)가
디폴트로 체크되어 있는지 확인한다.

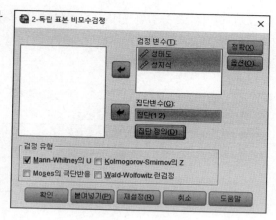

⑦ **옵션(O)**을 클릭해서 **기술통계(D)**를 선택. **계속**을 클릭한 후
다시 **확인**을 클릭한다.

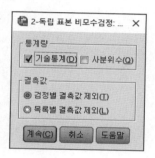

3) 출력결과 해석

다음은 SPSS View에 구해진 분석 결과 화면이다. 먼저 기술통계량에는 표본에 대한 간
단한 기술통계, 즉 평균, 표준편차 등이 나와 있다.

기술통계량

	N	평균	표준편차	최소값	최대값
성태도	52	3.1731	.35043	2.34	4.00
성지식	52	.6844	.17671	.28	1.00
집단	52	1.5000	.50488	1.00	2.00

다음으로 Mann-Whitney U의 결과 테이블이 나와 있다. 먼저 순위 테이블에서 각 집
단의 평균순위(mean rank)를 보면 성태도 점수는 실험군이 25.65, 대조군이 27.35로 나타
났으며, 성지식 점수는 실험군이 26.63, 대조군이 26.37로 나타났다. 검정통계량을 보면,
성태도 점수는 Mann-Whitney U=316, Wilcoxon W=667, Z=-.403, 근사 유의확률
.687로 나타났다.

또한 성지식도 동일한 방법으로 해석하면 Z=-.064, 근사 유의확률 .949로 나타났다. 따라서 가설검정의 유의수준인 .05보다 크므로 성태도와 성지식의 실험 전 값은 모두 귀무가설을 채택한다.

순위

	집단	N	평균 순위	순위합
성태도	실험군	26	25.65	667.00
	대조군	26	27.35	711.00
	전체	52		
성지식	실험군	26	26.63	692.50
	대조군	26	26.37	685.50
	전체	52		

비모수 통계분석에서는 각 집단의 평균값이 계산되지 않는다. 따라서 연구 결과를 표로 정리하기 위해서는 다음과 같이 평균과 표준편차를 추가로 구하여 보고서를 만든다.

검정 통계량[a]

	성태도	성지식
Mann-Whitney의 U	316.000	334.500
Wilcoxon의 W	667.000	685.500
Z	-.403	-.064
근사 유의확률(양측)	.687	.949

a. 집단변수: 집단

① 메뉴에서 **분석(A) → 평균 비교(M) → 평균분석(M)**을 선택한다.

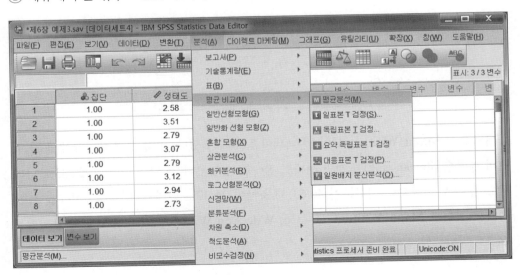

② [성태도], [성지식] → 종속변수(D): [집단] → 독립변수(I):로 이동한다.

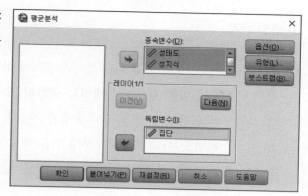

③ 확인을 클릭하면 결과가 출력된다.

보고서

집단		성태도	성지식
실험군	평균	3.1688	.6904
	N	26	26
	표준편차	.38430	.15400
대조군	평균	3.1774	.6784
	N	26	26
	표준편차	.32061	.19977
전체	평균	3.1731	.6844
	N	52	52
	표준편차	.35043	.17671

4) 연구 보고서

초등학교 4학년 아동을 대상으로 성교육 프로그램을 실행하기 전 아동의 교육 전 성태도와 성지식이 동질한지를 Mann-Whitny U test로 검증한 결과 성태도는 실험군(M=3.17)과 대조군(M=3.18)이 동질하였다(Z=-.40, p=.687). 또한 성지식도 실험군(M=.69)과 대조군(M=.67)이 동질하였다(Z=-.06, p=.949), [표 6-3].

[표 6-3] 실험 집단에 따른 성태도와 성지식 비교(N=52)

	실험군(n=26)	대조군(n=26)	Z	p
	M±SD	M±SD		
성태도	3.17±.38	3.18±.32	-.40	.687
성지식	.69±.15	.68±.20	-.06	.949

Mann-Whitney U test

5) 연습 문제

1 무통분만이란 산모의 배꼽 아래 감각만 둔하게 하는 국소마취의 한 종류로 지속적 경막외 마취법에 의한 질식분만 방법을 말한다. 무통분만이 분만 과정에 미치는 영향을 파악하기 위하여 분만 과정의 통증과 시간을 측정하기 위하여 무통분만군 산모 16명, 자연분만군 산모 17명으로부터 얻은 자료이다. 무통분만군과 정상분만군 간에 통증과 분만 과정 시간에 차이가 있다고 할 수 있는가? 예제 6-3-1.sav

2 인지과정발달 이론에 근거하여 노인들은 중년 성인들보다 특정 시각적·공간적 기억직무에 어려움이 많을 것으로 예측했다. 이 가정을 검정하기 위하여 65세 이상의 노인 14명과 31~50세의 중년 26명을 대상으로 0~100점까지 점수를 산출하는 VSMT(Visual Spatial Task) 도구를 이용하여 자료를 수집하였다. 중년 그룹과 노년 그룹의 기억력에는 차이가 있다고 할 수 있는가? 예제 6-3-2.sav

3 대학병원 외래를 방문한 과민성 장증후군(주요 증상은 불안, 수면장애)으로 진단 받은 50세 이하의 폐경기 여성 15명과 건강한 여성 15명을 대상으로 얻은 자료이다. 과민성 장증후군 집단과 건강한 집단 여성의 상태 불안 정도와 수면양상 정도에는 차이가 있다고 할 수 있는가? 예제 6-3-3.sav

4 대응표본 t 검정

앞에서 설명한 독립표본 t검정은 두 표본이 독립적이라고 가정해야 한다. 그러나 대응표본 t검정은 동일한 사람이나 사물에 대하여 일정한 시간을 두고 측정하는 경우에 이용한다. 따라서 이 분석 방법은 두 표본이 독립적일 필요가 없으며 분산의 동질성을 가정하지 않아도 되기 때문에 실험에 상당히 유용하다.

4-1 모수 분석

1) 문제의 정의

프로그램화되어 있는 고지혈증 관련 교육 자료를 매주 한 주제씩 컴퓨터로 전자메일을 통해 제공하고 전자우편 및 전화, 메신저를 통해 상담을 제공하는 교육을 4주간 진행한 후, 고지혈증 관련 뉴스 기사를 스크랩하여 2주에 한 번씩 전자메일을 통해 발송하는 강화 교육 4회차를 진행하여 총 3개월간 교육을 실시하였다. 3개월 후에 수진자의 total-cholesterol 농도와 식사 습관의 변화를 측정하였다. 과연 전자메일 교육이 효과가 있다고 할 수 있겠는가?. 제6장 예제4.sav

먼저 본 연구에서는 다음과 같이 2개의 가설을 세우고자 한다. 이 분석 방법은 보통 어떤 실험을 하기 전과 후를 측정하는 것으로, 그 차이를 비교하는 것이기 때문에 평균의 차이($\mu_d = \mu_2 - \mu_1$)가 바로 가설이 된다.

이 가설을 검정하기 위해 사용될 변수는 다음과 같다.

변수	정의	척도
total-cholesterol(g)	• 교육 전·후 total-cholesterol 농도	비율(점수)
식습관	• 식이 관련된 식행동 관련, 식품 섭취 2개 영역 18문항 5점 척도로 측정한 점수로, 높을수록 바람직한 식생활을 의미	비율(점수)

먼저 본 연구의 가설은 다음과 같이 세울 수 있다.

가설 1

• 귀무가설(H_0): 수진자의 total-cholesterol 농도는 3개월 후에 변화가 없다.
$$H_0 : \mu_d = 0$$

• 연구가설(H_1): 수진자의 total-cholesterol 농도는 3개월 후에 변화가 있다.
$$H_1 : \mu_d \neq 0$$

- 귀무가설(H_0): 수진자의 식습관은 3개월 후에 변화가 없다.

   $H_0 : \mu_d = 0$

- 연구가설(H_1): 수진자의 식습관은 3개월 후에 변화가 있다.

   $H_1 : \mu_d \neq 0$

이 가설을 검정하기 위해서는 대응표본 t 검정 방법이 사용되며 검정통계량은 다음과 같은 식에 의해서 구해진다.

$$T = \frac{\overline{D} - \mu_D}{s_p \sqrt{n}} \sim t(n-1); \quad (D_i = x_i - y_1, \quad \overline{D} = \frac{1}{n}\sum_{i=1}^{n} D_1, \quad s_p{}^2 = \frac{\sum_{i=1}^{n}(D_1 - \overline{D})^2}{n-1}$$

2) SPSS 분석

① 먼저 자료를 수집한 후 다음과 같이 입력한다.

제6장 예제4.sav [데이터세트10] - IBM SPSS Statistics Data Editor							— □ ×
파일(F) 편집(E) 보기(V) 데이터(D) 변환(T) 분석(A) 다이렉트 마케팅(M) 그래프(G) 유틸리티(U) 확장(X) 창(W) 도움말(H)							

	이름	유형	너비	소수점이...	레이블	값	결측값	열	
1	No	숫자	8	0		없음	없음	5	를 S
2	총chol_전	숫자	8	0		없음	없음	12	를 S
3	총chol_후	숫자	8	0		없음	없음	12	를 S
4	식습관_전	숫자	8	0		없음	없음	12	를 S
5	식습관_후	숫자	8	0		없음	없음	12	를 S

데이터 보기 **변수 보기**

IBM SPSS Statistics 프로세서 준비 완료   Unicode:ON

대응표본 평균 비교에서의 코딩 방법은 독립표본 평균 비교처럼 집단을 구분하는 변수로 집단을 구분해서는 안 되고, 변수 자체로 집단을 구분해야 한다.

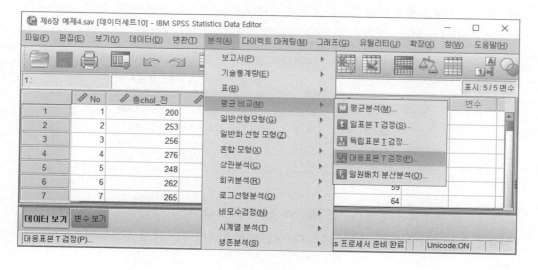

앞에서처럼 총콜레스테롤 사전 측정치는 [총chol_전]이라는 변수로, 사후 측정치는 [총chol_후]라는 변수로 자료를 입력해야 한다. 대응표본 평균 비교에서 코딩 방법은 독립표본 평균 비교처럼 집단을 구분하는 변수로 해서는 안 되고, 변수 자체로 집단을 구분해야 한다. 앞에서처럼 식습관 사전은 [식습관_전]이라는 변수로, 사후는 [식습관_후]라는 변수로 자료를 입력해야 한다.

② 메뉴에서 **분석(A)** → **평균 비교(M)** → **대응표본 T 검정(P)**을 선택한다.

③ [총chol_전]을 더블클릭 → 대응변수(V) → 변수1, [총chol_후]를 더블클릭 → 대응변수(V)
→ 변수2로 이동한다.

④ 동일한 방법으로 [식습관_전], [식습관_후]를 → 대응변수(V)로 이동한다.

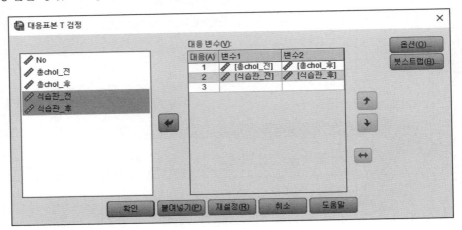

⑤ **확인**을 클릭하면 결과가 출력된다.

3) 출력결과 해석

다음은 SPSS View에 구해진 분석 결과 화면이다. 먼저 대응표본 통계량에는 표본에 대
한 간단한 기술통계가 나와 있다. 표본의 수(N)는 모두 각각 99개이며, 평균, 표준편차,
표준오차가 나와 있다.

대응표본 통계량

		평균	N	표준편차	평균의 표준오차
대응 1	총chol_전	236.80	99	28.892	2.904
	총chol_후	229.83	99	24.243	2.436
대응 2	식습관_전	55.28	98	7.022	.709
	식습관_후	60.14	98	6.646	.671

다음으로 대응표본 상관계수는 [총chol_전]과 [총chol_후]의 상관관계 및 [식습관_전]과
[식습관_후]의 상관관계를 보여주고 있다. 상관관계에 대해서는 11장 상관관계분석에서 설
명한다.

대응표본 상관계수

		N	상관관계	유의확률
대응 1	총chol_전 & 총chol_후	99	.748	.000
대응 2	식습관_전 & 식습관_후	98	.691	.000

다음으로 우리가 보아야 할 분석 결과 테이블은 대응표본 T 검정이다. 결과값을 보면 [총chol_전]과 [총chol_후]에 대한 검정값(test value)인 t값은 3.585, 자유도(df)는 98, 유의확률(Sig.)은 .001, 평균차이(mean)는 6.970으로 나타났다. 결론적으로 유의확률이 $p = .001$로 유의수준 .05보다 작아 연구가설을 채택한다.

반면 [식습관_전]과 [식습관_후]의 t값은 −8.950, 자유도는 97, 유의확률은 .000, 평균차이는 −4.867로 나타났다. 결론적으로 유의확률이 .000 < .05이므로 연구가설을 채택한다. 따라서 본 연구의 결과를 해석하면 전자메일 교육이 총콜레스테롤을 감소시키고 식습관을 개선시켰다고 볼 수 있다.

대응표본 검정

		대응차					t	자유도	유의확률 (양측)
		평균	표준편차	평균의 표준오차	차이의 95% 신뢰구간 하한	차이의 95% 신뢰구간 상한			
대응 1	총chol_전 - 총chol_후	6.970	19.341	1.944	3.112	10.827	3.585	98	.001
대응 2	식습관_전 - 식습관_후	-4.87	5.384	.544	-5.947	-3.788	-8.950	97	.000

4) 연구 보고서

3개월간 전자메일 교육 실시 후 교육 전 총콜레스테롤(M=236.80)보다 교육 후 총콜레스테롤(M=229.83)이 통계적으로 유의하게 감소하였다(t=3.59, p=.001). 또한 교육 전 식습관(M=55.28)이 교육 후 식습관(M=60.14)보다 통계적으로 유의하게 개선되었다(t=−8.95, p<.001), [표 6-4].

[표 6-4] 전자메일 교육 프로그램의 효과(N=98)

	교육 전	교육 후	t	p
	M±SD	M±SD		
총콜레스테롤(mg)	236.80±28.89	229.83±24.24	3.59	.001
식습관	55.28±7.02	60.14±6.65	-8.95	< .001

5) 연습 문제

1 여성이 나이가 들면서 생활스트레스(index of life stress)가 증가하는지 감소하는지를 알아보고자 한다. 한 종합병원에서 1984년에 40세의 근로 여성 45명을 대상으로 점수를 수집한 후 그 여성들이 60세가 된 2004년에 다시 점수를 수집하였다. 생활스트레스는 대인관계 스트레스와 직업 스트레스로 구성되어 있다. 과연 나이가 들어가면서 대인관계 스트레스와 직업 스트레스가 의미 있게 변화한다고 할 수 있는가?

예제 6-4-1.sav

2 고지혈증 관련 교육 자료를 매주 한 주제씩 컴퓨터로 전자메일을 통해 3개월간 제공한 후 운동 습관과 고지혈증 관련 혈액검사 수치의 변화가 있었는지 확인하고자 한다. HDL-cholesterol 농도는 높아지는 것이, LDL-cholesterol 농도는 낮아지는 것이 좋은 결과를 의미한다. 과연 전자메일 교육이 효과가 있다고 할 수 있겠는가?

예제 6-4-2.sav

3 손 마사지가 수술 후 불안 감소에 얼마나 효과가 있는지를 검정하기 위하여 충수돌기염 환자 35명을 대상으로 손 마사지 전과 후의 에피네프린(pg/mg) 값을 측정하였다. 손 마사지 전과 후의 에피네프린 수치에 변화가 있다고 할 수 있는가? 예제 6-4-3.sav

4-2 비모수 분석

고지혈증 환자를 대상으로 운동을 포함한 식이요법 프로그램을 10주간 실시한 후 그 효과를 측정하기 위하여 10명을 대상으로 프로그램 전과 후의 콜레스테롤 수치를 측정하였다. 과연 운동을 포함한 식이요법 프로그램이 효과가 있다고 할 수 있는가? 제6장 예제5.sav

이 가설을 검정하기 위해서는 다음과 같은 식에 의해서 구해진다.

$$E(W^+) = \frac{n(n+1)}{4}$$

$$Var(W^+) = \frac{n(n+1)(2n+1)}{24}$$

$$Z = \frac{W^+ - E(W^+)}{\sqrt{Var(W^+)}}$$

n = 등순위를 제외한 수
W^+ = 음순위 합

이 가설을 검정하기 위해 사용될 변수는 다음과 같다.

변수	정의	척도
실시전	실험 전 콜레스테롤 수치	비율(g)
실시후	실험 후 콜레스테롤 수치	비율(g)

1) SPSS 분석

① 먼저 자료를 수집한 후 메뉴에서 **분석(A) → 비모수 검정(N) → 레거시 대화상자(L) → 2-대응표본(L)**을 선택한다.

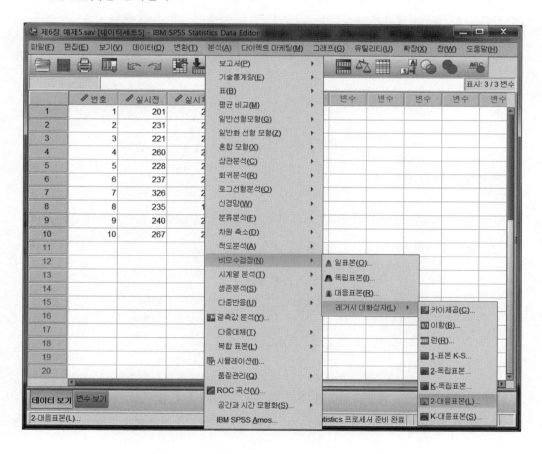

② [실시전], [실시후] → **검정대응(T)**으로 이동한다.

③ 검정 유형 → Wilcoxon
  을 체크한다.

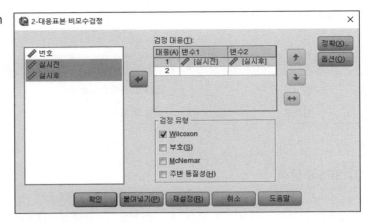

④ **옵션(O)**에서 **기술통계(D)**를 체크한 후 **계속**을 클릭한다.
⑤ **확인**을 클릭하면 결과가 출력된다.

2) 출력결과 해석

다음은 SPSS View에 구해진 분석 결과의 화면이다. 기술통계량에는 표본에 대한 간단한 기술통계가 나와 있다.

기술동계량

	N	평균	표준편차	최소값	최대값
실시전	10	244.60	34.082	201	326
실시후	10	226.90	28.954	195	295

다음으로 Wilcoxon 부호순위검정 결과 테이블이 나타난다. 순위를 보면 각 집단 평균 순위는 처치 전과 후의 차이가 음수인 경우에는 5.72, 양수인 경우에는 3.50으로 나타났다.

		N	평균 순위	순위합
실시후 - 실시전	음의 순위	9[a]	5.72	51.50
	양의 순위	1[b]	3.50	3.50
	등순위	0[c]		
	전체	10		

a. 실시후 < 실시전
b. 실시후 > 실시전
c. 실시후 = 실시전

앞에서 구한 순위값을 이용하여 검정한 결과는 검정통계량에 나와 있다. 즉, Z값은 -2.448로, 유의확률은 .014로 나타났다. 가설검정의 유의수준인 .05보다 작으므로 연구 가설을 채택하게 된다. 따라서 본 연구의 결과를 해석하면 운동 전과 후는 차이가 있다고 말할 수 있다.

검정 통계량[a]

	실시후 - 실시전
Z	-2.448[b]
근사 유의확률(양측)	.014

a. Wilcoxon 부호순위 검정
b. 양의 순위를 기준으로.

3) 연구 보고서

운동을 포함한 식이요법 프로그램을 고지혈증 환자에게 적용한 결과 실시 전 콜레스테롤 (M=244.60)보다 10주 후의 콜레스테롤(M=226.90)이 통계적으로 유의하게 감소하였다 (Z=-2.45, p=.014). 즉 운동을 포함한 식이요법 프로그램이 고지혈증 환자의 콜레스테롤 감소에 효과가 있다고 할 수 있다.

[표 6-5] 운동을 포함한 식이요법 프로그램의 효과(N=10)

	M±SD	Z	p
프로그램 실시 전(mg)	244.60±34.08	-2.45	.014
프로그램 실시 후(mg)	226.90±28.95		

Wilcoxon Signed Ranked Test

4) 연습 문제

1 암 진단을 받고 항암화학요법을 받는 환자들에게 각 분야의 전문가(의사, 약사, 간호사, 영양사)들이 항암 치료에 대한 교육 및 약물 교육, 영양 교육, 자가 관리, 심리사회적 적응 및 사회복지 정보를 제공하는 내용으로 1회 30분 정도 개별적으로 교육 및 질의 응답, 상담을 실시하였다. 개별교육 전보다 교육 후 출혈 예방, 영양 관리, 감염 관리, 스트레스 관리 및 운동 등의 자가간호가 증진되었다고 할 수 있는가? 예제 6-5-1.sav

2 당뇨가 있는 폐경 후 여성 17명을 대상으로 유산소운동 프로그램을 적용하였다. 개인 별로 운동부하검사를 실시한 후 처방한 유산소운동을 1회에 20~70분간 주 3~7회 실 시하였으며, 운동 강도는 최대 심박수의 40~85%로 8주간 실시하였다. 유산소운동 프로그램이 복부체지방량, 총체지방량, 총콜레스테롤 감소에 효과가 있다고 할 수 있 는가? 예제 6-5-2.sav

Chapter 7

분산분석
(ANOVA)

SPSS / AMOS
Nursing and Health Statistical Analysis

앞 장에서는 차이검정 중에서 집단이 2개일 때 분석하는 t검정(t-test)에 대해서 언급하였다. 그러나 연구를 하다 보면 집단이 여러 개일 경우가 많다. 예를 들어, 나이에 따른 직무만족도를 분석할 때 나이를 20대, 30대, 40대 등 3개 그룹으로 나누어서 분석할 수 있다. 이때 사용되는 분석 방법이 분산분석(ANOVA, ANalysis Of VAriances)이다.

분산분석에도 여러 종류가 있다. 집단을 구분하는 변수가 하나일 때는 일원분류 분산분석(one way ANOVA)이라는 분석 방법이 이용된다. 또한 대응표본 t검정처럼 반복측정을 3번 이상 하는 경우에는 반복측정 분산분석(repeated measures ANOVA)이 사용된다. 집단을 구분하는 변수가 2개가 동시에 쓰일 때는 이원분류 분산분석(two way ANOVA)이 사용된다. 이 방법의 연장으로 두 집단에서 각각 시점을 두고 반복측정을 하는 경우는 이원분류 반복측정 분산분석(two way repeated measures ANOVA)이 사용된다.

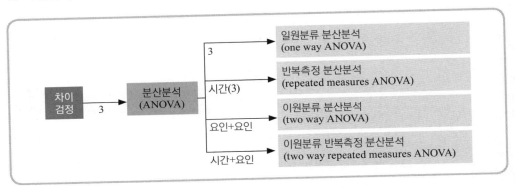

1-1 모수 분석

본 연구에서 사용할 예제와 이 분석 방법을 이용하기 위한 SPSS 메뉴 이용 방법은 다음과 같다.

- 일원분류 분산분석: 간호사의 직위에 따라 직무만족에 차이가 있는가?
  분석(A) → 평균 비교(M) → 일원배치 분산분석(O)
- 반복측정 분산분석: 심폐소생술의 재교육 효과는 실시 전, 3개월 후, 6개월 후 등 시점에 따라 차이가 있는가?
  분석(A) → 일반선형모형(G) → 반복측정(R)

- 이원분류 분산분석: 협착 유무와 흉통 유무에 따라 스트레스는 차이가 있는가?
  분석(A) → 일반선형모형(G) → 일변량(U)

- 이원분류 반복측정 분산분석: 집단교육군과 개별교육군은 교육 전후에 따라 자가간호에 차이가 있는가?
  분석(A) → 일반선형모형(G) → 반복측정(R)

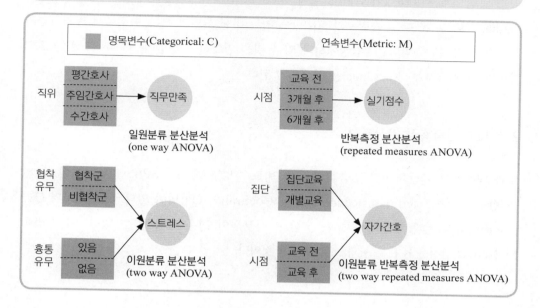

1-2 비모수 분석

분산분석도 t 검정과 마찬가지로 표본의 수가 30개 미만일 때는 정규분포를 가정할 수 없다. 따라서 아래의 표와 같이 비모수 분석을 사용해야 한다.

질적 유형	집단수	양적 유형	모수	비모수
C	1	M	일원분류 분산분석	Kruskal Wallis test 외
	1	M	반복측정 분산분석	Friedman test 외

비모수 분석 방법을 이용하기 위한 SPSS 메뉴 이용 방법은 아래와 같다.

- 비모수 일원분류 분산분석
  분석(A) → 비모수 검정(N) → 레거시 대화상자(L) → 독립 K-표본(K)
- 비모수 반복측정 분산분석
  분석(A) → 비모수 검정(N) → 레거시 대화상자(L) → 대응 K-표본(S)

1) 비모수 일원분류 분산분석

독립적인 세 집단의 평균차이를 검증하기 위한 비모수 방법 중에서 SPSS에서 이용할 수 있는 방법으로는 Kruskal Wallis 검정, median 검정이 있다. Kruskal Wallis 검정과 median 검정은 둘 다 종속변수의 모집단 중앙값이 한 요인의 모든 수준에서 일치하는가를 평가한다. 분석 방법은 t 검정에서 설명한 것을 참조하기 바란다. 여기서도 집단 간의 차이가 나면 사후분석(post hoc)을 실시하게 된다.

2) 비모수 반복측정 분산분석

또한 대응표본 평균차이를 검증하기 위한 비모수 방법 중에서 SPSS에서 이용할 수 있는 방법으로는 Friedman, Kendall의 W, Cochran의 Q방법이 있다. Cochran의 Q는 Friedman 검정과 동일하나 모든 응답이 이분형인 경우 적용할 수 있다. 이 방법은 McNemar 검정을 K표본 상황으로 확장한 것이다.

2 일원분류 분산분석

2-1 모수 분석

집단이 3개일 때 분산분석을 이용하지 않고, t 검정(t-test)을 이용할 수도 있다. 이때 1과 2, 2와 3, 1과 3처럼 쌍을 지어 3번 평균 비교를 할 수 있다. 그러나 이처럼 여러 번 t 검정을 하게 되면 1종 오류를 범할 확률이 증가하게 된다. 예를 들어, 집단이 3개일 경우에는 1종 오류 확률이 $\alpha=1-(1-\alpha)t=1-(1-0.05)^3=0.14$로 증가한다. 따라서 집단이 여러 개일 경우에는 모든 집단의 평균이 같은지를(1=2=3) 분산을 이용하여 분석하는 것이 필요하다. 그리고 분산분석을 실시한 후에 3개의 집단 간 평균이 틀리다고 밝혀지면, 각 집단 간 3쌍의 평균을 비교해주면 된다. 이때에도 Scheffe, Duncan, Tukey 등 1종 오류를 보정해주는 방법을 이용해서 분석해야 한다.

1) 문제의 정의

직장 여성은 일반적으로 자녀에 대한 양육 스트레스가 가정에 있는 여성들보다 큰 것으로 알려지고 있다. 특히 간호직은 타 전문직 직종 여성들보다 자녀 양육 스트레스를 더 많이 받는 것으로 보고된 바 있다. 그렇다면 간호사들의 자녀 양육유형에 따라 받는 양육 스트레스의 크기에 차이가 있는지 검증하고자 한다. 제7장 예제1.sav

먼저 본 연구의 가설은 다음과 같이 세울 수 있다.

- 귀무가설(H_0): 죄책감에 대한 스트레스는 양육유형에 따라 차이가 없다.

  $H_0 = \mu_1 = \mu_2 = \mu_3$

- 연구가설(H_1): 죄책감에 대한 스트레스는 양육유형에 따라 차이가 있다.

  $H_1 = \mu_1 \neq \mu_2$ 또는 $\mu_1 \neq \mu_3$ 또는 $\mu_2 \neq \mu_3$

이 가설을 검정하기 위해 사용될 변수는 다음과 같다.

변수	정의	척도
양육유형	• 1=낮에 교육기관 위탁 • 2=낮에 대리양육자에게 위탁 • 3=주중 부모님께 위탁	명목(1, 2, 3)
죄책감 스트레스	• 양육 스트레스 도구 중 타인 양육에 대한 죄책감 8문항 5점 척도로 점수가 높을수록 죄책감스트레스가 높음을 의미	비율(점수)

분산분석은 말 그대로 분산 또는 변동을 분석하는 방법이다. 즉, 변동을 제곱합으로 나타내고, 이 제곱합을 실험에 관련된 요인별로 분해하여, 오차에 비해 큰 영향을 주는 요인이 무엇인가를 찾아내는 방법이다.

가설검정을 위하여 우선 다음과 같은 분산분석표를 구해야 한다.

요인	제곱합(SS)	자유도(df)	평균제곱 (MS)	F
그룹간	$SSB = \sum_j n_j (\overline{Y}_j - \overline{Y})^2$	$k-1$	$MSB = \dfrac{SSB}{k-1}$	$\dfrac{MSB}{MSW}$
그룹내	$SSW = \sum_j \sum_i n_j (Y_{ij} - \overline{Y}_j)^2$	$n-k$	$MSW = \dfrac{SSW}{n-k}$	
총계	$SST = \sum_j \sum_i n_j (Y_{ij} - \overline{Y})^2$	$n-1$		

주어진 가설검정을 위해서는 F검정을 이용하는데, 검정통계량 F는 분산분석표에서 얻은 두 평균제곱의 비로써 귀무가설이 참일 때 다음과 같은 분포를 한다.

$$F = \frac{MSA}{MSE} \sim F(k-1,\ n-k)$$

따라서 유의수준 α에서 $F \geq F_{1-\alpha}(k-1, n-k)$이면 귀무가설을 기각한다. 귀무가설을 기각하는 것은 처리효과의 차이가 인정된다는 것으로 세 집단의 평균은 모두 같지 않음을 의미한다. 따라서 이후에 구체적으로 어느 집단과 어느 집단이 차이가 나는지를 비교해야한다. 이때 일반적으로 많이 사용하는 분석 방법으로 LSD, Schefee, Tukey, Duncan 등이 있으며, 모든 처리평균치들을 2개씩 짝지어서 그 평균차를 검정해주게 된다.

2) SPSS 분석

① 먼저 자료를 수집한 후에 죄책감스트레스 8문항(5점 척도)의 문항 평점을 구한다.

앞에서 보는 것처럼 3개의 집단으로 구분하기 위해 양육유형이라는 구분변수가 있다. 죄책감스트레스는 평균차이를 검증하는 변수가 된다.

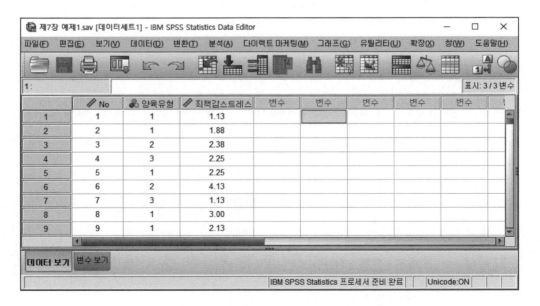

② 메뉴에서 **분석(A) → 평균 비교(M) → 일원배치 분산분석(O)**을 선택한다.

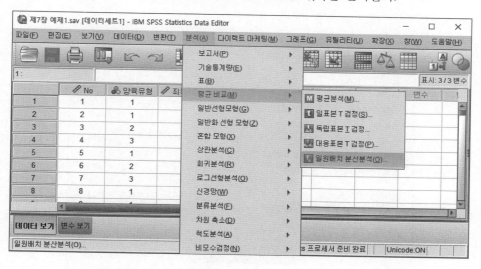

③ [죄책감스트레스] → 종속변수(E), [양육유형] → 요인(F)으로 이동한다.

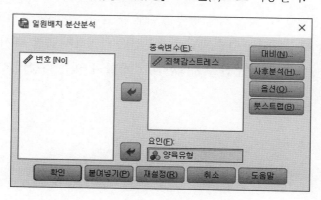

일원분류 분산분석에서 사용할 수 있는 선택 옵션은 아래와 같다. 이 중에서 대비는 거의 사용하지 않으므로 여기서는 설명을 생략한다.

종류	설명
대비(contrasts)	• 집단 간 제곱합을 추세 성분으로 분할하거나 연역 대비를 지정하여 t 통계량에 따라 검정
사후분석(post hoc)	• 평균 간의 다중비교에 대한 사후검정 방법을 선택
옵션(options)	• 데이터의 통계량 및 분산의 동질성 검정

④ **사후분석(H)** → **등분산을 가정함** → Tuckey **방법** 체크, **등분산을 가정하지 않을 경우** → Dunnett의 T3을 체크, **계속**을 클릭한다.

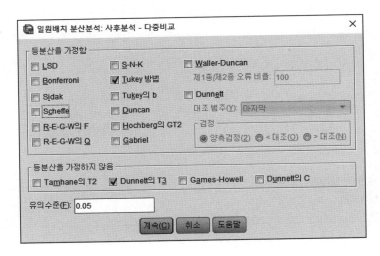

사후분석에서 선택할 수 있는 검증 방법은 다음과 같다. 여기서는 t 검정과 마찬가지로 등분산을 가정할 때 사용되는 검증 방법과 등분산을 가정하지 못할 때 사용되는 검증 방법으로 나눌 수 있다. 먼저 등분산을 가정할 때 이용할 수 있는 다중비교 검증 방법은 다음과 같다.

종류	설명
LSD	• t검정을 사용하여 집단 평균 간 모든 대응별 비교를 수행하지만 다중비교에 대한 오차비율은 조정 못함
Bonferroni	• t검정을 사용 • 관측 유의수준은 다중비교에 따라 조정
Sidak	• t검정을 사용한 대응별 다중비교 검정 • Bonferroni보다 엄격한 한계 제공
Scheffe	• F분포를 사용한 대응별 다중비교 검정 • 집단 평균의 가능한 모든 선형 조합을 관찰
R–E–G–W의 F	• F분포를 사용한 대응별 다중비교 검정 • Ryan Einot Gabriel Welsch의 F
R–E–G–W의 Q	• 스튜던트화 범위 기준 • Ryan Einot Gabriel Welsch의 Q
S–N–K	• 스튜던트화 범위 분포를 사용한 평균 간 대응비교 • 평균은 최고에서 최저까지 정렬
Tukey 방법	• 스튜던트화 범위 통계량을 사용 • 비교 결과 오차율에 시험별 오차율을 설정
Tukey의 b	• 스튜던트화 범위 통계량을 사용 • 기준값은 Tukey의 정직유의차 검정의 평균값
Duncan	• 스튜던트화 범위 통계량을 사용 • 개별 검정에 대한 오차비율보다 검정 집합에 대한 오차비율
Hochberg의 GT2	• 스튜던트화 최대계수 사용 • Tukey의 정직유의차 검정과 비슷함
Gabriel	• 스튜던트화 최대계수 사용 • Hochberg's GT2보다 강력한 검증 방법
Waller–Duncan	• t검정을 사용 • Bayesian 접근법 사용
Dunnett	• t검정을 사용 • 단일 통제 평균에 대해 처리군을 비교

다음은 등분산을 가정할 수 없을 때 이용할 수 있는 다중비교 검정 방법이다.

종류	설명
Tamhane의 T2	• t검정을 기준으로 한 보수적 대응별 비교
Dunnett의 T3	• 스튜던트화 최대계수를 기준으로 사용
Games–Howell	• 경우에 따라 자유롭게 수행되는 대응별 비교
Dunnett의 C	• 스튜던트화 범위를 기준으로 한 대응별 비교

분석 결과를 확인하기 전까지는 등분산 가정 여부를 알 수 없기 때문에 등분산을 가정할 때와 가정하지 않을 때 사용할 수 있는 분석 방법을 한두 개씩 선택한다.

⑤ **옵션(O)** → **통계량** → **기술통계(D)**, **분산의 동질성 검정(H)**을 체크한 후, **계속**을 클릭한다.

기술통계는 각 집단별 평균 등을 나타내주며, **분산의 동질성 검정**은 각 집단 간에 분산이 동질한지를 검정한다. 분산의 동질성을 검정하기 위해서 평균분석에서 사용하던 방법과 같이 Levene의 통계량을 이용한다.

⑥ **확인**을 클릭하면 결과가 출력된다.

3) 출력결과 해석

다음은 SPSS View에 구해진 분석 결과 화면이다. 먼저 기술통계에는 각 집단의 표본수, 평균, 표준편차, 표준오차, 95% 신뢰구간 등 표본에 대한 간단한 기술통계가 나와 있다.

기술통계

죄책감스트레스

	N	평균	표준편차	표준오차	평균에 대한 95% 신뢰구간 하한	상한	최소값	최대값
보육기관	139	2.8408	.71345	.06051	2.7212	2.9605	.88	4.38
대리양육자	96	2.5990	.73447	.07496	2.4501	2.7478	.88	4.25
주중부모	132	2.5152	.76231	.06635	2.3839	2.6464	.88	4.38
전체	367	2.6604	.74893	.03909	2.5835	2.7373	.88	4.38

다음으로 분산의 동질성에 대한 검정 결과이다. 등분산 분석의 귀무가설(H_0)은 "집단의 분산이 동질하다"이며, 연구가설(H_1)은 "집단의 분산은 동질하지 않다"이다. 여기서는 Levene의 통계량이 구해지는데, 집단들의 분산이 동질하다면 유의확률(Sig.)이 .05보다 커야 한다($p > .05$). 만약 분산의 동질성 검정 결과가 등분산이라면 사후분석의 결과 중에서 **등분산을 가정함**의 검정값으로 검정해야 되고, 그렇지 않다면 **등분산을 가정하지 않음**의 검정값으로 결과를 검정해야 한다.

본 예제에서는 직위에 따른 집단 간 분산의 유의확률이 .845로 나타나 양육유형에 따른 집단 간 분산이 동질하다고 볼 수 있다. 따라서 이후에 집단 간 차이가 존재한다면 사후분석 결과값 중에서 **등분산을 가정함**의 검정값으로 집단의 평균차이를 검정하면 된다.

분산의 동질성 검정

죄책감스트레스

Levene 통계량	자유도1	자유도2	유의확률
.205	2	364	.815

다음으로 분산분석은 실제로 분산분석에서 우리가 보아야 할 분석 결과 테이블이다. 아래의 표는 분석에 필요한 분산분석 분석표이다. 집단-간 제곱합(between groups)은 7.672, 집단-내 제곱합(within groups)은 197.617 자유도(df)는 2와 364, 평균제곱(mean square)은 7.617/2=3.836, 197.617/364=.543, F값은 3.836/.543=7.066, 유의확률은 .001이다.

결론적으로 유의확률이 .00 < .05이므로 연구가설을 채택하게 된다. 따라서 집단 간에는 평균차이가 있다고 볼 수 있다. 따라서 사후분석을 통해 어떤 집단 간에 차이가 발생했는지를 검증해야 한다. 앞에서 분산의 동질성을 검증한 결과 분산이 동질하다고 나왔으므로 다음의 표 중에서 보통 Tukey HSD의 값을 이용해서 검정한다.

ANOVA

죄책감스트레스

	제곱합	자유도	평균제곱	F	유의확률
집단-간	7.672	2	3.836	7.066	.001
집단-내	197.617	364	.543		
전체	205.290	366			

다중비교에 대한 결과값이 나와 있다. 먼저 Tukey HSD를 보면 낮에 보육기관에 위탁하는 집단과 가정에서 대리양육자에게 위탁하는 집단의 죄책감스트레스 차이가 .242로 나타났다. 유의확률 $p=.037$로 가설검정의 유의수준인 .05보다 작게 나타나 연구가설이 채택되었다. 다음으로 낮에 보육기관에 위탁하는 집단과 주중 부모님께 위탁하는 집단 차이는 .326($p=.001$)로 가설검정의 유의수준인 <.05보다 작아 연구가설이 채택되었다. 마지막으로 낮에 가정에서 대리양육자에게 위탁하는 집단과 주중 부모에게 위탁하는 집단의 차이는 .084($p=.673$)로 가설검증의 유의수준 >.05보다 크므로 귀무가설이 채택되었다. 따라서 간호사의 자녀 양육유형에 따라 죄책감스트레스는 차이가 있다고 할 수 있다. 만약 분산이 동질하지 않다고 한다면 Dunnett's T3를 이용하면 된다.

즉, 낮에 보육기관에 위탁하는 집단이 낮에 가정에서 대리양육자에게 위탁하는 집단과 주중 부모님에게 위탁하는 집단보다 죄책감스트레스를 더 받는 것으로 나타났다. 반면 낮에 대리양육자에게 위탁하는 집단과 주중 부모님에게 위탁하는 집단의 죄책감스트레스에는 차이가 없는 것으로 나타나 자녀 양육형태에 따라 차이가 없다고 할 수 있다.

다중비교

종속변수: 죄책감스트레스

	(I) 양육유형	(J) 양육유형	평균차이(I-J)	표준오차	유의확률	95% 신뢰구간 하한	95% 신뢰구간 상한
Tukey HSD	보육기관	대리양육자	.24187*	.09778	.037	.0118	.4720
		주중부모	.32568*	.08955	.001	.1149	.5364
	대리양육자	보육기관	-.24187*	.09778	.037	-.4720	-.0118
		주중부모	.08381	.09883	.673	-.1488	.3164
	주중부모	보육기관	-.32568*	.08955	.001	-.5364	-.1149
		대리양육자	-.08381	.09883	.673	-.3164	.1488
Dunnett T3	보육기관	대리양육자	.24187*	.09634	.038	.0100	.4738
		주중부모	.32568*	.08980	.001	.1099	.5414
	대리양육자	보육기관	-.24187*	.09634	.038	-.4738	-.0100
		주중부모	.08381	.10011	.787	-.1571	.3247
	주중부모	보육기관	-.32568*	.08980	.001	-.5414	-.1099
		대리양육자	-.08381	.10011	.787	-.3247	.1571

*. 평균차이는 0.05 수준에서 유의합니다.

검정 결과 중에 동일한 집단군으로 분류해주는 방법이 있다. 다음 표를 보면 Tukey HSD에서 주중 부모에게 위탁하는 집단과 낮에 가정에서 대리양육자에게 위탁하는 부모는 집단 [1]로 묶였으며, 낮에 보육기관에 위탁하는 부모는 집단 [2]로 묶였음을 볼 수 있다. 즉, 부모에게 위탁하는 집단과 대리양육자에게 위탁하는 집단의 죄책감은 같고, 이 두 그룹과 보육기관에 위탁하는 집단의 죄책감은 서로 차이가 있다고 나타났다.

죄책감스트레스

	양육유형	N	유의수준 = 0.05에 대한 부분집합 1	2
Tukey HSD[a,b]	주중부모	132	2.5152	
	대리양육자	96	2.5990	
	보육기관	139		2.8408
	유의확률		.655	1.000

등질적 부분집합에 있는 집단에 대한 평균이 표시됩니다.

a. 조화평균 표본크기 119.111을(를) 사용합니다.

b. 집단 크기가 동일하지 않습니다. 집단 크기의 조화평균이 사용됩니다. I 유형 오차 수준은 보장되지 않습니다.

4) 연구 보고서

간호사의 자녀 양육유형에 따른 죄책감스트레스는 보육기관 위탁집단(M=2.84), 대리양육자 위탁집단(M=2.60), 주중 부모에게 위탁하는 집단(M=2.51) 간에 유의한 차이가 있었다(F=7.07, p=.001). 추가로 사후분석을 한 결과 보육기관 위탁집단은 가정에서 대리양육자 위탁집단(p=.048)과 주중 부모에게 위탁하는 집단(p=.002)보다 죄책감스트레스가 통계적으로 유의하게 높았다. 그러나 대리양육자 위탁집단과 주중 부모에게 위탁하는 집단 간에는 유의한 차이가 없었다(p=.698), [표 7-1].

[표 7-1] 간호사의 자녀 양육유형에 따른 죄책감스트레스 비교(N=367)

	보육기관 (n=139)	대리양육자 (n=96)	주중 부모 (n=132)	F	p
	M±SD	M±SD	M±SD		
죄책감 스트레스	2.84±.71	2.60±.73	2.52±.76	7.07	.001
sheffe	b	a	a		

5) 연습 문제

1 4개 대학 부속병원에 근무하고 있는 간호사 476명으로부터 자료를 얻었다. 간호사의 소속병원, 연령, 학력, 부서만족도에 따라 리더십, 조직몰입, 직무만족, 조직시민행동 점수를 비교해보자. 예제 7-1-1.sav

2 4개 대학 부속병원에 근무하고 있는 간호사 476명으로부터 자료를 얻었다. 간호사의 근무형태, 부서만족도, 학력에 따라 고객지향성, 자기리더십, 조직문화에 차이가 있는지를 비교해보자. 예제 7-1-2.sav

3 4개 대학 부속병원 간호사 386명으로부터 자료를 얻었다. 간호사의 학력, 근무형태, 총경력, 부서만족 정도에 따라 간호사의 셀프리더십을 비교해보자. 예제 7-1-3.sav

4 대학 부속병원에 근무하고 있는 간호사 329명으로부터 자료를 얻었다. 총경력과 부서경력에 따라 직무스트레스를 비교해보자. 예제 7-1-4.sav

5 3개 대학 부속병원에 근무하고 있는 간호사 380명으로부터 자료를 얻었다. 개인의 특성인 부서경력, 총경력, 연령에 따라 자기리더십, 조직문화, 고객지향성에 차이가 있다고 할 수 있는가? 예제 7-1-5.sav

2-2 비모수 분석

1) 문제의 정의

뇌졸중 환자의 변비 완화에 효과적인 중재 방안을 모색하기 위하여 변비가 있는 환자를 대상으로 아로마테라피 경락마사지군(12명), 경락마사지군(13명), 일반마사지군(9명)으로 나누어 2주간 복부 마사지를 실시한 후 변비 완화의 효과를 배변횟수로 검증하였다. 단, 이들 3집단은 사전 동질성 검증에서 모든 조건이 동질하였다. 그렇다면 어느 집단이 변비 완화에 효과가 있다고 할 수 있는가? 제7장 예제2.sav

- 귀무가설(H_0): 배변횟수는 그룹에 따라 차이가 없다.
- 연구가설(H_1): 배변횟수는 그룹에 따라 적어도 한 쌍은 차이가 있다.

이 가설을 검정하기 위해 사용될 변수는 다음과 같다.

변수	정의	척도
그룹	• 1=아로마 경락마사지 • 2=경락마사지 • 3=일반마사지	명목(1, 2, 3)
배변횟수	• 2주 후 변을 본 횟수를 의미	비율(점수)

본 연구에서 사용된 데이터의 수는 총 34개이지만 집단별로는 9~13개씩이기 때문에 비모수적 방법을 이용해야 한다.

2) SPSS 분석

① 먼저 자료를 수집한 후 메뉴에서 **분석(A) → 비모수 검정(N) → 레거시 대화상자(L) → K-독립표본**을 선택한다.

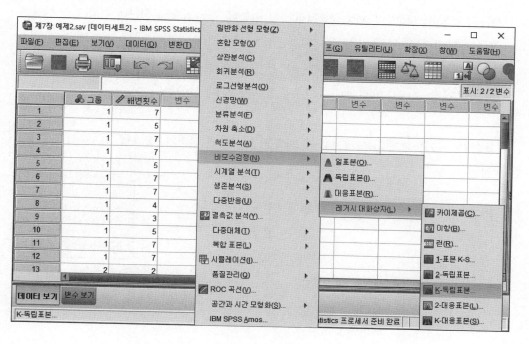

② [주당배변횟수] → 검정변수(T), [그룹] → 집단변수(G)로 이동한다.

③ 범위지정(D)을 클릭한다.

④ 집단변수의 범위에서 **최소값(N)** → [1], **최대값(X)** → [3]을 입력한다.

⑤ 검정 유형의 Kruskal-Wallis의 H를 체크한다 (default 설정).

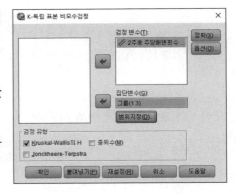

⑥ **정확(X)**을 클릭한다(default 설정).

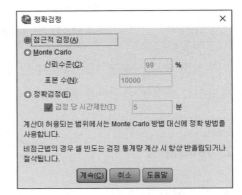

점근적 검정(A), Monte Carlo, 정확검정(E)이 있는데 기본적으로 **점근적 검정(A)**을 사용한다. **정확검정(E)**은 현재 데이터가 표준 점근법을 사용하여 신뢰할 만한 결과 작성에 필요한 기본 가정을 만족시킬 수 없을 때 정확한 결과를 얻기 위해 사용한다. 주로 교차분석과 비모수 검정 프로시저에 대한 유의수준을 계산할 때 사용한다.

⑦ **옵션(O)** → **기술통계(D)**를 체크한 후 **계속**을 클릭하면 결과가 출력된다.

3) 출력결과 해석

다음은 SPSS View에 구해진 분석 결과의 화면이다. 먼저 기술통계량에는 표본에 대한
간단한 기술통계가 나와 있다.

기술통계량

	N	평균	표준편차	최소값	최대값
2주후 주당배변횟수	34	4.50	1.895	1	7
그룹	34	1.91	.793	1	3

다음으로 Kruskal-Wallis의 결과인 순위 테이블이 나타나며 검정통계량에 검정 결과
가 나타난다. 결과적으로 유의확률은 $p=.002$로 나타나, 가설검정의 유의수준인 .05보다
작으므로 연구가설을 채택하게 된다. 따라서 마사지 종류에 따라 변비 완화에는 차이가
있다고 할 수 있다.

순위

	그룹	N	평균 순위
2주후 주당배변횟수	아로마경락	12	24.79
	경락마사지	13	16.19
	마사지	9	9.67
	전체	34	

검정 통계량[a,b]

	2주후 주당배변횟수
카이제곱	12.757
자유도	2
근사 유의확률	.002

a. Kruskal Wallis 검정
b. 집단변수: 그룹

그러나 비모수 통계에서는 사후분석을 할 수 있는 방법이 없다. 따라서 집단 간의 차이
를 보고 싶다면 6장에서 언급할 비모수 t검정(t-test)을 각각 해주어야 한다(아로마경락:경
락마사지, 아로마경락:마사지, 경락마사지:마사지). 또한 평균과 표준편차는 6장의 '3-2 비모
수 분석'에서 언급한 방법을 참조하여 각 집단의 통계량을 직접 구해보도록 하자.

4) 연구 보고서

뇌졸중 환자 중 변비가 있는 환자를 대상으로 복부에 처치한 마사지 종류에 따른 변비
완화 효과를 검증하기 위하여 2주간 마사지를 실시하였다. 그 결과 아로마 경락마사지군
(M=5.92), 경락마사지군(M=4.31), 일반 마사지군(M=2.89) 간에는 통계적으로 유의한
차이가 있었다(χ^2=12.76, $p=.002$). 추가로 각 집단별로 Mann-Whitney 검정을 한 결과

아로마 경락마사지군은 경락마사지군(p=.013)과 일반 마사지군(p=.001)보다 통계적으로 유의하게 배변횟수가 증가하였다. 그러나 경락마사지군과 일반 마사지군 간에는 통계적으로 유의한 차이가 없었다[표 7-2].

[표 7-2] 마사지 종류에 따른 주당 배변횟수 비교(N=34)

	아로마 경락마사지 (n=12)	경락마사지 (n=13)	마사지 (n=9)	χ^2	p
	M±SD	M±SD	M±SD		
배변횟수	5.92±1.44	4.31±1.44	2.89±1.70	12.76	.002
	z= -2.47, p=.013				
	z= -3.18, p=.001				

Kruskal-Wallis 검정

5) 연습 문제

1 25% 자당(sucrose)이 코팅된 노리개 젖꼭지가 신생아의 피부천자 시 통증의 생리반응에 미치는 영향을 규명하기 위한 연구로 생후 1주일 내에 선천성 대사이상 검사를 위해 발뒤꿈치 천자를 받는 아기로 실험 1군(15명)은 25% 자당이 코팅된 노리개 젖꼭지를 사용하였고, 실험 2군(15명)은 단순한 노리개 젖꼭지, 대조군(15명)은 아무런 처치를 하지 않았다. 처치 전 3군의 재태기간, 체중, Apgar점수, 심박동이 동질한가를 검정해보자. 예제 7-2-1.sav

2 vitamin C가 감기에 얼마나 효과적인가를 알아보고자 30명을 대상으로 1그룹=placebo, 2그룹=low dosage, 3그룹=high dosage로 나누었다. 첫 1년 동안에는 vtamin C를 전혀 복용하지 않도록 통제한 상태에서 감기 증상이 있는 날을 조사하였고, 그 다음 1년은 계획대로 vtamin C 처치를 한 후 감기 증상이 있는 날을 조사하여 그 차이를 기록하였다. 과연 첫해에 비해 vitamin C를 고단위로 복용한 그룹에서 감기 증상이 있는 날이 감소했다고 할 수 있는가? 예제 7-2-2.sav

3 25% 자당이 코팅된 노리개 젖꼭지가 신생아의 피부천자 시 통증의 생리반응에 미치

는 영향을 규명하고자 한다. 생후 1주일 내에 선천성 대사이상 검사를 받기 위해 신생아 중환자실에 입원한 아기들 중 발뒤꿈치 천자를 받는 아기를 대상으로, 25% 자당이 코팅된 노리개 젖꼭지를 사용한 실험 1군(14명), 단순한 노리개 젖꼭지를 사용한 실험 2군(16명), 아무런 처치를 하지 않은 대조군(15명)으로 나누어 통증 정도를 통증 생리적 반응 척도로 측정하여 전후 차이 값을 구하였다. 자당이 코팅된 노리개 젖꼭지가 통증 완화에 효과가 있다고 할 수 있는가? 예제 7-2-3.sav

이 가설을 검정하기 위해 사용될 변수는 다음과 같다.

변수	정의	척도
그룹	• 1=자당이 코팅된 노리개 젖꼭지 • 2=단순한 노리개 젖꼭지 • 3=아무런 처치를 하지 않음	명목(1, 2, 3)
통증 정도	• Lawrence 등이 개발한 도구로 얼굴 표정(0~1점), 울음(0~2), 호흡 양상(0~1), 팔 움직임(0~1점), 다리 움직임(0~1점), 각성 상태(0~1점)를 측정, 점수가 높을수록 심한 통증을 의미	비율(점수)

3 반복측정 분산분석

반복측정 분산분석은 6장의 대응표본 t검정의 확장으로, 측정이 3번 이상 이루어진다고 생각하면 된다. 즉, 동일한 사람이나 사물에 대하여 일정한 시간을 두고 측정하는 경우에 이용할 수 있다. 이 분석 방법은 종속변수가 2개 이상이라는 점에서 다변량분산분석과 유사하기 때문에 조심해서 사용해야 한다. 측정치가 여러 개이면서 서로 다른 변수라면 다변량분산분석을, 하나의 변수를 반복해서 측정하였다면 반복측정 분산분석을 이용하면 된다. 예를 들어, 성별에 따른 몸무게, 키, 가슴둘레(연속변수)처럼 여러 개의 종속변수를 동시에 분석하는 것이라면 다변량분산분석을 사용하면 되지만, 심폐소생술에 대한 재교육 효과를 확인하기 위하여 각각 3번의 시점(교육 직후, 3개월 후 재교육 전, 6개월 후 재교육 전)에 걸쳐 반복해서 측정하였다면 반복측정 분산분석이 이용된다.

3-1 모수 분석

1) 문제의 정의

간호사 47명을 대상으로 심폐소생술에 대한 적절한 재교육의 시점을 파악하고자 한다. 재교육 시점을 확인하기 위하여 각각 3번의 시점(교육 직후, 3개월 후 재교육 전, 6개월 후 재교육 전)에 걸쳐서 심폐소생술에 대한 평가를 실시하였다. 그렇다면 간호사들의 심폐소생술을 향상시키기 위해서는 언제 다시 교육을 시키는 것이 좋은지 확인해보자.

제7장 예제3.sav

먼저 본 연구의 가설은 다음과 같이 세울 수 있다.

가설 1

- 귀무가설(H_0): 심폐소생술에 대한 재교육 효과는 시점에 따라 차이가 없다.
- 연구가설(H_1): 심폐소생술에 대한 재교육 효과는 시점에 따라 차이가 있다.

사용될 변수는 다음과 같다.

변수	정의	척도
Skill1	• 교육 직후 평가 점수	비율(점수)
Skill3	• 3개월 후 재교육 전 평가 점수	비율(점수)
Skill6	• 6개월 후 재교육 전 평가 점수	비율(점수)
심폐소생술 실기점수	• 11개의 항목(의식 확인, 구조 요청 등)으로 측정한 점수로 높을수록 기술이 정확함을 의미	

2) SPSS 분석

① 메뉴에서 **분석(A) → 일반선형모형(G) → 반복측도(R)**을 선택한다.

② 반복측정 요인 정의 → 개체-내 요인이름(W) → [시점], 수준 수(L) → [3]을 입력한다. 추가 (A)를 클릭하면 창에 [시점(3)]이 추가된다.

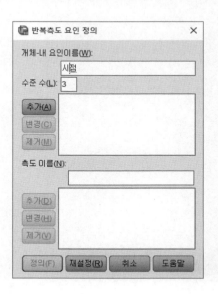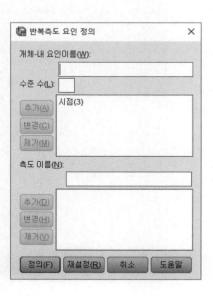

③ 정의 → [Skill1], [Skill3], [Skill6] → 개체-내 변수(W)로 이동한다.

④ 모형(M) → 모형설정 → 완전요인모형(F)이 선택되어 있다. 계속을 클릭한다.

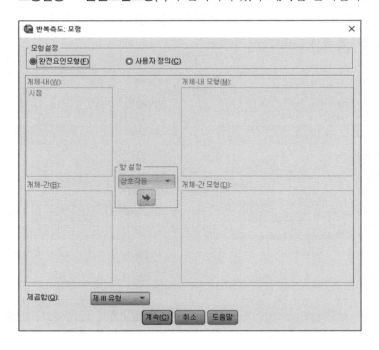

모형설정에 대한 옵션 설명은 7장의 '4절 이원분류 분산분석'을 참조하기 바란다.

⑤ 도표 → 요인(F)에서, [시점] → 수평축 변수(H)로 이동한다. 추가(A)를 클릭하면 도표(T):
에 시점이 생성된다. 계속을 클릭한다.

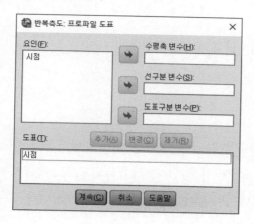

⑥ 옵션(O) → 요인 및 요인 상호작용(F)에서, [시점] → 평균 표시 기준(M)으로 이동한다.
⑦ 주효과 비교(C)를 체크하면 신뢰구간 수정(N) → LSD(지정않음)이 선택된다.
⑧ 표시에서 기술통계량(D)을 체크한다.

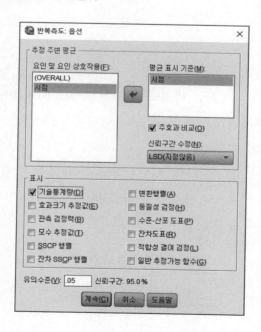

앞의 분산분석에서 집단 간에 차이가 있다면 사후분석(post hoc)을 한다고 하였다. 이
분석 방법에도 **사후분석**이라는 옵션이 있지만 이 옵션은 이원분류 반복측정 분산분석에

서 쓰인다. 여기서처럼 일원분류 반복측정 분산분석일 때는 **주효과 비교**를 통해 주요 효과(main effects)에 대해서만 사후검정을 할 수 있다. 분석 방법은 기본으로 LSD로 선택되어 있다.

⑨ **계속 → 확인**을 클릭하면 결과가 출력된다.

3) 출력결과 해석

다음은 SPSS View에 구해진 분석 결과 화면이다. 먼저 개체-내 요인이 나오는데 본 분석에서는 시점이라는 요인이 사용되었다. 다음으로 기술통계량에는 각 집단의 평균, 표준편차, 표본수에 대한 간단한 기술통계가 나와 있다.

개체-내 요인

측도: MEASURE_1

시점	종속변수
1	Skill1
2	Skill3
3	Skill6

기술통계량

	평균	표준편차	N
Skill1	19.02	1.343	47
Skill3	10.21	3.155	47
Skill6	11.72	3.604	47

다음으로 다변량 검정, Mauchly의 구형성 검정, 개체-내 효과 검정(단일변량 검정) 표가 나와 있다. 이 표들은 해석하는 데 주의해야 한다. 먼저, Mauchly의 구형성 검정 표를 통해 구형성을 검정한다. 만약 구형성 가정이 성립되지 않으면(유의확률이 유의하게 나오면, $p < .05$) 다변량 검정의 표의 값을 이용해서 검정하고, 구형성 가정이 성립되면(유의확률이 유의하지 않게 나오면, $p < .05$) 개체-내 효과 검정(단일변량 검정)의 결과를 이용한다. 본 연구의 결과 Mauchly의 구형성 검정 표에서 보는 것처럼 유의수준이 .147로 구형성 가정이 성립되었으므로 개체-내 효과 검정의 결과를 해석한다.

Mauchly의 구형성 검정[a]

측도: MEASURE_1

개체-내 효과	Mauchly의 W	근사 카이제곱	자유도	유의확률	엡실런[b] Greenhouse-Geisser	Huynh-Feldt	하한
시점	.918	3.841	2	.147	.924	.961	.500

정규화된 변형 종속변수의 오차 공분산행렬이 항등 행렬에 비례하는 영가설을 검정합니다.

  a. Design: 절편
    개체-내 계획: 시점

  b. 유의성 평균검정의 자유도를 조절할 때 사용할 수 있습니다. 수정된 검정은 개체내 효과검정 표에 나타납니다.

본 연구에서는 구형성 가정이 성립되었으므로 다변량 검정표의 값을 사용하지 않고, 개체-내 효과 검정 표를 사용하여 가설을 검증한다. 개체-내 효과 검정 표에는 구형성 가정, Greenhouse-Geisser, Huynh-Feldt, 하한값 등 4개의 값이 표시되어 있다. 이 중에서 구형성의 가정이 성립이 되었으므로 구형성 가정의 값을 해석하면 된다. 다음의 Greenhouse-Geisser, Huynh-Feldt, 하한값은 Epsilion에 의해 교정된 값이다. 본 연구의 결과 시점에 따른 심폐소생술 교육의 차이는 F=195.955, 유의확률(Sig.)=.000으로 유의하게 나타났다. 결론적으로 심폐소생술 교육은 시간에 따라 차이가 있는 것으로 나타났다.

다변량 검정[a]

효과		값	F	가설 자유도	오차 자유도	유의확률
시점	Pillai의 트레이스	.874	156.325[b]	2.000	45.000	.000
	Wilks의 람다	.126	156.325[b]	2.000	45.000	.000
	Hotelling의 트레이스	6.948	156.325[b]	2.000	45.000	.000
	Roy의 최대근	6.948	156.325[b]	2.000	45.000	.000

a. Design: 절편
개체-내 계획: 시점

b. 정확한 통계량

개체-내 효과 검정

측도: MEASURE_1

소스		제 III 유형 제곱합	자유도	평균제곱	F	유의확률
시점	구형성 가정	2085.716	2	1042.858	195.955	.000
	Greenhouse-Geisser	2085.716	1.849	1128.176	195.955	.000
	Huynh-Feldt	2085.716	1.923	1084.764	195.955	.000
	하한	2085.716	1.000	2085.716	195.955	.000
오차(시점)	구형성 가정	489.617	92	5.322		
	Greenhouse-Geisser	489.617	85.043	5.757		
	Huynh-Feldt	489.617	88.446	5.536		
	하한	489.617	46.000	10.644		

다음으로 추정된 주변평균에 대한 분석 결과가 나타난다. 추정값에는 세 시점에서의 평균, 표준오차, 95%의 신뢰구간에 대한 기술통계가 나와 있다.

추정값

측도: MEASURE_1

시점	평균	표준오차	95% 신뢰구간	
			하한	상한
1	19.021	.196	18.627	19.416
2	10.213	.460	9.286	11.139
3	11.723	.526	10.665	12.782

다음으로 대응별 비교에는 각 시점의 주요 효과를 비교 분석한 결과가 나와 있다. 먼저 시점1과 시점2 간의 평균차이를 보면 유의확률이 .000으로 나타나 두 시점 간에 차이가 있음이 검정되었다. 시점1과 시점3 간에도 유의확률이 .000으로 나타나 두 시점 간에 차이가 있음이 검정되었다. 시점2와 시점3 간에는 유의확률이 .001로 나타나 두 시점 간에는 차이가 있음이 검정되었다.

대응별 비교

측도: MEASURE_1

(I) 시점	(J) 시점	평균차이(I-J)	표준오차	유의확률[b]	차이에 대한 95% 신뢰구간[b]	
					하한	상한
1	2	8.809[*]	.499	.000	7.805	9.812
	3	7.298[*]	.518	.000	6.255	8.340
2	1	-8.809[*]	.499	.000	-9.812	-7.805
	3	-1.511[*]	.403	.001	-2.323	-.699
3	1	-7.298[*]	.518	.000	-8.340	-6.255
	2	1.511[*]	.403	.001	.699	2.323

추정 주변 평균을 기준으로

*. 평균차이는 .05 수준에서 유의합니다.

b. 다중비교를 위한 수정: 최소유의차 (수정하지 않은 상태와 동일합니다.)

다음으로 각 시점에서의 평균값에 대한 도표가 나타난다.

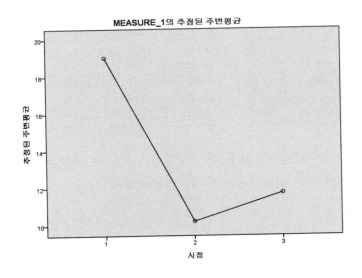

4) 연구 보고서

간호사를 대상으로 심폐소생술에 대한 재교육을 한 결과 교육 직후(M=19.02), 3개월 후 재교육 전(M=10.21), 6개월 후 재교육 전(M=11.72) 등 시간이 지남에 따라 심폐소생술에 대한 실기에 변화가 있는 것으로 나타났다(F=195.96, $p < .001$). 시점 간을 비교 분석한 결과 [표 7-3]과 같이 교육 직후보다 3개월 후 재교육 전($p < .001$)과 6개월 후 재교육 전($p < .001$)에서 통계적으로 유의하게 심폐소생술 실기점수가 감소하였다. 그러나 3개월 후 재교육 전보다 6개월 후 재교육 전($p=.001$)에는 심폐소생술 실기점수가 유의하게 증가하였다($p=.001$), [표 7-3].

[표 7-3] 시점별 심폐소생술 실기 재교육 효과(N=47)

	교육 직후	3개월 후 재교육 전	6개월 후 재교육 전	F	p
	M±SD	M±SD	M±SD		
실기점수	19.02±1.34	10.21±3.16	11.72±3.60	195.96	<.001
		md=−8.81, p<.001 md=1.51, p=.001			
		md=−7.30, $p < .001$			

md=mean difference

5) 연습 문제

1 신규 간호사의 조직사회화 과정(적응)을 보기 위하여 92명을 대상으로 입사 직후, 3개월 후, 6개월 후의 대인관계, 직무수행, 상호신뢰성, 응집력의 변화를 분석해보자.
예제 7-3-1.sav

2 결혼 후 남편들은 결혼 생활에서 아내가 걱정거리를 어느 정도나 표현하고 있는지 궁금해 한다. 이를 검정하기 위하여 30쌍의 부부를 대상으로 결혼 직후, 3년 후, 5년 후를 측정(Desire to Express Worry Scale)하였다. 점수가 높을수록 걱정거리를 많이 표현하고 있음을 의미한다. 아내들의 걱정거리는 측정 시점에 따라 변화가 있다고 할 수 있는가? 예제 7-3-2.sav

3 섬유조직염 환자를 위한 신장운동(stretching exercise)을 포함한 6주간의 자조관리 과정이 섬유조직염 환자의 증상 완화에 효과적인가를 검정하기 위하여 42명을 대상으로 3시점(실시 전, 3주 후, 6주 후)에 걸쳐 측정하였다. 신장운동을 포함한 6주간의 자조관리 과정으로 인해 섬유조직염 환자의 증상이 완화되었다고 할 수 있는가?

예제 7-3-3.sav

3-2 비모수 분석

1) 문제의 정의

한방병원에 입원한 배뇨장애가 있는 뇌졸중 환자 13명을 대상으로 도뇨관 제거 직후부터 2주간 구(뜸) 처치와 방광 훈련 프로그램을 적용하여 배뇨장애 정도에 미치는 효과를 확인하고자 한다. 2주 동안 개별적으로 훈련을 실시하여 3시점(도뇨관 제거 1주 후, 제거 2주 후, 제거 4주 후)에서 자료를 수집하였다. 2주간의 구(뜸) 처치와 방광 훈련 프로그램이 배뇨장애에 효과가 있었다고 할 수 있는가? 제7장 예제4.sav

가설검정에 사용될 변수는 다음과 같다.

변수	정의	척도
도뇨관 1	• 도뇨관 제거 1주 후	비율(실금량; 패드무게)
도뇨관 2	• 도뇨관 제거 2주 후	비율(실금량; 패드무게)
도뇨관 4	• 도뇨관 제거 4주 후	비율(실금량; 패드무게)
구(뜸) 처치	• 복부에 있는 임맥(任脈)의 혈 중 기해(氣海)혈, 관원(關元)혈, 중극(中極)에 각각 5장씩 15장을 매일 일정 시간에 10분씩 뜸 처치 수행	

2) SPSS 분석

① 메뉴에서 **분석(A) → 비모수 검정(N) → 레거시 대화상자(L) → K-대응표본(S)**을 선택한다.

② **[도뇨관1], [도뇨관2], [도뇨관4] → 검정 변수(T)**로 이동한다.
③ **검정 유형의 Friedman(F)**이 체크되어 있는지 확인한다.

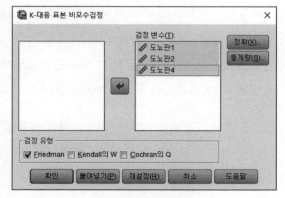

④ **통계량(S) → 기술통계(D)**를 체크한다.
⑤ **계속(C) → 확인**을 클릭하면 결과가 출력된다.

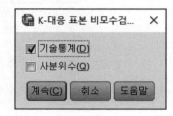

3) 출력결과 해석

다음은 SPSS View에 구해진 분석 결과의 화면이다. 먼저 기술통계량에는 표본에 대한 간단한 기술통계가 나와 있다.

기술통계량

	N	평균	표준편차	최소값	최대값
도뇨관1	13	29.46	10.509	16	49
도뇨관2	13	19.15	9.218	9	47
도뇨관4	13	11.08	3.883	9	23

다음으로 Friedman 검정에 대한 결과 테이블이 나타난다. 검정 결과 유의도는 .000으로 나타났다. 따라서 가설검정의 유의수준인 .05보다 작으므로 연구가설을 채택하게 된다. 따라서 시간에 따라 배뇨장애 완화에 차이가 있다고 말 할 수 있다.

순위

	평균 순위
도뇨관1	3.00
도뇨관2	1.96
도뇨관4	1.04

검정 통계량[a]

N	13
카이제곱	25.529
자유도	2
근사 유의확률	.000

a. Friedman 검정

이후에는 어느 시점에서 차이가 나는지를 검정해야 한다. 그러나 비모수 통계에서는 사후분석을 할 수 있는 방법이 없다. 따라서 집단 간의 차이를 보고 싶다면 6장에서 언급한 비모수 대응표본 T 검정(분석(A) → 비모수 검정(N) → 레거시 대화상자(L) → 대응 2-표본(L))을 통해 각각 해주어야 한다(도뇨관1:도뇨관2, 도뇨관1: 도뇨관4, 도뇨관2:도뇨관4).

검정 통계량[a]

	도뇨관2 - 도뇨관1	도뇨관4 - 도뇨관1	도뇨관4 - 도뇨관2
Z	-3.187[b]	-3.185[b]	-3.070[b]
근사 유의확률(양측)	.001	.001	.002

a. Wilcoxon 부호순위 검정
b. 양의 순위를 기준으로.

분석해보면 위의 표와 같은 결과를 얻을 수 있다. 분석 결과 도뇨관 제거 1주 후와 2주 후, 4주 후, 그리고 제거 2주 후와 4주 후 사이에 있어 유의하게 차이가 있는 것으로 나타났다.

4) 연구 보고서

뇌졸중 환자 13명을 대상으로 도뇨관을 제거한 후 4주간 구(뜸) 처치와 방광 훈련 프로그램을 실시하여 배뇨장애를 측정한 결과, 제거 1주(M=29.46), 2주 후(M=19.15), 4주 후(M=11.08)에 있어서 요실금량이 통계적으로 유의하게 감소되었다(χ^2=25.53, p < .001). 시점 간을 비교 분석한 결과 제거 1주 후와 2주 후(z=-3.19, p=.001), 4주 후(z=-3.19, p < .001), 그리고 2주 후와 4주 후(z=-3.07, p=.002) 간에도 모두 통계적으로 유의하게 요실금량이 감소되었다[표 7-4].

[표 7-4] 구(뜸) 처치와 방광 훈련이 배뇨장애에 미치는 효과(N=13)

	1주 후	2주 후	4주 후	χ^2	p
	M±SD	M±SD	M±SD		
요실금량	29.46±10.51	19.15±9.22	11.08±3.88	25.53	< .001

z=-3.19, p=.001 z=-3.07, p=.002

z=-3.19, p=.001

5) 연습 문제

1 여성 요실금 환자를 위한 질회음근 운동의 효과를 측정하고자 한다. 이를 검정하기 위해 18명의 대상자를 선정하였다. 6주간 훈련을 중재로 3시점(치료 전, 3주 후, 6주 후)에서 요실금량은 pad test로 측정하였다(pad test란 2시간 전에 배뇨를 한 후 500cc 물이나 주스를 마신 후 무게를 측정한 생리대를 착용하고 요실금을 유발할 수 있는 계단 오르기, 앉았다 일어나기, 크게 기침하기 등의 운동을 한 후 전자저울을 이용하여 pad의 무게를 측정하는 것을 말한다). 그렇다면 6주간의 질회음근 운동이 효과가 있었다고 말할 수 있는가?

예제 7-4-1.sav

2 시간의 흐름에 따라 소녀들의 자아존중감이 어떻게 발달하는지를 검정하고자 25명의 소녀들이 9살, 11살, 14살일 때마다 자아존중감 기술서(self esteem descriptor)를 이용하여 자아존중감을 측정하였다. 시간의 흐름에 따른 자아존중감 변화가 있었는가?

예제 7-4-2.sav

4 이원분류 분산분석

이원분류 분산분석은 일원분류 분산분석의 확장으로, 집단을 구분하는 변수가 2개 이상일 때 사용한다. 즉, 집단을 구분하는 변수를 독립변수, 평균을 검정할 때 쓰이는 변수를 종속변수라고 한다면, 이처럼 독립변수 또는 종속변수가 동시에 2개 이상 투입되는 분석을 다차원 분산분석이라고 한다. 이 분석 방법은 이원분류 분산분석(two way ANOVA), 공변량분석(ANCOVA), 다변량 분산분석(MANOVA)으로 구분할 수 있다.

이원분류 분산분석은 2개의 요인(집단변수)이 하나의 종속변수와 연관성이 있을 때 분석하는 방법이다. 여기서 중요한 것은 2개의 독립변수 간에 상호작용이 있는지를 검정하는 것이다. 이를 상호작용분석이라고 하는데, 이는 투입되는 두 독립변수가 서로 독립적으로 종속변수와 관계를 맺고 있는지, 아니면 두 독립변수의 상호작용으로 인한 상승효과가 있는지를 검증하는 기법이다.

공변량분석은 투입되는 2개의 변수 중 하나의 영향을 통제한 상태에서 다른 독립변수와 종속변수와의 관계를 검증하는 방법이다. 이 방법은 주로 독립변수가 하나는 명목변수이고 하나는 연속변수일 때 사용되며, 연속변수를 통제변수로 사용하게 된다. 예를 들어 흡연이 태아에게 미치는 영향을 조사하기 위하여 흡연산모와 비흡연산모의 신생아의 체중을 조사하였다. 그러나 신생아의 체중은 재태기간(임신기간)에 영향을 받을 수 있으므로 재태기간을 통제한 상태에서 신생아의 체중을 분석하는 것이 좋을 것이다. 즉, 흡연유무(명목변수)와 재태기간(연속변수)이라는 2개의 독립변수와 체중이라는 종속변수가 분석에 쓰이는데, 이때 재태기간은 통제변수로 사용된다.

다변량분산분석은 지금까지 사용되었던 분석 방법과는 달리 2개의 종속변수를 이용할 수 있다. 예를 들어, 여자와 남자의 몸무게, 키, 가슴둘레 등을 동시에 비교 분석할 때 이용할 수 있다. 즉, 성별(명목변수)이라는 독립변수와 몸무게, 키, 가슴둘레(연속변수)라는 종속변수가 사용된다. 물론 일원분류 분산분석을 이용해서 3번 분석할 수도 있으나, 각각의 변수들이 서로 연관이 있다면 이 영향력도 고려해야 한다. 따라서 2개 이상의 종속변수들이 서로 독립적이지 않을 때는 다변량분산분석을 사용하게 된다.

이 책에서는 책의 분량과 분석 기법의 난이도 등을 고려하여 이 중에서 이원분류 분산분석만을 다루고자 한다.

1) 문제의 정의

경피적 관상동맥 중재술(PCI)이나 관상동맥 우회로이식술(CABG)을 받고 증상의 재발로 재입원을 하거나 추적 관상동맥 조영술을 하기 위해 입원한 환자(재협착군=40명, 비협착군=60명)를 대상으로, 스트레스 지각 정도가 재협착 여부에 영향을 미치는지 확인하고자 한다. 그러나 비협착군과 협착군의 동질성 검정에서 흉통 유무에 차이가 있음이 확인되었다. 그렇다면 협착 유무와 흉통 유무에 따라 스트레스 정도가 다르다고 할 수 있는가? 제7장 예제5.sav

먼저 본 연구에서는 다음과 같이 동시에 3개의 가설을 세울 수가 있겠다. 특히 고려해야 할 점은 2개의 변수 사이의 상호작용효과가 있는지를 검정해야 된다는 것이다.

이 가설을 검정하기 위해 사용될 변수는 다음과 같다.

변수	정의	척도
협착유무	• 1=비협착군 • 2=재협착군	명목(1, 2)
흉통유무	• 1=없음 • 2=있음	명목(1, 2)
스트레스	• 스트레스 인자에 대한 평가 척도(GARS) 8개 문항 9점 척도로 측정한 점수로, 높을수록 스트레스가 심함을 의미	비율(점수)

가설 1

- 귀무가설(H_0): 협착 유무와 흉통 유무 사이에는 상호작용이 없다.
  $$H_0 : \alpha\beta_{ij} = 0$$
- 연구가설(H_1): 협착 유무와 흉통 유무 사이에는 상호작용이 있다.
  $$H_1 : \alpha\beta_{ij} \neq 0$$

- 귀무가설(H_0): 스트레스는 협착 유무에 따라 차이가 없다.

  $H_0 : \mu_1 = \mu_2$

- 연구가설(H_1): 스트레스는 협착 유무에 따라 차이가 있다.

  $H_1 : \mu_1 \neq \mu_2$

- 귀무가설(H_0): 스트레스는 흉통 유무에 따라 차이가 없다.

  $H_0 : \mu_1 = \mu_2$

- 연구가설(H_1): 스트레스는 흉통 유무에 따라 차이가 있다.

  $H_1 : \mu_1 \neq \mu_2$

가설검정을 위하여 우선 다음과 같은 분산분석(ANOVA)표를 구해야 한다.

요인	제곱합(SS)	자유도(df)	평균제곱(MS)	F
요인 A	$SSA = ah\sum_{i}^{b}(\overline{Y}_i - \overline{Y})^2$	$a-1$	$MSA = \dfrac{SSA}{a-1}$	$\dfrac{MSA}{MSW}$
요인 B	$SSB = bh\sum_{j}^{a}(\overline{Y}_j - \overline{Y})^2$	$b-1$	$MSB = \dfrac{SSB}{b-1}$	$\dfrac{MSB}{MSW}$
상호작용	$SSAB = h\sum_{i}^{b}\sum_{j}^{a}(\overline{Y}_{ij} - \overline{Y}_i - \overline{Y}_j + \overline{Y})$	$(a-1)(b-1)$	$MSAB = \dfrac{SSAB}{(a-1)(b-1)}$	$\dfrac{MSAB}{MSW}$
잔차	$SSW = \sum_{i}^{b}\sum_{j}^{a}\sum_{k}^{h}(\overline{Y}_{ijk} - \overline{Y}_{ij})^2$	$ab(h-1)$	$MSW = \dfrac{SSW}{n-k}$	
총계	$SST = \sum_{j}\sum_{i}(\overline{Y}_{ij} - \overline{Y})^2$	$abh-1$		

표에서 나타나듯이, 요인 A와 요인 B의 주효과와 이 두 요인 간의 상호작용효과를 검증해주게 된다. 주효과(main effect)란 하나의 독립변인이 종속변인에 미치는 효과를 의미하며, 일원분류 분산분석에서 이미 분석해보았다. 상호작용효과(interaction effect)란 두 독립변인이 결합하여 종속변인에 미치는 영향을 의미한다. 즉, 요인 A에 의한 효과가 요인 B의 수준별로 변화할 때, 또는 반대의 변화를 의미한다. 상호작용효과를 구체적으로 표현한 아래의 평균반응 프로파일(average response profile)을 보면 더 이해가 쉽다.

먼저, 상호작용이 없는 경우 아래 그림처럼 요인 A의 변화에 따라 요인 B도 똑같이 변화하는 것을 볼 수 있다. 이러한 경우에는 두 요인들은 서로 상호작용효과가 없이 독립적이라고 말할 수 있다. 즉, 요인 A의 변화에 상관없이 요인 B는 항상 일정하다는 것을 의미한다. 이때는 요인 A와 요인 B가 서로 독립적이므로, 일원분류 분산분석을 2번(여기서는 집단이 2개이므로 t검정을 2번) 해주면 된다.

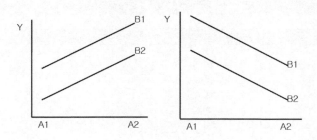

반면에 상호작용이 있는 경우 아래 그림처럼 요인 A의 변화에 의해 요인 B가 변화하는 것을 볼 수 있다(반대로 요인 B에 대한 요인 A의 변화도 볼 수 있다).

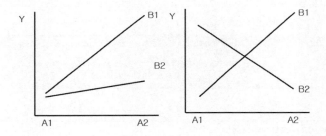

왼쪽의 경우에는 요인 A1일 때는 요인 B1과 요인 B2가 서로 차이가 없지만, 요인 A2일 경우에는 요인 B1과 요인 B2가 차이가 나는 것을 볼 수 있다. 이러한 상호작용을 분석하는 방법이 바로 이원분류 반복측정 분산분석(two-way repeated measures ANOVA)이다. 오른쪽의 경우에는 요인 A1일 때는 요인 B2가 요인 B1보다 더 높았으나, 요인 A2일 경우에는 요인 B1이 더 높게 바뀐 것을 볼 수 있다. 이러한 상호작용을 분석하는 방법이 바로 이원분류 분산분석(two-way ANOVA)이다.

2) SPSS 분석

① 먼저 자료를 수집한 후에 다음과 같이 입력한다.

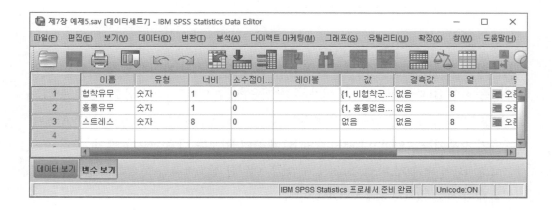

② 메뉴에서 **분석(A)** → **일반선형모형(G)** → **일변량(U)**을 선택한다.

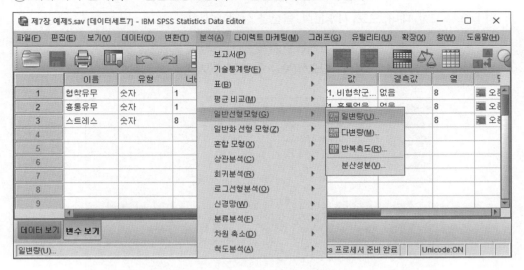

③ [스트레스] → 종속변수(D)로, [협착유
무], [흉통유무] → 고정요인(F)으로
이동한다.

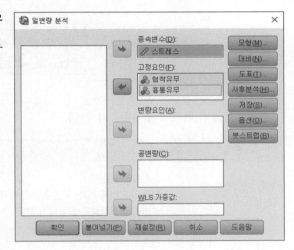

이원분류 분산분석에서 사용되는 요인 지정 창에 대한 설명은 다음과 같다.

종류	설명
종속변수(dependent variable)	• 해당 값을 예측하거나 요약하려는 변수
고정요인(fixed factor(s))	• 집단을 구분하는 독립변수
변량요인(random factor(s))	• 변량요인의 수준들은 결과를 구하려는 가능한 수준의 확률표분
공변량(covariate(s))	• 양적인 독립변수로 통제변량 분석에서 사용
WLS 가중값(WLS weight)	• 가중된 최소제곱 분석에 대한 가중값이 있는 숫자변수 나열

여기서는 **종속변수**와 **모수요인**이 사용되며, 공변량은 공변량분석에서 사용된다. 다음으로 **모형, 대비, 도표, 사후분석, 옵션**을 설정해야 한다.

④ **모형(M)** → **모형설정** → **완전요인모형(A)**을 선택한 후 **계속**을 클릭한다.

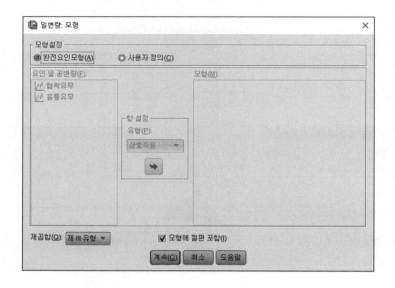

모형설정에 대한 옵션은 다음과 같다.

종류	설명
완전요인모형 (full factorial)	• 완전요인모형 • 모든 요인의 주효과, 모든 공분산의 주효과, 모든 요인-대-요인 상호작용이 포함 • 공변량 상호작용은 포함되지 않음
사용자 정의 (custom)	• 사용자 정의 • 하나의 상호작용 집단군만 지정하거나 요인-대-공변량 상호작용을 지정 • 모형에 포함할 모든 항을 지정

이원분류 분산분석에서는 **완전요인모형**을 이용하면 상호작용효과까지 같이 검정해주기 때문에 이 옵션을 이용하면 된다.

그러나 공변량분석에서는 연속변수로 된 독립변수(공변량)가 있기 때문에 이 2개 변수 간의 상호작용을 알 수 없다. 따라서 **사용자 정의**를 선택한 후 **항 설정 → 상호작용, 제곱합 (Q) → 제 Ⅲ 유형**을 선택한다. 자세한 사항은 중고급 통계분석을 참조하기 바란다.

⑤ **도표(T)** → 요인(F)의 **[흉통유무]** → 수평축 변수(H), **[협착유무]** → 선구분 변수(S)로 이동 후 **추가(A)**를 클릭하면 아래 **도표** 창에 **[흉통유무*협착유무]**가 생긴다.

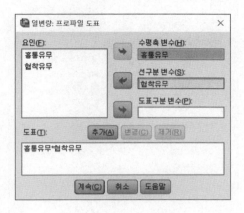

⑥ **사후분석(H)** → 요인(F)의 **[협착유무], [흉통유무]** → 사후검정변수(P)로 이동한다. 등분산 을 가정함에서 → **Tukey 방법**을 체크한 후 **계속**을 클릭한다.

⑦ 옵션(O) → 요인 및 요인 상호작용(F)의 [협착유무], [흉통유무], [협착유무*흉통유무] → 평균 표시 기준(M)으로 이동한다.

⑧ 주효과 비교(O)를 체크하면, 신뢰구간 수정(N) → LSD(지정않음)이 선택된다.

⑨ 표시에서 기술통계량(D)을 체크한다.

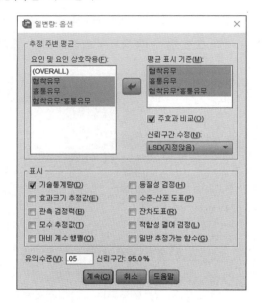

⑩ 계속 → 확인을 클릭하면 결과가 출력된다.

3) 출력결과 해석

다음은 SPSS View에 구해진 분석 결과 화면이다. 여기서는 먼저 경고가 나오는데, 이는 분석에 이용된 협착유무와 흉통유무라는 변수가 둘 다 2개로 되어 있기 때문에 사후검정을 수행할 수 없다고 알려주는 것이다. 집단이 2개인데 t검정(t-test)으로 하지 않고 분산분석으로 하는 이유는 t검정에는 2개의 독립변수를 한꺼번에 분석할 수 있는 방법이 없기 때문이다.

경고

집단이 둘 이하이므로 **협착유무**에 대한 사후검정을 수행할 수 없습니다.

집단이 둘 이하이므로 **흉통유무**에 대한 사후검정을 수행할 수 없습니다.

다음으로 **개체-간 요인**에는 2개의 요인들의 **변수값 설명**과 표본수가 나와 있다.

개체-간 요인

	값 레이블		N
협착유무	1	비협착군	60
	2	재협착군	40
흉통유무	1	흉통없음	44
	2	흉통있음	56

결과 해석에 앞서서 협착유무와 흉통유무를 따로 t검정한 결과를 먼저 살펴보자. 먼저, 협착유무에 따른 스트레스의 차이를 비교 분석한 결과, 비협착군의 스트레스 점수는 18.0이고, 재협착군의 스트레스 점수는 21.0이며, 두 집단 간의 스트레스의 차이는 t=-1.41, 유의수준(Sig.)=.162로 유의하지 않게 나타났다. 흉통유무에 따른 스트레스의 차이를 비교 분석한 결과, 흉통없음의 스트레스 점수는 16.22이고, 흉통있음의 스트레스 점수는 21.57이며, 두 집단 간의 스트레스의 차이는 t=-2.34, 유의수준=.010로 유의하게 나타났다. 즉, 협착유무에 따른 스트레스 점수는 차이가 없지만, 흉통유무에 따른 스트레스점수는 차이가 있는 것으로 나타났다.

집단통계량

	협착유무	N	평균	표준편차	평균의 표준오차
스트레스	비협착군	60	18.03	10.31	1.330
	재협착군	40	21.00	10.32	1.631

독립표본 검정

		Levene의 등분산 검정		평균의 등일성에 대한 T검정					차이의 95% 신뢰구간	
		F	유의확률	t	자유도	유의확률 (양측)	평균 차이	차이의 표준오차	하한	상한
스트레스	등분산을 가정함	.035	.851	-1.41	98	.162	-2.97	2.105	-7.1	1.21
	등분산을 가정하지 않음			-1.41	83.7	.162	-2.97	2.105	-7.2	1.22

집단통계량

	흉통유무	N	평균	표준편차	평균의 표준오차
스트레스	흉통없음	44	16.23	9.538	1.438
	흉통있음	56	21.57	10.46	1.397

독립표본 검정

		Levene의 등분산 검정		평균의 등일성에 대한 T 검정						
		F	유의확률	t	자유도	유의확률(양측)	평균차이	차이의 표준오차	차이의 95% 신뢰구간 하한	상한
스트레스	등분산을 가정함	.282	.597	-2.64	98	.010	-5.34	2.027	-9.37	-1.32
	등분산을 가정하지 않음			-2.67	95.78	.009	-5.34	2.005	-9.32	-1.36

협착유무와 흉통유무 간에는 상호작용효과가 없는 것일까? 아래 결과를 해석해보면서 위의 분석 결과와의 차이점을 살펴보자. 먼저, 기술통계량에는 각 집단의 평균, 표준편차, 표본수에 대한 간단한 기술통계가 나와 있다. 결과에 의하면 협착유무에 따른 흉통유무를 구분해서 스트레스의 점수를 보여주고 있다. 이 결과만 살펴보더라도 비협착군의 경우에는 흉통유무에 따른 스트레스 차이가 없는 것처럼 보이며, 재협착군의 경우에는 흉통유무에 따른 스트레스가 차이가 있는 것처럼 보인다.

기술동계량

종속변수: 스트레스

협착유무	흉등유무	평균	표준편차	N
비협착군	흉등없음	17.34	9.617	32
	흉등있음	18.82	11.166	28
	전체	18.03	10.305	60
재협착군	흉등없음	13.25	9.037	12
	흉등있음	24.32	9.076	28
	전체	21.00	10.318	40
전체	흉등없음	16.23	9.538	44
	흉등있음	21.57	10.457	56
	전체	19.22	10.362	100

위의 기술통계량 결과를 통계적으로 검증해보자. 개체-간 효과 검정은 실제로 우리가 보아야 할 분석 결과 테이블이다. 이원분류 분산분석에서 제일 중요한 가설은 협착유무와 흉통유무의 상호작용효과이다. 먼저, 상호작용효과를 검증한 결과가 유의하다면, 즉 상호작용효과가 있다고 한다면 상호작용효과만 해석해주면 된다. 만약, 상호작용효과가 유의하지 않다고 나오면, 즉 상호작용효과가 없다면 변수별로 각각의 차이를 검증해주게 된다. 본 예제의 경우, 협착유무와 흉통유무의 상호작용효과는 F=5.077, 유의수준

=.027로 유의하게 나타났다. 즉, 협착유무와 흉통유무 사이에는 상호작용이 있다는 것을 의미한다. 이에 대한 자세한 내용은 다음의 프로파일 도표에서 볼 수 있다.

개체-간 효과 검정

종속변수: 스트레스

소스	제 Ⅲ 유형 제곱합	자유도	평균제곱	F	유의확률
수정된 모형	1273.477[a]	3	424.492	4.356	.006
절편	29229.781	1	29229.781	299.931	.000
협착유무	10.631	1	10.631	.109	.742
흉통유무	846.613	1	846.613	8.687	.004
협착유무 * 흉통유무	494.807	1	494.807	5.077	.027
오차	9355.683	96	97.455		
전체	47570.000	100			
수정된 합계	10629.160	99			

a. R 제곱 = .120 (수정된 R 제곱 = .092)

프로파일 도표를 보면 비협착군은 흉통이 있는 군과 없는 군 간의 스트레스가 차이가 없는 것으로 나타났다. 반면 재협착군의 경우에는 흉통이 있는 군이 흉통이 없는 군에 비해 스트레스가 많이 높다는 것을 알 수 있다. 즉, 재협착군과 비협착군은 흉통유무에 따른 스트레스가 서로 다르다는 것을 알 수 있다.

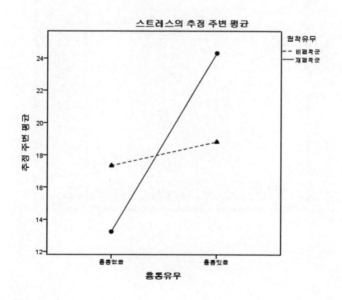

이러한 결과는 추정된 주변평균 중에서 3.협착유무*흉통유무에서도 나타난다. 그러나 아래의 표에서 나타나듯이 두 집단 간의 차이검정 결과는 표에 나타나 있지 않다. 협착유무와 흉통유무 간의 검정 결과를 보려면 **명령문(S)**을 이용해서 분석하면 된다.

3. 협착유무 * 흉통유무

종속변수: 스트레스

협착유무	흉통유무	평균	표준오차	95% 신뢰구간	
				하한	상한
비협착군	흉통없음	17.344	1.745	13.880	20.808
	흉통있음	18.821	1.866	15.118	22.525
재협착군	흉통없음	13.250	2.850	7.593	18.907
	흉통있음	24.321	1.866	20.618	28.025

　　지금까지는 분석 옵션을 그래픽을 이용해서 처리하는 방법을 주로 사용하였다. 그러나 고급으로 올라갈수록 명령문(syntax)를 이용하게 된다. 또한 상호작용에 대한 구체적인 검정 결과는 그래픽 옵션에서는 처리가 되지 않기 때문에 명령문을 통해 처리해야 한다.

① 앞에서 지정한 옵션을 선택한 후 **붙여넣기(P)**를 클릭한다.

② 지금까지 완성한 내용을 명령문으로 저장한 후 다음과 같이 /EMMEANS=TABLES(협착유무*흉통유무) COMPARE(흉통유무)를 추가한다.

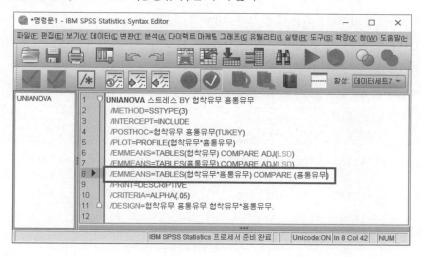

추정된 주변평균 중에서 3.협착유무*흉통유무의 결과를 보면 집단 간 검정 결과가 나타난다. 비협착군의 경우에는 흉통유무에 따른 스트레스의 차이가 없는 것으로 나타났으며, 재협착군의 경우에는 흉통유무에 따라 스트레스가 차이가 있는 것으로 나타났다.

대응별 비교

종속변수: 스트레스

협착유무	(I) 흉통유무	(J) 흉통유무	평균차이(I-J)	표준오차	유의확률[b]	차이에 대한 95% 신뢰구간[b]	
						하한	상한
비협착군	흉통없음	흉통있음	-1.478	2.555	.564	-6.549	3.593
	흉통있음	흉통없음	1.478	2.555	.564	-3.593	6.549
재협착군	흉통없음	흉통있음	-11.071*	3.406	.002	-17.833	-4.310
	흉통있음	흉통없음	11.071*	3.406	.002	4.310	17.833

추정 주변 평균을 기준으로

*. 평균차이는 .05 수준에서 유의합니다.

b. 다중비교를 위한 수정: 최소유의차 (수정하지 않은 상태와 동일합니다.)

4) 연구 보고서

협착유무와 흉통유무에 따른 스트레스 정도가 차이가 있는지를 분석한 결과 협착유무와 흉통유무 간에는 상호작용효과가 있었다(F=5.08, p=.027). 상호작용을 보정하고 대응별 분석을 한 결과 비협착군은 흉통이 없는 집단의 스트레스(m=17.34)와 흉통이 있는 집단의 스트레스(m=18.82)는 유의한 차이가 없었다(md=-1.48, *p*=.564). 반면, 재협착군의 경우에는 흉통이 있는 집단의 스트레스(m=24.32)가 흉통이 없는 집단의 스트레스(m=13.25)보다 통계적으로 유의하게 높았다(md=-11.07, *p*=.002), [표 7-5].

[표7-5] 협착유무와 흉통유무에 따른 스트레스(N=100)

	비협착(n=60) M±SE	재협착(n=40) M±SE	Source	F	*p*
흉통없음	17.34±1.75	13.25±2.85	협착유무	.11	.742
			흉통유무	8.69	.004
흉통있음	18.82±1.87	24.32±1.86	협착유무*흉통유무	5.08	.027
md(*p*)	-1.48(.564)	-11.07(.002)			

md=mean difference

5) 연습 문제

1 간호사의 자녀 양육유형과 근무조건에 따라 양육태도에 차이가 있는지를 확인하고자 3개 대학 부속병원에 근무하고 있는 간호사들로부터 367개의 자료를 얻었다. 그러나 대상의 특성에서 근무형태가 동질하지 않음이 확인되었다. 그렇다면 양육유형과 근무형태에 따라 양육태도 총점, 애정, 통제, 독립지향성이 다르다고 할 수 있는가?

예제 7-5-1.sav

2 산모의 흡연이 마취회복에 영향을 미친다는 사실이 확인된 바 있다. 이러한 사실을 확인하기 위하여 제왕절개 수술을 받은 흡연 임산부 43명과 비흡연 임산부 82명을 대상으로 마취 후 회복 정도를 마취 후 회복점수(PARS, Post Anesthetic Recovery Score)로 측정하였다. 그러나 이들 산모에게 호흡에 영향을 미치는 마취제가 동일하게 사용되지 않았음이 확인되었다. 흡연집단과 비흡연 집단에 따라 마취 후 회복점수에 차이가 있는가? 예제 7-5-2.sav

3 담배 속의 니코틴은 말초혈관을 수축시킬 뿐만 아니라 담배 연기 중에 있는 일산화탄소량이 많아 HbO2의 비율을 떨어뜨려 폐의 가스 교환 기능을 저하시키는 것으로 알려져 있다. 이러한 사실을 확인하기 위하여 제왕절개 수술을 받은 흡연 임산부 82명과 비흡연 임산부 43명의 수술 후 회복 상태를 측정하기 위하여 산소포화도(SPO2)를 측정하였다. 그러나 이들 산모에게 호흡에 영향을 미치는 마취제가 동일하지 않게 사용되었음이 확인되었다. 그렇다면 흡연유무와 마취제 종류에 따라 산소포화도의 차이가 있는가? 예제 7-5-3.sav

5 이원분류 반복측정 분산분석

이원분류 반복측정 분산분석은 이원분류 분산분석과 반복측정 분산분석이 합쳐진 형태의 분석 방법이다. 즉, 이원분류 분산분석처럼 2개의 변수가 동시에 분석에 사용되는데, 그중에 하나의 변수가 시간일 경우에 사용된다. 이원분류 반복측정 분산분석은 실험 연구에서 가장 많이 사용되는 분석 방법으로, 실험군과 대조군으로 구분하여 실험 전과 후의 차이를 분석할 때 사용되는 방법이다. 아마 간호 및 보건 분야의 실험 연구에서 가장 많이 사용되는 분석 방법일 것이다.

1) 문제의 정의

K 대학병원에서 10명씩 모집하여 매주 항암 치료, 약물, 영양, 심리사회적 적응 등의 자가간호에 대하여 단체로 교육을 실시해왔다. 그러나 각 환자들의 특성이 너무 다양하여 가장 적절한 교육을 위해서는 개별교육이 더 효과가 있을 것으로 보아 전문가가 직접 병실을 방문하여 환자의 특성에 맞는 개별교육을 실시하였다. 교육 시간은 두 집단 모두 1회 40분씩 5회를 실시하였다. 각 집단의 교육 효과를 확인하기 위하여 교육 실시 전과 교육이 끝난 후 효과를 확인하고자 한다. 개별교육이 집단교육보다 자가간호 수행 능력이 더 높다고 할 수 있겠는가? 제7장 예제6.sav

먼저 본 연구의 가설은 다음과 같이 세울 수 있다.

가설 1

- 귀무가설(H_0): 집단교육군과 개별교육군은 시간에 따른 변화에 차이가 없다.
- 연구가설(H_1): 집단교육군과 개별교육군은 시간에 따른 변화에 차이가 있다.

사용될 변수는 다음과 같다.

변수	정의	척도
집단	• 1=실험군(개별교육군) • 2=대조군(집단교육군)	명목
교육전 (전간호행위)	• 1차 교육 실시 전 항암 치료, 약물, 영양, 심리사회적 적응 등의 자가 간호 행위를 20문항(7점 척도)으로 측정한 문항 평점 점수로, 점수가 높을수록 자가간호 행위를 잘하고 있음을 의미	비율(점수)
교육후 (후간호행위)	• 5차 교육 실시 후 1차 교육 실시 전에 사용한 자가간호 행위 측정 도구를 이용하여 재측정한 점수	비율(점수)

2) SPSS 분석

① 먼저 자료를 입력한 후 측정한 문항들의 평점을 구한 값이다.

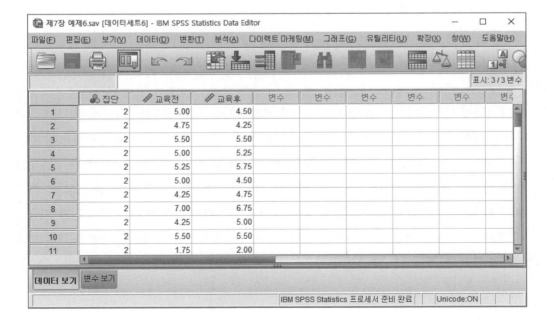

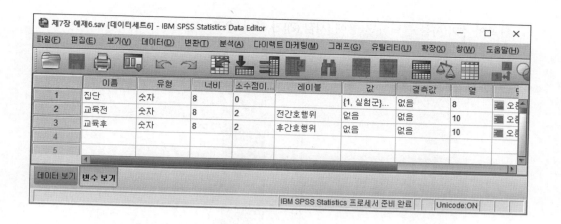

② 메뉴에서 **분석(A) → 일반선형모형(G) → 반복측도(R)**를 선택한다.

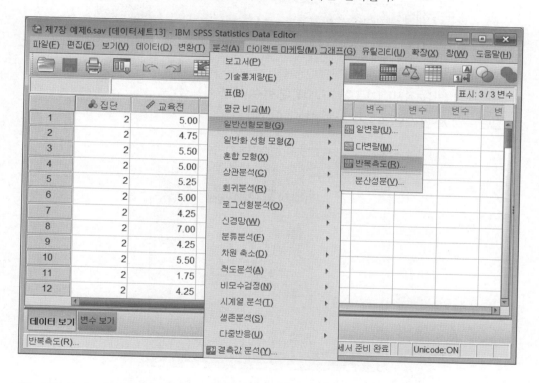

③ 반복측정 요인들의 정의에서 **개체-내 요인이름(W) → [시점], 수준 수(L) → [2]**를 입력한다. **개체-내 요인이름(W)**은 반복측정 변수로 측정 시점을 의미한다.

④ 왼쪽의 **추가(A)**를 클릭하면 창에 **[시점 (2)]**가 추가된다.

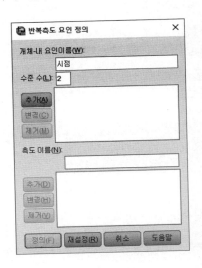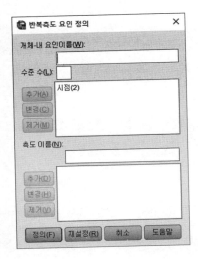

⑤ **정의**를 클릭한다.

⑥ 왼쪽에 있는 **[교육전]**, **[교육후]** → **개체-내 변수(W)**로 이동한다.

⑦ **집단** → **개체-간 요인(B)**으로 이동한다.

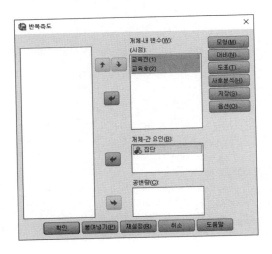

    다음의 **모형(M)**, **대비(C)**, **도표(P)**, **사후분석(H)**, **저장(S)**, **옵션(O)**은 앞에서 언급한 이원분류 분산분석의 경우와 같다. 여기서는 **도표(P)**, **옵션(O)**만 설정한다.

① **도표(P)**를 클릭한 후 **[시점]** → **수평축 변수(H)**로, **[집단]** → **선구분 변수(S)**로 옮긴 후에, 아래의 **추가(A)**를 클릭한다.

② 아래의 상자에 **[시점*집단]**이라고 입력이 된 것을 확인한 후에 **계속**을 클릭한다.

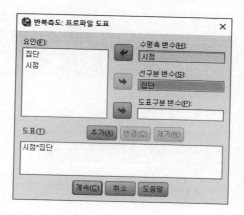

③ **옵션(O)**을 클릭한 후 **[집단]**, **[시점]** → **평균 표시 기준(M)**으로 이동한다.

④ **주효과 비교(O)**를 체크하면, **신뢰구간 수정(N)** → **LSD(지정않음)**가 선택된다.

⑤ **표시** → **기술통계량(D)**을 선택한다.

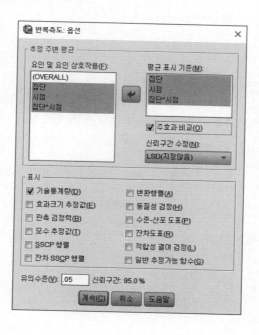

⑥ **계속**을 클릭한 후 **붙여넣기(P)**를 클릭한다.

⑦ 다음과 같이 /EMMEANS=TABLES(집단*시점) COMPARE (시점)을 추가한다.

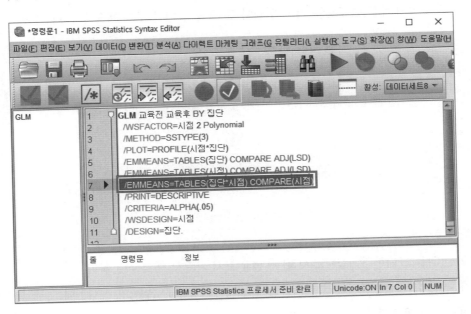

⑧ 위의 메뉴에서 ▶를 눌러 실행시킨다.

3) 출력결과 해석

다음은 SPSS View에 구해진 분석 결과 화면이다. 대부분은 반복측정 분산분석의 결과
와 유사하다. 차이가 있는 부분만 설명하면 다음과 같다. 기술통계량에는 치료 전후 각
집단의 평균, 표준편차, 표본수에 대한 간단한 기술통계가 나와 있다.

기술통계량

	집단	평균	표준편차	N
전간호행위	실험군	4.9453	1.10850	32
	대조군	5.0625	.97963	32
	전체	5.0039	1.03939	64
후간호행위	실험군	5.2734	.98448	32
	대조군	4.8750	.97551	32
	전체	5.0742	.99271	64

다음으로 Mauchly의 구형성 검정의 표는 아래 표와 같이 형성 가정에 대한 값이 나타나지 않고 있다. 본 연구는 두 집단의 전·후 두 시점 비교이므로 Mauchly의 구형성 가정 결과가 의미 없다.

Mauchly의 구형성 검정[a]

측도: MEASURE_1

개체-내 효과	Mauchly의 W	근사 카이제곱	자유도	유의확률	엡실런[b] Greenhouse-Geisser	Huynh-Feldt	하한
시점	1.000	.000	0	.	1.000	1.000	1.000

정규화된 변형 종속변수의 오차 공분산행렬이 항등 행렬에 비례하는 영가설을 검정합니다.

a. Design: 절편 + 집단
개체-내 계획: 시점

b. 유의성 평균검정의 자유도를 조절할 때 사용할 수 있습니다. 수정된 검정은 개체내 효과검정 표에 나타납니다.

다변량 검정 결과, 시점*집단 간에 F=7.524, 유의수준(Sig.)=.008로 유의한 상호작용이 있어 실험군과 대조군은 시점에 따라 변화가 다르게 나타남을 알 수 있다. 즉, 개별교육을 실시한 실험군의 자가간호 증진에 효과가 있음을 의미한다. 따라서 집단과 시점 간 상호작용을 보정한 상태에서 실험군과 대조군의 전·후 차이를 집단별로 구하여야 한다.

여기서 주의할 점이 있다. 본 예제에서는 시점이 F=.560, 유의수준(Sig.)=.457로 유의하지 않은 것으로 나타났지만, 간혹 시점이 유의한 차이가 있는 것으로 나타나는 경우에 실험이 효과가 있다고 해석하는 연구가 있다. 그러나 이때 시점은 실험군과 대조군으로 구분하지 않은(실험군과 대조군의 합) 사전 값과 사후 값을 분석한 결과이므로, 이 결과를 가지고 실험군과 대조군이 시점에 따라 차이가 있다고 해석하는 것은 오류이다. 즉, 시점에 대한 유의성 여부는 아무 의미가 없다.

다변량 검정[a]

효과		값	F	가설 자유도	오차 자유도	유의확률
시점	Pillai의 트레이스	.009	.560[b]	1.000	62.000	.457
	Wilks의 람다	.991	.560[b]	1.000	62.000	.457
	Hotelling의 트레이스	.009	.560[b]	1.000	62.000	.457
	Roy의 최대근	.009	.560[b]	1.000	62.000	.457
시점*집단	Pillai의 트레이스	.108	7.524[b]	1.000	62.000	.008
	Wilks의 람다	.892	7.524[b]	1.000	62.000	.008
	Hotelling의 트레이스	.121	7.524[b]	1.000	62.000	.008
	Roy의 최대근	.121	7.524[b]	1.000	62.000	.008

또한 아래의 개체-간 효과 검정 표에서 집단 간 차이가 유의한 것으로 나타날 때 연구 가설이 지지된 것으로 해석하는 사람도 있다(본 연구에서는 p=.552로 유의하지 않게 나타났다). 여기서 집단 간 차이는 시점을 구분하지 않고, 실험군의 합(실험 전과 실험 후의 합)과 대조군의 합(실험 전과 실험 후의 합)의 차이를 검증하는 것으로 본 연구의 가설을 검증하는 결과로 사용할 수 없다.

개체-간 효과 검정

측도: MEASURE_1

변환된 변수: 평균

소스	제 III 유형 제 곱합	자유도	평균제곱	F	유의확률
절편	3250.195	1	3250.195	1834.273	.000
집단	.633	1	.633	.357	.552
오차	109.859	62	1.772		

다음으로 추정된 주변평균값은 상호작용을 통제하고 구한 값으로, 보고서의 기술통계량을 제시할 때 이 표에 있는 평균과 표준오차의 추정값을 제시한다.

추정값

측도: MEASURE_1

집단	시점	평균	표준오차	95% 신뢰구간 하한	95% 신뢰구간 상한
실험군	1	4.945	.185	4.576	5.315
	2	5.273	.173	4.927	5.620
대조군	1	5.063	.185	4.693	5.432
	2	4.875	.173	4.529	5.221

실험군과 대조군에 대한 전후 차이를 검증하기 전에, 먼저 실험군과 대조군이 사전에는 차이가 없었다는 것을 살펴보아야 한다. 즉, 사전에는 차이가 없었지만 사후에 차이가 발생해야 실험이 의미가 있는 것이다. 사전에 이미 차이가 있었다면(동질성이 없다면) 실험은 의미가 없게 된다. 따라서 실험을 하고자 하면 미리 실험을 하기 전에 실험군과 대조군이 차이가 없음을 검증하고 실험을 진행해야 한다. 따라서 이원분류 분산분석을 실시하기 전에 미리 t검정을 통해 사전 동질성을 검정해야 한다. t검정을 한 결과, 실험 전에는 t=−.448, p=.656으로 차이가 없었다는 것이 검정되었다.

독립표본 검정

| | | Levene의 등분산 검정 | | 평균의 등일성에 대한 T 검정 | | | | | | |
		F	유의확률	t	자유도	유의확률(양측)	평균차이	차이의 표준오차	차이의 95% 신뢰구간 하한	차이의 95% 신뢰구간 상한
전간호행위	등분산을 가정함	.949	.334	-.45	62	.656	-.12	.26151	-.64	.406
	등분산을 가정하지 않음			-.45	61.1	.656	-.12	.26151	-.64	.406

다음으로 대응별 비교에는 실험군과 대조군별로 각 시점의 효과를 비교 분석한 결과가 나와 있다. 먼저 실험군의 경우에는 시점1과 시점2 간의 평균차이를 보면 유의확률이 .016으로 나타나 두 시점 간에 차이가 있음이 검정되었다. 반면 대조군의 경우에는 시점1과 시점2 간의 평균차이를 보면 유의확률이 .163으로 나타나 차이가 없는 것으로 나타났다.

대응별 비교

측도: MEASURE_1

집단	(I) 시점	(J) 시점	평균차이(I-J)	표준오차	유의확률[b]	차이에 대한 95% 신뢰구간[b] 하한	차이에 대한 95% 신뢰구간[b] 상한
실험군	1	2	-.328[*]	.133	.016	-.594	-.062
	2	1	.328[*]	.133	.016	.062	.594
대조군	1	2	.188	.133	.163	-.078	.453
	2	1	-.188	.133	.163	-.453	.078

다음으로 각 시점에서의 평균값에 대한 도표가 나타난다. 이 도표는 결과표와 함께 제시하기도 한다.

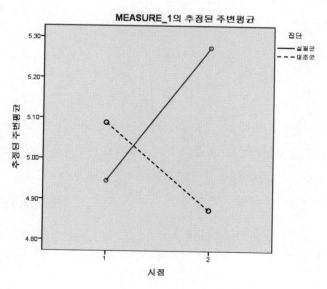

4) 연구 보고서

항암 치료를 받고 있는 암환자를 대상으로 개별교육을 실시한 실험군과 집단교육을 실시한 대조군으로 나누어 자가간호 교육 프로그램을 실시하였다. 먼저, 사전 두 집단의 자가간호 행위는 동질하였다(t=−.45, p=.656). 실험 후 자가간호행위 변화를 검정한 결과, 집단과 시점 간에 유의한 상호작용이 있는 것으로 나타나, 개별교육군과 집단교육군은 시점에 따른 변화가 다르게 나타남이 확인되었다(F=7.52, p=.008). 따라서 집단과 시점 간 상호작용을 보정한 상태에서 대응별 비교를 한 결과, 집단교육을 실시한 대조군은 교육 전(EM=5.06)과 교육 후(EM=4.88)의 자가간호 행위 점수는 다소 감소하였으나 통계적으로 차이가 없었다(p=.163). 그러나 개별교육을 실시한 실험군은 교육 전(EM=4.95)보다 교육 후(EM=5.27)의 자가간호 행위 점수가 통계적으로 유의하게 증가(p=.016)하여 개별교육 프로그램이 자가간호 행위 증가에 효과적임이 확인되었다 [표 7-6].

[표 7-6] 암환자를 위한 개별교육과 집단교육의 자가간호 행위 비교(N=64)

	집단	교육 전 EM(SE)	교육 후 EM(SE)	Source	F	P
자가간호 수행	개별교육군 (n=32)	md=.33, p=.016		집단	.357	.552
		4.95(.19)	5.27(.17)	시점	.560	.457
	집단교육군 (n=32)	5.06(.19)	4.88(.17)	집단*시점	7.52	.008

EM=Estimate Mean, SE=Standardized Error, md=mean difference

5) 연습 문제

1 암환자를 위한 개별교육을 한 실험군과 종전의 집단교육을 한 대조군으로 나누어 자가관리 교육 프로그램을 실시한 후 암환자들의 대처 능력을 비교해보고자 한다. 일반적으로 질병에 대한 대처 능력은 집단교육이 개별교육보다 더 높은 것으로 알려져 있다. 그렇다면 암환자들에서도 같은 결과가 나올 것인가? 예제 7-6-1.sav

2 프로그램화된 고지혈증 관련 교육 자료를 매주 한 주제씩 전자메일을 통해 제공하고, 전자우편 및 전화, 메신저를 통해 상담을 제공하는 4주간의 교육을 실시하였으며, 교육이 끝난 후에도 계속해서 고지혈증 관련 뉴스 기사를 스크랩하여 2주에 1번씩 전자메일을 통해 발송한 4회차의 강화 교육을 실시하였다. 총 3개월간 전자메일 교육의 효과를 검증하기 위하여 수진자의 total-cholesterol, HDL 운동능력 및 식습관의 변화가 있다고 할 수 있는가? 예제 7-6-2.sav

3 병원에 입원해 있는 뇌졸중 편마비 환자를 대상으로 적합하고 쉽게 익힐 수 있는 동작들을 중심으로 세라밴드를 이용한 근력강화운동 프로그램을 단기간 실시하였다. 이 프로그램이 하지기능에 미치는 효과를 검증하고자 저측굴곡, 배측굴곡, 이동능력, 걷기능력을 측정하였다. 교육 프로그램의 효과가 있다고 할 수 있는가?

예제 7-6-3.sav

Chapter 8

교차분석
(Chi Square)

SPSS / AMOS
Nursing and Health Statistical Analysis

지금까지는 집단 간에 평균 차이가 있는지를 검증하는 방법에 대해서 언급하였다. 이번 장부터는 변수들 간의 관계(상관관계 및 인과간계)를 검정하는 방법에 대해 설명하고자 한다. 변수의 척도에 따라 질적 변수와 질적 변수와의 관계를 검증할 때는 교차분석(chi square test)을, 연속변수와 연속변수를 검증할 때는 상관분석(correlation test)과 회귀분석 (regression)을 사용한다.

교차분석은 자료가 명목변수로 이루어져 있으므로 분할표(contingency table)를 이용하여 자료를 정리하고 분석한다. 분할표는 보통 다음과 같이 행과 열로 이루어져 있으며, 관측치를 몇 개의 범주로 분할하여 그 해당 도수로 자료를 정리해놓은 표를 의미한다. 아래 표처럼 하나의 변수만을 가지고 분할표를 작성하면 일원분할표이고, 일원분할표 2개로 정리하면 이원분할표가 만들어진다. 분할표를 통해 자료를 정리하고, 정리된 자료를 통해 두 변수 간의 관계성을 검증하게 된다.

일원분할표

실험군	대조군	계
36	36	72

일원분할표

중졸 이하	고졸	대졸 이상	계
11	33	28	72

이원분할표

	실험군	대조군	계
중졸 이하	3	8	11
고졸	18	15	33
대졸 이상	15	13	28
계	36	36	72

일반적으로 교차분석에는 적합도 검정, 동질성 검정, 독립성 검정이 있다. 적합도 검정은 각 범주에 속할 확률이 특정값 또는 이론적 확률과 어느 정도 일치하는지를 검정하는 데 이용된다. 동질성 검정은 분포의 동질성(homogeneity of proportions)을 검정하는 방법

으로 집단 간에 분포가 동질한지 아니면 차이가 있는지를 검정하는 방법이다. 이는 보통 실험을 하기 전에 실험군과 대조군이 연령, 학력, 결혼유무 등 인구통계학적으로 서로 같은 분포로 이루어져 있는지를 검정할 때 이용되기도 하며, 집단 간 분포의 동질성을 통해 두 집단 간의 차이를 검정할 수도 있다. 독립성 검정은 변수들 간의 독립성(independence of variables)을 검정하는 방법으로 연구하고자 하는 변수들이 서로 독립적인지 아니면 서로 관련성(종속)이 있는지를 검정하는 것을 말한다.

본 연구에서 사용할 예제와 이 분석 방법을 이용하기 위한 SPSS 메뉴 이용 방법은 다음과 같다.

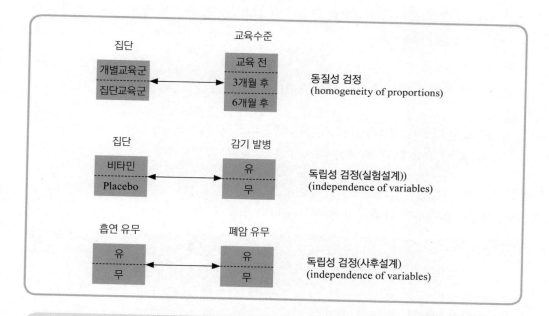

- 귀무가설(H_0): 집단교육군과 개별교육군은 시간에 따른 변화에 차이가 없다.
  분석(A) → 기술통계(E) → 교차분석(C)
- 동질성 검정: 실험군과 대조군의 집단에 따라 학력 분포는 동질한가?
  분석(A) → 기술통계(E) → 교차분석(C)
- 독립성 검정: 비타민 처치 유무와 감기 발병은 서로 독립적인가?
  분석(A) → 기술통계(E) → 교차분석(C)

2 적합도 검정

1) 문제의 정의

문헌 고찰을 통해서 분만 후 산모의 우울증은 출산 과정 중에서 1/3은 출산 전보다 덜 우울해 하고, 1/3은 동일하고, 1/3은 더 우울해진다는 사실을 알았다. 실제로 이러한지를 확인하기 위하여 60명의 산모를 대상으로 30명의 산모는 출산 후 면담 테이프를 먼저 듣게 하고, 나머지 30명은 출산 전 테이프를 먼저 듣게 하여 전문가 3명의 합의를 통해 결과 자료를 얻었다. 출산으로 인한 산모의 우울증의 감소, 동일, 증가의 경향이 동질하다고 할 수 있는가? 제8장 예제1.sav

본 연구의 가설은 다음과 같이 세울 수 있다.

- 귀무가설(H_0): 산모의 우울증은 이론적으로 같은 분포를 가지고 있다.
- 연구가설(H_1): 산모의 우울증은 이론적으로 같은 분포를 가지고 있지 않다.

이 가설을 검정하기 위해 사용될 변수는 다음과 같다.

출산전후 비교	관찰치	가정된 비율	기대도수
우울감소 (1)	14	.33	20
동일 (2)	33	.33	20
우울증가 (3)	13	.33	20

적합도의 검정은 하나의 범주형변수에 대한 단일분할표 분석에 사용된다. 단일분할표는 한 변수에 의해 k개의 범주로 나뉘고, n개의 개체는 이 중 어느 한 범주에 속하게 된다. 각 범주에 속한 개체수를 관찰도수라 하며, $\sum_{i=1}^{k} f_i = n$으로 나타낸다. 또한 각 개체가 i번째 범주에 속할 확률은 $\sum_{i=1}^{p} p_i = 1$로 나타낸다. 이때 앞의 표에서 보듯이 총 60명을 측정했기 때문에 이론적으로 모두 1/3이므로 기대도수(이론적으로 측정되어야 되는 개수)는 20명

씩이다. 그런데 실제로 측정된 관측치는 14, 33, 13이다. 따라서 이 기대도수와 관측도수와의 차이가 이론적으로 같은지를 검정하게 된다. 이때 가설검정에 이용되는 검정통계량은 χ^2분포이다.

Pearson's χ^2검정통계량은 다음 공식에 의해서 구해진다.

$$\chi^2 = \sum \frac{(f_0 - f_e)^2}{f_e}$$

여기서 f_0 = 관찰도수, f_e = 기대도수

2) SPSS 분석

① 먼저 자료를 다음과 같이 입력한 후 가중치를 부여한다.

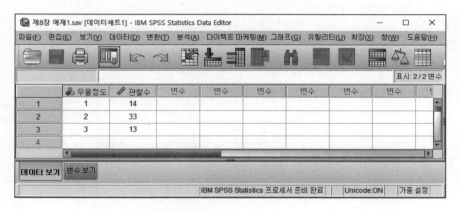

② 메뉴에서 **데이터(D) → 가중 케이스(W)**를 선택한다.

③ **[관찰치] → 가중 케이스 지정(W) 선택 → 빈도변수(F)**로 이동시킨다.

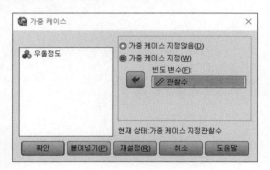

④ 메뉴에서 **분석(A) → 비모수 검정(N) → 레거시 대화상자(L) → 카이제곱검정(C)**을 선택한다.

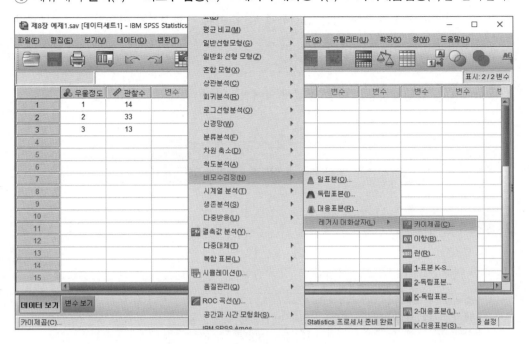

⑤ [관찰수] → 검정 변수(T)로 이동한다.

⑥ **옵션(O) → 통계량 → 기술통계(D)**를 체크한다.

⑦ **계속 → 확인**을 클릭하면 결과가 출력된다.

3) 출력결과 해석

다음은 SPSS View에 구해진 분석 결과 화면이다. 먼저 기술통계량에는 변수의 평균과 표준편차, 최소값, 최대값 등 표본에 대한 간단한 기술통계가 나와 있다.

기술통계량

	N	평균	표준편차	최소값	최대값
관찰수	60	24.23	9.780	13	33

다음으로 관찰수 표에 대한 빈도(frequencies) 표가 나타난다. 표에는 관찰수(observed N), 기대빈도(expected N), 잔차(residual)가 나타난다. 그리고 검정통계량(test statistics)이 나타난다. 분석 결과 카이제곱(chi Square) 통계량이 12.70, 유의확률이 .002로 귀무가설을 기각한다. 즉, 이론적으로 같은 분포를 가지고 있지 못하다고 할 수 있다.

관찰수

	관측빈도	기대빈도	잔차
13	13	20.0	-7.0
14	14	20.0	-6.0
33	33	20.0	13.0
전체	60		

검정 통계량

	관찰수
카이제곱	12.700[a]
자유도	2
근사 유의확률	.002

4) 연구 보고서

출산으로 인한 산모의 우울증 감소, 동일, 증가의 경향이 동질한지를 분석한 결과, 감소(23%), 동일(55%), 증가(22%)로 3집단은 같은 분포를 가지고 있지 않았다(χ^2=12.7, p=.002), [표 8-1].

[표 8-1] 출산모의 우울분포 비교(N=60)

	우울감소군	동일군	우울증가군	χ^2	p
관찰치(N)	14	33	13	12.7	.002
%	23%	55%	22%		

3 동질성 검정

동질성 검정은 집단 간에 분포가 동질한지 아니면 차이가 있는지를 검정하는 방법이다. 이는 보통 실험을 하기 전에 실험군과 대조군이 인구통계학적으로 서로 같은 분포로 이루어져 있는지를 검정하는 경우에 사용된다.

1) 문제의 정의

암환자를 대상으로 구조화된 개별교육과 집단교육 프로그램이 암환자의 자가 간호 행위에 미치는 효과를 비교하고자 한다. 이때 교육 실시 전 대상자들의 교육 정도가 자가 간호 행위에 영향을 미칠 수 있을 것으로 생각되어, 교육 전 교육 정도가 같은지를 검증하려고 한다. 두 집단의 교육 정도는 동일하다고 할 수 있는가? 제8장 예제2.sav

본 연구의 가설은 다음과 같이 세울 수 있다.

- 귀무가설(H_0): 개별교육 집단과 집단교육 집단의 교육 정도는 동일하다.
- 연구가설(H_1): 개별교육 집단과 집단교육 집단의 교육 정도는 동일하지 않다.

이 가설을 검정하기 위해 사용될 변수는 다음과 같다.

변수	정의(definition)	척도(measure)
집단	• 1=개별교육 • 2=집단교육	명목(1, 2)
학력	• 1=중졸 이하 • 2=고졸 • 3=대졸 이상	명목(1, 2)

2) SPSS 분석

① 먼저 자료를 다음과 같이 입력한다. 집단과 학력 변수가 명목척도임을 알 수 있다.

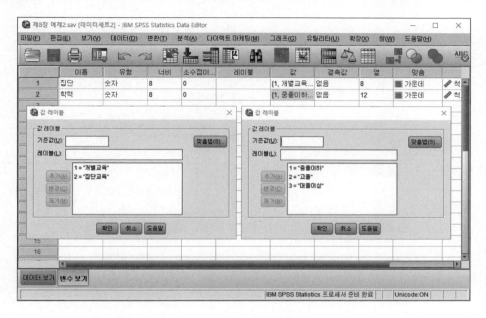

② 메뉴에서 **분석(A) → 기술통계량(E) → 교차분석(C)**을 선택한다.

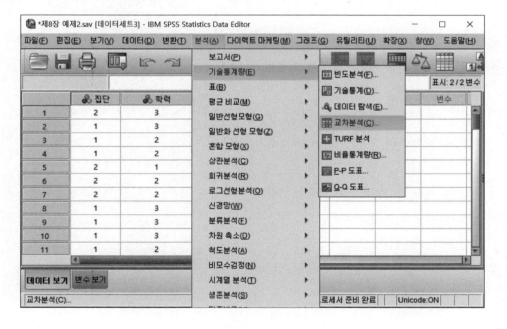

③ [집단] → 행(W), [학력] → 열(C)로 이동한다.

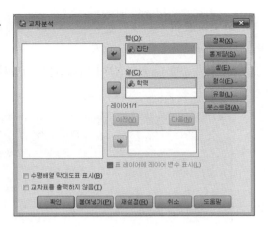

④ 통계량 → 카이제곱(H)을 체크한 후 계속을 클릭한다.

⑤ 셀(E) → 빈도(T) → 관측빈도(O), 퍼센트 → 전체
(T)를 선택한다.

　빈도(counts)는 도수를 표시하는 것으로 관
측빈도(observed), 기대빈도(expected)가 있다.
여기서는 실제 관측빈도만 표시한다. 퍼센트
(percentages)는 관측빈도에 대한 백분율을 표
시하는 것으로 전체(total)에 대한 백분율을 표
시하라는 의미이다.

⑥ 계속 → 확인을 클릭하면 결과가 출력된다.

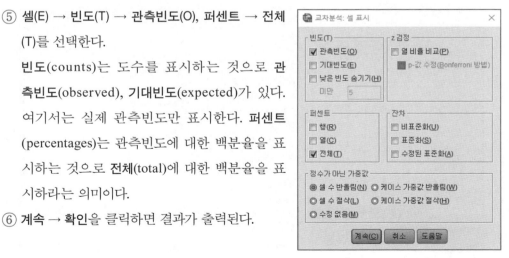

3) 출력결과 해석

다음은 SPSS View에 구해진 분석 결과의 화면이다. 먼저 케이스처리 요약(case processing summary)에는 투입된 변수의 유효도수(N)와 백분율, 결측도수(N)와 백분율, 전체도수(N)와 백분율이 나와 있다.

케이스 처리 요약

	케이스					
	유효		결측		전체	
	N	퍼센트	N	퍼센트	N	퍼센트
집단 * 학력	60	100.0%	0	0.0%	60	100.0%

다음으로 집단*학력 교차표(crosstabulation)가 나와 있다. 이 표에는 집단과 학력 정도의 관측도수(count)와 전체에 대한 백분율이 나와 있다. 예를 들어, 개별교육 집단이면서 학력이 대졸 이상은 관측도수가 13명으로 백분율은 21.7%, 집단교육 집단이면서 교육 정도가 대졸 이상은 관측도수가 11명으로 백분율은 18.3%이다.

집단 * 학력 교차표

			학력			
			중졸이하	고졸	대졸이상	전체
집단	개별교육	빈도	2	15	13	30
		전체 중 %	3.3%	25.0%	21.7%	50.0%
	집단교육	빈도	6	13	11	30
		전체 중 %	10.0%	21.7%	18.3%	50.0%
전체		빈도	8	28	24	60
		전체 중 %	13.3%	46.7%	40.0%	100.0%

다음으로 카이제곱 검정이 나타난다. 이 표에는 Pearson 카이제곱, 연속수정 (continuity correlation), 우도비(likelihood ratio), 선형 대 선형결합(linear- by-linear association)이라는 검정통계량이 나와 있다. 이 중에서 일반적으로 Pearson 카이제곱 통계량을 이용해서 가설을 검정한다. 분석 결과 Pearson 카이제곱 통계량이 2.310, 유의확률이 .315로 귀무가설을 채택한다. 따라서 개별교육 집단과 집단교육 집단의 교육 정도는 동일하다고 할 수 있다.

카이제곱 검정

	값	자유도	근사 유의확률 (양측검정)
Pearson 카이제곱	2.310[a]	2	.315
우도비	2.403	2	.301
선형 대 선형결합	1.276	1	.259
유효 케이스 수	60		

a. 2 셀 (33.3%)은(는) 5보다 작은 기대 빈도를 가지는 셀입니다. 최소 기대빈도는 4.00입니다.

4) 연구 보고서

암환자를 위한 교육 프로그램의 효과를 검증하기 위한 실험 연구 전 개별교육 집단과 집단교육 집단의 교육 정도는 통계적으로 유의한 차이가 없어 동질하였다($x^2=2.31$, $p=.315$), [표 8-2].

[표 8-2] 개별교육 집단과 집단교육 집단의 교육 정도(N=60)

	교육 정도			x^2	p
	중졸 이하 n (%)	고졸 n (%)	대졸 n (%)		
개별교육(n=30)	2 (3.3)	15 (25.0)	13 (21.7)	2.31	.315
집단교육(n=30)	6 (10.0)	13 (21.7)	11 (18.3)		

5) 연습 문제

1 소화기병센터 검사실에서 위용종제거술(gastric polypectomy)을 받게 된 환자에게 영상을 보여주고 영상이 불안감을 감소하는 데 도움이 되었는지를 연구하고자 한다. 총 220명(실험군=110명, 대조군=110명)을 대상으로 불안에 대한 자료를 얻었다. 동영상 정보가 제공되기 전 실험군과 대조군의 성별, 연령, 학력, 종교가 동일하다고 할 수 있는가? 예제 8-2-1.sav

2 한 여성전문병원에서는 분만하기 전에 산전교육을 하는 것이 산모의 자가간호와 신생아 간호에 어떤 영향을 미치는지에 대해서 연구하고자 한다. 이를 위해 여성전문병원에서 분만한 산모를 대상으로 정상분만 시간에 따라 일련의 번호를 부여하여, 짝수는 실험군(51)으로 선정하여 산전교육을 실시하고, 홀수는 대조군(51)으로 선정하여 산전교육을 하지 않을 예정이다. 그렇다면 실험군과 대조군의 양육경험, 분만형태, 산전교육 유무, 연령, 학력이 동질하다고 할 수 있는가? 예제 8-2-2.sav

4 독립성 검정

독립성 검정은 사전에 실험군과 대조군이 정해지고 난 후 그 결과를 관찰하는 실험설계인 경우와 이미 결과에 의해 노출된 연구 대상을 통해서 사후 연구를 하는 경우에 사용할 수 있다.

4-1 실험설계 교차분석

1) 문제의 정의

K병원에서는 비타민과 감기의 관계를 연구하고자 한다. 감기에 걸리지 않은 사람을 대상으로, 비타민을 투여할 실험군과 가짜 약을 투여할 대조군으로 구분하여 겨울 동안 감기가 걸렸는지를 확인하였다. 비타민이 감기에 효과가 있었는지 검증해보자.

제8장 예제3.sav

본 연구의 가설은 다음과 같이 세울 수 있다.

- 귀무가설(H_0): 비타민 처치와 감기 발병은 관계가 없다(독립적이다).
  $$H_0 : \pi_c = \pi_t \,(c: \text{대조군}, e: \text{실험군})$$
- 연구가설(H_1): 비타민 처치와 감기 발병은 관계가 있다.
  $$H_1 : \pi_c \neq \pi_e$$

이 가설을 검정하기 위해 사용될 변수는 다음과 같다.

변수	정의	척도
집단	• 1=비타민 처치군 • 2=Placebo(가짜)군	명목(1, 2)
감기발병	• 1=무 • 2=유	명목(1, 2)

2) SPSS 분석

① 먼저 자료를 수집한 후에 다음과 같이 입력한다.

② 메뉴에서 **분석(A) → 기술통계량(E) → 교차분석(C)**을 선택한다.

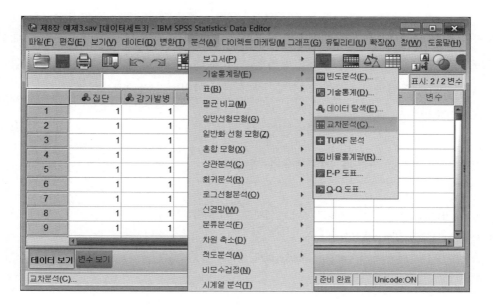

③ 왼쪽에 있는 변수 중에서 [집단] → 행(W), [감기발병] → 열(C)로 이동한다.

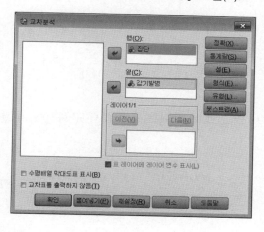

이후의 옵션은 동질성 검정과 같다.

3) 출력결과 해석

다음은 SPSS View에 구해진 분석 결과 화면이다. 먼저 케이스 처리 요약에는 투입된 변수의 유효도수(N)와 백분율, 결측도수(N)와 백분율, 전체도수(N)와 백분율이 나와 있다.

케이스 처리 요약

	케이스					
	유효		결측		전체	
	N	퍼센트	N	퍼센트	N	퍼센트
집단 * 감기발병	100	100.0%	0	0.0%	100	100.0%

다음으로 집단*감기발병 교차표가 나와 있다. 이 표에는 비타민 처리 그룹과 Placebo 처리 그룹의 감기 발병에 대한 관측빈도와 전체에 대한 백분율이 나와 있다.

집단 * 감기발병 교차표

			감기발병		
			무	유	전체
집단	비타민	빈도	33	17	50
		전체 중 %	33.0%	17.0%	50.0%
	Placebo	빈도	12	38	50
		전체 중 %	12.0%	38.0%	50.0%
전체		빈도	45	55	100
		전체 중 %	45.0%	55.0%	100.0%

통계적으로 볼 때 각 셀은 다음과 같은 기대치를 가지고 있다.

$$E(x_1) = 50 \times \pi_i = 50 \times \frac{45}{100} = 22.5$$

$$E(x_2) = 50 \times \pi_i = 50 \times \frac{55}{100} = 27.5$$

따라서 검정통계량은 다음과 같은 공식에 의해서 구해진다. 이를 Pearson's 검정통계량이라고 한다.

$$\chi_0^2 = \sum_{i-1}^{c} \sum_{j-1}^{t} \frac{(O_{ij} - \widehat{E_{ij}})^2}{\widehat{E_{ij}}} = \frac{(33-22.5)^2}{22.5} + \cdots = 17.818$$

아래의 표는 카이제곱 검정(chi-square tests)의 결과이다. 이 중에서 피어슨 카이제곱 (Pearson chi-square)은 명목척도를 검정할 때 이용하며, 우도비는 연령과 같은 순위변수일 때 사용할 수 있다. 분석 결과 카이제곱 검정 통계량이 17.818, 유의확률이 .000으로 연구가설을 채택한다. 따라서 실험 처치에 따라 감기 발병이 관련이 있다고 할 수 있다.

카이제곱 검정

	값	자유도	근사 유의확률 (양측검정)	정확 유의확률 (양측검정)	정확 유의확률 (단측검정)
Pearson 카이제곱	17.818[a]	1	.000		
연속성 수정[b]	16.162	1	.000		
우도비	18.416	1	.000		
Fisher의 정확검정				.000	.000
선형 대 선형결합	17.640	1	.000		
유효 케이스 수	100				

a. 0 셀 (0.0%)은(는) 5보다 작은 기대 빈도를 가지는 셀입니다. 최소 기대빈도는 22.50입니다.
b. 2x2 표에 대해서만 계산됨

분석 결과가 관련이 있다고 나왔다면 실험설계에서는 상대위험률(relative risk)을 이용해서 이 결과를 해석할 수 있다. 상대위험률은 실험군과 대조군을 사전에 정하기 때문에 다음과 같은 방법에 의해서 결정된다.

	감기 발병률		계
	유	무	
비타민	17	33	50
Placebo	38	12	50

표를 이용해서 위험률을 계산하면 다음과 같다.

$$OR_1 = \frac{17}{50} = 0.340$$

$$OR_2 = \frac{38}{50} = 0.760$$

$$RR = \frac{OR_1}{OR_2} = \frac{0.340}{0.760} = 0.447$$

결과적으로 비타민을 복용하면 감기가 발병할 가능성이 비타민을 먹지 않은 그룹에 비해 44.7%로 줄어든다는 것을 나타낸다.

4) 연구 보고서

비타민과 감기가 관련이 있는지를 검증한 결과, 비타민 투여와 감기 발병률 간에는 관계가 있는 것으로 나타났다($\chi^2 = 17.82$, $p < .001$). 비타민 복용이 어느 정도 영향을 주는지 분석한 결과, 비타민을 복용하면 감기가 발병할 가능성이 비타민을 먹지 않은 그룹에 비해 44.7%로 줄어드는 것으로 나타났다. 즉 55.3% 감소되었음을 의미한다.

[표 8-3] 비타민 사용 유무와 감기 발생 유무의 관련성

	감기 발병률			χ^2	p	RR
	유	무	전체			
비타민	17	33	50			
Placebo	38	12	50	17.82	<.001	.447
전체	55	45	100			

RR=Relative Risk(상대위험률)

5) 연습 문제

1 섬유조직염환자를 대상으로 실험군에게는 6주간 운동을 포함한 자조관리프로그램 적용한 반면 대조군에게는 교육책자와 운동 테이프를 주고 스스로 하도록 하였다. 자조관리프로그램을 적용한 실험군이 대조군에 비하여 손발저림, 긴장, 불안의 증상이 완화되고 장운동이 증가되었는지를 확인하고자 한다. 자조관리프로그램 참석 유무와 증상 완화가 관련이 있다고 할 수 있는가? 예제 8-3-1.sav

4-2 사후설계 교차분석

1) 문제의 정의

K병원에서는 흡연을 많이 하는 사람일수록 폐암에 걸릴 확률일 높다고 발표하였다. 과연 흡연이 폐암과 연관이 있는지를 검증해보자. 사람들을 대상으로 실험을 할 수 없기 때문에 흡연자와 비흡연자를 대상으로 폐암 발생 여부를 파악하여 분석하고자 한다. 이때 국립보건소를 통해 다음과 같은 2차 자료를 구했다. 흡연을 많이 하는 사람이 흡연을 하지 않는 사람보다 폐암에 더 잘 걸리는지 검증해보자. 제8장 예제4.sav

		폐암 유무		
		유(1)	무(2)	계
흡연 유무	유(1)	103	20	123
	무(2)	141	236	377
	계	244	256	500

본 연구의 가설은 다음과 같이 세울 수 있다.

- 귀무가설(H_0): 흡연 유무와 폐암 유무는 관계가 없다.
- 연구가설(H_1): 흡연 유무와 폐암 유무는 관계가 있다.

이 가설을 검정하기 위해 사용될 변수는 다음과 같다.

변수	정의	척도
흡연유무	• 1 = 유 • 2 = 무	명목(1, 2)
폐암유무	• 1 = 유 • 2 = 무	명목(1, 2)

2) SPSS 분석

① 먼저 앞의 표를 다음과 같이 입력한 후 가중치를 부여한다. 가중치 부여는 4장의
  SPSS 사용법을 참조하기 바란다.

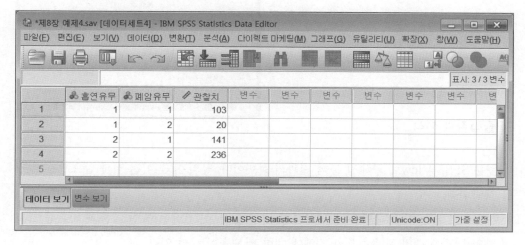

②메뉴에서 **데이터(D) → 가중케이스(W) →**
  가중케이스지정(W) 선택 후 **[관찰치] → 빈**
  도변수(E)로 보낸다.

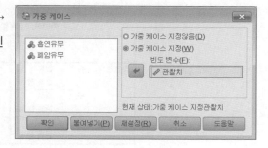

③ 메뉴에서 **분석(A) → 기술통계량(E) → 교차분석(C)**을 선택한다.

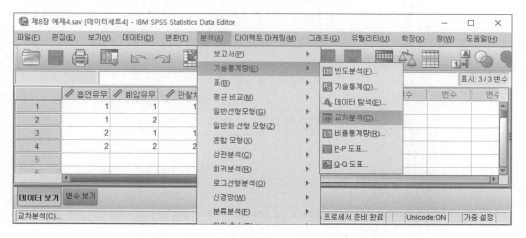

④ 왼쪽에 있는 변수 중에서 **[흡연유무]** →
행(W), [폐암유무] → **열(C)**로 이동한다.

이후의 옵션은 앞의 분석과 같다.

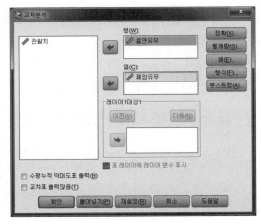

3) 출력결과 해석

다음은 SPSS View에 구해진 분석 결과의 화면이다. 앞의 표는 이전 것과 같으므로 설명을 생략한다.

다음으로 흡연유무*폐암유무 교차표가 나와 있다. 이 표에는 흡연 그룹과 비흡연 그룹의 폐암 발병에 대한 관측빈도와 전체에 대한 백분율이 나와 있다.

흡연유무 * 폐암유무 교차표

			폐암유무		전체
			유	무	
흡연유무	유	빈도	103	20	123
		전체 중 %	20.6%	4.0%	24.6%
	무	빈도	141	236	377
		전체 중 %	28.2%	47.2%	75.4%
전체		빈도	244	256	500
		전체 중 %	48.8%	51.2%	100.0%

다음으로 카이제곱 검정이 나타난다. 분석 결과 Pearson 카이제곱 통계량이 79.705, 유의도가 .000으로 연구가설을 채택한다. 따라서 흡연 유무와 폐암 간에는 관계가 있다고 할 수 있다.

카이제곱 검정

	값	자유도	근사 유의확률 (양측검정)	정확 유의확률 (양측검정)	정확 유의확률 (단측검정)
Pearson 카이제곱	79.705[a]	1	.000		
연속성 수정[b]	77.861	1	.000		
우도비	85.211	1	.000		
Fisher의 정확검정				.000	.000
선형 대 선형결합	79.546	1	.000		
유효 케이스 수	500				

a. 0 셀 (0.0%)은(는) 5보다 작은 기대 빈도를 가지는 셀입니다. 최소 기대빈도는 60.02입니다.

b. 2x2 표에 대해서만 계산됨

사후설계에서는 실험설계와는 달리 이미 현상이 발생한 사실을 기반으로 분석하기 때문에 오즈비를 이용해서 영향력을 분석한다. 오즈비는 이미 발생한 사실을 기반으로 분석하기 때문에 다음과 같은 방법에 의해서 결정된다.

		폐암 발생		
		유(1)	무(2)	계
	유(1)	103	20	123
흡연	무(2)	141	236	377
	계	244	256	500

표를 이용해서 오즈비를 계산하면 다음과 같다.

$$OR_1 = \frac{103/244}{141/244} = 0.730$$

$$OR_2 = \frac{20/256}{236/256} = 0.085$$

$$OR = \frac{0.730}{0.085} = 8.620$$

결과적으로 흡연을 하는 사람들이 흡연을 하지 않는 사람에 비해 폐암 발생이 8.6배 많다고 할 수 있다.

4) 연구 보고서

흡연 유무와 폐암 발생 유무가 관련이 있는지 검증한 결과, 흡연 유무와 폐암 발생 유무는 관련이 있는 것으로 나타났다($\chi^2=79.71$, $p < .001$). 흡연을 하면 흡연을 하지 않은 사람에 비해 폐암에 걸릴 가능성이 8.62배나 높은 것으로 나타났다.

[표 8-4] 흡연 유무와 폐암 발생 유무의 관련성

		폐암 발생			χ^2	p
		유(1)	무(2)	계		
	유(1)	103	20	123		
흡연	무(2)	141	236	377	79.71	< .001
	계	244	256	500		

OR=.730/.085=8.62

5) 연습 문제

1 20~59세 여성에게서 발생한 경부암(cervical cancer)의 발생 여부와 여성의 첫 임신 때 나이를 조사한 결과의 2차 자료를 얻었다. 첫 임신 연령과 경부암 유무는 관련성이 있는가? 예제 8-4-1.sav

이 가설을 검정하기 위해 사용될 변수는 다음과 같다.

첫 임신 연령	경부암 발생		
	유	무	전체
25세 미만	42	203	245
25세 이상	7	114	121
전체	49	317	366

2 마취회복실에서 제왕절개분만 산모로부터 사용된 마취제의 종류와 거담제인 Bisolvon 사용 여부에 대한 자료를 얻었다. 산모의 흡연 여부와 마취제 종류 및 거담제 사용 여부가 관련이 있다고 할 수 있는가? 예제 8-4-2.sav

3 경피적 관상동맥 중재술이나 관상동맥 우회로 이식수술을 받고 흉통이 있어 재입원하여 관상동맥 재협착 유무를 확인하기 위하여 추적 관상동맥 조영술을 실시하였다. 흉통 유무가 재협착 유무와 관련이 있다고 할 수 있는가? 예제 8-4-3.sav

Chapter 9

요인분석과 신뢰도분석

SPSS / AMOS
Nursing and Health Statistical Analysis

1 연구 방법의 이해

1-1 타당도(요인분석)

앞서 2장 이론 부분에서 우리가 관심 있는 모집단의 특성을 요인(factor)이라고 하였다. 그러나 사회현상을 연구할 때 대부분의 요인은 실제로 측정하기 어려운 경우가 많다. 예를 들어, 병원에서 근무하는 간호사의 직무만족과 조직몰입에 대하여 연구하고자 할 때, 직무만족과 조직몰입에 대한 개념을 어떻게 측정할 것인가? 간호사의 직무만족이나 조직몰입이라는 개념은 수치화하기도 어려울 뿐만 아니라 하나의 변수로 측정하기도 어렵다. 또한 "당신은 현 직무에 대해서 전반적으로 만족하십니까?"라는 하나의 변수로 측정한다면 본래의 의미 중에서 일부분만 측정될 가능성이 높다. 따라서 직무만족이라는 개념(요인)을 측정하기 위하여 행정, 전문성, 대인관계, 보수 등 여러 개의 설문 문항(변수)을 이용하여 측정하는 것이 좋다.

또 다른 예를 들어보자. 만약 여러분들이 간호대생의 학업 능력을 연구한다고 하자. 그렇다면 학업 능력이라는 요인을 어떻게 평가할 것인가? 학업 능력이라는 개념 자체는 측정이 불가능하지만 학업 능력을 측정할 수 있는 여러 측정변수들은 있다. 학생이 수강한 과목들의 성적이 학생의 학업 능력을 측정하는 도구가 될 수 있다. 이때 하나의 과목만을 측정한다면 그 학생의 학업 능력에 대해서 올바로 측정했다고 할 수 없다. 따라서 그 학생이 수강한 모든 과목의 성적을 모두 측정해야 한다. 이것을 도구의 타당도(validity)라고 한다.

이처럼 요인분석은 우리가 구한 측정변수들이 연구하고자 하는 요인들을 제대로 설명하고 있는지를 검정할 수 있지만 이 외에도 몇 가지 목적이 더 있다. 하나는 연구하고자 하는 요인과 관련이 없는 변수들을 삭제시켜 문항수를 축소하기 위함이다. 예를 들어 타당도를 높이기 위해 여러 개의 측정변수를 이용하여 문항을 만드는데, 이때 하나의 요인을 측정하기 위해 쓰인 측정변수들은 모두 그 요인과 관련된 것이어야 한다. 즉, 간호사의 직무만족을 측정하는 데 그 간호사의 고등학교 국어 성적을 측정변수에 포함시켜서는 안된다. 고등학교 국어 성적과 간호사의 직무만족은 아무 연관이 없기 때문이다. 요인분석을 하면 이처럼 관련이 없는 변수를 삭제할 수 있다.

또한 연구하고자 하는 개념이 너무 광범위할 때 이를 몇 개의 하부 요인들로 나눌 수 있다. 예를 들어, 간호사들의 사회적 지지라는 개념이 너무 광범위하여 몇 개의 요인으로 나누려고 한다. 이때 요인분석을 이용하여 측정문항을 분석해보니 상사 지지와 동료 지지라는 2개의 요인으로 나눌 수 있었다. 이처럼 요인분석은 설문 문항으로 개발된 도구들의 타당도를 검정할 때 이용된다.

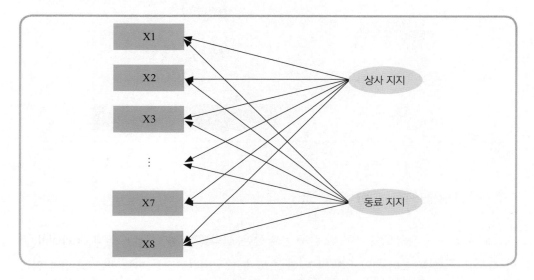

요인분석이 중요한 이유는 연구 결과의 타당성에 중요한 영향을 미치기 때문이다. 즉, 설문지를 이용해서 분석하는 모든 연구들은 차이검정이나 관계검정을 하기에 앞서, 기본적으로 연구에서 사용되는 설문 문항의 타당성을 검증해야 한다. 타당하지 않은 변수나 요인을 사용했다는 것은 분석 결과에 상관없이 검증 자료로 사용하지 못한다는 것을 의미한다.

따라서 타당한 연구를 하기 위해서는 다음과 같은 연구 절차를 따라야 하며, 대부분의 연구 논문에서는 이러한 절차대로 연구 결과를 정리한다. 먼저 자료를 수집하기 위해서 설문조사를 실시한다. 설문조사가 끝나면 설문에 응답한 사람들의 인구통계적 특성을 분석한다. 보통 연구 결과의 제일 앞부분에 이러한 내용이 기술되며, 연구의 일반화가 가능하다는 것을 보여준다. 다음으로 설문 문항들과 요인들 간의 타당도를 검증하기 위해 요인분석을 실시한다. 요인분석을 통해서 확증된 문항들만 신뢰도분석에 사용된다. 마지막으로 요인분석과 신뢰도분석을 통해 얻어진 요인값을 사용해서 차이검정 및 관계검정을 실시한다.

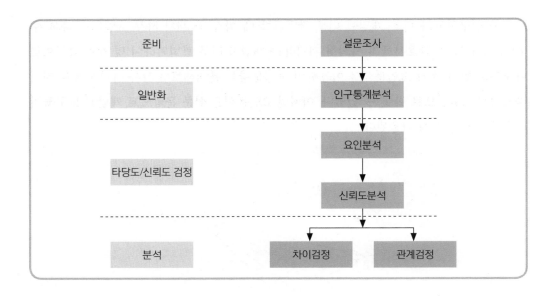

준비		설문조사
일반화		인구통계분석
		요인분석
타당도/신뢰도 검정		신뢰도분석
분석		차이검정 관계검정

1-2 신뢰도(신뢰도분석)

요인분석을 통해 타당도가 검정된 설문 문항들은 신뢰도 검정을 한다. 신뢰도(reliability)
란 측정 도구(설문 문항들)가 얼마나 일관성 있게 측정되었는지를 나타내는 것이다. 이는
이 설문 문항을 여러 번 반복측정해도 동일한 결과가 도출된다는 것을 의미한다.

신뢰도를 측정하는 방법에는 다음과 같이 몇 가지가 있다.

1) 재측정 신뢰도(test-retest reliability)

동일한 측정 도구를 이용하여 동일한 상황에서 동일한 대상에게 일정한 기간을 두고 반
복측정한다. 이후에 처음에 측정한 측정치와 시간이 지난 후에 측정한 재 측정치가 서로
동일한지를 평가하는 방법이다. 이 방법은 장기간 변화하지 않는 태도의 측정이나 하나의
개념을 하나의 항목으로 측정할 때 이용할 수 있는 방법이다. 그러나 한 번 측정한 것을
다시 측정하기 때문에 측정 대상자가 해당 측정문항에 익숙해짐으로써 결과가 왜곡될 수
있다.

2) 반분신뢰도(split-half reliability)

동일한 개념에 대해서 여러 개의 측정문항으로 측정하는 경우에 전체 측정문항을 임의로 반으로 나눈 후에 두 집단의 측정치들 간 상관관계를 분석하는 방법이다.

3) 문항분석법(item-total correlation)

동일한 개념에 대해서 여러 개의 측정문항으로 측정하는 경우에 모든 문항의 총합과 각 문항 간 상관관계를 분석하는 방법이다.

4) 크론바 α(Cronbach's α)

동일한 개념에 대해서 여러 개의 측정문항으로 측정하는 경우에 해당 문항을 구할 수 있는 모든 반분신뢰도를 구하고 이의 평균치를 산출한 것이 크론바 α이다. 이 방법이 신뢰도분석에서 쓰이는 가장 일반적인 방법이다. 일반적으로 집단 수준인 경우에는 크론바 α값이 0.6 이상이 되어야 하고, 개별 수준인 경우에는 0.9 이상이 되어야 한다.

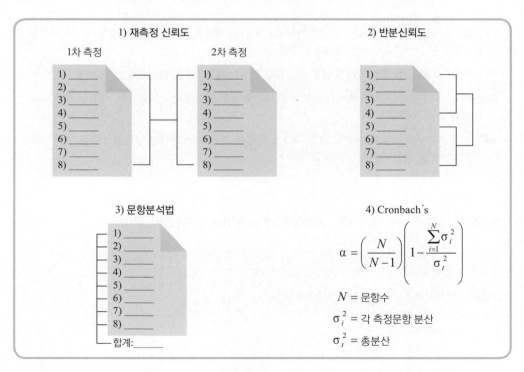

신뢰도와 타당도의 관계를 그림으로 설명하면 다음과 같다.

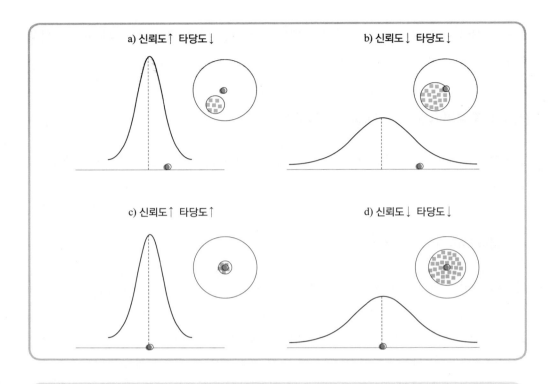

a) 신뢰도↑ 타당도↓: 신뢰도는 있지만 측정하고자 하는 개념을 측정하지는 못했다. 즉, 사용된 측정문항들은 연구하고자 하는 요인과 관련이 없는 경우이다.

b) 신뢰도↓ 타당도↓: 측정에 대한 일관성도 없고 원하는 개념도 측정하지 못한 경우이다.

c) 신뢰도↑ 타당도↑: 우리가 원하는 것으로 원하는 개념을 정확하게 측정했으며, 측정 도구들도 일관성이 있는 경우이다.

d) 신뢰도↓ 타당도↓: 측정하려고 하는 개념을 측정한 것 같이 보이지만 일관성이 없는 경우이다. 신뢰성이 없는 경우에는 타당도도 없어진다.

이 분석 방법을 이용하기 위한 SPSS 메뉴 이용 방법은 다음과 같다.

- 요인분석: 분석(A) → 차원 감소(D) → 요인분석(F)
- 신뢰도분석: 분석(A) → 척도(A) → 신뢰도분석(R)

2 요인분석

2-1 요인분석(factor analysis)

1) 문제의 정의

간호사의 사회적 지지를 측정하기 위하여 타 분야에서 사용되고 있는 사회적 지지 도구를 간호 영역에서 사용하고자 한다. 개발 당시 본 도구는 상사 지지(4문항)와 동료 지지(4문항) 총 8문항(리커트 5점 척도)으로 구성되었다. 그렇다면 이 도구가 과연 간호사의 사회적 지지를 측정하는 데 타당한지, 요인분석을 통하여 타당도를 검정해보자.

제9장 예제1.sav

사회적 지지 요인 항목
1. 직장 상사는 내 기분과 문제에 대해 관심을 기울여준다.
2. 직장 상사는 내가 일하는 방식을 인정한다.
3. 직장 상사는 일처리 방법이나 절차에 대해 내게 조언해준다.
4. 직장 상사는 필요한 경우 직접 일을 거들어주기도 한다.
5. 직장 동료는 내 기분과 문제에 대해 관심을 기울여준다.
6. 직장 동료는 내가 일하는 방식을 인정한다.
7. 직장 동료는 일 처리 방법이나 절차에 대해 내게 조언해준다.
8. 직장 동료는 필요한 경우 직접 일을 거들어주기도 한다.

요인분석을 하기 위해서는 다음과 같은 사항을 고려해야 한다. 먼저 요인추출모형을 결정해야 한다. 요인을 추출하기 위한 모형에는 여러 방법이 있지만 일반적으로 주성분분석(PCA, Principle Component Analysis)이 이용된다. 이 방식은 정보의 손실을 최소화하면서 보다 적은 수의 요인을 구하고자 할 때 이용된다.

다음으로 요인수를 결정해야 한다. 일반적으로 요인수를 결정하기 위해서는 고유치 (eigenvalue)를 이용한다. 고유치란 요인이 설명할 수 있는 변수들의 분산 크기를 나타내는 것으로, 일반적으로 1 이상인 것을 선택한다. 고유치가 1 이상이라는 것은 하나의 요인이 변수 1개 이상의 분산을 설명해준다는 것을 의미한다. 그러나 특별한 경우에는 요인의 수를 임의로 정할 수도 있다.

다음으로는 요인회전 방식을 결정한다. 요인분석을 하면 측정변수들과 요인들 간의 상관관계가 구해지는데, 이때 비슷하게 값이 나타날 경우에는 분류하기가 힘들다. 따라서 요인분석을 통해서 구한 요인축을 회전하여 측정변수들의 요인 값을 관련 요인과 밀접하게 만든다.

회전 방식에는 직각 회전과 사각 회전이 있다. 직각 회전을 하면 요인들 간의 상관관계가 [0]이 되기 때문에 요인들이 서로 독립적일 때 이용된다. 주로 요인분석 후에 이 값을 저장해 회귀분석을 할 때 이용된다. 반면 사각 회전은 요인들 간의 상관관계를 인정할 때 이용된다.

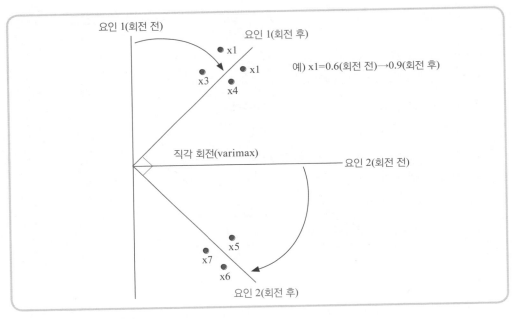

다음으로는 요인부하량을 산출하여 관련이 없는 측정변수를 제거한다. 요인부하량이란 앞에서 언급한 요인과 측정변수 간의 상관관계를 의미하는 것으로, 측정변수가 그 요인과 얼마나 관련이 있는지를 나타낸다. 일반적으로 요인부하량의 값이 관련 요인과는

[0.6] 이상이고, 다른 요인과는 [0.3] 미만이어야 한다. 따라서 이 값의 범위를 벗어난 요인은 타당성이 없는 측정문항이므로 삭제해준다.

2) SPSS 분석

① 메뉴 → 분석(A) → 차원 축소(D) → 요인분석(F)을 선택한다.

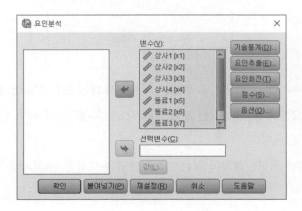

② 상사1[x1]~동료4[x8] → 변수(V)로 이동한다.

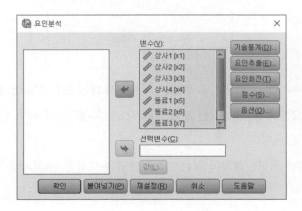

③ 기술통계(D) → 통계량 → 초기해법(I), 상관행렬 → 계수(C), KMO와 Bartlett의 구형성 검정 (K)을 체크한다.

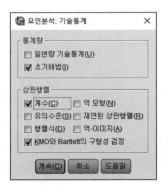

초기해법은 초기 공통성, 고유값, 설명된 분산의 퍼센트를 표시하는 옵션이다. 계수는 변수의 상관행렬을 나타낸다. KMO와 Bartlett의 구형성 검정은 수집된 자료가 요인분석에 적합한지를 검정하는 방법이다.

④ 요인추출(E) → 방법(M) → 주성분, 분석 → 상관행렬(R), 표시 → 회전하지 않은 요인해법 (F), 스크리 도표(S), 추출 → 다음 값보다 큰 고유값(A): [1]을 선택한다.

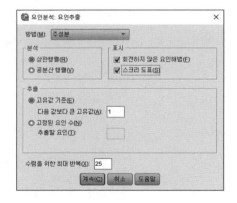

방법은 요인을 추출하는 모형으로 주성분, 가중되지 않은 최소 제곱법, 일반화된 최소 제곱법, 최대우도, 주축요인 추출, 알파요인 추출, 이미지요인 추출 등이 있으며 이 중에서 주성분이 가장 일반적으로 쓰인다.

분석은 상관행렬과 공분산행렬이 있는데 상관행렬을 이용한다. 표시는 회전하지 않은 요인

해법과 **스크리 도표**가 있다. 이 중에서 **스크리 도표**는 고유치의 변화를 도표로 나타낸다.

추출은 **고유값 기준**과 **고정된 요인의 수**가 있다. 즉, 요인의 수를 결정할 때 고유값 기준으로 할 것인지, 아니면 고정된 요인의 수를 지정할지를 결정하는데, 일반적으로 **고유값 기준**을 이용한다.

⑤ 다음으로 **요인회전(T)** → **방법** → **베리멕스(V)**, **표시** → **회전 해법(R)**, **적재량 도표(L)**를 체크한다.

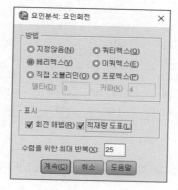

⑥ **옵션(O)** → **계수표시형식** → **크기순 정렬(S)**을 체크한다.

여기서 요인값을 크기 순서대로 정렬해주는 이유는 한눈에 요인과 측정변수의 관계를 살펴보기 위해서다.

⑦ **계속** → **확인**을 클릭하면 결과가 출력된다.

3) 출력결과 해석

다음은 SPSS View에 구해진 분석 결과의 화면이다. 먼저 상관행렬(correlation matrix)에는 각 변수들 간의 상관행렬이 나와 있다.

상관행렬

		상사1	상사2	상사3	상사4	등료1	등료2	등료3	등료4
상관관계	상사1	1.000	.542	.457	.364	.264	.263	.331	.297
	상사2	.542	1.000	.537	.420	.343	.433	.383	.349
	상사3	.457	.537	1.000	.636	.436	.403	.492	.440
	상사4	.364	.420	.636	1.000	.525	.406	.452	.509
	등료1	.264	.343	.436	.525	1.000	.586	.520	.509
	등료2	.263	.433	.403	.406	.586	1.000	.573	.540
	등료3	.331	.383	.492	.452	.520	.573	1.000	.686
	등료4	.297	.349	.440	.509	.509	.540	.686	1.000

다음으로 KMO와 Bartlett의 검정이 나와 있다. KMO 값은 표본적합도를 나타내는 것으로 변수들 간의 상관관계가 다른 변수에 의해 잘 설명되는 정도를 뜻한다. 일반적으로 값이 .50 이상이면 표본 자료는 요인분석에 적합하다고 말할 수 있다. Bartlett의 검정은 요인분석 모형의 적합성을 검정하는 것으로 변수 간의 상관행렬이 단위행렬(대각선이 1이고 나머지는 0인 행렬)인지를 검정한다. 여기서 유의확률(Sig.)이 .050보다 작아야 하며, 본 연구의 경우에는 .000이므로 단위행렬이 아니기 때문에 요인분석을 계속 진행할 수 있다.

KMO와 Bartlett의 검정

표본 적절성의 Kaiser-Meyer-Olkin 측도.		.853
Bartlett의 구형성 검정	근사 카이제곱	1554.994
	자유도	28
	유의확률	.000

다음에는 공통성이 나와 있다. 공통성은 추출된 요인에 의해 설명되는 비율을 나타낸다. 예를 들어, 상사1의 경우에는 2개의 요인을 71.3% 설명하고 있다는 것이다. 일반적으로 공통성이 .40 이하인 것은 제거해주어야 한다.

공동성

	초기	추출
상사1	1.000	.713
상사2	1.000	.687
상사3	1.000	.660
상사4	1.000	.568
등료1	1.000	.633
등료2	1.000	.637
등료3	1.000	.689
등료4	1.000	.688

추출 방법: 주성분 분석.

다음에는 설명된 총분산(total variance explained)이 나와 있다. 일단 여기서 사용된 측정변수가 8개이기 때문에 측정변수 1개가 하나의 요인을 나타낸다고 가정하면 최대한 8개의 요인까지 나눌 수 있다. 따라서 측정변수의 수만큼 성분(component)이 나타난다. 그러나 일반적으로 초기 고유값(initial eigenvalues)이 1인 부분에서 요인의 수를 결정하는 것이 바람직하다. 이때 첫 번째 요인의 % 분산(분산설명률)을 보면 전체 분산 중에서 52.458%를 설명하고 있으며, 두 번째 요인은 13.480%를 설명하고 이 둘을 합친다면 누적설명률(cumulative)이 65.937%를 나타낸다. 일반적으로 요인분석에서는 누적설명률이 60% 이상은 되어야 한다.

설명된 총분산

성분	초기 고유값			추출 제곱합 적재량			회전 제곱합 적재량		
	전체	% 분산	누적 %	전체	% 분산	누적 %	전체	% 분산	누적 %
1	4.197	52.458	52.458	4.197	52.458	52.458	3.024	37.802	37.802
2	1.078	13.480	65.937	1.078	13.480	65.937	2.251	28.135	65.937
3	.682	8.529	74.467						
4	.588	7.349	81.816						
5	.475	5.943	87.759						
6	.369	4.612	92.372						
7	.338	4.231	96.602						
8	.272	3.398	100.000						

추출 방법: 주성분 분석.

다음에는 스크리 도표(scree plot)가 나와 있다. 이 도표는 고유값의 변화를 보여주고 있는데 급격하게 고유값이 작아지는 시점에서 요인수를 결정하면 된다. 여기서는 요인이 2개일 때로 결정한다.

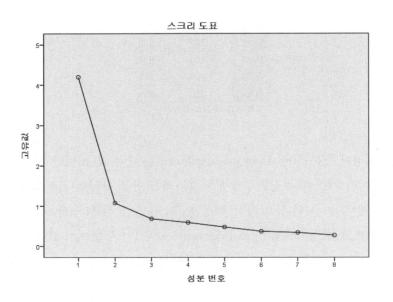

다음에는 성분행렬(component matrix)과 회전된 성분행렬(rotated component matrix)이 나와 있다. 성분행렬은 회전시키기 전의 요인부하량을 나타낸다. 그러나 이 행렬을 이용해서 요인과 측정변수의 관계를 살펴보기에는 무리가 있다. 따라서 요인을 회전시킨 후의 결과인 회전된 성분행렬을 살펴본다. 이 표는 앞서 **옵션**(option)에서 **크기순정렬**(sort by size)을 체크했기 때문에 요인이 가장 큰 측정항목별로 정렬이 되어 있어 한눈에 해석하기 용이하다. 여기서 보는 것처럼 동료4, 동료3, 동료2, 동료1은 요인적재량이 .70 이상이므로 모두 타당한 것으로 나타났다. 이 요인을 동료 지지라고 이름을 붙일 수 있겠다. 다음으로 상사1, 상사2도 요인적재량이 .70 이상이므로 상사 지지라는 요인으로 묶을 수 있다. 상사4는 성분1과 성분2에 대한 요인적재량이 모두 .50 이상으로 나타났다. 따라서 상사4는 제거해주어야 한다. 또한 상사3의 경우에는 성분2에 대해 .689라는 요인적재량을 가지고 있어 요인2로 볼 수도 있지만, 성분1에 대한 요인적재량도 .431로 높게 나타나 제거해주는 편이 좋다. 하지만 이런 경우 연구자가 중요하다고 생각되면 요인에 포함시키기도 하며, 이때는 보고서에 이에 대한 합당한 이유를 적어주어야 한다.

성분행렬[a]		
	성분	
	1	2
동료3	.778	-.289
상사3	.763	.280
동료4	.759	-.334
상사4	.751	.066
동료2	.733	-.317
동료1	.730	-.317
상사2	.679	.475
상사1	.581	.612

회전된 성분행렬[a]		
	성분	
	1	2
동료4	.805	.202
동료3	.792	.249
동료2	.773	.199
동료1	.771	.198
상사4	.553	.513
상사1	.084	.840
상사2	.245	.791
상사3	.431	.689

다음의 그림은 성분 도표이다. 이는 앞의 이론에서 설명한 것처럼 베리멕스 방법으로 요인을 회전한 후의 결과를 그림으로 보여주는 도표이다.

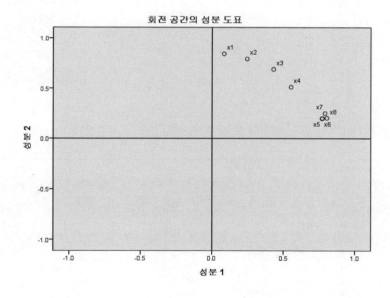

회전 공간의 성분 도표

다음으로 2개의 변수를 제거하고 요인분석을 다시 돌려준다. 이는 의미 없는 항목을 제거한 후에 요인을 하나의 값으로 저장해서 다른 분석에 사용하기 위해서다.

① 변수(V)의 상사3[X3], 상사4[X4] → 왼
쪽 창으로 이동한다.

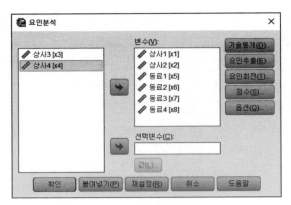

② 요인점수 → 변수로 저장(S), 방법 → 회귀(R)를 체크한다.

분석이 끝나면 아래와 같이 **데이터 보기** 창에 요인점수가 저장된다.

변수를 제거한 후의 요인회전 도표이다.

설명된 총분산

성분	초기 고유값			추출 제곱합 적재량			회전 제곱합 적재량		
	전체	% 분산	누적 %	전체	% 분산	누적 %	전체	% 분산	누적 %
1	3.238	53.960	53.960	3.238	53.960	53.960	2.659	44.318	44.318
2	1.026	17.092	71.051	1.026	17.092	71.051	1.604	26.733	71.051
3	.587	9.790	80.841						
4	.472	7.870	88.711						
5	.367	6.120	94.831						
6	.310	5.169	100.000						

추출 방법: 주성분 분석.

성분행렬[a]

	성분	
	1	2
상사1	.568	.696
상사2	.668	.549
동료1	.745	-.266
동료2	.790	-.219
동료3	.816	-.221
동료4	.789	-.267

회전된 성분행렬[a]

	성분	
	1	2
상사1	.132	.889
상사2	.293	.813
동료1	.777	.152
동료2	.791	.216
동료3	.814	.227
동료4	.815	.174

회전 공간의 성분 도표

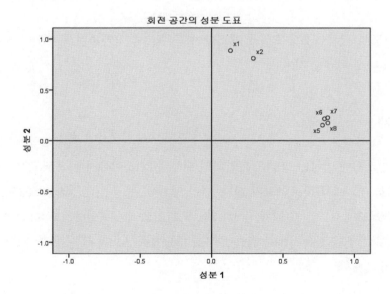

4) 연구 보고서

간호사 445명을 대상으로 사회적 지지를 측정하기 위하여 타 분야에서 사용되고 있는 사회적 지지 도구 8문항의 타당도를 분석한 결과, 상사 지지(2문항)와 동료 지지(4문항), 총 6문항으로 축소되었다[표 9-1].

[표 9-1] 요인분석 결과

	동료 지지	상사 지지	신뢰도
상사1	.13	.89	.70
상사2	.29	.81	
동료1	.78	.15	
동료2	.79	.22	.84
동료3	.81	.23	
동료4	.82	.17	
고유치	2.66	1.60	
분산설명률	44.32	26.73	
누적분산설명률	44.32	71.05	

위의 요인분석 결과는 2개 요인을 제거한 이후의 최종 요인분석 결과이다. 단, 신뢰도는 다음에서 다시 언급할 것이다.

5) 연습 문제

1 간호사의 소진에 미치는 영향을 파악하기 위하여 타 분야에서 사용되고 있는 소진 도구를 간호 영역에서 사용하고자 한다. 개발 당시 본 도구는 감정적 소진(5문항)과 심리적 이탈(5문항)로 총 10문항(리커트 7점 척도)으로 구성되었다. 그렇다면 이 문항들이 간호사의 소진을 측정하기 위한 도구로 타당한지 요인분석을 통하여 타당도를 검정해보자. 예제 9-1-1.sav

소진 설문지 내용은 다음과 같다.

소진 요인 항목
1. 나는 대개 일을 한 후에 피로감과 함께 녹초가 됨을 느낀다.
2. 나는 몸의 회복을 위해서 일한 시간보다 더 많은 시간을 쉬어야 한다.
3. 나는 일을 한 후에 감정까지 메마르게 된다.
4. 나는 내가 하는 일이 별 볼 일 없는 일이라고 말하곤 한다.
5. 내가 하는 일은 기계적인 일이다.
6. 내가 하는 일이 지겹고 신물이 난다.
*7. 나는 일을 하면 할수록 그 일에 몰입하게 된다.
*8. 내가 하는 일은 나에게 도전을 준다.
*9. 나에게 할당된 업무량은 충분히 견딜만한 양이다.
*10. 일을 한 후에도 여가 활동을 즐길 수 있을 만큼 충분한 힘이 남아 있다.

*역문항으로 역코딩됨,   감정적 소진: 1, 2, 3, 9, 10   심리적 이탈: 4, 5, 6, 7, 8

2 중학생의 사회적 지지를 측정하기 위해 다음과 같이 11문항(4점 척도)으로 이루어진 도구(설문지)를 만들었다. 또한 사회적 지지는 다시 자녀에 대한 부모의 지지, 교사 지지, 친구 지지로 구성되어 있다. 예제 9-1-2.sav

① 68명의 중학생을 대상으로 사회적 지지에 대한 보다 나은 설명을 위하여 부모의 지지, 교사 지지, 친구 지지로 나눌 수 있는가?

② 11개 문항에 대한 신뢰도와 3개 영역별 신뢰도를 분석하라.

사회적 지지 설문지 내용은 다음과 같다.

사회적 지지 요인 항목	
1. 나의 부모님은 나에게 관심을 가지신다.	
2. 나의 부모님은 내가 결정을 못 내리고 망설일 때 결정을 내릴 수 있도록 격려해주고 용기를 주신다.	
3. 나의 부모님은 내가 하고 싶어 하는 일을 할 수 있도록 도와주신다.	
4. 나의 부모님은 내가 부모님에게 필요하고 가치 있는 존재임을 인정해주신다.	
5. 나의 선생님은 어떤 일에 대해 그것을 어떻게 하는지 가르쳐주신다.	
6. 나의 선생님은 나의 일에 대가를 바라지 않고 최선을 다해 도와주신다.	
7. 나의 선생님은 내가 한 행동의 옳고 그름을 객관적으로 평가해주신다.	
8. 나의 선생님은 내가 열심히 노력했거나 잘했을 때 나를 칭찬해주신다.	
9. 나의 친구들은 나의 일에 관심을 갖고 걱정을 해준다.	
10. 다른 사람들이 나를 외면할 때도 나의 친구들은 나의 곁에 있어준다.	
11. 나의 친구들은 내가 혼란스러워 하는 것에 대해 차근차근 설명해준다.	

3 혈액투석 환자의 우울 불안 정도를 측정하기 위해 리커트 5점 척도를 이용하여 7개의 설문 문항을 개발하였다. 점수가 높을수록 우울 정도가 심함을 의미한다. 그렇다면 여기서 구한 7개의 설문 문항이 모두 혈액투석 환자의 우울 정도와 관련이 있는지 요인분석을 이용하여 타당도를 검정해보자. 예제 9-1-3.sav

우울 불안 측정 도구는 신체적, 심리적 요인으로 구성하였다.

우울·불안 요인 항목	
1. 나는 낙심하고 우울함을 느낄 때가 있다.	
2. 나는 움직이기도 싫고 말조차 하기 싫을 때가 있다.	
3. 나는 눈물을 쏟거나 울고 싶을 때가 있다.	
4. 나는 요즘 체중이 줄고 있다.	
5. 나는 별다른 이유 없이 지친 느낌이 든다.	
6. 나는 고된 일이 없는데도 피곤함을 느낄 때가 있다.	
7. 나는 기분이 가라앉아서 어느 것으로도 풀리지 않을 때가 있다.	

2-2 요인분석을 이용한 회귀분석

일반적으로 요인분석을 한 후, 이 값을 이용해서 회귀분석을 실시한다. 회귀분석에는 요인값을 하나로 입력해야 하기 때문에 요인분석 시 저장된 요인값을 이용해서 회귀분석에 이용하게 된다. 다음 예제를 통해 입력하는 방법을 알아보자. 결과에 대한 해석은 11장 '회귀분석'을 참고하기 바란다.

1) 문제의 정의

중학생의 사회적 지지를 측정하기 위해 다음과 같이 11문항(4점 척도)으로 이루어진 도구(설문지)를 만들었다. 또한 사회적 지지는 다시 자녀에 대한 부모의 지지, 교사 지지, 친구 지지로 구성되어 있다. 단, 회귀분석을 하기 위해서는 종속변수가 필요하기 때문에 지지합이라는 변수를 따로 추가하였다. 제9장 예제2.sav

2) SPSS 분석

① 데이터 보기 창에서 보면 FAC1_1, FAC2_1, FAC3_1 변수가 자동으로 추가된다.
② 변수 보기 창으로 가서 레이블에 FAC1_1 → 선생님, FAC2_1 → 친구, FAC3_1 → 부모님이라고 입력한다.

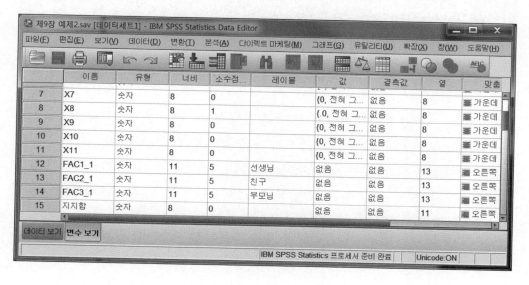

③ 메뉴에서 **분석(A) → 회기분석(R) → 선형(L)**을 선택한다.

④ **[선생님], [친구], [부모님] → 독립변수(I)**로 이동한다.

⑤ **[지지합] → 종속변수(D)**로 이동한다.

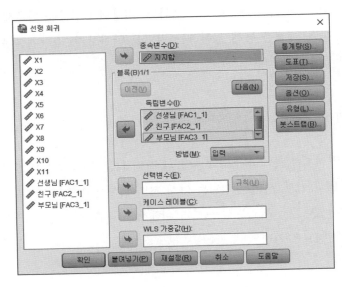

⑥ **계속 → 확인**을 클릭하면 결과가 출력된다.

3 신뢰도분석

1) 문제의 정의

앞의 요인분석에서는 사회적 지지 도구의 타당성을 분석하였다. 분석한 결과 최종 2개 요인 6문항으로 도구가 축소되었다. 다음으로 타당도가 검정된 측정문항이 신뢰할 수 있는지를 분석해보자. 신뢰도분석(reliability analysis)은 요인별로 진행이 된다. 따라서 동료지지에 대한 신뢰도와 상사 지지에 대한 신뢰도로 나누어서 분석한다.  제9장 예제1.sav

2) SPSS 분석

① 메뉴에서 **분석(A) → 척도분석(A) → 신뢰도분석(R)**을 선택한다.

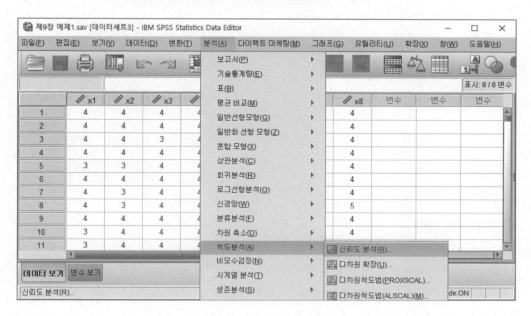

② **동료1[x5]~동료4[x8] → 항목(I)**으로 이동한다. **모형(M)**은 **알파**(크론바 α)가 기본값으로 선택되어 있다.

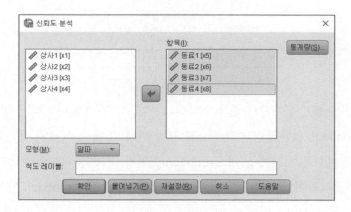

③ 통계량(S) → 다음에 대한 기술통계량 → 항목(I), 척도(S), 항목제거시 척도(A)를, 분산분석표 → F-검정(F), Hotelling의 T 제곱을 체크한 후 **계속** → **확인**을 클릭하면 결과가 출력된다.

3) 출력결과 해석

다음은 SPSS View에 구해진 분석 결과 화면이다. 앞부분은 앞의 분석과 같기 때문에 생략한다. 제일 먼저 신뢰도 통계량 결과가 나타난다. 동료 지지 요인의 신뢰도값은 .840로 기준인 .60 이상이므로 이 측정변수들은 신뢰할 수 있음을 알 수 있다. 상사 지지 요인에 대해서는 각자 해보길 바란다.

신뢰도 통계량

Cronbach의 알파	표준화된 항목의 Cronbach의 알파	항목 수
.840	.841	4

다음으로 항목 총계 통계량의 결과가 나타나는데, 이 중에서 마지막에 있는 항목이 삭제된 경우 Cronbach 알파값만 기본적으로 보면 된다. 항목이 삭제된 경우 Cronbach 알파란 관련 측정변수를 제거했을 때 Cronbach 알파가 어느 정도까지 올라가는지를 나타내는 것이다. 예를 들어, 동료4라는 변수를 제거했을 경우에 Cronbach 알파값이 .791로 내려간다는 것을 의미한다. 따라서 모든 변수는 제거하지 않아도 된다는 것을 의미한다.

항목 총계 통계량

	항목이 삭제된 경우 척도 평균	항목이 삭제된 경우 척도 분산	수정된 항목-전체 상관계수	제곱 다중 상관계수	항목이 삭제된 경우 Cronbach 알파
등료1	11.24	3.239	.627	.410	.818
등료2	11.27	3.289	.670	.457	.800
등료3	11.20	3.013	.710	.539	.781
등료4	11.09	3.150	.690	.515	.791

일반적으로 위의 Cronbach 알파값이 신뢰도를 분석하는 결과값으로 사용된다. Cronbach 알파값을 보완하는 값으로 분산분석의 결과를 이용할 수 있다. 이는 측정변수 간의 차이를 검증하는 것이다. 본 예제의 결과는 유의확률이 .000으로 유의하게 나타났다. 즉, 측정변수들 간에 차이가 있다는 것이므로 신뢰성이 다소 부족함을 의미한다. 또한 Hotelling's T 제곱 검정은 변수 간의 평균이 동일한지를 검증하는 것으로 이 결과도 마찬가지로 유의확률이 .011로 유의하게 나타나 신뢰성 있는 측정이 이루어지지 않았음을 보여준다. 그러나 보통은 Cronbach 알파값이 중요한 검정값이므로 이 부분을 이용한다.

ANOVA

		제곱합	자유도	평균제곱	F	유의확률
개체 간		594.494	444	1.339		
개체 내	항목 간	9.053	3	3.018	14.119	.000
	잔차	284.697	1332	.214		
	전체	293.750	1335	.220		
전체		888.244	1779	.499		

총 평균 = 3.73

Hotelling T 제곱 검정

Hotelling의 T 제곱.	F	자유도1	자유도2	유의확률
40.391	13.403	3	442	.000

4) 연구 보고서

연구 보고서는 요인분석의 결과와 같이 사용된다. [표 9-1]을 참조(p 264)하기 바란다.

상관분석

교차분석은 질적 변수들 간의 관계를 검증하는 방법이었다. 이에 비해 연속변수들 간의 관계를 검증하는 방법이 상관분석과 회귀분석이다. 상관분석과 회귀분석의 차이는 변수 간의 관계가 상관(correlation)인지, 인과(causality)인지에 따라 달라진다. 상관분석은 상관관계를 검정하는 것으로 두 변수를 서로 동등한 입장에서 분석하는 방법이고, 회귀분석은 인과관계를 검정하는 것으로 하나 또는 여러 개의 원인변수(독립변수)가 다른 변수(종속변수)에 영향을 미칠 때 사용하는 분석 방법이다.

두 변수의 관계가 상관인지, 인과인지는 오로지 연구자에 의해 결정된다. 그렇다고 해서 연구자가 마음대로 정하는 것은 아니다. 이론적, 또는 통념적으로 두 변수의 관계가 검정되어야 한다. 즉, 다른 사람이 보았을 때도 그렇다고 인정이 되어야 한다.

상관분석(correlation analysis)은 두 변수 간 상호 의존 관계가 있을 때 이 관련성을 통계적으로 분석하는 방법론이라고 하였다. 또한, 두 변수 중 하나의 변수에 대한 정보를 가지고 다른 변수를 예측하거나 설명할 때 사용되기도 한다. 두 변수 간에 강한 관련성이 있을 경우에는 한 변수에 대한 정보를 가지고 다른 변수를 예측할 수 있기 때문이다. 예를 들어, 간호사의 병원에 대한 조직몰입이 높을수록 직무만족도 높다고 하자. 이 두 변수의 관계를 파악해서 아래와 같은 산점도(scatter plot)를 그려볼 수 있다. 상관분석을 돌리기 전에 먼저 산점도를 그려보면 두 변수 사이의 관계를 명확하게 이해할 수 있다.

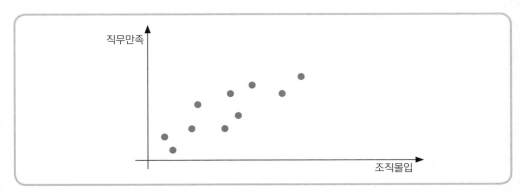

보통 상관관계라고 하면 두 연속변수 사이의 선형관계를 의미하며, 이를 나타내는 척도로서 상관계수(correlation coefficient)를 사용하게 된다. 가장 일반적인 상관계수로는

Pearson의 상관계수가 있으며, 상관계수를 통해서 강도와 방향을 알 수 있다. 강도는 얼마나 밀접한 관련이 있는지를 수치로 나타내며, 방향은 양의 관계인지 음의 관계인지를 나타낸다.

$$r \begin{cases} 강도 \\ 방향 \end{cases}$$

상관계수를 가지고 두 변수의 관계를 알 수 있는데, 다음과 같이 해석할 수 있다. 그러나 표본수에 따라 다양하게 달라질 수 있음을 고려하여야 한다.

$1.0 \geq r \geq 0.7$: 매우 강한 정(+)의 상관관계
$0.7 \geq r \geq 0.3$: 강한 정(+)의 상관관계
$0.3 \geq r \geq 0.1$: 약한 정(+)의 상관관계
$0.1 \geq r \geq -0.1$: 상관관계 없음
$-1.0 \geq r \geq -0.3$: 약한 음(−)의 상관관계
$-0.3 \geq r \geq -0.7$: 강한 음(−)의 상관관계
$-0.7 \geq r \geq -1.0$: 매우 강한 음(−)의 상관관계

다음으로 방향성을 알 수 있다. 아래 산점도를 통해 근무연수가 길어짐에 따라 연봉도 높아짐을 알 수 있다. 이를 양의 상관이 있다고 말한다. 반면에 컴퓨터 가격은 사용 기간이 늘어남에 따라 계속 감소하며, 이를 음의 상관이 있다고 말한다.

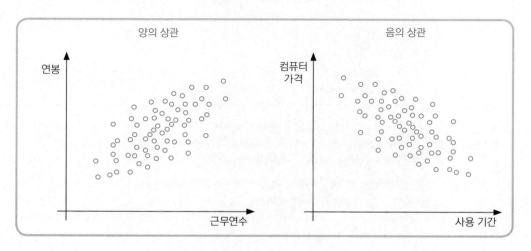

1-1 모수 분석

본 연구에서 사용할 예제와 이 분석 방법을 이용하기 위한 SPSS 메뉴 이용 방법은 다음과 같다.

상관분석에도 여러 종류가 있지만 여기서는 단순상관분석과 편상관분석에 대해서만 언급할 것이다. 단순상관분석은 2개의 변수 간 상관관계를 검증하는 방법이다. 예를 들어, 간호사의 조직몰입과 직무만족 간에 관계가 있는지를 검증하는 방법이다. 이 관계를 그림으로 나타내면 아래의 음영이 있는 부분에 해당할 것이다.

편상관분석이란 중간에 다른 변수의 영향력이 있을 때 이를 통제(제거)하고 순수하게 두 변수의 상관관계만 구하는 분석 방법이다. 따라서 3개의 변수가 사용된다. 예를 들어, 연령이 높은 사람일수록 체중이 많이 나가는지를 알아보고자 한다. 그런데 체중은 신장과도 밀접한 관계가 있다. 따라서 아래 그림처럼 연령과 체중의 관계 중에서 신장과 관계있는 부분을 뺀 것을 편상관분석이라고 한다.

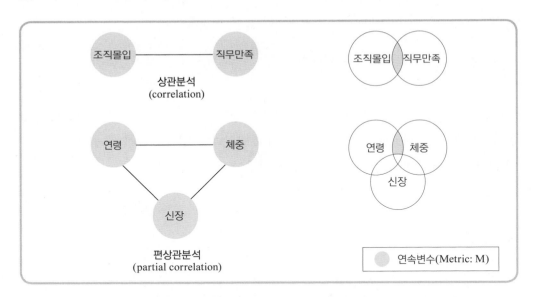

- 단순상관분석: 간호사의 조직몰입과 직무만족 간에는 어떠한 관계가 있는가?
  분석(A) → 상관분석(C) → 이변량 상관계수(B)
- 편상관분석: 신장을 통제한 상태에서 연령과 체중 간에는 어떠한 관계가 있는가?
  분석(A) → 상관분석(C) → 편상관계수(R)

1-2 비모수 분석

상관분석도 표본의 수가 30개 미만일 때, 또는 변수가 서열척도로 되어 있는 변수일 때는 다음 표와 같이 비모수 분석을 사용해야 한다. 상관관계를 분석하기 위한 비모수 방법 중에서 SPSS에서 이용할 수 있는 방법으로는 Kendall's tau-b와 Spearman rho가 있다.

변수 수	모수	비모수
2	Pearson's correlation	Spearman's rho 외
3	partial correlation	

비모수 분석 방법을 이용하기 위한 SPSS 메뉴 이용 방법은 다음과 같다.

- 비모수 단순상관분석
  분석(analyze) → 상관분석(correlate) → 이변량 상관계수(bivariate)

2 단순상관분석

2-1 모수 분석

1) 문제의 정의

임상 현장에서 간호사의 조직몰입과 직무만족 간에 상관관계가 있는지를 확인하기 위하여 4개 대학 부속병원에서 근무하는 간호사 536명으로부터 자료를 얻었다. 그렇다면 조직몰입, 직무만족 간에 상관관계가 있다고 할 수 있는가? 제10장 예제1.sav

먼저 본 연구의 가설은 다음과 같이 세울 수 있다.

> **가설 1**
>
> - 귀무가설(H_0): 조직몰입과 직무만족 간에는 상관관계가 없다.
>
> $$H_0 : r = 0$$
>
> - 연구가설(H_1): 조직몰입과 직무만족 간에는 상관관계가 있다.
>
> $$H_1 : r \neq 0$$

이 가설을 검정하기 위해 사용될 변수는 다음과 같다.

변수	정의(definition)	척도(measure)
조직몰입	• 조직 구성원의 태도와 연관된 심리적 특성으로, 조직에 대한 충성도를 의미하는 7문항(5점 척도)으로 측정한 점수로, 점수가 높을수록 조직몰입 정도가 높음을 의미	비율(점수)
직무만족	• 직무에 대한 태도의 하나로 9문항(5점 척도)으로 측정한 점수로, 점수가 높을수록 직무만족 정도가 높음을 의미	비율(점수)

두 변수 간의 관계성을 나타내는 Pearson의 상관계수는 다음과 같은 공식에 의해서 구해진다.

$$r = \frac{\text{cov}(x, y)}{\sqrt{\text{var}(x)}\sqrt{\text{var}(y)}} = \frac{\sum_{i=1}^{n}(x_1 - \overline{x})(y_1 - \overline{y})}{\sqrt{\sum_{i=1}^{n}(x_1 - \overline{x})^2 \sum_{i=1}^{n}(y_1 - \overline{y})^2}}$$

앞의 가설을 위한 검정통계량은 다음과 같이 구해지며, 이때 모집단은 이변량 정규분포를 따른다.

$$T = \frac{r}{\sqrt{\frac{1-r^2}{n-2}}} \sim t(n-2, \frac{\alpha}{2})$$

2) SPSS 분석

① 먼저 자료를 입력한 후에 조직몰입, 직무만족의 문항 평점을 구한 값이다.

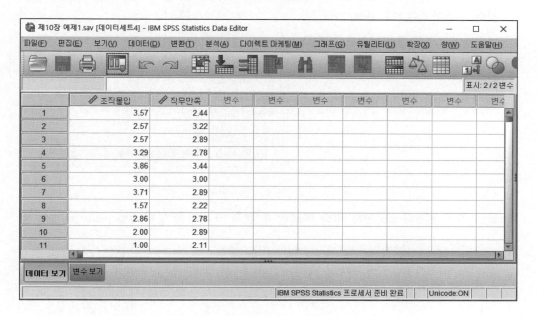

② 메뉴에서 **분석(A)** → **상관분석(C)** → **이변량 상관(B)**을 선택한다.

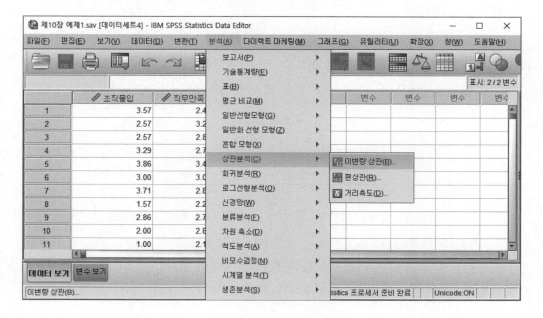

③ [조직몰입], [직무만족] → 변수(V)로
   이동한다.
④ 상관계수 → Pearson, 유의성 검정 →
   양측, 유의한 상관계수 플래그(F)(상관
   계수값이 유의할 때 자동으로 [*]가 표
   시)가 체크되어 있다.

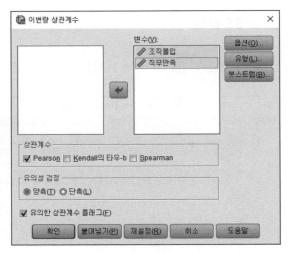

⑤ 옵션(O) → 평균과 표준편차(M)를 체크한 후 계속 → 확인을 클릭
   하면 결과가 출력된다.

3) 출력결과 해석

다음은 SPSS View에 구해진 분석 결과 화면이다. 먼저 기술통계량(descriptive statistics)
에는 각 변수의 평균과 표준편차, 표본수 등 표본에 대한 간단한 기술통계가 나와 있다.

기술통계량

	평균	표준편차	N
조직몰입	2.7098	.69280	536
직무만족	2.9049	.47850	536

다음으로 상관계수 표가 나타난다. 표에는 상관계수 값, 유의확률(Sig.), 표본수가 나타
나며, 상관계수가 의미 있는 경우에는 상관계수값 옆에 [*]가 표시된다. 여기서 두 변수
간에 상관관계가 존재한다면 유의확률이 .05보다 작아야 한다($p < .05$). 즉, 상관계수가
[0]이라는 귀무가설이 기각되어야 표에 나타난 상관계수값을 받아들일 수 있게 된다.

본 예제의 경우 조직몰입과 직무만족이라는 변수의 상관계수는 .610이고 유의확률이 .000으로 나타나 상관계수값은 의미가 있게 나타났다.

상관관계

		조직몰입	직무만족
조직몰입	Pearson 상관	1	.610**
	유의확률 (양측)		.000
	N	536	536
직무만족	Pearson 상관	.610**	1
	유의확률 (양측)	.000	
	N	536	536

**. 상관관계가 0.01 수준에서 유의합니다(양측).

4) 연구 보고서

간호사의 조직몰입과 직무만족 간에는 정의 상관관계가 있는 것으로 나타나(r=.610, $p <$ .001) 조직몰입이 높을수록 직무만족도 높다고 말할 수 있다[표 10–1].

[표 10–1] 조직몰입과 직무만족도 간 상관관계(N=536)

변수	조직몰입	직무만족도
조직몰입	1	
직무만족도	.614 ($p <$.001)	1

5) 연습 문제

1 임신 중 태아와의 상호작용이 분만 후 영아와의 상호작용과 어떤 관계가 있는지 확인하고자 한다. 건강한 초임부 32명을 대상으로 임신 3~4개월에 모–태아 상호작용 증진 프로그램에 대한 교육을 20~30분 시행하였다. 자료수집을 위해 임신 36주에서 38주 사이에 모–태아 상호작용을 측정하였고, 분만 후 건강한 산모와 생후 4~6주된 영아와의 상호작용을 측정하였다. 그렇다면 분만 전 태아와의 상호작용 정도는 분만 후 영아와의 상호작용 수준과 상관관계가 있다고 할 수 있는가? 예제 10-1-1.sav

2 일반적으로 직장인들의 근무경력, 직장경력, 부서경력과 직업에 대한 만족도 간에는 상관관계가 있는 것으로 알려져 있다. 그렇다면 간호사들의 이러한 경력과 직무만족도 간에도 상관성이 있는지를 검정하기 위하여 간호사 321명으로부터 자료를 수집하였다. 간호사의 직무만족도와 상관관계가 있는 요인은 무엇인가? 예제 10-1-2.sav

3 일반적으로 직업에 대한 전문직 태도와 직무만족도 간에는 상관관계가 있는 것으로 알려져 있다. 그렇다면 초등(공립) 보건교사의 전문직 태도와 직무만족도 간에도 상관성이 있는가를 검정하기 위하여 417개 학교에 근무하고 있는 보건교사로부터 자료를 수집하였다. 초등 보건교사의 전문직 태도와 직무만족도는 상관관계가 있는가?
예제 10-1-3.sav

2-2 비모수 분석

1) 문제의 정의

혈액투석 환자들의 안정적인 적응을 위하여 서울 시내에 있는 병원의 인공신장실에서 혈액투석을 받고 있는 26명의 환자로부터 우울 및 스트레스에 대한 자료를 수집하였다. 혈액투석 환자의 생활 적응은 우울 및 스트레스와 상관관계가 있다고 할 수 있는가?
제10장 예제2.sav

먼저 본 연구의 가설은 다음과 같이 세울 수 있다.

> **가설 1**
>
> • 귀무가설(H_0): 생활 적응과 우울 간에는 상관관계가 없다.
> $$H_0 : r = 0$$
> • 연구가설(H_1): 생활 적응과 우울 간에는 상관관계가 있다.
> $$H_1 : r \neq 0$$

- 귀무가설(H_0): 생활 적응과 스트레스 간에는 상관관계가 없다.

  $H_0 : r = 0$

- 연구가설(H_1): 생활 적응과 스트레스 간에는 상관관계가 있다.

  $H_1 : r \neq 0$

- 귀무가설(H_0): 스트레스와 우울 간에는 상관관계가 없다.

  $H_0 : r = 0$

- 연구가설(H_1): 스트레스와 우울 간에는 상관관계가 있다.

  $H_1 : r \neq 0$

2) SPSS 분석

① 자료를 입력한 후에 메뉴에서 **분석(A)** → **상관분석(C)** → **이변량 상관(B)**을 선택한다.

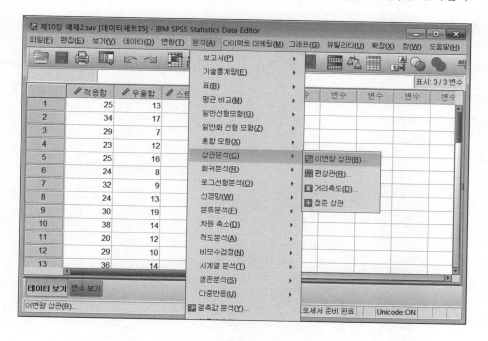

② [적응합], [우울합], [스트레스합] → 변수(V)로 이동한다.

③ 상관계수 → Spearman, 유의성 검정 → 양측, 유의한 상관계수 플래그(F)를 체크한다.

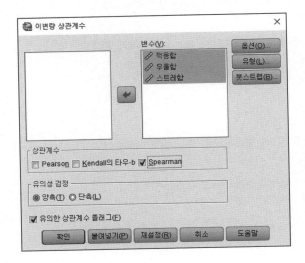

④ 확인을 클릭하면 결과가 출력된다.

3) 출력결과 해석

다음은 SPSS View에 구해진 분석 결과의 화면이다. **비모수 상관계수**(nonparametric correlations) 표가 나타난다. 분석 결과에 의하면 우울합과 스트레스합만 상관계수=-.413, 유의확률(Sig.)=.036으로 나타나 상관관계가 있는 것으로 나타났다.

상관관계

			적응합	우울합	스트레합
Spearman의 rho	적응합	상관계수	1.000	-.196	.171
		유의확률 (양측)	.	.338	.405
		N	26	26	26
	우울합	상관계수	-.196	1.000	-.413[*]
		유의확률 (양측)	.338	.	.036
		N	26	26	26
	스트레합	상관계수	.171	-.413[*]	1.000
		유의확률 (양측)	.405	.036	.
		N	26	26	26

*. 상관관계가 0.05 수준에서 유의합니다(양측).

4) 연구 보고서

인공신장실에서 혈액투석을 받고 있는 환자들의 생활 적응과 우울, 스트레스 간의 관계를 비모수로 검정한 결과 우울과 스트레스가 부정적인 상관관계가 있는 것으로 나타났다(r=-.413, *p*=.036). 그러나 생활 적응과 우울(r=-.196, *p*=.338), 스트레스(r=.171, *p*=.405) 간에는 상관관계가 없는 것으로 나타났다[표 10-2].

[표 10-2] 생활 적응, 우울, 스트레스 간 상관관계(N=26)

	생활 적응	우울	스트레스
생활 적응	1		
우울	-.196 (.338)	1	
스트레스	.171 (.405)	-.413[*] (.036)	1

5) 연습 문제

1 한 기업체에서 근무하고 있는 직원(20명)들의 정규적인 건강검진 결과의 일부 자료이다. 중성지방과 콜레스테롤은 상관관계가 있다고 할 수 있는가? 예제 10-2-1.sav

2 청소년의 보건교육을 위한 자료를 제공하기 위하여 자기효능감, 내적 건강통제위, 가족 지지 간의 관계를 확인하기 위하여 서울특별시에 소재하는 고등학교에 재학 중인 학생(15명)을 임의로 선정하여서 표본을 추출하였다. 자기효능감, 내적 건강, 가족 지지 간에 상관성이 있는가? 예제 10-2-2.sav

3 편상관분석(partial correlations)

1) 문제의 정의

건강진단을 통하여 얻은 자료를 이용하여 연령과 체중의 관련성을 분석하였다. 그런데 신장이 큰 사람일수록 체중이 많이 나가는 경향이 있다. 그렇다면 신장을 통제한 상태에서도 두 변수 간에 상호 관련성이 있는가? 제10장 예제3.sav

먼저 본 연구의 가설은 다음과 같이 세울 수 있다.

가설 1

- 귀무가설(H_0): 두 변수 간의 편상관관계는 없다.
  $$H_0 : r = 0$$
- 연구가설(H_1): 두 변수 간의 편상관관계는 있다.
  $$H_1 : r \neq 0$$

편상관계수는 다음과 같은 공식에 의해서 구해진다.

$$r_{ab.c} = \frac{r_{ab} - r_{ac}r_{bc}}{\sqrt{1 - r_{ac}^2}\sqrt{1 - r_{bc}^2}}$$

2) SPSS 분석

① 자료 입력 후 메뉴에서 **분석(A)** → **상관분석(C)** → **편상관(R)**을 선택한다.

② [연령], [체중] → 변수, 통제하고 싶은
　 변수인 [신장] → 제어변수(C)로 이동
　 한다.

③ 유의성 검정 → 양측, 관측 유의수준
　 표시가 체크되어 있다.

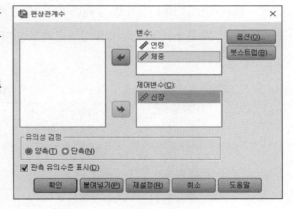

④ 옵션(O) → 통계량 → 평균과 표준편차(M), 0차 상관(Z)을 선택한다.
　 0차 상관이란 통제변수를 비롯한 모든 변수 간의 단순 상관행렬
　 을 표시하는 옵션으로, 단순상관분석과 같다.

⑤ 계속 → 확인을 클릭하면 결과가 출력된다.

3) 출력결과 해석

다음은 SPSS View에 구해진 분석 결과 화면이다. 먼저 제일 앞에는 각 변수의 평균과 표준편차, 표본수 등 표본에 대한 간단한 기술통계가 나와 있다.

기술통계량

	평균	표준편차	N
연령	43.416	11.0553	245
체중	66.911	11.6164	245
신장	167.187	8.8515	245

다음으로 상관 표가 나와 있다. 먼저 지정않음은 0차 상관(단순상관분석)의 결과이다. 이 결과는 신장을 통제하지 않고 모든 변수 간의 단순상관분석을 한 결과이다. 여기서 보듯이 연령과 체중 간에는 상관계수=.055, 유의확률 $r=.389$로 상관관계가 없는 것으로 나타난다. 그러나 신장을 통제한 다음의 결과를 보면 연령과 체중 간에는 상관계수 $r=.194$ 유의확률 $r=.002$로 정의 상관관계가 있다.

상관관계

대조변수			연령	체중	신장
-지정않음-[a]	연령	상관관계	1.000	.055	-.118
		유의확률(양측)	.	.389	.064
		자유도	0	243	243
	체중	상관관계	.055	1.000	.699
		유의확률(양측)	.389	.	.000
		자유도	243	0	243
	신장	상관관계	-.118	.699	1.000
		유의확률(양측)	.064	.000	.
		자유도	243	243	0
신장	연령	상관관계	1.000	.194	
		유의확률(양측)	.	.002	
		자유도	0	242	
	체중	상관관계	.194	1.000	
		유의확률(양측)	.002	.	
		자유도	242	0	

4) 연구 보고서

성인의 신장을 통제한 상태에서 연령과 체중과의 관계를 분석한 결과 체중(M=66.91)과 연령(M=43.42) 간에는 정의 상관관계가 있는 것으로 나타났다(r=.194, p=.002)[표 10-3].

[표 10-3] 성인의 연령과 체중의 관계(N=245)

	연령	체중
연령	1	
체중	.194 (.002)	1

Controlling for 신장

5) 연습 문제

1 공복혈당과 콜레스테롤 수치의 관련성을 알아보고자 한다. 그러나 공복혈당과 콜레스테롤은 연령이 높아질수록 증가하는 경향이 있다고 한다. 그렇다면 연령을 통제한 상태에서도 두 변수 간에 상호 관련성이 있다고 할 수 있는가? 예제 10-3-1.sav

2 제왕절개 분만으로 태어난 신생아의 체중과 재태기간의 관련성을 확인하고자 한다. 그러나 일반적으로 신장이 클수록 체중이 많이 나가는 것으로 알려져 있다. 그렇다면 신장을 통제한 상태에서도 두 변수 간 상호 관련성이 있다고 할 수 있는가?

예제 10-3-2.sav

Chapter 11

회귀분석

SPSS / AMOS
Nursing and Health Statistical Analysis

1 연구 방법의 이해

회귀분석(regression)은 인과관계를 검정하는 분석 방법으로 하나 또는 여러 개의 원인변수(독립변수)가 다른 변수(종속변수)에 영향을 미칠 때 이용되는 분석 방법이다. 10장의 상관분석(correlation test)과는 달리 회귀분석은 변수 사이의 관계가 인과관계일 때 사용된다.

일반적으로 회귀분석을 하는 목적은 크게 2가지로 나눌 수 있다. 하나는 두 변수 사이의 영향 관계를 설명하는 것이고, 또 다른 하나는 회귀식을 통해 예측하는 것이다. 예를 들어, 간호사의 이직의도에 관해서 연구한다고 하자. 이때 간호사의 이직의도와 관계가 있는 요인을 조사해보니 직무만족, 조직몰입, 소진, 스트레스(독립변수) 등이 있음을 알아냈다. 이러한 요인들 중 간호사의 이직의도에 영향을 주는 요인은 무엇인지, 또 가장 큰 영향을 미치는 요인은 무엇인지를 알고자 할 때 회귀분석을 이용할 수 있다. 즉, 표준화된 회귀계수값(β)을 이용해서 상대적인 중요도를 파악할 때 이용한다.

또 다른 하나는 독립변수의 변화에 따라 종속변수의 값이 실제로 어떻게 변할지를 예측하는 것이다. 예를 들어, 콜레스테롤이 높으면 중성지방도 높다고 하자. 이때 콜레스테롤 수치가 1만큼 증가하면 중성지방 수치가 얼마나 증가할지를 예측하고자 할 때 회귀분석을 이용할 수 있다. 이러한 방법은 실제 데이터의 척도값을 이용하기 때문에 비표준화된 회귀계수(b)를 이용한다.

회귀분석의 종류로는 선형회귀분석, 비선형회귀분석, 더미/통제 회귀분석, 위계적 회귀분석, 조절회귀분석, 로지스틱 회귀분석 등이 있으며, 회귀분석의 확장된 형태로 구조방정식모델이 있다. 선형회귀분석은 독립변수와 종속변수의 관계가 선형(직선)일 때 이용되며 이를 식으로 나타내면 $Y=b_0+b_1X_1+b_2X_2$로 나타낼 수 있다. 비선형회귀분석은 독립변수와 종속변수의 관계가 선행이 아닐 때 사용되며 이를 식으로 나타내면 $Y=b_0+b_1X_1+b_2X^2+b_3X^3$로 나타낼 수 있다.

일반적으로 회귀분석에서 사용되는 자료는 모두 연속변수(등간이나 비율척도)를 사용한다. 그러나 때에 따라서는 질적 변수(명목척도)도 사용할 수 있다. 질적 변수를 독립변수로 사용하면 더미/통제 회귀분석이 되며, 종속변수로 사용하면 로지스틱 회귀분석이 된다. 예를 들어 간호사 이직의도에 영향을 미치는 변수에 대상자의 특성인 종교, 직위 등이 중요한 변수일 수 있다. 이러한 요소들이 어떠한 영향을 주는지 비교할 때는 더미변수로 사용하여 분석한다. 반면, 로지스틱 회귀분석은 종속변수의 값이 이분형(명목변수)일 때 사용한다. 예를 들어 간호사들의 이직생각 없음(0), 이직생각 있음(1)으로 나누어서 이직의도에 영향을 미치는 요인이 무엇인지 알고자 할 때 사용할 수 있다.

그 외에 조절회귀분석은 독립변수와 종속변수의 인과관계에서 조절변수가 미치는 영향을 보고자 할 때 사용한다. 조절효과란 독립변수가 종속변수에 미치는 효과를 중간에서 조절하는 것을 의미한다. 예를 들어 조직몰입이 높은 사람은 이직의도가 낮다고 볼 수 있다. 이때 직무만족이 두 변수 간 관계에 긍정적인 영향을 미치는지를 확인하기 위해 이용한다. 즉, 조직몰입이 높으면 이직의도가 낮아지는데, 직무만족이 높으면 이직의도가 더 낮아지는지를 검증할 때 이용할 수 있다. 또한 위계적 회귀분석은 통제회귀분석의 한 형태로, 독립변수만 있는 상태와 독립변수와 통제변수가 같이 있는 상태의 영향력을 비교분석할 때 사용한다.

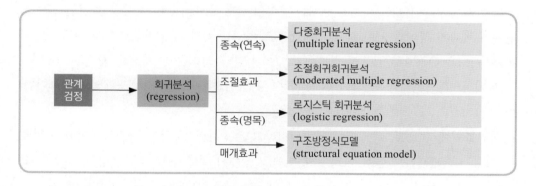

선형회귀분석은 또다시 단순회귀분석과 다중회귀분석으로 나누어진다. 단순회귀분석은 독립변수가 하나인 경우를 말하며, 다중회귀분석은 독립변수가 여러 개인 경우를 나타낸다.

먼저 단순회귀모형을 표현하면 다음과 같다.

$$Y_i = B_0 + B_1 X_i + \epsilon_1$$

여기서, Y_i: i번째 반응치, B_0: 절편, B_1: 기울기

X_i: 독립변수, ϵ_i: 오차

이러한 회귀모형이 의미를 가지기 위해서는 회귀분석에 대한 가정이 충족되어야 한다. 지금까지는 모집단이 정규분포임을 가정하여 모수 분석과 비모수 분석으로 나누어 통계 분석을 실시하였다. 회귀분석에서는 이보다 더욱 엄격한 가정이 필요하다. 회귀모형의 가정은 다음과 같다.

> ① 선형성: 독립변수와 종속변수의 관계는 선형(직선)이다.
> ② 잔차의 독립성: 오차는 서로 독립적이어야 한다.
> ③ 잔차의 정규분포성: 모든 오차는 정규분포를 이루어야 한다.
> ④ 등분산성: 종속변수의 분산은 독립변수의 값에 관계없이 동일해야 한다.
> ⑤ 다중공선성(multicollinearity): 독립변수들 사이에 강한 상관관계가 없어야 한다.

선형회귀분석에서 종속변수와 독립변수의 관계는 선형함수라고 가정한다. 이를 선형성이라고 하는데, 이를 검증하기 위해서는 잔차의 산포도를 이용할 수 있다. 잔차란 실제 관찰치와 예측치 사이의 차이 값을 의미한다. 만약 선형성의 가정이 충족이 된다면 잔차의 분포는 [0]을 중심으로 균등하게 흩어져 있어야 한다. 그러나 이 가정을 충족하지 못하게 되면 비선형회귀분석을 이용하거나 log함수 등을 이용하여 자료를 변형해서 사용해야 한다.

회귀분석에서 오차 ϵ_i는 서로 독립적이라고 가정한다. 오차의 자기상관이란 오차들이 서로 상관관계가 있음을 나타내며, 이는 가정에서 위배된다. 이를 검정하기 위해서는 Durbin-Watson의 통계량을 이용한다. 오차 ϵ_i는 모든 i에 대하여 평균이 [0]이며 분산 σ^2이 일정한 정규분포를 따른다. 이를 등분산성 및 정규분포성이라고 한다.

다중공선성(multicollinearity)이란 독립변수들 간에 강한 상관관계가 존재하는 것을 의미한다. 다중회귀분석에서 독립변수가 많이 투입되면 결정계수(회귀식의 설명력)는 높아지지만 회귀계수는 신뢰하지 못하게 된다. 따라서 다중공선성이 높은 독립변수가 있다면 그 변수는 삭제되어야 한다. 이를 검증하기 위해 공차한계(tolerance)와 VIF(Variance Inflation Factor)값을 이용할 수 있다.

이번 장에서 사용하게 될 연구모형과 회귀분석을 이용하기 위한 SPSS 메뉴 이용 방법은 다음과 같다.

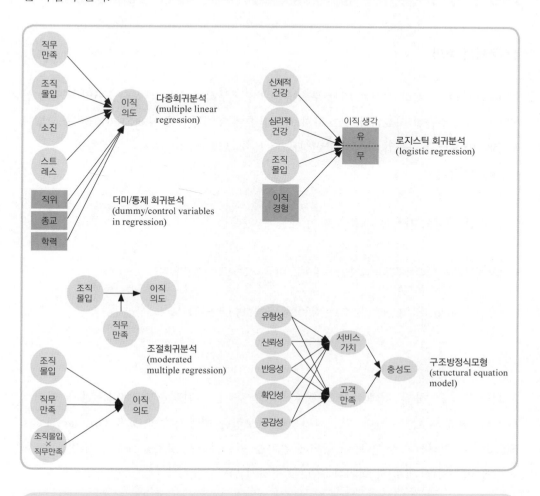

- 단순회귀분석: 간호사의 조직몰입이 직무만족에 긍정적인 영향을 준다.
  분석(A) → 회기분석(R) → 선형(L)

- 다중회귀분석: 간호사의 직무만족, 조직몰입, 소진, 스트레스는 이직의도에 영향을 준다.
  분석(A) → 회기분석(R) → 선형(L)

- 조절회귀분석: 직무만족은 조직몰입과 이직의도에 조절효과를 미친다.
  분석(A) → 회기분석(R) → 선형(L)

- 로지스틱 회귀분석: 간호사의 신체적 건강, 심리적 건강, 조직몰입, 이직경험은 이직생각에 영향을 준다.
  분석(A) → 회기분석(R) → 이분형 로지스틱(G)

2 단순회귀분석

1) 문제의 정의

서울특별시에 소재하고 있는 대학 부속병원에서 근무하고 있는 간호사 533명을 임의 선정하여 표본추출한 자료이다. 간호사의 직무만족에 조직몰입이 영향을 미치는가? 그렇다면 직무만족과 조직몰입 사이의 관련성을 $Y=b_0+b_1X$라는 회귀식으로 추정하라.

제11장 예제1.sav

먼저 본 연구의 가설은 다음과 같이 세울 수 있다.

- 귀무가설(H_0): 조직몰입(독립변수)은 직무만족(종속변수)과 관계가 없다.
  $$H_0 : \beta = 0$$
- 연구가설(H_1): 조직몰입(독립변수)은 직무만족(종속변수)과 관계가 있다.
  $$H_1 : \beta \neq 0$$

회귀분석을 하기 위해서는 다음과 같은 순서로 진행하면 된다. 먼저 회귀식 ($Y_i=B_0+B_1X_i+\epsilon_i$)을 구한다. 단순회귀분석의 모형은 최소자승법(OLS, Ordinary Least Squares)에 의해서 구해진다. 이 방법은 잔차를 최소화하는 모형을 구하는 방법으로, 이 방법을 이용해 절편(B_0)과 회귀계수(β_1)를 구하게 된다.

다음으로 이렇게 얻어진 회귀모형이 종속변수를 얼마나 잘 설명하고 있는지 알아보아야 한다. 즉, 회귀모형이 얼마나 의미가 있는지, 얼마나 선형(직선)에 가까운지를 살펴보아야 한다. 이는 결정계수(R^2)를 통해 알 수 있다. 결정계수란 총변동 중에서 회귀모형에 의해 설명되는 비율을 나타내며 $0 \leq R^2 \leq 1$의 값을 갖는다. 그러나 결정계수는 독립변수가 많아질수록 증가하기 때문에 이를 수정하기 위해서 수정된 결정계수(adjusted R^2)가 이용된다.

$$R^2 = \frac{\text{회귀선에 의해 설명되는 변동}}{\text{전체변동}} = \frac{\sum(\hat{Y} - \overline{Y})^2}{\sum(Y_i - \overline{Y})^2}$$

$$AdjR^2 = 1 - \frac{n-1}{n-k-1}(1-R^2)$$

k: 독립변수 수

다음으로는 우리가 구한 회귀모형의 결정계수(R^2)가 통계적으로 유의한지를 살펴보아야 한다. 이는 다음과 같은 분산분석표를 이용해서 알 수 있다.

요인	제곱합(SS)	자유도(df)	평균제곱(MS)	F
회귀모형	$SSR = \sum(\hat{Y}_i - \overline{Y})^2$	k	$MSR = \dfrac{SSR}{k}$	$\dfrac{MSR}{MSE}$
잔차	$SSE = \sum(Y_i - \hat{Y})^2$	$n-k-1$	$MSE = \dfrac{SSE}{n-k-1}$	
총계	$SST = \sum(Y_i - \overline{Y})^2$	$n-1$		

주어진 가설을 검정하기 위해서는 앞 장의 분산분석과 마찬가지로 F검정을 이용한다.

$$F = \frac{MSR}{MSE} \sim F(k, n-k-1)$$

다음으로는 우리가 구한 회귀모형의 회귀계수(β_1)가 통계적으로 유의한지를 살펴보아야 한다. 이를 위해 t분포를 이용하는데, 유의수준이 $p < .05$가 되어야 회귀모형이 유의한 것이 다. 이때야 비로소 $Y_i = B_0 + B_1 X_i$라는 회귀식이 의미 있게 된다.

- 귀무가설(H_0): $H_0 : \beta = 0$
- 연구가설(H_1): $H_1 : \beta \neq 0$

2) SPSS 분석

① 먼저 자료를 입력한 후 메뉴에서 **분석(A)** → **회귀분석(R)** → **선형(L)**을 선택한다.

② 종속변수인 [직무합] → 종속변수(D)로, 독립변수인 [조직몰입합] → 독립변수(I)로 이동한다.

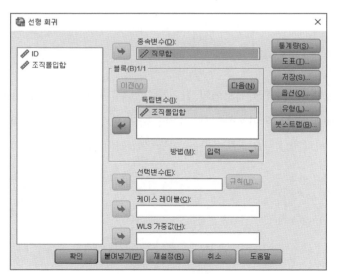

③ **통계량(S)**을 선택한다.

④ **회귀계수**(regression coefficients) → **추정값(E)**, 나머지 **모형 적합(M)**, **기술통계(D)**, **부분상관 및 편상관계수(P)**를, 마지막으로 **잔차**(residuals) → **Durbin-Watson(U)**, **케이스별 진단(C)**을 체크한다.

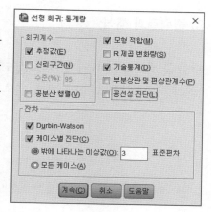

오차의 자기상관을 검정하기 위하여 Durbin-Watson(U)의 통계량을 이용한다. 또한 단순선형회귀분석이므로 독립변수가 1개이다. 따라서 **공선성 진단**(collinearity diagnostics)을 선택하지 않아도 된다.

⑤ **계속** → **도표(T)**를 클릭한다.

⑥ 도표에서 [ZRESID] → Y로, [ZPRED] → X로 이동한다.

⑦ **표준화 잔차도표**(standardized residual plots) → **히스토그램(H)**, **정규확률도표(R)**를, 나머지 **편회귀잔차도표 모두 출력(P)**을 체크한다.

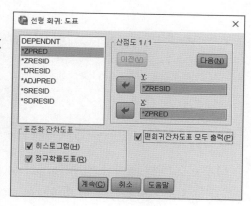

회귀모형의 가정 중에서 잔차의 산포도를 이용하여 선형성을 검증하는데, 이때 **산점도**(scatterplot)가 이용되며, 표준화된 **예측값(ZPRED)**을 X축에, 회귀표준화 **잔차(ZRESID)**를 Y축에 놓고 산포도를 그린다. 오차의 정규분포 및 등분산성을 검정하기 위해 **히스토그램(H)**, **정규확률도표(R)** 및 **편회귀잔차도표 모두 출력(P)**이 이용된다.

⑧ **계속** → **확인**을 클릭하면 결과가 출력된다.

3) 출력결과 해석

다음은 SPSS View에 구해진 분석 결과 화면이다. 먼저 기술통계(descriptive statistics)에는 각 변수의 평균과 표준편차, 표본수 등 표본에 대한 간단한 기술통계가 나와 있다.

기술통계량

	평균	표준편차	N
직무합	26.15	4.237	533
조직몰입합	18.94	4.831	533

다음으로 상관계수(correlations) 표가 나타난다. 표에는 상관계수(pearson correlation), 유의확률(Sig.), 표본수가 나타난다. 두 변수 간의 상관관계를 보면 .618로 나타났다. 유의 수준이 .00으로 나타나 상관계수값은 의미가 있게 나타났다.

상관계수

		직무합	조직몰입합
Pearson 상관	직무합	1.000	.618
	조직몰입합	.618	1.000
유의확률 (단측)	직무합	.	.000
	조직몰입합	.000	.
N	직무합	533	533
	조직몰입합	533	533

다음으로 입력/제거된 변수(variables entered/removed)가 나타난다. 여기서는 입력 (enter) 방식이 사용되었다. 입력 방식은 모든 변수를 한번에 투입하여 검정하는 방법이다.

입력/제거된 변수ᵃ

모형	입력된 변수	제거된 변수	방법
1	조직몰입합ᵇ	.	입력

다음으로 모형 요약(model summary)이 나타난다. 여기에는 결정계수(R^2) 및 Durbin Watson값이 나타난다. 결정계수란 총변동 중에서 회귀모형에 의해 설명되는 비율을 나타내며, $0 \leq R^2 \leq 1$의 값을 갖는다. 분석 결과 결정계수(R^2)=.382, 수정된 결정계수 (adjR^2)=.381로 나타났다.

또한 오차의 자기상관(잔차의 독립성)을 검정하는 Durbin-Watson의 통계량을 보면 1.932로 나타났다. Durbin-Watson값의 범위는 $0 \leq d \leq 4$를 가지며, 독립변수의 수(k)와 표본수(n)에 따라 결정된다. 이 분포도 다른 분포와 마찬가지로 통계학자들에 의해서 구해져 있다. 이 분포는 〈부록〉을 참조하기 바란다. 본 연구의 결과를 분석해보면 독립변수가 1개이며, 표본수는 533개이므로 임계치 $\alpha = .05$에서 $1.65 \leq d \leq 1.69$의 값을 가진다. 여기서 검정통계량이 1.65보다 작으면 자기상관이 있다고 보고, 1.69보다 크면 자기상관이 없다고 할 수 있다. 만약 중간의 값을 가진다면 불확정이다. 본 연구의 결과에서는 1.932이므로 자기상관이 없다고 할 수 있다.

모형 요약[b]

모형	R	R 제곱	수정된 R 제곱	추정값의 표준 오차	Durbin-Watson
1	.618[a]	.382	.381	3.333	1.932

a. 예측자: (상수), 조직몰입합
b. 종속변수: 직무합

다음으로는 분산분석(ANOVA)표가 나온다. 이 표를 이용해서 우리가 구한 회귀모형의 결정계수(R^2)가 통계적으로 유의한지를 살펴보아야 한다. 여기서 보듯이 F값은 328.487, 유의확률(Sig.)은 .000으로 본 회귀모형은 유의한 것으로 나타났다.

ANOVA[a]

모형		제곱합	자유도	평균제곱	F	유의확률
1	회귀	3650.138	1	3650.138	328.487	.000[b]
	잔차	5900.447	531	11.112		
	전체	9550.585	532			

다음으로는 계수(cofficients) 표가 나온다. 여기서는 우리가 구한 회귀모형의 회귀계수(β_1)가 통계적으로 유의한지를 살펴보아야 한다. 분석 결과 조직몰입합의 t값은 18.124, 유의확률은 .000으로 $\beta_1 = 0$이라는 귀무가설이 기각된다. 따라서 회귀계수값을 사용할 수 있다. 이때 아래 표와 같이 회귀계수에는 비표준화 계수(unstandardized coef-ficients: B)와 표준화 계수(standardized coefficients: β)가 존재한다는 점을 고려해야 한다.

계수[a]

모형		비표준화 계수 B	비표준화 계수 표준오차	표준화 계수 베타	t	유의확률	공선성 통계량 공차	공선성 통계량 VIF
1	(상수)	15.879	.585		27.162	.000		
	조직몰입합	.542	.030	.618	18.124	.000	1.000	1.000

a. 종속변수: 직무합

비표준화 계수는 일반적으로 예측모형을 만드는 데 사용하며, 다음과 같이 회귀모형식으로 표현한다.

직무만족 = 15.879 + .542 * 조직몰입

여기서 b=.542이란 조직몰입이 1만큼 증가하면 직무만족도 .542만큼 증가하게 된다는 것을 의미한다. 따라서 이 식을 이용해 조직몰입에 대한 직무만족을 예측할 수 있다. 예를 들어, 조직몰입의 합이 20점이라면 직무만족 수치는 15.879+.542*20=26.719라고 예측할 수 있다. 그러나 한 가지 주의해야 될 점이 있다. 모형을 구하기 위해 사용된 데이터의 범위(검정된 독립변수의 범위)는 7~33 사이(1~5)의 값이다. 따라서 이 모델은 이 값에서만 유의하다. 즉, 조직몰입의 값을 문항 평점값인 3.9점을 대입할 때는 모형을 가지고 예측할 수 없다는 의미이다.

다음으로 표준화 계수란 회귀계수의 값을 상관계수처럼 $-1 \leq \beta \leq +1$ 사이의 값으로 표준화시킨 값이다. 따라서 다중회귀분석처럼 독립변수의 수가 여러 개 있을 때 모든 독립변수의 회귀계수를 표준화시켜서 변수들 간의 영향력을 비교 설명할 때 이용된다. 여기서 조직몰입의 값은 .618로 직무만족에 .618만큼 영향을 준다는 것을 의미한다.

다음으로 케이스별 진단(casewise diagnostics) 표가 나온다. 여기서는 입력된 533개의 독립변수들 중에서 이상치가 있는지를 알려준다. 일반적으로 표준화 잔차의 절대값이 3 이상이면 이상치라고 볼 수 있다. 일반적으로 이상치는 제거하고 분석한다. 여기서 이상치로 판명된 ID 142, 323을 제거하고 분석한다면 다음 분석 결과와 다른 값이 나올 것이다. 그러나 여기서는 제거하지 않고 분석하였다.

케이스별 진단[a]

케이스 번호	표준화 잔차	직무합	예측값	잔차
142	-3.054	16	26.18	-10.181
323	-3.079	17	27.27	-10.265

다음으로 잔차 통계량(residuals statistics) 표가 나온다. 여기서는 조직몰입의 예측 자료 값을 기준으로 한 잔차의 통계량이다.

잔차 통계량[a]

	최소값	최대값	평균	표준편차	N
예측값	19.67	33.77	26.15	2.619	533
잔차	-10.265	8.903	.000	3.330	533
표준화 예측값	-2.471	2.911	.000	1.000	533
표준화 잔차	-3.079	2.671	.000	.999	533

다음으로는 히스토그램(histogram)과 회귀 표준화 잔차의 정규 P–P 도표(normal P–P plot of regression standardized residual)가 나타난다. 히스토그램을 이용하여 오차의 정규 분포성 및 등분산성을 검정할 수 있다. 하지만 히스토그램만으로는 판단이 어렵기 때문에 회귀 표준화 잔차의 정규 P–P 도표를 같이 이용한다. 잔차가 45도 직선에 근접해야 정규분포를 따른다고 말할 수 있다. 아래 도표를 보면 오차의 정규분포를 검정한 결과 오차는 정규분포를 따른다고 할 수 있다.

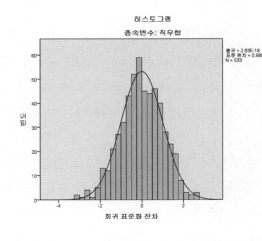

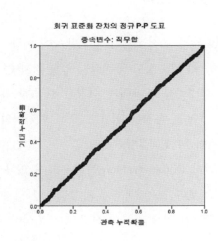

다음으로는 산점도가 나온다. 이 도표는 회귀모형의 가정 중에서 선형성 및 등분산성을 검증할 때 이용되는데, 표준화된 예측값(ZPRED)을 X축에, 회귀표준화 잔차(ZRESID)를 Y축에 놓고 산포도를 그린다. 이때 잔차의 분포가 특정 분포를 띠지 않고 0을 중심으로 고르게 퍼져 있어야 한다. 추가로 케이스별 진단에서 파악된 잔차 이상치인 142, 323번이 -3보다 아래에 표시되어 있다.

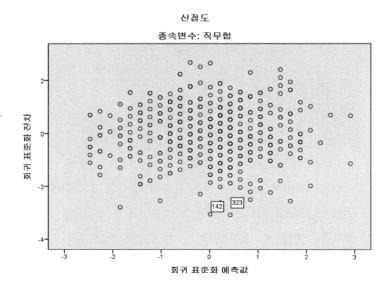

4) 연구 보고서

간호사의 조직몰입이 직무만족에 어떤 영향을 주는지를 검증한 결과 조직몰입이 직무만족에 .618 정도 긍정적인 영향을 주는 것으로 나타났다(F=328.49, p<.001). 또한 모형의 설명력을 나타내는 수정된 결정계수(adjR^2)는 .381로 나타났다. 최종적으로 회귀분석의 가정을 검정한 결과도 모두 회귀식의 가정을 충족하는 것으로 나타났다(직무만족= 15.88+.54*조직몰입).

먼저, Durbin-Watson을 이용하여 오차의 자기상관을 검정한 결과 1.93으로 검정통계량 (1.69)보다 크기 때문에 자기상관이 없다고 할 수 있다. 다음으로 선형성 및 등분산성을 검정하기 위해 잔차의 산포도를 분석한 결과 잔차의 분포는 [0]을 중심으로 균등하게 흩어져 있으므로 회귀식이 선형이며 등분산성을 이루고 있다는 가정을 충족하였다. 마지막으로 회귀 표준화 잔차의 정규 P-P 도표를 이용해 오차의 정규분포를 검정한 결과 잔차가 45도 직선에 근접함으로 오차는 정규분포를 따른다고 말할 수 있다. 따라서 본 연구에 서 구한 회귀모형은 회귀식의 가정을 모두 충족하는 것으로 나타났다[표 11-1].

[표 11-1] 직무만족에 조직몰입이 미치는 영향(N=533)

독립변수	B	S.E.	β	t	adjR^2	F
상수	15.88	.59		27.16		
조직몰입	.54	.03	.62	18.12*	.381	328.48*
Durbin–Watson=1.93(1.65 ≤ d ≤ 1.69), *p < .05						

　　보고서 작성 시 지면이 허락한다면 앞의 도표들까지 보고서에 포함하고, 그렇지 않다 면 표만 포함하여 작성한다.

5) 연습 문제

1 한 기업체에서 근무하고 있는 직원(100명)들의 정규 건강검진 결과 중 일부 자료이다. 콜레스테롤이 높으면 중성지방도 높다고 말할 수 있는가? 그렇다면 콜레스테롤과 중 성지방 사이의 관련성을 나타내는 회귀식으로 추정하라. 예제 11-1-1.sav

2 서울특별시에 소재하는 고등학교 5개 학교 2학년에 재학 중인 학생 110명을 임의 선 정하여서 표본추출한 자료이다. 청소년의 건강증진 행위에 자기효능감이 영향을 미치 는가를 회귀식으로 추정하라. 예제 11-1-2.sav

3 3개 대학부속병원에 근무하고 있는 간호사 568명에 대한 자료이다. 간호사의 직무만 족으로 간호전문직관을 예측할 수 있는 회귀식을 제시하라. 예제 11-1-3 .sav

3 다중회귀분석

앞에서는 회귀식을 이용해서 예측하는 방법을 설명하였다. 이번에는 변수들 간의 인과관계를 살펴보고자 한다. 독립변수가 여러 개 있을 경우에는 다중회귀분석을 이용해야 하는데, 분석 방법은 단순회귀분석과 같다. 먼저 회귀식을 구한다. 단, 회귀식은 $Y=B_0+B_1X_1+B_2X_2\cdots\epsilon\cdots$으로 나타난다. 다음으로 결정계수($R^2$)와 분산분석을 통해서 회귀모델의 적합도를 검정한다. 그리고 우리가 구한 회귀모형의 회귀계수들(B_1, $B_2\cdots\cdots$)이 통계적으로 유의한지를 살펴보아야 한다.

1) 문제의 정의

간호사의 이직의도에 영향을 미치는 요인을 분석하기 위하여 이직의도, 직무만족, 조직몰입, 소진, 스트레스에 대한 설문지를 이용하여 자료를 수집하였다. 간호사의 이직의도에 유의하게 영향을 미치는 변수는 무엇인가? `제11장 예제2.sav`

이 가설을 검정하기 위해 사용될 변수는 다음과 같다.

변수	정의	척도
이직의도	• 현재의 직장을 떠나려는 의도로, 5문항(문항 평점 1~5점)으로 점수가 높을수록 이직의도 정도가 높음을 의미	비율(점수)
직무만족	• 행정, 전문성, 대인관계, 보수의 4개 영역에서 9문항(문항 평점 1~5점)으로, 점수가 높을수록 직무만족의 정도가 높음을 의미	비율(점수)
조직몰입	• 한 조직에 계속 남아 있으려는 성향으로, 9문항(문항 평점 1~5점)으로 점수가 높을수록 조직몰입의 정도가 높음을 의미	비율(점수)
소진	• 스트레스를 더 이상 감당하지 못할 때 나타나는 반응으로, 20문항(문항 평점 1~5점)으로 점수가 높을수록 소진 정도가 높음을 의미	비율(점수)
스트레스	• 환경적 요인에 의해 나타나는 조직 구성원들의 육체적, 심리적, 생리적 이탈로, 14문항(문항 평점 1~5점)으로 점수가 높을수록 스트레스가 높음을 의미	비율(점수)

2) SPSS 분석

① 먼저 자료를 입력한 후에 메뉴에서 **분석(A)** → **회귀분석(R)** → **선형(L)**을 선택한다.

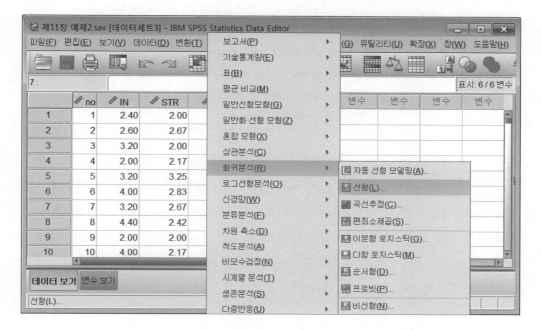

② 독립변수인 [직무만족], [조직몰입], [소진], [스트레스] → **독립변수(I)**로, 종속변수인 [이직의도] → **종속변수(D)**로 이동한다.

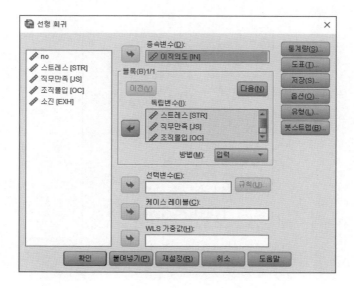

방법(method)에는 회귀모형을 설정하는 방식이 나와 있다. **입력**(enter), **단계선택**(stepwise), **제거**(remove), **후진**(backward), **전진**(forward) 방식이 있다.

종류	설명
입력	• 가장 기본적인 방법으로 분석하고자 하는 모든 독립변수를 한꺼번에 투입하여 분석
단계선택	• 유의도가 가장 낮은 변수부터 하나씩 입력하면서 모델을 분석
제거	• 모델이 구축된 상태에서 지정된 변수를 제거하면서 모델을 분석
후진	• 모든 변수를 분석에 포함시킨 후에 제거 기준에 따라 변수를 하나씩 제거
전진	• 투입 기준에 따라 변수를 하나씩 입력

이 중 일반적으로 **입력** 방식을 많이 이용한다. 사회현상의 인과관계를 연구할 때는 과거에 연구되었던 이론적 배경 및 연구자의 의도가 더 중요한 경우가 있다. **단계선택**을 이용할 경우 미리 유의수준을 정하기 때문에 의미 있는 변수가 탈락될 수도 있다. 따라서 회귀분석의 경우에는 **입력** 방식을 이용하여 연구자가 보고자 하는 모든 변수들의 관계를 분석한 후 적절히 해석하는 것이 필요하다.

③ **통계량**(S)을 선택한다.
④ **회귀계수 → 추정값**(E)을, 나머지 **모형 적합**(M), **기술통계**(D), **부분상관 및 편상관계수**(P), **공선성 진단**(L)을, 마지막으로 **잔차 → Durbin-Watson**(U), **케이스별 진단**(C)을 체크한 후 **계속**을 클릭한다.

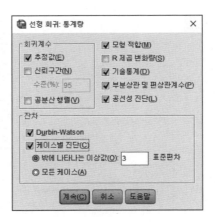

오차의 자기상관을 검정하기 위하여 Durbin-Watson의 통계량을 이용한다. 또한 다중회귀분석이므로 독립변수가 여러 개 이용된다. 그렇기 때문에 독립변수 간 다중상관을 검증하기 위해 **공선성 진단(L)**을 체크한다.

⑤ **도표(T)** → **[ZRESID]** → Y:로, **[ZPRED]** → X:로 이동한다.

⑥ **표준화 잔차도표** → **히스토그램(H), 정규확률도표(R)**를, 나머지 **편회귀잔차도표 모두 출력(P)**을 선택한 후 계속을 클릭한다.

⑦ 다음으로 **저장(S)** → **거리(D)** → **Cook의 거리(K)**를 체크한다. Cook의 거리(K)는 영향력 분석을 위해 사용된다.

⑧ **계속 → 확인**을 클릭하면 결과가 출력된다.

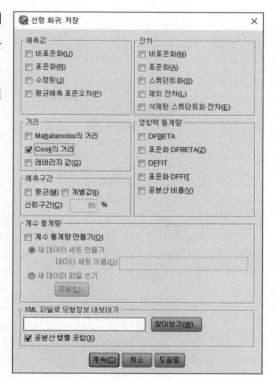

3) 출력결과 해석

다음은 SPSS View에 구해진 분석 결과의 화면이다. 먼저 기술통계에는 각 변수의 평균과 표준편차, 표본수 등 표본에 대한 간단한 기술통계가 나와 있다.

기술통계량

	평균	표준편차	N
이직의도	2.8618	.81901	408
스트레스	2.5482	.46111	408
직무만족	3.0321	.50179	408
조직몰입	3.0607	.62799	408
소진	2.7304	.63639	408

다음으로 상관계수 표가 나타난다. 표에는 상관계수값, 유의확률(Sig.), 표본수가 나타난다. 이직의도의 독립변수인 스트레스, 직무만족, 조직몰입, 소진과의 상관계수값이 −.328~.556으로 나타났다. 유의확률(단측)이 모두 .000으로 나타나 상관계수값은 의미가 있다고 할 수 있다. 상관계수가 .80 또는 .90 이상일 때는 다중공선성이 있으므로 제거하고 분석하여야 하나 모든 변수들의 상관관계가 0.8 미만으로 나타났다.

상관계수

		이직의도	스트레스	직무만족	조직몰입	소진
Pearson 상관	이직의도	1.000	.439	-.467	-.590	.495
	스트레스	.439	1.000	-.385	-.328	.413
	직무만족	-.467	-.385	1.000	.556	-.339
	조직몰입	-.590	-.328	.556	1.000	-.421
	소진	.495	.413	-.339	-.421	1.000
유의확률 (단측)	이직의도	.	.000	.000	.000	.000
	스트레스	.000	.	.000	.000	.000
	직무만족	.000	.000	.	.000	.000
	조직몰입	.000	.000	.000	.	.000
	소진	.000	.000	.000	.000	.
N	이직의도	408	408	408	408	408
	스트레스	408	408	408	408	408
	직무만족	408	408	408	408	408
	조직몰입	408	408	408	408	408
	소진	408	408	408	408	408

다음으로 입력/제거된 변수가 나타난다. 여기서는 입력 방식이 사용되었다. 입력 방식

은 모든 변수를 한번에 투입하여 검정하는 방법이다.

입력/제거된 변수ᵈ

모형	입력된 변수	제거된 변수	방법
1	소진, 직무만족, 스트레스, 조직몰입ᵇ	.	입력

다음으로 모형 요약이 나타난다. 여기에는 결정계수(R^2) 및 Durbin-Watson값이 나타난다. 먼저 결정계수(R^2)=.464, 수정된 결정계수(adjR^2)=.458로 나타났다. 즉 4개의 변수가 이직의도를 45.8% 정도 설명하는 것으로 나타났다.

또한 오차의 자기상관(잔차의 독립성)을 검정하는 Durbin-Watson의 통계량을 보면 1.912로 나타났다. 본 연구의 결과를 분석해보면 독립변수가 4개이며, 표본수는 408개이므로 임계치 α=.05에서 $1.61 \leq d \leq 1.74$의 값을 가진다. 본 연구의 결과에서는 1.912이므로 자기상관이 없다고 할 수 있다.

모형 요약ᵇ

모형	R	R 제곱	수정된 R 제곱	추정값의 표준 오차	Durbin-Watson
1	.681ᵃ	.464	.458	.60281	1.912

다음으로는 분산분석(ANOVA) 표가 나온다. 이 표를 이용해서 우리가 구한 회귀모형의 결정계수(R^2)가 통계적으로 유의한지를 살펴보아야 한다. 여기서 보듯이 F값은 87.075, 유의확률은 .000으로 본 회귀모형은 유의한 것으로 나타났다.

ANOVAᵃ

모형		제곱합	자유도	평균제곱	F	유의확률
1	회귀	126.564	4	31.641	87.075	.000ᵇ
	잔차	146.440	403	.363		
	전체	273.004	407			

다음으로는 계수 표가 나온다. 여기서는 우리가 구한 회귀모형의 회귀계수(β_i)가 통계적으로 유의한지를 살펴볼 수 있으며, 공선성 통계량(collinearity statistics)을 이용해 다중공선성도 검정할 수 있다.

분석 결과 스트레스, 직무만족, 조직몰입, 소진은 유의확률이 <.05으로 나타나 $\beta_i=0$ 이라는 귀무가설이 기각된다. 따라서 회귀계수는 유의하다고 할 수 있다. 독립변수가 종속변수에 미치는 영향력을 설명할 때는 비표준화계수(B)를 사용하고, 영향력의 크기(순위)를 설명할 때는 표준화계수(β_i)를 사용한다. 본 연구에서는 독립변수와 종속변수 간의 영향 관계를 설명하는 것이 목적이므로 표준화 계수를 사용하고자 한다. 조직몰입($\beta = -.373$)이 이직의도에 가장 영향력이 높은 것으로 나타났으며, 다음은 소진($\beta = .225$)이었다. 스트레스($B =.318$)와 소진($B = .290$)이 높을수록 이직의도를 증가시키고, 직무만족($B = -.188$)과 조직몰입($B = -.486$)은 높을수록 이직의도를 감소시키는 것으로 나타났다.

다중공선성을 검정하기 위해서는 공차한계와 VIF값을 검정한다. 공차한계는 $1-R^2$으로 구할 수 있으며 값은 0~1 사이의 값을 갖는다. 이때 공차한계값이 0.1 이하이면 다중공선성이 있다고 할 수 있다. 또한 VIF값은 공차한계값과는 반대로 $(1-R^2)^{-1}$로 측정되며, VIF값이 10 이상이면 다중공선성이 있다고 할 수 있다. 본 연구의 결과 1.360~1.592로 모든 독립변수의 다중공선성은 없는 것으로 나타났다.

계수[a]

모형		비표준화 계수 B	표준오차	표준화 계수 베타	t	유의확률	공선성 통계량 공차	VIF
1	(상수)	3.315	.362		9.158	.000		
	스트레스	.318	.074	.179	4.277	.000	.759	1.318
	직무만족	-.188	.074	-.115	-2.53	.012	.643	1.556
	조직몰입	-.486	.060	-.373	-8.09	.000	.628	1.592
	소진	.290	.055	.225	5.294	.000	.735	1.360

다음으로는 공선성 진단 표가 나온다. 여기서는 고유값(eigenvalue), 상태지수(condition index), 분산비율(variance proportions) 등을 통해 다중공선성을 자세히 진단할 수 있다. 하지만 초보자들은 앞의 공차한계와 VIF값만 가지고서 판단해도 된다.

공선성 진단[a]

모형	차원	고유값	상태지수	분산비율 (상수)	스트레스	직무만족	조직몰입	소진
1	1	4.872	1.000	.00	.00	.00	.00	.00
	2	.085	7.578	.00	.04	.03	.09	.17
	3	.024	14.382	.00	.59	.04	.00	.58
	4	.014	18.442	.01	.00	.55	.83	.11
	5	.005	30.348	.99	.37	.37	.07	.14

다음으로는 케이스별 진단 표가 나온다. 여기서는 입력된 300개의 개체들 중에서 어떤 케이스가 이상치를 가지고 있는지를 알려준다. 일반적으로 표준화 잔차의 절대값이 3 이상이면 이상치라고 볼 수 있다. 여기서는 238번이 이상치로 나타났으나 이해를 돕기 위하여 제거하지 않고 분석한 결과이다.

케이스별 진단[a]

케이스 번호	표준화 잔차	이직의도	예측값	잔차
238	-3.008	1.40	3.2135	-1.81354

이상치를 제거해주는 방법으로 Cook's D 통계량을 이용한 영향력 분석(influence analysis)을 할 수 있다. 이 값은 데이터 보기에 저장되므로, 데이터 보기에서 확인한다. 본 예제의 경우 Cook's D 통계량을 분석한 결과 408개 중에서 1.0인 개체는 없었다.

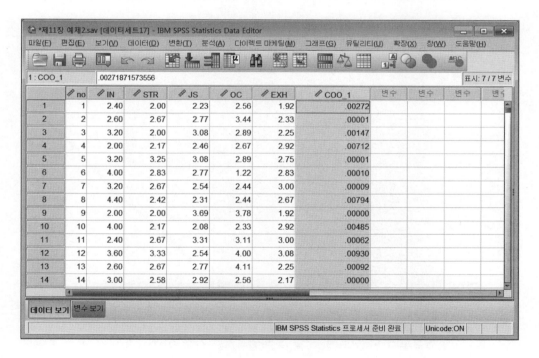

다음으로는 잔차 통계량 표가 나온다. 여기서는 이직의도의 예측 자료값을 기준으로 한 잔차의 통계량이 나와 있다.

잔차 통계량[a]

	최소값	최대값	평균	표준편차	N
예측값	1.0934	4.4117	2.8618	.55764	408
표준화 예측값	-3.171	2.780	.000	1.000	408
예측값의 표준오차	.033	.152	.064	.019	408
수정된 예측값	1.0966	4.4167	2.8612	.55742	408
잔차	-1.81354	1.54298	.00000	.59984	408
표준화 잔차	-3.008	2.560	.000	.995	408
스튜던트화 잔차	-3.045	2.609	.000	1.002	408
삭제된 잔차	-1.85730	1.61213	.00058	.60814	408
삭제된 스튜던트화 잔차	-3.076	2.628	.000	1.005	408
Mahal. 거리	.214	24.712	3.990	3.232	408
Cook의 거리	.000	.069	.003	.006	408
중심화된 레버리지 값	.001	.061	.010	.008	408

다음으로는 히스토그램과 회귀 표준화 잔차의 정규 P-P 도표가 나타난다. 도표에서 보듯이 오차의 정규분포를 검정한 결과, 오차는 정규분포를 따른다고 말할 수 있다

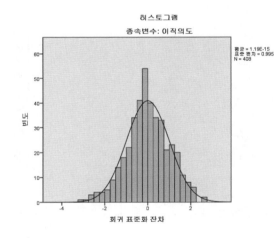

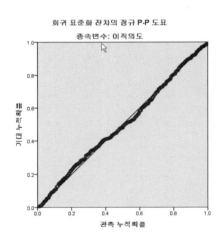

다음으로는 산점도가 나온다. 이 도표는 회귀모형의 가정 중에서 선형성 및 등분산성을 검증할 때 이용하는데, 표준화된 예측값(ZPRED)을 X축에 회귀표준화 잔차(ZRESID)를 Y축에 놓고 산포도를 그린다. 이때 잔차의 분포가 특정 분포를 띠지 않고 0을 중심으로 고르게 퍼져 있어야 한다. 그러나 다음의 본 연구 산포도 결과표에서는 이상치(238) 때문에 0보다 밑으로 내려와 0~2 사이를 지나고 있음을 알 수 있다.

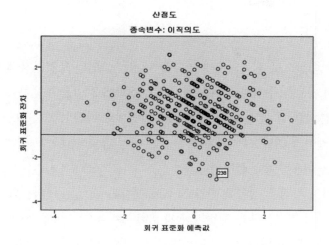

다음으로는 편회귀도표(partial regression plot)가 나온다. 이 도표는 회귀모형의 등분산성을 검증할 때 이용되는데, 종속변수의 표준화된 잔차와 독립변수 사이의 산포도가 특정 분포를 띠지 않고 0을 중심으로 고르게 퍼져 있어야 한다. 본 연구의 경우 이직의도와 스트레스, 조직몰입, 직무만족, 소진 사이의 산포도가 특정 분포를 띠지 않고 0을 중심으로 고르게 퍼져 있으므로 등분산성이라 할 수 있다.

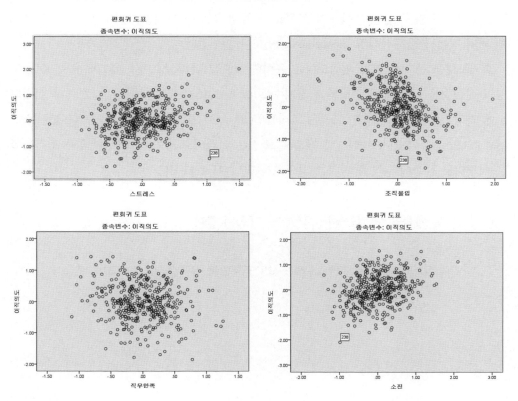

4) 연구 보고서

간호사 408명을 대상으로 이직의도에 영향을 미치는 요인이 무엇인지 검정하기 위해 설문지를 이용하여 자료를 수집하고, 수집한 자료는 SPSS 24.0을 이용하여 분석하였다. 독립변수 간 상관분석을 한 결과 상관계수가 0.8 미만으로 나타나 모든 요인을 분석에 이용하였다. 그러나 케이스 진단 시 절댓값 3보다 큰 이상점(outlier) 1개는 제거한 후 앞의 요인을 입력 방식을 이용하여 분석하였다.

먼저 회귀분석의 가정을 검정한 결과 모두 충족하는 것으로 나타났다. Durbin-Watson을 이용하여 오차의 자기상관을 검정한 결과 1.912로 검정통계량(1.76)보다 크기 때문에 자기상관이 없다고 할 수 있다. 또한 독립변수 간 상관계수는 모두 .08 이하였고, 공차한계와 VIF값을 이용하여 다중공선성을 검정한 결과 공차한계도 0.1 이하거나 VIF값이 10보다 크지 않으므로 모든 변수에는 다중공선성의 문제는 없는 것으로 나타났다. 다음으로 영향력 분석을 Cook's D 통계량을 이용하여 분석한 결과 407개 중 1.0 이상인 개체는 없었다. 잔차 분석 결과, 오차의 선형성(linearity), 정규성(normality)은 히스토그램과 회귀 표준화 잔차의 정규 P-P 도표와 정규분포표에서 확인되었다. 또한 종속변수의 표준화된 잔차와 독립변수 사이의 산포도가 특정 분포를 띠지 않고 0을 중심으로 고르게 퍼져 있어서 등분산성(homoscedasticity)도 확인되었다.

회귀모형을 분석한 결과 회귀모형은 유의한 것으로 나타났으며(F=87.08, $p < .001$), 모형의 설명력을 나타내는 수정된 결정계수($\mathrm{adj}R^2$)는 .46으로 나타났다. 간호사의 이직의도에 가장 큰 영향을 미치는 요인은 조직몰입($\beta = -.37$)으로 나타났으며, 그 다음은 소진($\beta =.23$)으로 나타났다. 특히 스트레스와 소진은 이직의도 증가에, 직무만족과 조직몰입은 이직의도 감소에 영향을 미치는 것으로 나타났다[표 11-2].

이직의도를 예측할 수 있는 회귀모형식은 다음과 같다.

$$\text{이직의도} = 3.32 + .32 * \text{스트레스} - .19 * \text{직무만족} - .49 * \text{조직몰입} + .29 * \text{소진}$$

[표 11-2] 이직의도에 영향을 미치는 요인(N=407)

독립변수	B	S.E.	β	t	Tolerance	VIF
상수	3.32	.36		9.16		
스트레스	.32	.07	.18	4.28**	.759	1.32
직무만족	-.19	.07	-.12	-2.53*	.643	1.56
조직몰입	-.49	.06	-.37	-8.09**	.628	1.59
소진	.29	.06	.23	5.29**	.735	1.36

Durbin-Watson's d=1.912($1.59 \leq d \leq 1.76$), adjR^2=.46, F=87.08, $^*p < .05$ $^{**}p < .001$

5) 연습 문제

1 고등학생들을 대상으로 건강증진 행위에 영향을 미치는 요인이 무엇인지 알아보고자 한다. 이를 위해 5개 고등학교에서 학생 150명을 대상으로 자기효능감, 내적 건강통제위, 가족기능을 측정하였다. 고등학생들의 건강증진 행위에 영향을 미치는 요인에는 어떤 것들이 있는가? 예제 11-2-1.sav

변수	정의	척도
건강증진행위	• 건강을 증진시키는 행위를 60문항(5점 척도)으로 측정, 점수가 높을수록 건강증진 행위를 많이 하고 있음을 의미	비율(점수)
자기효능감	• 어떤 행동이나 행위를 수행할 수 있다는 자신감에 대한 17개 문항(4점 척도)으로 측정, 점수가 높을수록 자기효능감이 높음	비율(점수)
내적 건강통제위	• 건강이나 질병이 자신으로 인해 기인한다고 지각하는 6개 문항(4점 척도)으로 측정, 점수가 높을수록 내적 건강통제위가 높음	비율(점수)
가족기능	• 가족 구성원 간의 상호 의존 정도를 의미하는 10개 문항(4점 척도)으로 측정, 점수가 높을수록 가족기능이 좋음	비율(점수)

2 간호사의 조직몰입에 영향을 미치는 주요 요인을 확인하기 위하여 간호사 150명을 대상으로 직무만족, 연령, 임상경력, 부서경력, 임파워먼트, 스트레스, 조직몰입 등의 자료를 수집하였다. 그렇다면 조직몰입에 유의하게 영향을 미치는 요인은 무엇인가? 예제 11-2-2.sav

3 중풍환자의 삶의 질에 영향을 미치는 요인을 분석하기 위해 환자의 삶의 질, 우울, 행위실천, 사회적 지지에 대해 설문지를 이용하여 자료를 수집하였다. 중풍환자의 삶의 질에 유의하게 영향을 미치는 변수는 무엇인가? 예제 11-2-3.sav

이 가설을 검정하기 위해 사용될 변수는 다음과 같다.

변수	정의	척도
삶의 질	• 현재 자신의 기능에 대한 주관적인 만족 정도를 총 32문항(5점 척도)으로 측정한 점수로, 점수가 높을수록 삶의 질이 높음을 의미	비율(점수)
우울	• 뇌졸중 환자의 우울을 측정하기 위하여 11문항(4점 척도)으로 측정한 점수로, 점수가 높을수록 우울이 심함을 의미	비율(점수)
행위실천	• 뇌졸중 환자의 재활을 위한 관련 내용을 28문항(5점 척도)으로 측정한 점수로, 점수가 높을수록 재활 행위를 잘 실천함을 의미	비율(점수)
사회적 지지	• 환자가 지각하는 가족과 타인의 지지를 25문항(5점 척도)으로 측정한 점수로, 높을수록 사회적 지지가 높음을 의미	비율(점수)

4 더미/통제 회귀분석

4-1 더미/통제 회귀분석

기본적으로 다중 회귀분석에서는 독립변수와 종속변수가 모두 등간척도나 비율척도를 사용한다. 그러나 임상현장에서는 성별, 직위, 학력, 결혼여부, 부서이동경험 등과 같이 질적 변수(명목척도)도 중요한 변수이다. 이러한 명목척도로 이루어진 변수를 회귀분석에 포함해서 연구할 때 가변수로 전환하여 사용할 수 있으며, 이때 사용되는 변수를 더미변수 (dummy variable) 또는 통제변수(control variable)라고 부른다. 이처럼 더미변수를 회귀분석에 이용하는 이유는 질적 변수를 모형에 포함시켜 영향력을 분석하려는 이유도 있지만, 실제로는 회귀모형이 그룹에 따라 다르게 도출될 수 있기 때문이다.

더미변수를 적용한 모형의 이해를 돕기 위하여 간호사의 이직의도에 부서이동 의견(반대=0, 찬성=1)을 적용한 실제 모형을 살펴보고자 한다. 아래 그림에서 보이는 것처럼 더미 변수를 사용한 산점도를 보면 부서이동 찬·반에 따라 2개의 그룹으로 나누어 진 것을 확인할 수 있다.

아래 그림은 부서이동 의견(찬·반)의 더미변수가 독립변수로 사용된 경우와 그렇지 않은 경우를 산점도로 비교한 것이다. 더미회귀분석에서는 부서이동 찬·반에 따라 2개의 그룹으로 나뉘어지므로 2개의 회귀식을 구하게 된다.

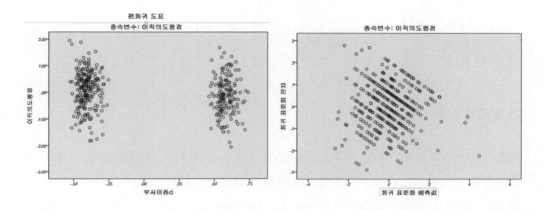

다중회귀분석이 독립변수가 여러 개인 경우에 실시하는 분석 방법이라면 더미회귀분석이나 통제회귀분석은 다중회귀분석에서 더미변수/통제변수의 영향력을 통제한 상태에서 독립변수가 종속변수에 미치는 영향을 검정하는 방법이다. 통제변수/통제회귀분석을 실시하는 경우, 통제변수와 독립변수를 한번에 투입하여 종속변수에 미치는 영향을 검정한다. 그러므로 이때 얻은 결정계수는 통제변수와 독립변수가 동시에 종속변수에 미치는 영향력이므로 독립변수의 영향력을 분리해낼 수 없다는 단점이 있다.

1) 더미변수 변환

이분형 변수(명목척도)를 더미변수로 변환하는 가장 쉬운 방법은 references(기준)는 '0'으로, event(관심값)는 '1'로 입력하여 더미변수로 변환하는 방법이다. 예를 들어 부서이동 의견에서 반대=0, 찬성=1로 부서이동 반대에 비하여 부서이동 찬성 집단이 이직의도가 더 높을 거라고 해석할 수 있다.

3수준 이상의 변수를 더미변수로 변환하는 방법은 이분형 변수를 더미변수로 만드는 것을 확장한 것이다. 예를 들어 근무 부서만족을 만족, 보통, 불만족의 3개 집단으로 구분할 때 사용된다. 이 경우는 3수준 중에 하나만 기준을 '0'으로 설정하고 나머지 2개 수준은 관심값으로 설정한다. 따라서 아래와 같이 2개의 더미변수를 만들어야 한다.

부서만족	→	D1부서(보통)	D2부서(불만족)
1 만족	→	0	0
2 보통	→	1	0
3 불만족	→	0	1

2) 문제의 정의

간호사의 이직의도에 미치는 영향요인을 분석하기 위하여 소진, 조직몰입, 스트레스, 직무만족의 독립변수와 대상자의 일반적인 현부서 만족정도, 직위, 종교 등 대상자의 특성변수를 435명으로부터 수집하였다. 대상자의 특성변수를 더미변수로 변환하여 이직의도 예측요인을 분석하고자 한다. 제11장 예제3.sav

변수	정의	척도
이직의도	• 현재의 직장을 떠나려는 의도로, 5문항(5점 척도)으로 점수가 높을수록 이직의도 정도가 높음	비율(점수)
직무만족	• 행정, 전문성, 대인관계, 보수의 4개 영역에서 9문항(5점척도)으로 점수가 높을수록 직무만족의 정도가 높음	비율(점수)
조직몰입	• 한 조직에 계속 남아 있으려는 성향으로, 9문항(5점 척도)으로 점수가 높을수록 조직몰입의 정도가 높음	비율(점수)
소진	• 스트레스를 더 이상 감당하지 못할 때 나타나는 반응으로, 20문항(5점 척도)으로 점수가 높을수록 소진 정도가 높음	비율(점수)
스트레스	• 환경적 요인에 의해 나타나는 조직 구성원들의 육체적, 심리적, 생리적 이탈로, 14문항(5점 척도)으로 점수가 높을수록 스트레스가 높음	비율(점수)
대상자특성	• 직위, 종교, 학력, 결혼여부, 부서이동경험, 부서만족도/총경력, 부서경력, 현직장경력, 연령	명목/비율

3) SPSS 분석

① 먼저 제11장 예제3.sav 를 열고 메뉴에서 **메뉴 → 변환(T) → 케이스 내의 값 빈도(O)**를 선택한다.

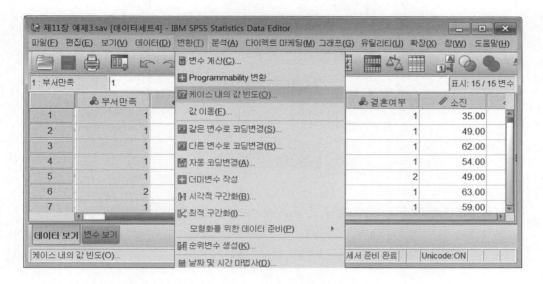

4장 SPSS 사용법에서와 같이 **다른 변수로 코딩변경(R)**을 이용하여 값을 변환할 수도 있지만, 더미변수를 만들 때는 **케이스 내의 값 빈도(O)**에서 변환하는 것이 편하다.

② **목표변수(T) → [D부서만족], 목표 레이블(L) → [D부서만족(보통)], 숫자변수: → [부서만족]**을 이동한다. **값 정의(D)**를 클릭한다.

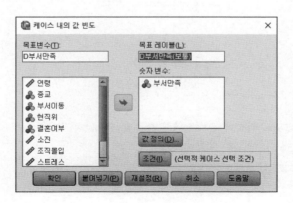

③ **값(V)**에 [2]를 입력 후 **추가(A)**를 클릭한다.

　　[부서만족 만족(1)]에 대해 [부서만족 보통(2)]을 이벤트로 변환한다. 변수값으로 지정이 안
된 값들은 '0'으로 입력된다.

④ 화면과 같이 더미변수가 추가되며, 레이블에도 설명이 추가된다. **값 레이블**을 클릭하
　　여 설명을 추가한다.

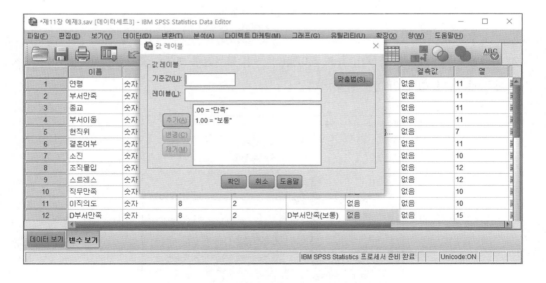

⑤ [종교]를 더미변수로 만든다. **목표변수(T) → [D종교], 목표 레이블(L) → [D종교(유)], 숫자 변수 → [종교]**를 이동한다. **값 정의(D)**를 클릭한다.

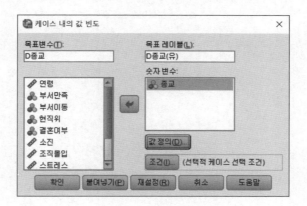

⑥ **범위(N)**에 1 -(T) 3, **값(V)**에 [5]를 입력 후 **추가(A)**를 클릭한다. **종교없음(4)**이 기준 (reference)이기 때문에 나머지 값을 1로 변경해야 하기 때문이다.

마찬가지로 부서이동도 **있음(0), 없음(1)**으로, 직위도 **주임간호사, 수간호사이상(0), 평간호 사(1)**로 변경한다. 3수준 이상의 더미변수를 만들어야 하지만 본 저서에서는 2수준으로만 분석하기 위해 나머지 값을 0으로 처리하였다. 실제 연구에서는 기준변수를 기준으로 여 러 개의 더미변수를 만들면 된다.

⑦ 먼저 자료를 입력한 후에 메뉴에서 **분석(A) → 회귀분석(R) → 선형(L)**을 선택한다.

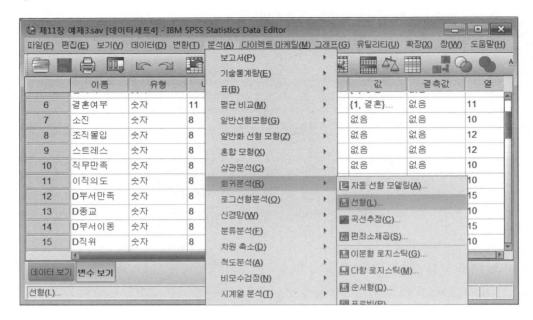

⑧ [이직의도] → 종속변수(D)로 이동한다. 더미변수와 독립변수 [D부서만족(보통), [D종교(있음)], [D부서이동(있음)], [D직(평간호사)], [소진], [조직몰입], [스트레스], [직무만족] → 블록(B)1/1로 이동한다.

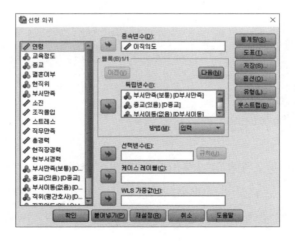

⑨ **통계량 및 옵션**은 다중회귀분석을 참고해서 진행한다.

일반적으로 통제변수를 이용하여 회귀분석을 하는 것을 통제회귀분석이라고 한다. 통제변수 중에서 범주형 변수가 있을 경우 통제변수를 더미변수로 생성하여 회귀분석을 하기 때문에 이를 더미통제회귀분석이라고 한다. 그러나 일반적으로 통제회귀분석을 실시하였다고 표현하거나 부서만족, 종교, 부서이동경험, 직위를 통제한 상태에서 간호사의 이직의도에 미치는 영향을 회귀분석 했다고 표현한다.

4) 출력결과 해석

먼저 회귀분석에서 이상치가 1개(419) 발견되어 삭제 후 분석을 계속 진행한 결과 회귀가정이 충족되었다. 오차의 자기상관을 검정한 결과 Durbin-Watson 값이 1.78로 검정통계량(1.76)보다 크기 때문에 자기상관이 없었다. 대부분은 다중회귀분석과 동일하므로 생략하였고, 더미/통제 회귀분석 연구보고서 작성을 위한 모형요약, 분산분석, 계수표를 중심으로 설명하려고 한다.

모형 요약이 나타난다. 여기에는 결정계수(R^2) 및 Durbin-Watson값이 나타난다. 먼저 결정계수(R^2)=.508, 수정된 결정계수(adjR^2)=.498로 나타났다. 즉 4개의 더미변수와 4개의 독립변수로 이직의도를 49.8% 정도 설명하는 것으로 나타났다.

모형 요약[b]

모형	R	R 제곱	수정된 R 제곱	추정값의 표준 오차	Durbin-Watson
1	.712[a]	.508	.498	2.91029	1.781

a. 예측자: (상수), D직위(평간호사), D부서만족(보통), D종교(있음), D부서이동(없음), 스트레스, 조직몰입, 소진, 직무만족

b. 종속변수: 이직의도

다음으로 분산분석(ANOVA) 표가 나온다. 이 표를 이용해서 우리가 구한 더미/통제 회귀모형의 결정계수(R^2)가 통계적으로 유의한지를 살펴보아야 한다. 여기서 보듯이 F값은 54.76, 유의확률(Sig.)은 .000으로 본 더미/통제 회귀모형은 유의한 것으로 확인되었다.

ANOVA[a]

모형		제곱합	자유도	평균제곱	F	유의확률
1	회귀	3710.120	8	463.765	54.755	.000[b]
	잔차	3599.661	425	8.470		
	전체	7309.781	433			

다음으로는 계수 표가 나온다. 통제변수(더미변수)인 부서만족(p=.043), 종교(p=.003), 부서이동(p=.001) 직위(p=.021)가 모두 이직의도에 영향을 주는 것으로 나타났다. 부서만족은 만족보다 보통이 .637만큼, 종교는 없음보다 있음이 .873만큼, 부서이동경험은 있음보다 없음이 .952만큼, 직위는 주임 이상보다 평간호사가 1.350만큼 이직의도가 높게 나타났다. 또한 4개의 더미변수를 통제한 상태에서 독립변수 중 소진(B=.10)과 스트레스(B=.09)는 이직의도에 긍정적으로, 조직몰입(B=-.25)과 직무만족(B=-.09)은 이직의도에 부정적으로 영향을 주었다. 간호사의 이직의도에 가장 큰 영향력을 미치는 변수는 통제변수 중에서는 부서이동(β=.116)이었으며, 독립변수 중에서 조직몰입(β=-.354)이었다.

계수ª

모형		비표준화 계수		표준화 계수	t	유의확률	공선성 통계량	
		B	표준오차	베타			공차	VIF
1	(상수)	13.846	2.080		6.656	.000		
	D부서만족(보통)	.637	.314	.075	2.030	.043	.842	1.188
	D종교(있음)	.873	.289	.104	3.024	.003	.972	1.029
	D부서이동(없음)	.952	.290	.116	3.290	.001	.931	1.074
	D직위(평간호사)	1.350	.580	.083	2.325	.021	.900	1.111
	소진	.095	.019	.224	5.117	.000	.602	1.661
	조직몰입	-.254	.033	-.354	-7.788	.000	.561	1.783
	스트레스	.094	.030	.112	3.068	.002	.865	1.156
	직무만족	-.090	.024	-.167	-3.792	.000	.596	1.679

a. 종속변수: 이직의도

아래는 회귀분석을 통해서 구해진 회귀식이다.

이직의도 = 13.846 + .637 * 부서만족 + .873 * 종교 + .952 * 부서이동 + 1.35 * 직위 + .095 * 소진 - .254 * 조직몰입 + .094 * 스트레스 - .090 * 직무만족

부서만족에서 만족=0, 보통=1을 대입하면 다음과 같이 구해진다. 부서만족 보통(1)의 경우 식에 의하면 14.483(=13.846+.637)이 구해진다. 즉, 종교, 부서이동, 직위, 소진, 조직몰입, 스트레스가 같을 경우에, 부서만족=1(보통)이 부서만족=0(만족)에 비해 평균 .637만큼 높다는 것을 의미한다.

부서만족＝0(만족)인 경우:

이직의도 ＝ 13.846 ＋ .873 ＊ 종교 ＋ .952 ＊ 부서이동 ＋ 1.35 ＊ 직위 ＋ .095 ＊ 소진 － .254 ＊ 조직몰입 ＋
        .094 ＊ 스트레스 － .090 ＊ 직무만족

부서만족＝1(보통)인 경우:

이직의도 ＝ 14.483 ＋ .873 ＊ 종교 ＋ .952 ＊ 부서이동 ＋ 1.35 ＊ 직위 ＋ .095 ＊ 소진 － .254 ＊ 조직몰입 ＋
        .094 ＊ 스트레스 － .090 ＊ 직무만족

5) 연구 보고서

간호사 434명을 대상으로 이직의도에 영향을 미치는 요인을 더미변수로 통제한 더미통제 회귀분석을 하였다. 그 결과 독립변수 간 상관계수가 0.8 미만이므로 더미회귀분석에 이용하였다. 케이스 진단 시 절대값 3보다 큰 이상점 1개를 제거한 후 입력 방식을 이용하여 분석하였다.

먼저 회귀분석의 가정을 검정한 결과 모두 충족하는 것으로 나타났다. Durbin-Watson을 이용한 오차의 자기상관은 1.78로 검정통계량(1.76)보다 높아 자기상관성이 없었고, 독립변수는 공차한계가 0.1 이상이고 VIF값도 10보다 크지 않으므로 모든 변수에 다중공선성의 문제는 없었다. 또한 잔차 분석 결과, 모형의 선형성, 오차항의 정규성, 등분산성이 확인되었다.

회귀모형을 분석한 결과 회귀모형은 유의한 것으로 나타났으며(F=54.76, $p < .001$). 통제변수(더미변수) 중에서, 부서만족도는 만족보다 보통이(B=.64), 간호 부서이동 경험은 있음보다 없음이(B=.95), 종교는 없음보다 있음이(B=.87), 직위는 주임 이상보다 평간호사가(B=1.35) 이직의도가 높게 나타났다. 또한 4개의 더미변수를 통제한 상태에서 독립변수 중 소진(B=.10)과 스트레스(B=.09)는 높을수록 이직의도 증가에, 조직몰입(B = −.25)과 직무만족(B = −.09)은 높을수록 이직의도 감소에 영향을 주었다. 간호사의 이직의도에 가장 큰 영향력을 미치는 통제변수는 부서이동(β = .12)이었으며, 독립변수 중에서는 조직몰입(β = −.35)이었다. 4개의 더미변수와 4개의 독립변수로 이직의도를 49.8% 설명하였다 [표 11–3].

[표 11-3] 이직의도에 영향을 미치는 요인(N=434)

모형	B	S.E.	β	t	Tolerance	VIF
상수	13.85	2.08		6.66**		
D부서만족(보통)	.64	.31	.08	2.03*	.84	1.19
D종교(있음)	.87	.29	.10	3.02*	.97	1.03
D부서이동(없음)	.95	.29	.12	3.29*	.93	1.07
D직위(평간호사)	1.35	.58	.08	2.33*	.90	1.11
소진	.10	.02	.22	5.12**	.60	1.66
조직몰입	-.25	.03	-.35	-7.79**	.56	1.78
스트레스	.09	.03	.11	3.07*	.87	1.16
직무만족	-.09	.02	-.17	-3.79**	.60	1.68

Durbin–Watson's d=1.78(1.59 ≤ d ≤ 1.76), adjR^2=.498, F=54.76, $^*p < .05$ $^{**}p < .001$

4-2 위계적 회귀분석

다중회귀분석은 독립변수가 여러 개인 경우에 실시하는 분석 방법인 반면 더미/통제회귀분석은 다중회귀분석에서 통제변수의 영향력을 통제한 상태에서 독립변수가 종속변수에 미치는 영향을 검정하는 방법이다. 위계적 회귀분석은 통계회귀분석의 발전된 형태에서 시작되었다. 더미/통제회귀분석을 실시하는 경우는 통제변수와 독립변수를 한번에 투입하여 종속변수에 미치는 영향을 검정한다. 이때 얻은 결정계수는 통제변수와 독립변수가 동시에 종속변수에 미치는 영향력이므로 독립변수의 영향력을 분리해낼 수 없다는 단점이 있다. 그러나 위계적 회귀분석은 통제변수들의 영향력을 통제한 상태에서 독립변수의 영향력을 검출할 때 사용된다. 위에서 사용한 예제를 이용해서 비교 분석해보고자 이상치 1개(419)를 제거한 자료이다. 제11장 예제4.sav

1) SPSS 분석

① 메뉴에서 **분석(A) → 회귀분석(R) → 선형(L)**을 선택한다.

② [이직의도] → 종속변수(D)로 이동한다. 독립변수 [소진], [조직몰입], [스트레스], [직무만족] → 블록(B)1/1로 이동한다.

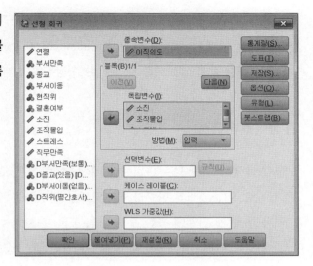

③ 다음(N)을 클릭해서 블록을 하나 추가한다. 더미변수 [D부서만족(보통), [D종교(있음)], [D부서이동(있음)], [D직(평간호사)] → (B)2/2로 이동한다.

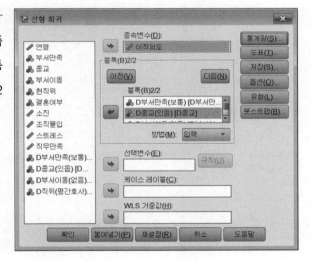

④ 통계량(S)을 선택한 후에, 모형 적합(M), R제곱값 변화량(S), 기술통계(D), 잔차 → Durbin-Watson(U), 케이스별 진단(C)을 체크한 후 계속 → 확인을 클릭한다.

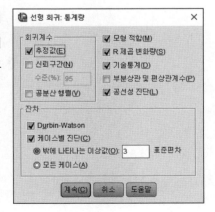

위계적 회귀분석에서는 제한모형과 전체모형을 구분하여 분석하며, 모형 간의 설명력 (R^2) 차이를 아래 수식과 같이 F검정(hierarchical F test)을 통하여 비교한다. SPSS에서는 **R 제곱 변화량** 값을 제공해준다. 그러나 수정된 결정계수(adjR^2) 변화량은 계산해야 한다.

2) 출력결과 해석

모형 요약에서 모형 1은 첫 번째 위계에 속한 소진, 조직몰입, 스트레스, 직무만족이 선택된 경우로, 이들 4개의 변수가 이직의도를 설명하는 수정된 결정계수는 .464로 나타났다. 그러나 두 번째 위계에 속한 부서만족, 종교, 부서이동경험, 직위가 추가된 경우로 첫 번째 위계에 있는 4개의 더미변수와 4개의 독립변수가 모두 포함된 경우의 수정된 결정계수는 .498이였다. 이는 모형 1의 결정계수는 46.4%이고, 모형 2의 결정계수는 49.8%로 3.4%가 증가하였다.

모형 요약ᶜ

모형	R	R 제곱	수정된 R 제곱	추정값의 표준오차	R 제곱 변화량	F 변화량	자유도1	자유도2	유의확률 F 변화량	Durbin-Watson
					통계량 변화량					
1	.685ᵃ	.469	.464	3.00767	.469	94.766	4	429	.000	
2	.712ᵇ	.508	.498	2.91029	.038	8.297	4	425	.000	1.781

a. 예측자: (상수), 직무만족, 스트레스, 소진, 조직몰입

b. 예측자: (상수), 직무만족, 스트레스, 소진, 조직몰입, D부서이동(없음), D종교(있음), D직위(평간호사), D부서만족(보통)

c. 종속변수: 이직의도

다음으로는 분산분석(ANOVA) 표가 나온다. 이 표를 이용해서 우리가 구한 회귀모형의 결정계수(R^2)가 통계적으로 유의한지 살펴보아야 한다. 표를 보면 모형 1의 F값은 94.766, 유의확률은 .000이고, 모형 2의 F값은 54.755, 유의확률은 .000이다. 두 모델 모두 회귀모형은 유의하였다.

ANOVAᵃ

모형		제곱합	자유도	평균제곱	F	유의확률
1	회귀	3429.026	4	857.256	94.766	.000ᵇ
	잔차	3880.755	429	9.046		
	전체	7309.781	433			
2	회귀	3710.120	8	463.765	54.755	.000ᶜ
	잔차	3599.661	425	8.470		
	전체	7309.781	433			

다음으로는 계수 표가 나온다. 위계적 회귀분석에서 가장 핵심적인 사항인 위계에 대한 해석에 중점이 있다. 모형 1은 첫 번째 위계로 독립변수인 스트레스(B=.10)와 소진(B=.10)이 높을수록 이직의도가 높아지지만 직무만족(B=-.09)과 조직몰입(B=-.27)은 높을수록 이직의도가 낮아지는 것으로 나타났다. 직무특성 요인 중 조직몰입(β=-.38)이 이직의도에 가장 영향력이 높은 것으로 나타났다. 다음으로 소진(β=.24), 직무만족(β=-.16), 스트레스(β=.12) 순으로 나타났으며, 이직의도 설명력은 46.4%로 나타났다.

모형 2는 모형 1에 더미변수가 투입된 것이다. 독립변수인 소진(p<.001), 조직몰입(p<.001), 스트레스(p<.05), 직무만족(p<.001)은 이직의도에 유의한 영향을 주었다. 추가된 대상자 특성변수를 구체적으로 살펴보면 근무부서에 만족하는 경우보다 보통이(B=.64), 종교는 없는 경우보다는 있는 경우가 (B=.87), 부서이동경험이 있는 경우보다 없는 경우가 (B=.95), 직위는 주임간호사 이상보다 평간호사(B=1.35)의 이직의도가 더 높았다.

계수[a]

모형		비표준화 계수		표준화 계수			공선성 통계량	
		B	표준오차	베타	t	유의확률	공차	VIF
1	(상수)	15.924	2.027		7.856	.000		
	소진	.102	.019	.241	5.423	.000	.625	1.601
	조직몰입	-.271	.033	-.379	-8.117	.000	.569	1.757
	스트레스	.102	.031	.123	3.316	.001	.907	1.103
	직무만족	-.088	.024	-.162	-3.644	.000	.627	1.595
2	(상수)	13.846	2.080		6.656	.000		
	소진	.095	.019	.224	5.117	.000	.602	1.661
	조직몰입	-.254	.033	-.354	-7.788	.000	.561	1.783
	스트레스	.094	.030	.112	3.068	.002	.865	1.156
	직무만족	-.090	.024	-.167	-3.792	.000	.596	1.679
	D부서만족(보통)	.637	.314	.075	2.030	.043	.842	1.188
	D종교(있음)	.873	.289	.104	3.024	.003	.972	1.029
	D부서이동(없음)	.952	.290	.116	3.290	.001	.931	1.074
	D직위(평간호사)	1.350	.580	.083	2.325	.021	.900	1.111

a. 종속변수: 이직의도

3) 수정된 결정계수 증가분의 유의성 평가

위계적 회귀분석에서 가장 주요한 사항은 결정계수 증가분(ΔR^2)에 대한 유의성 평가이다. 결정계수 증가분 ΔR^2값이 유의해야 추가된 위계의 의미가 있기 때문이다. 현대 연구의 추세는 결정계수(R^2)가 아니라 수정된 결정계수($adjR^2$)를 제시한다. 그러나 SPSS프로그램에서는 결정계수 증가분 ΔR^2은 제공되지만 수정된 결정계수의 증가분 $\Delta adjR^2$에 대한 유의성은 제공되지 않기 때문에 직접 Jaccard&Turrisi(2003)[1]의 방법을 이용하여 수정된 결정계수 증가분($\Delta adjR^2$)의 유의성을 계산하여야 한다. 이는 출력결과의 모형요약 표를 보고 아래 공식을 이용하여 계산한다.

$$F = \frac{(R_2^2 - R_1^2) / (k_2 - k_1)}{(1 - R_2^2) / (N - k_2 - 1)}$$

여기서, R_2^2 = 전체모형의 R_2^2
R_1^2 = 제한모형의 R_1^2
k_2 = 전체모형의 독립변수의 수
k_1 = 제한모형의 독립변수의 수
N = 표본수

$$F = \frac{(.498 - .464) / (8 - 4)}{(1 - .498) / (434 - 8 - 1)} = 7.196$$
$$P = 1 - CDF.F(7.196, 4, 8) = .009$$

4) 연구 보고서

앞부분은 다중회귀분석과 같다(생략). 모형 1은 첫 번째 위계로 독립변수인 스트레스(B=.10)와 소진(B=.10)이 높을수록 이직의도가 높아지지만 직무만족(B=-.09)과 조직몰입(B=-.27)은 높을수록 이직의도가 낮아지는 것으로 나타났다. 이직의도에 주는 영향력 정도는 조직몰입(β=-.38)이 가장 영향력이 높은 것으로 나타났으며, 다음으로 소진

---

1 Jaccard & Turrisi (2003). *Interaction Effects in Mutiple regression(2nd). Sag Publication.*

(β=.24), 직무만족(β=-.16), 스트레스(β=.12)순으로 나타났다. 이들 4개의 독립변수로 이직의도를 46.4% 설명하는 것으로 나타났다.

모형 2는 모형 1에 더미변수가 투입된 것이다. 독립변수인 소진(B=.10), 조직몰입(B=-.25), 스트레스(B=.09), 그리고 직무만족(B=-.09)은 이직의도에 유의한 영향을 주었다. 추가된 대상자 특성변수를 구체적으로 살펴보면 근무부서에 만족하는 경우보다 보통이 .64, 종교는 없는 경우보다는 있는 경우가 .87, 부서이동 경험이 있는 경우보다 없는 경우가 .95, 직위는 주임간호사 이상보다 평간호사가 1.35만큼 이직의도가 높았다. 이들 4개 더미변수의 설명력 3.40%가 유의하게 증가되어($\Delta AdjR^2$=.034, F=7.20, p=.009) 모형 2의 설명력은 49.8%로 나타났다.

[표 11-4] 이직의도에 영향을 미치는 요인(N=434)

	Model1(부분모형)			Model 2(전체모형)		
	B	β	t	B	β	t
(상수)	15.92		7.86	13.85		6.66
소진	.10	.24	5.42	.10	.22	5.12
조직몰입	-.27	-.38	-8.12	-.25	-.35	-7.79
스트레스	.10	.12	3.32	.09	.11	3.07
직무만족	-.09	-.16	-3.64	-.09	-.17	-3.79
D부서만족(보통)				.64	.08	2.03
D종교(있음)				.87	.10	3.02
D부서이동(없음)				.95	.12	3.29
D직위(평간호사)				1.35	.08	2.33
$AdjR^2$	.464			.498	$\Delta AdjR^2$=.034	
F	94.77			54.76	F=7.20, p=.009	

5 조절회귀분석

본 장에서는 조절변수(moderator variable)와 조절효과에 대하여 살펴보고자 한다. 조절변수란 독립변수가 종속변수에 미치는 효과를 중간에서 조절하는 것을 의미한다. 조절변수의 효과를 검정하는 방법에는 몇 가지가 있지만 여기서는 독립변수와 조절변수의 상호작용항을 만들어 다중회귀분석으로 분석하는 방법을 이용하고자 한다. 조절회귀분석은 조절변수의 영향력을 상호작용을 통하여 파악하는 방법으로, 조절변수가 질적 자료일 때와 양적 자료일 때 모두 사용할 수 있다.

조직몰입이 이직의도에 미치는 영향에 직무만족의 조절효과를 보고자 한다. 먼저, 조직몰입, 직무만족과 이직의도의 회귀모형을 제한모형으로 설정한다. 이 제한모형에 조직몰입×직무만족(상호작용항)을 추가시키면서 모형 간의 설명력(R^2) 차이를 F검정(hierarchical F test)을 통하여 비교한다. 본 연구에서 설정한 전체모형과 제한모형은 아래 식과 같다.

먼저 단순회귀모형을 표현하면 다음과 같다.

- 전체모형(full model): $Y = B_0 + \beta_1 X_1 + \beta_2 Z + \beta_3 X_1 Z$
- 제한모형(restrict model): $Y = B_0 + \beta_1 X_1 + \beta_2 Z$

$$여기서,\ Y = 이직의도$$
$$X_1 = 조직몰입$$
$$Z = 직무만족$$
$$X_1 Z = 조직몰입×직무만족$$

모형의 차이를 비교하기 위한 F검정식은 앞의 위계적 회귀분석에서 설명한 것과 같다.

$$F = \frac{(R_2^2 - R_1^2)/(k_2 - k_1)}{(1 - R_2^2)/(N - k_2 - 1)} \qquad p = 1\text{-CDF.F}(F, k_1, k2)$$

1) 평균변환

상호작용효과를 검정할 때 중요한 점은 상호작용항을 만들 때 척도는 원래 값을 그대로 사용하지 않고 평균변환을 이용해서 만들어야 한다는 것이다. 원래의 척도를 사용하게 되면 척도 종속성, 다중공선성 등이 발생하게 된다. 이를 해결하기 위해 가장 많이 사용하는 방법이 평균변환(mean centering)을 이용하는 것이다. 평균변환은 평균과의 차이를 구한 값을 이용해 곱셈항을 만드는 것이다.[2]

2) 문제의 정의

간호사 399명을 대상으로 한 연구에서 조직몰입과 직무만족은 이직의도 감소에 영향을 주는 반면 조직시민행동과 임파워먼트는 이직의도 증가에 영향을 주는 것으로 보고된 바 있다. 그렇다면 조직몰입이 이직의도에 미치는 영향력에 직무만족이 영향을 주는지를 알아보고자 한다. 제11장 예제5.sav

이 가설을 검정하기 위해 사용될 변수는 다음과 같다.

변수	정의	척도
이직의도	• 현재의 직장을 떠나려는 의도로, 5문항(5점 척도)으로 점수가 높을수록 이직의도 정도가 높음을 의미함.	비율(점수)
직무만족	• 조직구성원들이 직무에 대해서 가지고 있는 감성적이고 정서적인 선호도를 의미하며, 9문항(5점 척도)으로 구성됨.	비율(점수)
조직몰입	• 한 조직에 계속 남아 있으려는 성향으로, 7문항(5점 척도)으로 점수가 높을수록 조직몰입의 정도가 높음을 의미함.	비율(점수)
시민행동	• 조직의 공식적인 보상체계에 의해서 다른 인센티브나 보상을 받지 않으면서 조직에 도움을 주는 자발적인 행동을 의미하며, 14문항(5점 척도)으로 구성됨.	비율(점수)
임파워먼트	• 타인의 파워 증진을 위하여 서로 격려하고 지지하며 자원과 기회를 제공해 주는 과정으로 총 10문항(5점척도)으로 구성됨.	비율(점수)

---

2 이유재 (1994). "상호작용효과를 포함한 다중회귀분석에서 주효과의 검증에 관한 연구". 경영학연구, 23(4), pp.183–201.

3) SPSS 분석

① 조직몰입과 직무만족의 평균을 변환한다. **분석 → 기술통계량(E) → 기술통계(D)**를 선택한다.

② **변수(V) →** [이직의도], [조직몰입], [직무만족], [시민행동], [임파워먼트]를 옮긴 후에 **표준화 값을 변수로 저장**을 선택한다. **확인**을 클릭한다.

평균을 구한 후에 값을 빼는 방법도 있지만 표준화된 값을 사용하는 방법이 더 간단하다.

③ 변수들의 표준화된 값이 저장되었다.

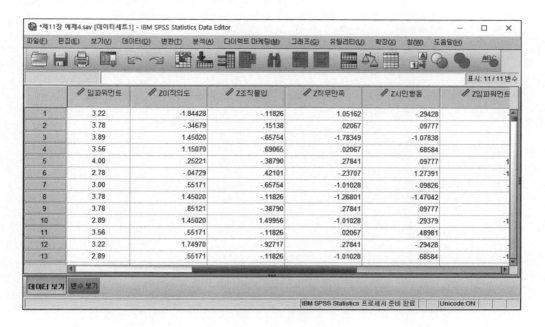

④ 조직몰입과 직무만족의 상호작용항을 만들기 위하여 표준화된 두 변수를 곱한다. 메뉴에서 **변환(T) → 변수 계산(C)**을 선택한다. **목표변수(T): [몰입x만족]**이라고 입력한 후, **숫자표현식(E): [z조직몰입*z직무만족]**을 입력하고 **확인**을 클릭한다.

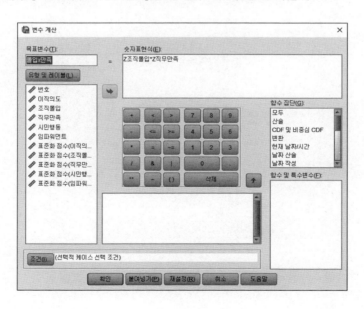

⑤ 아래와 같이 [몰입*만족] 변수가 생성되었다.

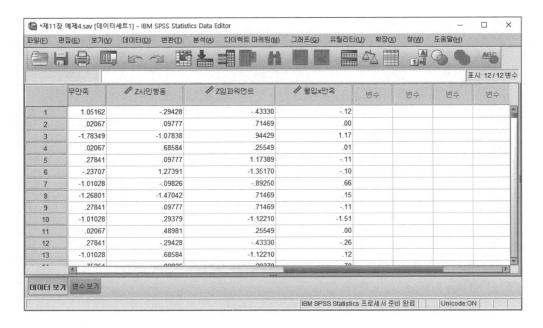

⑥ 메뉴에서 **분석(A) → 회귀분석(R) → 선형(L)**을 선택한다.

⑦ 아래와 같이 종속변수인 [Z이직의도] → **종속변수(D)**로, 독립변수인 [Z조직몰입], [Z직무
만족], [Z시민행동], [Z임파워먼트] → **독립변수(블록(B1/1)**로 이동한다.

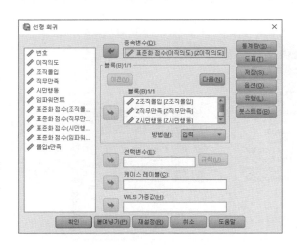

⑧ 다음(N)을 클릭한 후, [몰입×만족] →
블록(B)2/2로 이동한다.

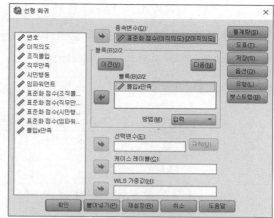

⑨ 통계량(S)을 선택한 후에, **모형 적합(M), R제곱값 변화
량(S), 기술통계(D), 잔차 → Durbin-Watson(U), 케이스
별 진단(C)**을 체크한 후 **계속**을 클릭한다.

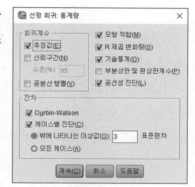

4) 출력결과 해석

모형 요약을 보면, 제한모형(모형 1)의 결정계수(R_1^2)=0.324, 전체모형(모형 2)의 결정계수
(R_2^2)=.341로 나타났다. 모형 수정이 통계적으로 의미가 있는지를 분석한 결과 (F=10.19,
p=.002) 의미가 있는 것으로 확인되었다. 즉, 상호작용효과가 의미가 있다는 것을 말한다.

모형 요약^c

모형	R	R 제곱	수정된 R 제곱	추정값의 표준오차	R 제곱 변화량	F 변화량	자유도 1	자유도 2	유의확률 F 변화량	Durbin-Watson
					통계량 변화량					
1	.569^a	.324	.317	.8266220	.324	47.116	4	394	.000	
2	.584^b	.341	.332	.8171461	.017	10.191	1	393	.002	1.729

다음으로는 ANOVA(분산분석) 표가 나온다. 이 표를 이용해서 우리가 구한 회귀식의 적합도가 통계적으로 유의한지를 살펴보아야 한다. 여기서 보듯이 모형 1(제한모형)과 모형 2(전체모형) 모두 유의한 것으로 나타났다($p < .001$).

ANOVA[a]

모형		제곱합	자유도	평균제곱	F	유의확률
1	회귀	128.778	4	32.195	47.116	.000[b]
	잔차	269.222	394	.683		
	전체	398.000	398			
2	회귀	135.583	5	27.117	40.610	.000[c]
	잔차	262.417	393	.668		
	전체	398.000	398			

다음으로 계수 표가 나온다. Model 1(부분모형)에서 임파워먼트를 제외한 조직몰입(B= -.338), 직무만족(B= -.381), 시민행동(B=.104)이 이직의도에 영향을 미치는 것으로 나타났다. 그리고 상호작용이 추가된 Model 2(전체모형)를 보면, 몰입×만족의 상호작용 효과(B= -0.94)는 의미가 있는 것으로 나타났다. 수정된 결정계수($\Delta adjR^2$)의 증가분은 F검정식(p 334)을 참고하기 바란다.

계수[a]

모형		비표준화 계수 B	표준오차	표준화 계수 베타	t	유의확률	공선성 통계량 공차	VIF
1	(상수)	1.628E-15	.041		.000	1.000		
	표준화 점수(조직몰입)	-.338	.052	-.338	-6.554	.000	.644	1.553
	표준화 점수(직무만족)	-.381	.049	-.381	-7.751	.000	.710	1.408
	표준화 점수(시민행동)	.104	.050	.104	2.072	.039	.685	1.460
	표준화 점수(임파워먼트)	.089	.047	.089	1.876	.061	.762	1.312
2	(상수)	.048	.044		1.109	.268		
	표준화 점수(조직몰입)	-.366	.052	-.366	-7.065	.000	.626	1.597
	표준화 점수(직무만족)	-.389	.049	-.389	-7.992	.000	.708	1.411
	표준화 점수(시민행동)	.127	.050	.127	2.536	.012	.670	1.492
	표준화 점수(임파워먼트)	.090	.047	.090	1.925	.055	.762	1.312
	몰입x만족	-.094	.029	-.134	-3.192	.002	.951	1.051

a. 종속변수: 표준화 점수(이직의도)

상호작용효과를 구체적으로 설명하기 위해, ANOVA에서 사용했던 프로파일도표를 사용하였다. 아래의 그림처럼 조직몰입이 높으면 이직의도가 감소하는데, 직무만족이 높을수록 조직몰입이 높은 사람은 낮은 사람에 비해 이직의도가 더 낮은 것으로 나타났다.

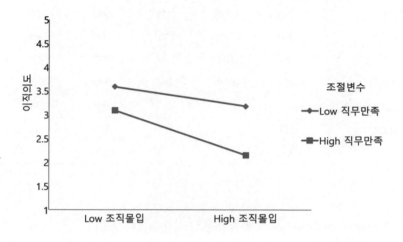

5) 연구 보고서

직무만족, 조직몰입, 조직시민행동과 임파워먼트가 이직의도에 미치는 영향 및 직무만족이 조직몰입과 이직의도 감소에 미치는 조절효과를 검증하기 위하여 조절회귀분석을 실시였다. 먼저, 조직몰입의 주효과(main effect)를 분석한 결과, 이직의도에 조직몰입(B=−.338), 직무만족(B=−.381)이 영향을 미치는 것으로 나타났다. 그러나 조직몰입과 직무만족의 상호작용변수가 추가된 모형 2에서는 조직몰입과 직무만족의 상호작용도 이직의도 감소에 영향을 미치는 것으로 확인되었다(B=−.094). 이는 직무만족이 1만큼 증가하면 조직몰입이 이직의도를 .094만큼 더 감소시키는 것으로 조직몰입과 이직의도 간에 직무만족이 조절변수로 작용함을 의미한다. 모형의 설명력을 살펴보면 모형 1에서는 4개의 독립변수가 모두 이직의도에 유의한 영향을 주었으며, 설명력은 31.7%였다. 그러나 모형 2는 이직의도에 4개의 독립변수는 물론 조직몰입과 직무만족의 상호작용도 유의한 영향을 주어(F=7.53, $p<.05$), 설명력을 33.2%로 1.5% 증가시켰다. [표 11-5]

[표 11-5] 조직몰입의 조절효과 (N=399)

	Model 1(부분모형)			Model 2(전체모형)		
	B	β	t	B	β	t
(상수)	.000		.000	.048		1.11
조직몰입	−.338	−.338	−6.55**	−.366	−.366	−7.07**
직무만족	−.381	−.381	7.75*	−.389	−.389	7.99**
시민행동	.104	.104	2.07*	.127	.127	2.54*
임파워먼트	.089	.089	.061	.090	.090	1.92
조직몰입*직무만족				−.094	−.134	−3.19**
$AdjR^2$	.317			.332	$\Delta AdjR^2$=.015	
F	47.12			40.61	F=7.53, p=.024	

$^*p < .05$　　$^{**}p < .001$

수정된 결정계수 증가분의 유의성 평가공식 적용(p 332 참조)

$$F = \frac{(.332 - .317)/(5-4)}{(1-.332)/(399-5-1)} = 7.534 \quad P = 1 - \text{CDF.F}(7.53, 4, 5) = .0240$$

6) 연습 문제

1 일반적으로 간호사의 직무스트레스가 적으면 이직의도가 낮아지는 것으로 보고되었다. 그러나 최근 간호사의 직무스트레스는 낮아도 직무소진을 높게 지각하는 집단의 이직의도가 높은 것으로도 보고되고 있다. 그렇다면 간호사의 직무소진이 직무스트레스와 이직의도에 조절효과가 있다고 할 수 있는가? 예제 11-5-1.sav

2 청소년의 온라인 게임 중독에 대한 연구이다. 일반적으로 게임에 대한 만족도가 떨어지는 경우에는 충성도도 떨어진다. 그러나 온라인 게임에 중독된 사용자들은 중독되지 않은 대상자들에 비해 만족도가 떨어져도 충성도는 많이 떨어지지 않을 것으로 보인다. 과연 중독이 만족과 충성도에 조절효과를 미치고 있는가? 예제 11-5-2.sav

6 로지스틱 회귀분석

다중회귀분석은 특정 현상을 예측하거나 관련된 변수를 파악하는 데 유용한 분석 기법이나, 종속변수가 이변량(예를 들어, 사건이 발생할 때와 발생하지 않을 때)으로 구성된 값을 가질 때는 사용할 수 없다. 로지스틱 회귀분석(logistic regression)은 명목척도와 같은 이변량의 값을 가지는 종속변수와 독립변수들의 관련성을 추정할 때 사용할 수 있는 회귀분석의 한 기법이다.

1) 문제의 정의

간호사 402명을 대상으로 독립변수인 조직몰입, 직무만족, 시민행동, 임파워먼트와 대상자 특성 변수들로 간호사의 이직의도 여부를 예측할 수 있는가? `제11장 예제6.sav`

이 가설을 검정하기 위해 사용될 변수는 다음과 같다.

변수	정의	척도
이직의도	• 0=없음 · 1=있음	명목(점수)
직무만족	• 현재의 직장을 떠나려는 의도로 조직구성원들이 직무에 대해서 가지고 있는 감성적이고 정서적인 선호도를 의미하며, 9문항(5점 척도)으로 구성됨.	비율(점수)
조직몰입	• 한 조직에 계속 남아 있으려는 성향으로, 7문항(5점 척도)으로 점수가 높을수록 조직몰입의 정도가 높음을 의미함.	비율(점수)
시민행동	• 조직의 공식적인 보상체계에 의해서 다른 인센티브나 보상을 받지 않으면서 조직에 도움을 주는 자발적인 행동을 의미하며, 14문항(5점 척도)으로 구성됨.	비율(점수)
임파워먼트	• 타인의 파워 증진을 위하여 서로 격려하고 지지하며 자원과 기회를 제공해 주는 과정으로 총 10문항(5점척도)으로 구성됨.	비율(점수)
대상자특성	• 직위: 0=있음, 1=없음 · 부서이동: 0=찬성, 1=반대 • 부서만족도: 0=보통, 1=만족	명목(점수)

로지스틱 회귀분석에서는 0의 값을 기준으로 상대적 비율(승산비)을 계산한다. 본 연구에서는 이직의도가 없는 간호사(0)에 비해 이직의도가 있는 간호사(1)의 상대적 비율이 중요한 의미를 가진다.

2) SPSS 분석

① 자료 입력 → 메뉴에서 분석(A) → 회귀분석(R) → 이분형 로지스틱(G)을 선택한다.

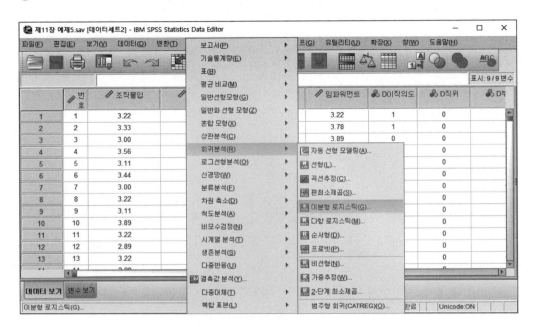

② 종속변수인 [D이직의도] → 종속변수(D)로, 독립변수인 [직무만족], [조직몰입], [소진], [조직몰입], [스트레스], [직위], [부서이동], [부서만족도] → 공변량(C)으로 이동한다.

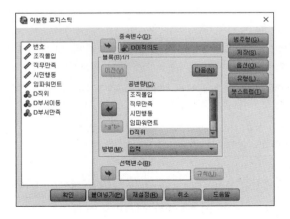

③ 공변량(C)에서 D부서이동, D직위, D부서만
족 → 범주형 공변량(T)으로 이동한다.

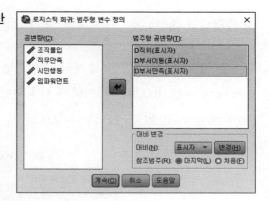

④ 범주형 공변량(T)에서 D부서이동(표시자),
D직위(표시자), D부서만족(표시자)를 동시
에 선택한다. 대비 변경에서 처음(F)을 클
릭한 후 변경(H)을 클릭하면 D부서이동(표
시자(처음)), D직위(표시자(처음)), D부서만
족(표시자(처음))으로 수정된다.

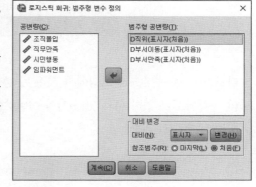

⑤ 다음으로 옵션(O) → 통계량
및 도표 → 분류도표(C),
Hosmer-Lemeshow 적합도
(H), exp(B)에 대한 신뢰구간(X)
을 체크한다.
⑥ 계속 → 확인을 클릭하면 결과
가 출력된다.

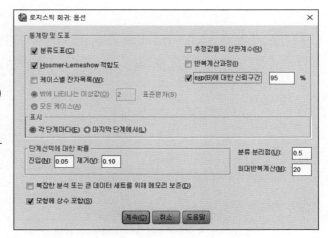

3) 출력결과 해석

다음은 SPSS View에 구해진 분석 결과 화면이다. 먼저 케이스 처리 요약(case processing summary)에는 402개의 데이터가 사용되었다는 것을 나타내고 있으며, 결측 데이터 (missing cases)는 없는 것으로 나타났다.

케이스 처리 요약

가중되지 않은 케이스[a]		N	퍼센트
선택 케이스	분석에 포함	402	100.0
	결측 케이스	0	.0
	전체	402	100.0
비선택 케이스		0	.0
전체		402	100.0

다음으로 종속변수 인코딩에서 사용된 종속변수의 코딩 형태가 나타나 있다. 즉, 간호사의 이직의도가 없다(0)와 있다(1)의 이변량(명목변수)으로 코딩되었다.

종속변수 인코딩

원래 값	내부 값
없음	0
있음	1

다음으로 분류표(classification table)에서는 0단계의 시작 블록을 보여주고 있다. 402개의 데이터가 이직의도가 없는 것을 전제하여 분류되었다.

분류표[a,b]

관측됨			예측		
			D이직의도		분류정확 %
			없음	있음	
0 단계	D이직의도	없음	242	0	100.0
		있음	160	0	.0
	전체 퍼센트				60.2

a. 모형에 상수항이 있습니다.

b. 절단값은 .500입니다.

다음으로 0단계(Step 0)의 방정식의 변수(variables in the equation)에서 방정식에 포함될 상수항에 관한 계수, 표준오차 등의 통계량이 제시되고 있다.

방정식의 변수

		B	S.E.	Wald	자유도	유의확률	Exp(B)
0 단계	상수항	-.414	.102	16.490	1	.000	.661

0단계에서는 방정식에 없는 변수를 가정으로 하고 분석한다. 즉, "투입되는 변수의 계수값이 모두 0이다"라는 귀무가설을 검정하는 것이다. 결과적으로 전체 통계량(overall statistics)의 유의확률이 .000이므로 "변수의 계수값이 모두 0이 아니다"라는 연구가설을 채택하게 된다. 따라서 변수의 계수값이 의미가 있으므로 계속 분석해도 좋다는 것을 의미한다.

방정식에 없는 변수

			점수	자유도	유의확률
0 단계	변수	조직몰입	32.280	1	.000
		직무만족	42.565	1	.000
		시민행동	.690	1	.406
		임파워먼트	.078	1	.780
		D직위(1)	7.494	1	.006
		D부서이동(1)	13.769	1	.000
		D부서만족(1)	46.254	1	.000
	전체 통계량		90.782	7	.000

다음의 표에는 단계(step), 블록(block), 모형(model)의 카이제곱값이 있다. 먼저, 카이제곱값의 차이는 절편항만을 포함하는 모형의 –2LL(Log Likelihood)값과 변수를 모두 포함한 모형의 –2LL값과의 차이를 나타낸다. 즉, 회귀모형의 F검정에 해당한다. 여기서의 귀무가설은 "절편항만 있는 모형과 변수를 포함한 모형 간에는 차이가 없다"이다. 결과적으로 유의확률(Sig.)이 .000이므로 변수를 포함한 모형이 의미가 있다는 것을 나타낸다.

모형 계수의 총괄 검정

		카이제곱	자유도	유의확률
1 단계	단계	102.591	7	.000
	블록	102.591	7	.000
	모형	102.591	7	.000

모형 요약(model summary)은 모델의 설명력을 나타내는 표로 회귀분석의 결정계수
(R^2)와 같은 의미이다. −2LL에 대해서는 앞의 모형 계수 전체 테스트(omnibus tests of
model coefficients) 표에서 설명하였다. 그 외에 Cox와 Snell과 Nagelkerke R제곱의 결
정계수가 있다. 결과를 보면 본 모형의 경우 Cox와 Snell의 결정계수에 의하면 22.5%의
설명력을 보여주며, Nagelkerke의 결정계수에 의하면 30.5%의 설명력을 보여준다.

모형 요약

단계	-2 로그 우도	Cox와 Snell의 R-제곱	Nagelkerke R-제곱
1	437.855ᵃ	.225	.305

Hosmer와 Lemeshow 검정은 관측값과 예측값이 얼마나 적합한지를 나타내주는 지
표이다. 이 값은 아래 표와 같이 보면서 이해하면 된다. 여기서 귀무가설은 "관측값과 예
측값은 차이가 없다"이다. 유의확률이 .309이므로 관측값과 예측값은 차이가 없다고 할
수 있다. 즉, 모형은 자료를 잘 적합시키고 있음을 의미한다.

= Hosmer와 Lemeshow 검정 =

단계	카이제곱	자유도	유의확률
1	9.406	8	.309

다음의 Hosmer와 Lemeshow 검정에 대한 분할표는 앞에서 언급한 유의확률을 검정
하는 것이므로 여기서는 설명을 생략한다.

Hosmer와 Lemeshow 검정에 대한 분할표

		D이직의도 = 없음 관측됨	D이직의도 = 없음 예측됨	D이직의도 = 있음 관측됨	D이직의도 = 있음 예측됨	전체
1 단계	1	39	37.354	1	2.646	40
	2	35	34.422	5	5.578	40
	3	33	32.517	7	7.483	40
	4	24	30.098	16	9.902	40
	5	27	26.932	13	13.068	40
	6	24	23.671	16	16.329	40
	7	20	19.935	20	20.065	40
	8	20	16.473	20	23.527	40
	9	15	12.704	25	27.296	40
	10	5	7.894	37	34.106	42

다음의 분류표는 모형이 얼마나 잘 적합되었는지를 평가하는 테이블로 관측된 결과 (observied)와 예측값을 비교한 결과가 나타나 있다. 결과를 보면 이직의도가 없는 사람에 대한 예측은 79.3%, 이직의도가 있는 사람에 대한 예측은 56.9% 정도이고, 전체적으로 보면 70.4% 올바로 예측하고 있다고 볼 수 있다.

분류표[a]

관측됨			예측		
			D이직의도		분류정확 %
			없음	있음	
1 단계	D이직의도	없음	192	50	79.3
		있음	69	91	56.9
	전체 퍼센트				70.4

다음으로는 여기서는 우리가 구한 로지스틱 회귀모형의 계수가 통계적으로 유의한지를 살펴볼 수 있으며, Exp(B)를 이용해서 승산비(odds ratio)도 계산할 수 있다. 분석 결과 조직몰입, 직무만족, 시민행동, 임파워먼트는 유의확률(Sig.) .000 ~ .042로 나타나 B=0이라는 귀무가설이 기각된다. 따라서 회귀계수는 유의하다고 할 수 있으며 이직의도에 영향을 미친다는 것을 알 수 있다.

회귀계수 이외에 로지스틱 회귀분석에서는 승산비라는 개념이 중요하다. 승산비란 결과에 대한 상대적 비율을 나타내는 척도이다. 일반적으로 승산비는 독립변수가 연속변수일 때보다는 명목변수일 때 더 잘 해석이 된다. 본 연구에서는 이직의도가 없는 사람(0)을 기준으로 이직의도가 있는 사람(1)의 승산비 Exp(B)를 구하는 연구이다. 따라서 이직을 생각하지 않는 사람(0)에 비해 이직을 생각하는 사람(1)의 조직몰입(3.54배), 직무만족(2.94배)이 높았으나 시민행동(0.39배)과 임파워먼트(0.56배)는 낮았다. 명목변수인 부서이동 찬반 여부, 직위, 부서만족도에 대해서 살펴보자. 이직을 생각하지 않는 사람(0)에 비해 이직을 생각하는 사람(1)의 승산비를 보면 부서이동을 찬성하는 사람보다 반대하는 사람(2.99배)이, 평간호사보다 주임간호사 이상(2.14배)이, 부서만족도가 보통인 사람보다 만족하는 사람(2.93배)이 높은 것으로 나타났다.

		B	S.E.	Wald	자유도	유의확률	Exp(B)	EXP(B)에 대한 95% 신뢰구간 하한	상한
1 단계[a]	조직몰입	1.263	.386	10.702	1	.001	3.536	1.659	7.535
	직무만족	1.079	.303	12.716	1	.000	2.942	1.626	5.325
	시민행등	-.950	.398	5.695	1	.017	.387	.177	.844
	임파워먼트	-.583	.286	4.136	1	.042	.558	.318	.979
	부서이동(반대)(1)	.760	.239	10.148	1	.001	2.139	1.340	3.414
	직위(주일이상)(1)	1.095	.420	6.804	1	.009	2.989	1.313	6.805
	부서만족(만족)(1)	1.075	.248	18.720	1	.000	2.929	1.800	4.765
	상수항	-3.519	1.399	6.328	1	.012	.030		

a. 변수가 1: 조직몰입, 직무만족, 시민행등, 임파워먼트, 부서이동(반대), 직위(주일이상), 부서만족(만족) 단계에 입력되었습니다.

다음의 그래프는 이직 여부에 대한 확률의 추정값을 히스토그램으로 나타낸 것이다. 각 개체에 사용된 0(이직생각 없음)과 1(이직생각 있음)은 실제로 속한 그룹을 나타낸다. 따라서 식별이 잘되었다면 .50을 기준으로 0인 개체들은 왼쪽에, 1인 개체는 오른쪽에 전부 위치해야 한다. 즉, 데이터들이 양쪽으로 정렬될수록 좋은 결과를 나타낸다.

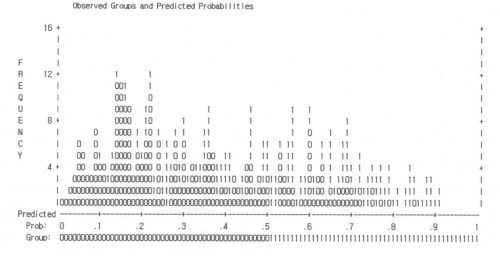

4) 연구 보고서

조직몰입, 직무만족, 시민행동, 임파워먼트와 부서이동 찬반 여부, 직위, 부서만족 정도가 간호사들의 이직의도에 미치는 영향요인이 무엇인지 검정하기 위해 로지스틱 회귀분석을 실시하였다. 그 결과, 회귀모형은 유의한 것으로 나타났으며(χ^2=102.591, p<.001), 모형의 설명력을 나타내는 Cox & Snell의 결정계수(R^2)는 22.5%로, Nagelkerke의 결정계수(R^2)도 30.5%의 설명력을 보여준다.

간호사는 이직을 생각하지 않는 사람(0)에 비해 이직을 생각하는 사람(1)의 조직몰입(3.54배), 직무만족(2.94배)이 높은 것으로 나타난 반면 시민행동(0.39배)과 임파워먼트(0.56배)는 오히려 낮았다. 부서이동을 찬성하는 사람보다 반대하는 사람이 2.99배, 평간호사보다 주임간호사 이상이 2.14배, 부서만족도가 보통인 사람에 비해 만족하는 사람이 2.93배 이직을 더 많이 생각하는 것으로 나타났다.

[표 11-6] 이직의도에 관한 로지스틱 회귀분석 결과(n=402)

독립변수	B	S.E.	Sig.	Odd Ratio	95% C.I
상수항	−3.52	1.40	.012	0.03	
조직몰입	1.26	.39	.001	3.54	1.66~7.54
직무만족	1.08	.30	<.001	2.94	1.63~5.32
시민행동	−.95	.40	.017	0.39	.18~.84
임파워먼트	−.58	.29	.042	0.56	.32~.98
부서이동(반대)	1.09	.42	.009	2.99	1.31~6.80
직위(주임이상)	.76	.24	.001	2.14	1.34~3.41
부서만족(만족)	1.07	.25	<.001	2.93	1.80~4.77

5) 연습 문제

1 병원에 대한 간호사들의 생각을 측정하여 이직의도가 없음, 있음(0, 1)을 예측하고자 부서만족, 직무만족, 조직몰입의 3가지 요인을 이용하여 365명의 간호사들을 대상으로 조사하였다. 이러한 요인들을 이용하여 간호사의 이직 여부를 예측할 수 있는가?

예제 11-6-1.sav

2 간호사의 이직은 막대한 재정적인 손실과 조직의 생산성과 효율성 저하 등의 문제를 야기할 수 있다. 간호사 250명을 대상으로 신체적 건강, 심리적 건강, 조직몰입, 이직 경험을 측정하였다. 이러한 요인들을 이용하여 간호사의 이직의도 여부를 예측할 수 있는가? 예제 11-6-2.sav

Chapter 12

구조방정식모델의 개요

SPSS / AMOS
Nursing and Health Statistical Analysis

지금까지 독립변수들과 종속변수의 인과관계를 분석하는 방법인 회귀분석을 살펴보았으며, 회귀분석의 개념을 확장한 모형인 로지스틱 회귀분석과 위계적 회귀분석에 대해서 살펴보았다. SPSS를 이용한 회귀분석은 종속변수가 1개일 경우에 사용할 수 있다. 따라서 여러 개의 독립변수가 1개의 종속변수와의 관계를 검정할 때는 유용하다. 그러나 연구자들이 연구하는 사회현상은 복잡한 인과관계를 가지고 있다. 예를 들어 병원의 서비스 품질(유형성, 신뢰성, 반응성, 확신성, 공감성)과 환자의 병원충성도(재방문)에 관한 연구를 한다고 하자. 단순히 서비스 품질이 병원충성도에 영향을 준다고 볼 수 없다. 병원의 서비스 품질이 좋으면 환자들은 병원에서 제공받는 서비스가 가치 있다고 생각할 것이고, 서비스가 가치가 있다고 판단되면 만족도가 올라가고, 만족도가 올라가면 병원을 재방문하려는 충성도가 높아질 것이다. 즉, 서비스 품질이 서비스 가치에 영향을 주고, 서비스 가치는 고객만족에 영향을 주고, 고객만족은 충성도에 영향을 준다고 할 수 있으며, 이를 모형으로 표현하면 다음과 같다.

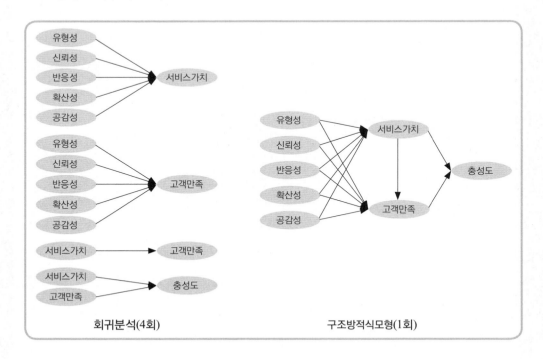

위의 모형에서도 나타나듯이 회귀분석으로 이 모형을 분석하면 총 4회의 회귀분석을 실시해야 한다. 또한 서비스 품질이 충성도에 미치는 영향력을 직접적인 모형을 통해 분석하지 못한다는 단점이 있다. 이를 해결하기 위하여 나온 분석 기법이 바로 구조방정식모형(모델)(SEM, Structural Equation Model)이다. 구조방정식모형은 복잡한 모형도 한번에 분석이 가능하다는 장점이 있다.

구조방정식모형을 이해하기 위해서는 먼저 변수의 종류에 대해서 이해할 필요가 있다. 인과분석에서 사용되는 변수의 종류는 다음과 같다.

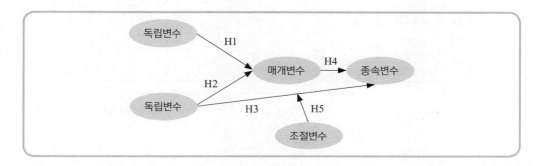

❶ 독립변수(independent): 영향을 받지 않고 영향을 주는 변수(H1, H2, H3)
❷ 종속변수(dependent): 영향만 받는 변수로 보통 연구의 최종 변수(H3, H4)
❸ 매개변수(mediating): 독립변수로부터 영향을 받고, 그 결과로 종속변수에 영향을 주는 변수(H4)
❹ 조절변수(moderating): 독립변수와 종속변수 간의 영향을 조절하는 변수(H5)

위의 서비스 품질 모형을 예로 들면, 서비스 품질의 5가지 변수가 독립변수가 되며, 서비스 가치와 고객만족은 매개변수가 된다. 마지막으로 충성도는 종속변수가 된다. 서비스 품질 모형에서는 조절변수는 사용되지 않았으나, 이미 11장의 조절 회귀분석에서 조절변수에 대한 내용을 언급하였다. 이처럼 사회과학 연구에서는 다양한 매개변수를 중간에 두고 연구가 이루어지는데, 이를 위해서는 회귀분석보다는 구조방정식모형을 사용하는 것이 더 좋다.

구조방정식모형은 요인분석과 회귀분석을 동시에 분석하는 연구 방법론으로 독립변수와 종속변수 간에 매개변수가 있을 경우 사용할 수 있다. 구조방정식모형은 측정모형(measurement model, 확인적 요인분석)과 구조모형(structural model, 회귀분석)이 결합된

형태로 구성되어 있으며, 여러 개의 방정식(회귀분석)을 이용해서 최적해를 도출하는 방법이다.

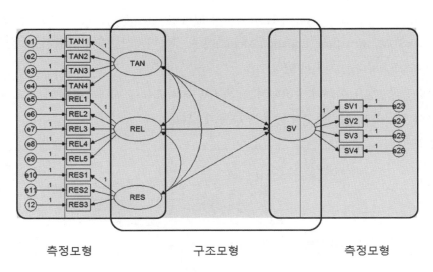

<table>
<tr><td>측정모형</td><td>구조모형</td><td>측정모형</td></tr>
</table>

2 AMOS의 화면구성

2-1 AMOS의 개요

AMOS(Analysis of Moment Structure)는 구조방정식모형 분석을 위한 목적으로 Arbuckle과 Werner에 의해 개발된 통계 소프트웨어이다. 이외에도 구조방정식모형 분석을 할 수 있는 소프트웨어로 LISREL(Linear Structural Relation), PLS(Partial Least Squares) 등이 있다. 일반적으로 사용자들 사이에서 AMOS 또는 LISREL을 방법론으로 혼동하는 경우가 많다. 앞서 회귀분석이라는 방법론이 있고, 회귀분석을 하기 위한 통계 소프트웨어로 SPSS 또는 SAS 등을 이용한다고 하였다. 마찬가지로 인과분석을 하기 위해 구조방정식모형이라는 방법론을 사용하는 것이고, 이를 검증하기 위한 소프트웨어로 AMOS, LISREL이라는 소프트웨어를 사용하는 것이다. 본 저서에서는 AMOS 24.0을 이용하여 분석하고자 한다.

2-2 AMOS의 화면구성

AMOS는 LISREL과는 달리 그래픽이 강화된 분석 도구이다. 아래와 같이 실행한다.

① 컴퓨터 하단의 **시작** → **모든앱** → IBM SPSS Statistics → AMOS Graphics를 실행한다.

　　AMOS를 실행하면 AMOS Input 창과 Output 창이 나타난다. Input 창은 분석할 모형을 만드는 창이고, Output 창은 분석 결과가 출력되는 창이다.

1) Input 창

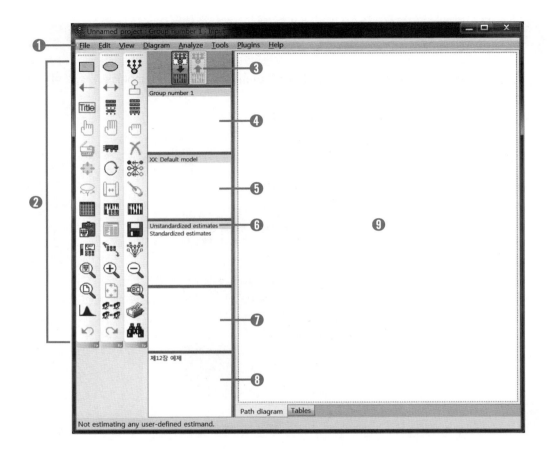

❶ 메뉴: AMOS Graphics에서 사용할 수 있는 모든 기능이 메뉴 형식으로 나열된다.

❷ 도구모음: 자주 사용하는 메뉴의 기능을 보다 간편하게 수행하기 위한 아이콘들을 모아놓은 곳이다.

❸ 결과 전환: 분석된 결과를 화면에 표시해준다.

❹ 집단 구분: 분석에 사용될 자료 집합을 나타낸다. Multi-Group 분석 시에 이용된다.

❺ 모델 정의: 분석할 모델을 정의한다. Multi-Group 분석 시에 이용된다.

❻ 결과 추정: 분석한 결과의 비표준화 및 표준화 값을 선택한다.

❼ 분석 결과: 최종 분석이 에러 없이 처리되었는지 표시해준다. Chi-square값이 표시되어야 분석이 완료된 것이다.

❽ 파일 보기: 폴더에 저장된 파일명을 보여준다.

❾ 경로창: 구조방정식모형을 그리는 창이다.

2) Output 창

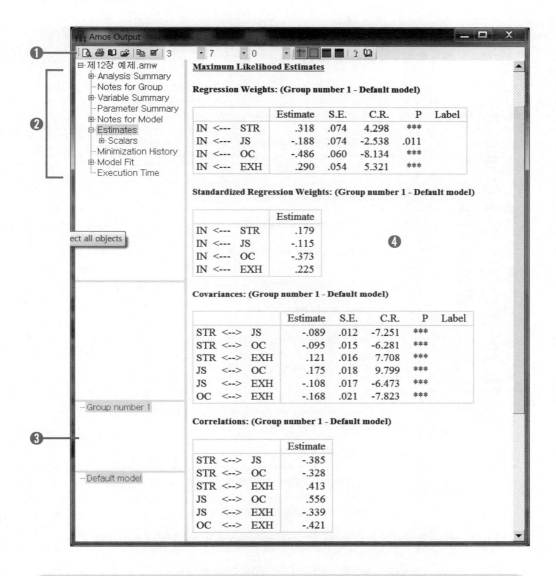

① 메뉴: AMOS Output에서 사용할 수 있는 모든 기능이 메뉴 형식으로 나열된다.

② 이동 트리: 세부 결과들을 볼 수 있도록 트리 구조로 메뉴가 구성되어 있다.

③ 집단 선택: Multi-Group 분석 시 집단별로 결과를 볼 수 있도록 집단을 선택한다.

④ 결과창: 세부 결과를 보여주는 창이다.

2-3 도구모음

AMOS에서서는 상단의 메뉴보다는 주로 아이콘 형태로 구성된 도구모음을 이용해서 모형을 만든다. 각각의 도구모음을 설명하면 다음과 같다.

▭	측정변수(observed variable)를 만들 때 사용
◯	잠재변수 또는 요인(unobserved variable)을 만들 때 사용
⚱	잠재변수에 측정문항을 만들 때 사용
←	경로(path)를 그릴 때 사용
↔	공변량(상관관계)를 그릴 때 사용
⚲	측정변수에 오차항을 그릴 때 사용
▤	데이터 집합에 있는 측정변수의 리스트를 나타낼 때 사용
👆	하나의 개체를 선택할 때 사용
✋	화면에 있는 모든 개체를 선택할 때 사용
🖐	선택된 개체를 모두 해제할 때 사용
🖨	개체를 복사할 때 사용
🚚	개체를 이동시킬 때 사용
✕	개체를 삭제할 때 사용
↻	잠재변수의 측정문항을 회전시킬 때 사용
⚛	잠재변수의 측정문항을 반대로 보낼 때 사용
🎻	요인과 변수들 사이의 경로 선이나 공변량 선을 보기 좋게 정렬할 때 사용
▦	모형에서 사용할 데이터 집합을 선택할 때 사용
▥	모형의 옵션을 선택할 때 사용
▦	모형을 분석할 때 사용
▤	분석된 최종 결과물을 볼 때 사용
👥	다집단 구조방정식모형일 때 사용

3 AMOS 사용법

11장 회귀분석에서 사용한 모델을 이용하여 **AMOS**를 사용하는 방법을 배우고, 회귀분석의 결과와 차이가 있는지 검증해보자.

1) 문제의 정의

간호사의 이직의도에 영향을 미치는 요인을 분석하기 위하여 이직의도, 직무만족, 조직몰입, 소진, 스트레스에 대한 자료를 설문지를 이용하여 수집하였다. 간호사의 이직의도에 유의하게 영향을 미치는 변수는 무엇인가? 제12장 예제1.sav

2) AMOS 분석

① AMOS Graphics를 실행한 후, ☐를 선택하여 측정문항을 하나 그린다.

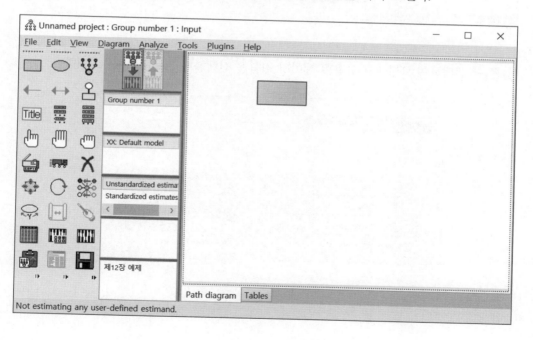

② 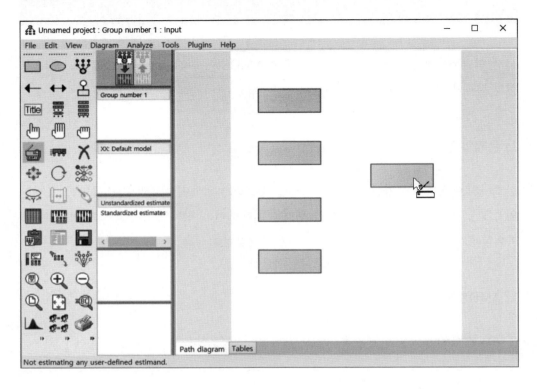를 선택하여 측정문항을 5개 만든다.

③ ▦를 선택하여 모형에서 사용할 데이터 집합을 선택한다. File Name을 클릭한다.

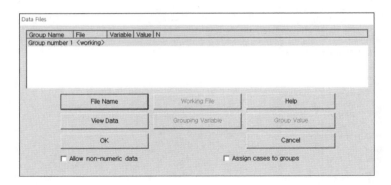

④ **[제12장 예제1.sav]를 선택한다.**

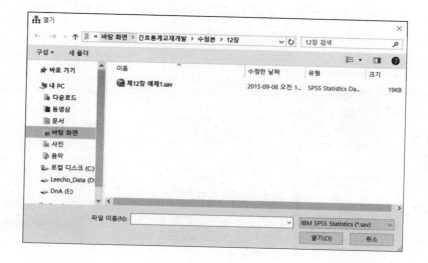

⑤ 데이터를 선택할 수 있는 아래와 같은 화면이 보일 것이다. N은 분석에 사용할 데이터
의 수이다.

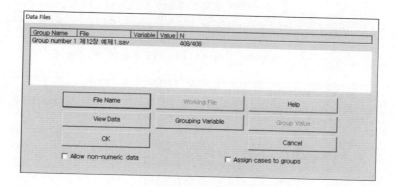

⑥ 를 선택하면 아래와 같이 데이터 집합에 들어 있는 측정변수들의 리스트가 보인다.

⑦ 데이터 집합에 있는 리스트를 마우스로 선택하여 측정문항으로 이동하면 변수명이 자동으로 생성된다. 직접 변수명을 입력해도 되지만 오류가 발생할 가능성이 높기 때문에 이와 같은 방법을 사용하는 것이 좋다.

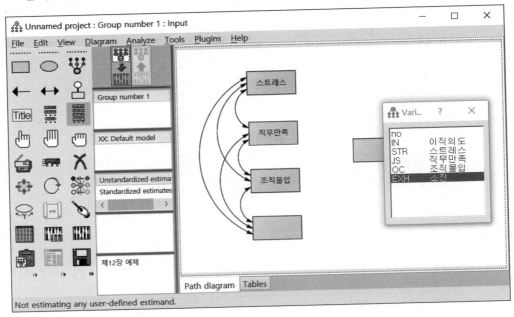

⑧ ↔를 선택한 후 왼쪽 변수들을 서로 연결하여 상관관계를 그려준다.

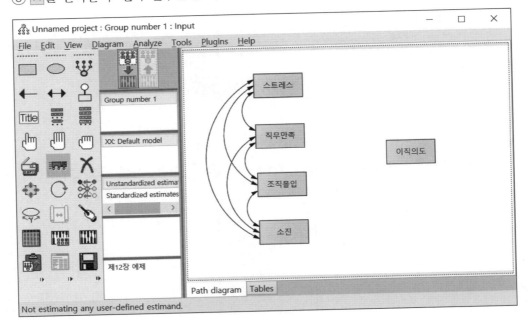

⑨ 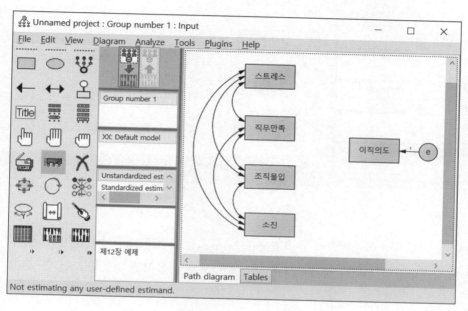를 선택하여 측정문항에 마우스 커서를 놓고 클릭하면 자동으로 측정문항에 오차항이 생긴다. 이때 오차항은 측정문항의 위쪽에 생기는데, 오차항을 계속 클릭하면 오차항이 오른쪽으로 회전한다. 독립변수는 왼쪽에, 종속변수는 오른쪽에 위치하는 것이 좋다.

⑩ 오차항에 텍스트를 입력한다. 오차항에 마우스 커서를 놓고 오른쪽 버튼을 누르면 메뉴가 나타난다. Object Properties를 선택한다.

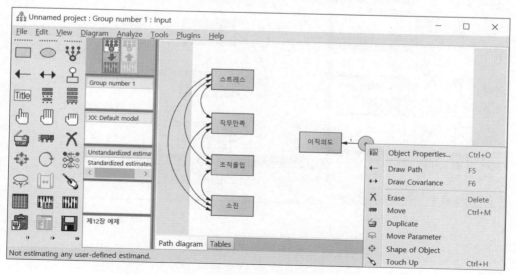

⑪ Variable name → [e1]을 입력한다. 오차항은 error의 약자로 보통 [e]로 표시한다.

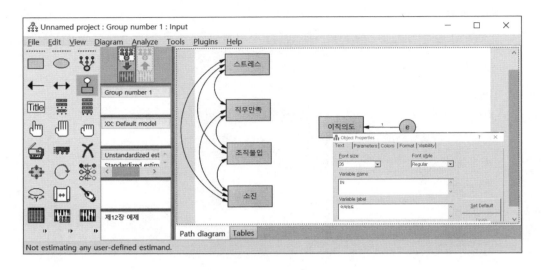

⑫ ←를 선택하여 독립변수와 종속변수 간에 경로를 그린다. 마우스 왼쪽 버튼을 클릭하여 측정문항을 선택한 상태에서 원하는 문항으로 이동하면 경로를 그릴 수 있다.

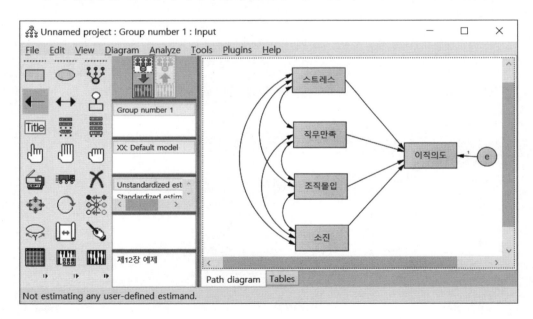

⑬ 측정문항들 사이의 경로가 정리되지 않았다면, ✎를 이용하여 측정문항을 한 번씩 선택해주면 자동으로 정리된다.

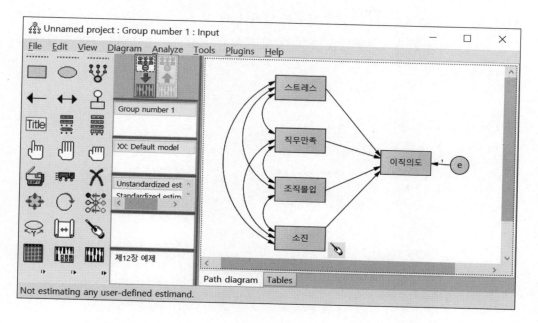

⑭ ▦를 선택하여 결과에서 보여줄 옵션을 선택한다. [Output] → [Standardized estimates], [Squared multiple correlation]을 선택한다.

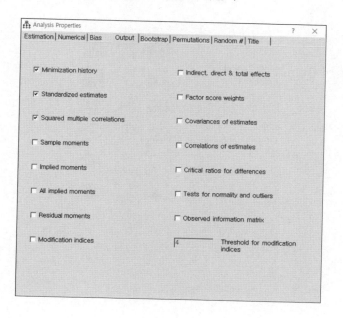

Standardized estimates는 표준화된 계수를 보여주는 옵션이다. 이 옵션을 선택하지 않으면 비표준화된 계수만 보여준다. Squared Multiple correlation(SMC)은 회귀분석에서의 R^2과 같은 것으로 독립변수가 종속변수를 얼마나 잘 설명하는지를 보여준다. 여기서는 종속변수가 하나지만, 실제로 구조방정식모형을 사용하면 모든 종속변수마다 설명력이 계산된다.

⑮ File → Save를 선택하여 모형을 저장한다.

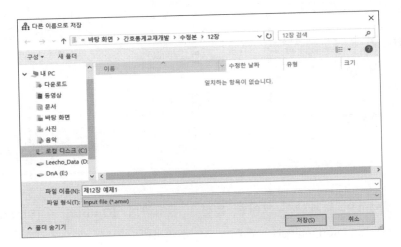

⑯ 를 클릭하여 모형을 실행한다.
⑰ 를 클릭하여 Output 창을 실행한다.

3) 출력결과 해석

AMOS Output 창의 결과는 다음과 같다. 자세한 사항은 다음 장에서 설명하고, 여기서는 11장 회귀분석의 결과와 비교해보자. 경로계수의 값은 Estimates → Scalars → Standardized Regression Weights에 나타나 있다.

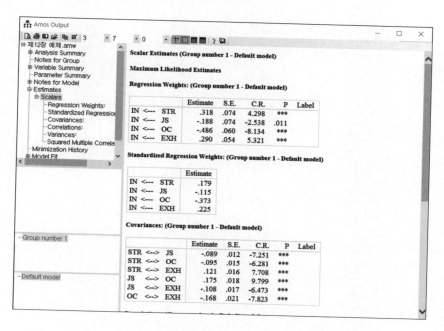

아래의 표는 회귀분석의 결과와 구조방정식모형(SEM)의 결과를 비교해놓은 표이다. 표에서 보는 것과 같이 하나의 종속변수를 이용할 때는 거의 유사한 결과가 나오는 것을 볼 수 있다.

독립변수	B		S.E.		β		t	
	회귀	SEM	회귀	SEM	회귀	SEM	회귀	SEM
스트레스	.318	.318	.074	.074	.179	.179	4.298	4.298
직무만족	-.188	-.188	.074	.074	-.115	-.115	-2.538	-2.538
조직몰입	-.486	-.486	.060	.060	-.373	-.373	-8.134	-8.134
소진	.290	.290	.055	.054	.225	.225	5.321	5.321

구조방정식모델 분석

SPSS / AMOS
Nursing and Health Statistical Analysis

1-1 구조방정식모델의 이해

구조방정식모델은 측정모형과 구조모형을 동시에 구할 수 있는 모형이지만, 연구 및 논문을 쓰는 관점에서는 2번에 걸쳐서 연구가 진행되어야 한다. 회귀분석에서도 설명한 것처럼, 중요한 것은 연구 도구의 타당도이다. 즉, 연구에서 사용된 요인들이 타당한 측정문항으로 구성되어 있다는 것이 전제가 되어야 연구의 결과가 의미 있는 것이다. 타당하지 않은 측정문항으로 구성된 요인을 이용해서 분석한 결과는 의미가 없다. 또한 타당하지 않은 측정문항을 사용하면 연구모델의 적합도가 떨어진다. 따라서 구조모형을 하기 이전에 측정모형을 통해 연구 도구의 타당도를 먼저 검정해서 의미 없는 문항을 제거하고 분석해야 전체모형의 적합도가 의미 있게 된다.

타당한 연구 또는 논문이 되기 위해서는 아래와 같은 절차를 통해서 연구가 이루어져야 한다.

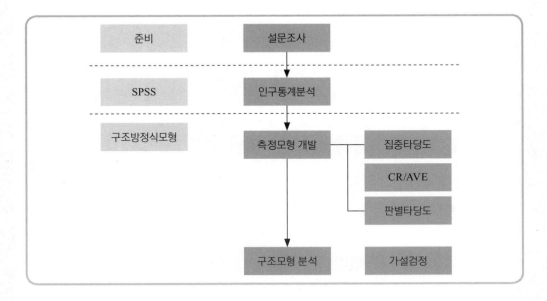

① SPSS를 이용하여 대상자의 인구통계학적 특성을 분석한다.

② 측정모델을 개발한다. 측정모델은 AMOS 24.0을 이용한 확인적 요인분석을 이용한다. 측정모델의 개발을 통해 연구에서 사용하고자 하는 요인들의 집중타당도(convergent validity), 개념신뢰도(CR, Construct Reliability), 평균분산추출지수(AVE, Average Variance Extracted)와 판별타당도(discriminant validity)를 검증한다.

③ 연구 모형의 가설을 검정하기 위해 AMOS 24.0을 이용한 구조방정식모형분석을 실시한다.

그러나 지금까지 나온 간호 분야의 많은 연구들을 분석해보면 연구 도구의 타당도를 검증하는 방법을 사용하지 않고, 수정지수(modification indices)값을 이용하고 있다. 수정지수를 이용하는 것이 틀렸다는 것이 아니다. 수정지수는 하나의 수치에 불과하다. 즉, 수정지수는 변수들 간의 오차상관이 추가되었을 때, 또는 변수들 간의 경로가 추가되었을 때의 모든 모수의 변화량을 AMOS라는 통계 패키지가 자동으로 구해준다. 따라서 변수 간의 오차상관을 추가하거나, 변수 간의 경로를 추가하기 위해서는 수정지수의 값만 보고 추가해서는 안 되며, 이론적으로 합당한 설명이 있어야 한다.

다음의 그림을 통해서 설명해보자. 먼저, 그림과 같이 기본모형을 설정한 후에, AMOS 분석을 통해서 수정지수가 가장 높은 오차상관을 추가하여 수정모형을 만들었다고 하자. 이때 측정문항 FA1의 오차인 e1과 DF의 오차인 e10이 서로 상관관계가 있다고 수정모형에 나와 있어서 수정모형처럼 추가하였다. 그러나 모형의 적합도가 낮아서 다시 e2와 e3, e4와 e6, e5와 e9의 오차상관을 추가하였다. 수정지수가 높은 오차상관을 추가했기 때문에 모형의 적합도는 올라갔을 것이다. 그러나 논리적으로 볼 때 독립변수 FA의 하나의 측정문항인 FA1의 오차(e1)가 종속변수인 DF의 오차(e10)와 연결될 수 있을까? 하나의 요인(FA)에 속해 있는 측정문항의 오차(e2)가 다른 요인에 속해 있는 측정문항의 오차(e3)와 이론적으로 어떻게 연결될 수 있을까? 특별한 경우에는 이러한 오차상관이 의미가 있을 수도 있지만, 이론적으로 설명할 수 없는 경우가 대부분일 것이다. 따라서 수정지수를 이용해서 모델을 수정하는 것은 매우 어려운 작업이며, 수정지수를 이용해서 모델을 수정할 경우에는 왜 오차상관과 경로를 추가했는지에 대한 이론적인 설명이 필요하다.

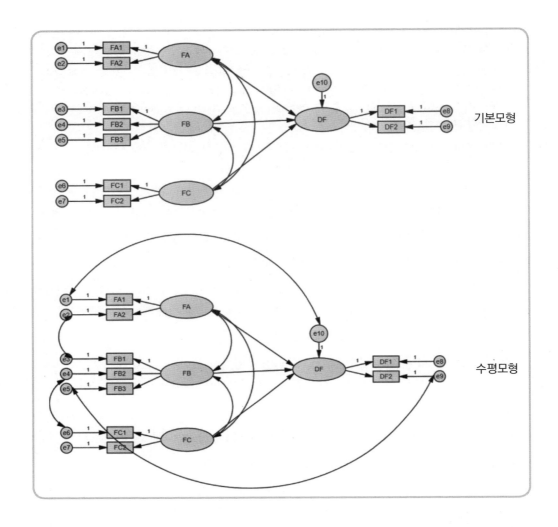

기본모형

수평모형

1-2 타당도와 신뢰도 검정 방법

확인적 요인분석을 통해서 측정모형을 개발한다는 것은 측정문항과 요인들 간의 타당도와 신뢰도를 검증하는 방법이다. 타당도는 집중타당도와 판별타당도를, 신뢰도는 CR(개념신뢰도)과 AVE(평균분산추출)를 검증해야 한다. 이렇게 측정모형을 개발함으로써 연구모형의 개념타당도에 대해 전반적인 평가가 가능하며, 타당도가 충족된 상태에서 구조모형을 검정하는 것은 이해타당도(nomological validity)에 대한 평가에도 공헌하게 된다. 확인적 요인분석은 독립변수와 매개변수, 종속변수를 모두 포함한 상태에서 검증되어야 한다.

먼저, 집중타당도란 측정항목이 관련 요인과 높은 관계를 가지고 있어야 한다는 것을 의미한다. SPSS의 요인분석과 마찬가지로, 확인적 요인분석을 통해 요인과의 타당도가 떨어지는 측정항목을 제거한다. 이는 다음과 같은 기준을 이용해서 제거해준다.

① 표준요인부하량 검정(Standardized Factor Loadings): FL > .70 (또는 .60) 요인과 측정문항 간의 관계를 엄격하게 적용하고 싶을 경우에는 .70 이상을 기준으로 두며, 탐험적인 연구나 측정문항이 많은 경우에는 .60 이상으로 기준을 두기도 한다.[1]
② 다중상관제곱 검정(Squared Multiple Correlations): SMC > .50
③ 측정오차 검정(variance): 낮을수록 좋다. CR, AVE 값에 반영된다.

다음으로, 측정변수들의 요인에 대한 신뢰도를 평가하기 위하여 CR과 AVE를 검증해야 한다. CR과 AVE는 AMOS에서 자동으로 계산해주지 않으므로, 직접 계산해야 한다. 엑셀을 이용해서 계산할 수 있으며, 뒤의 예제에서 사용 방법을 배워보자.

① 개념신뢰도: CR > .70

계산식: $CR = \dfrac{(\sum \lambda)^2}{(\sum \lambda)^2 + \sum \delta}$, λ = 표준부하량(FL), δ = 측정오차(V)

② 평균분산추출: AVE > .50

계산식: $AVE = \dfrac{(\sum \lambda)^2}{\sum \lambda^2 + \sum \delta}$, λ = 표준부하량(FL), δ = 측정오차(V)

마지막으로 판별타당도란 요인들 간의 관계가 어느 정도 독립적이어야 한다는 것이다. 요인분석에서는 varimax 방법을 이용해서 요인들 간의 상관관계를 0으로 만든다. 사람의 행태 연구에서 요인들 간의 상관관계가 0일 수는 없다. 따라서 SEM에서는 어느 정도 요인들 간의 상관관계를 허용한다. 그러나 요인들 간의 상관관계가 일정 수준을 넘어선다면 문제가 발생한다. 따라서 아래와 같은 기준을 두고 판별타당도를 검증한다.

① 판별타당도: 행렬의 상관계수 < $\sqrt{AVE}$

---

[1] 요인과 측정문항 간의 관계를 엄격하게 적용하고 싶을 경우에는 .70 이상을 기준으로 두며, 탐험적인 연구나 측정문항이 많은 경우에는 .60 이상으로 기준을 두기도 한다.

이를 표로 정리하면 다음과 같다. 각 행렬에서 요인들 간의 상관계수가 요인이 가지고 있는 $\sqrt{AVE}$값보다 작을 때 판별타당도가 있다고 할 수 있다.

	요인1	요인2	요인3	요인4
요인1	$\sqrt{AVE}$			
요인2	Corr12	$\sqrt{AVE}$		
요인3	Corr13	Corr23	$\sqrt{AVE}$	
요인4	Corr14	Corr24	Corr34	$\sqrt{AVE}$

2 측정모형

2-1 문제의 정의

SERVPERF를 기반으로 한 의료서비스 품질요인의 타당도를 검정하고, 측정된 의료서비스 품질과 의료서비스 가치, 환자만족, 환자충성도 간에는 어떤 인과관계가 있는지를 살펴보고자 한다. 또한 의료서비스 품질의 요인을 5개 차원으로 분류하여 어떤 서비스 품질 차원이 서비스 가치 및 만족에 영향을 주는지에 대해서 구체적으로 설명하고자 한다.[2]

제13장 예제.sav

이 가설을 검정하기 위해 사용될 변수는 다음과 같다.

변수	정의(definition)	척도(measure)
유형성(TAN)	• 병원의 물리적 시설, 장비, 의료 종사원의 외양으로, 4문항으로 구성	비율(점수)
반응성(RES)	• 환자를 돕고 신속한 서비스를 제공하려는 태세로, 4문항으로 구성	비율(점수)
공감성(EMP)	• 병원이 환자에게 제공하는 개별적 배려와 관심으로, 5문항으로 구성	비율(점수)

---

2 지면의 한계로 인해 서비스 품질 5가지 요인 중에서 유형성, 반응성, 공감성 3가지 요인만 투입변수로 사용하였다.

변수	정의(definition)	척도(measure)
서비스 가치(SV)	• 환자가 인지하는 의료서비스 질과 그 서비스를 얻기 위한 희생 간의 차이로, 4문항으로 구성	비율(점수)
고객만족(CS)	• 환자의 충족 상태에 대한 반응으로서, 의료서비스를 유쾌한 수준에서 받아들인 정도로, 3개 항목으로 측정	비율(점수)
고객충성도(CL)	• 환자의 이전 경험과 미래에 대한 기대를 기반으로 병원을 재방문하고자 하는 의도 등을 3개 항목으로 측정	비율(점수)

본 장에서 사용될 연구모형은 다음과 같다.

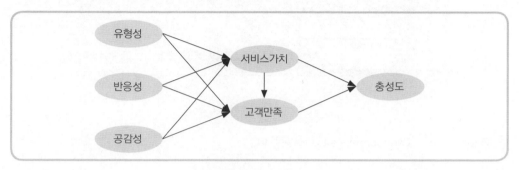

2-2 기초모형 분석

1) AMOS 분석

① 먼저 자료를 수집한 후에 다음과 같이 입력한다.

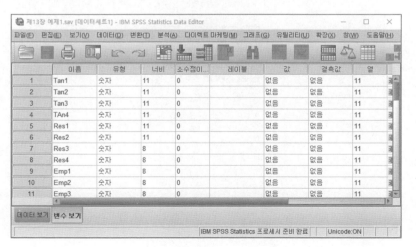

② 세로로 되어 있는 모델의 출력 형태(인쇄 시 출력되는 범위)를 가로로 바꾼다. View →
Interface Properties를 선택한다.

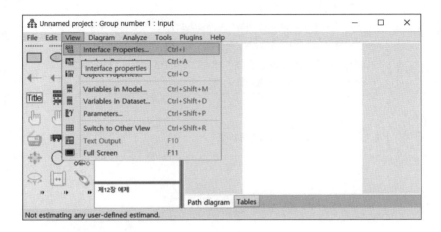

③ Paper Size → Landscape - A4를 선택한다.

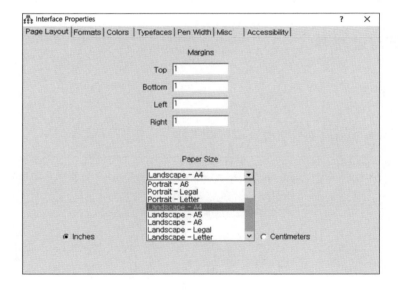

④ 아래 결과 화면과 같이 가로로 바뀌었다.

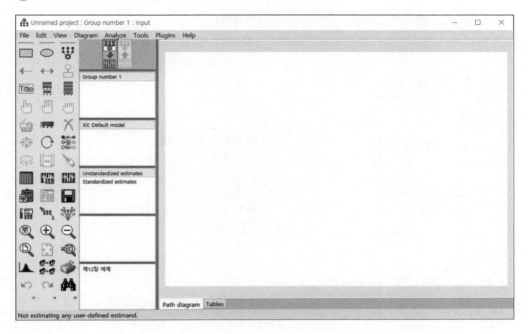

⑤ ◯를 선택하여 잠재요인을 하나 그린 후에, ⬛를 선택하여 아래 그림처럼 잠재요인을 6개 만든다. 단, 잠재요인을 만드는 순서에 따라서 결과가 출력이 되기 때문에 순서에 유의해야 한다.

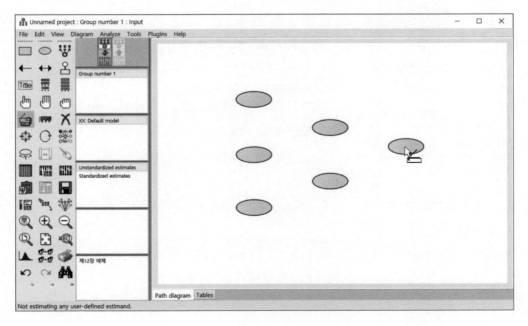

⑥ 잠재변수에 텍스트를 입력한다. 잠재변수에 마우스를 가져간 후 오른쪽 버튼을 누르면 메뉴가 나타난다. Object Properties를 선택한다.

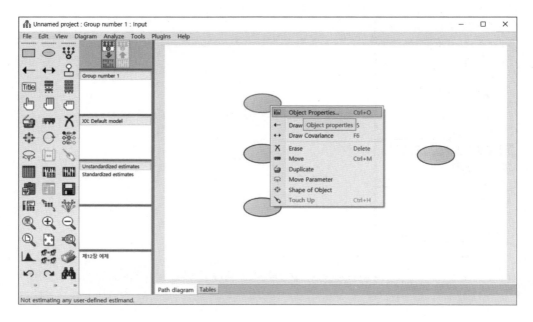

⑦ Variable name → [TAN]을 입력한다.

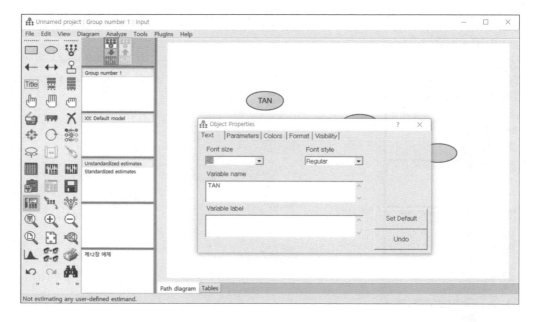

⑧ 아래와 같이 모든 잠재변수를 입력한다.

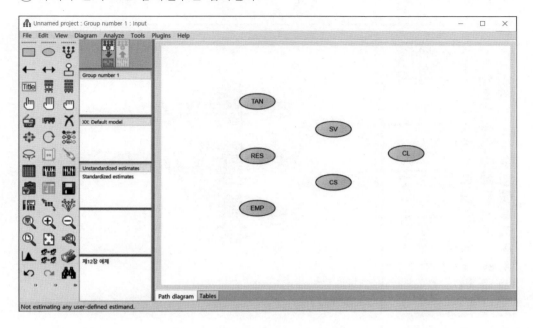

⑨ 🔱을 선택하여 잠재요인에 측정문항을 붙인다. 필요한 측정문항만큼 클릭하면 측정
문항이 만들어진다. [TAN] → 4, [RES] → 4, [EMP] → 5, [SV] → 4, [CS] → 3, [CL] →
4개를 만든다.

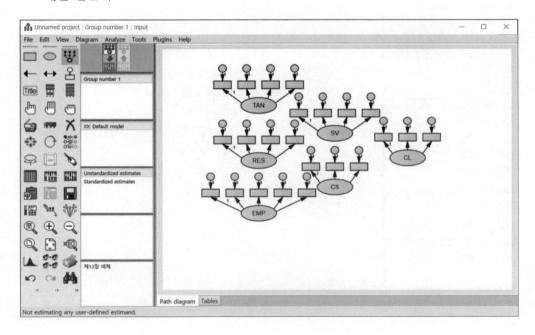

⑩ 🔄를 이용하여 잠재요인의 측정문항을 오른쪽으로 회전시킨다.

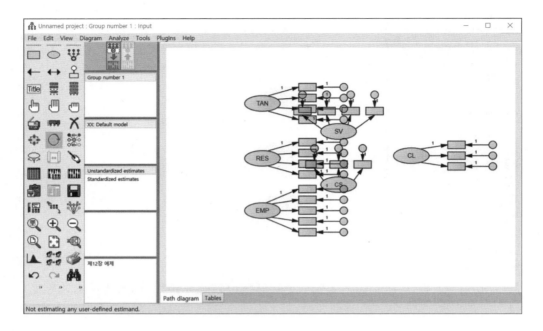

⑪ 🔳를 이용하여 잠재요인의 측정문항을 왼쪽으로 보낸다.

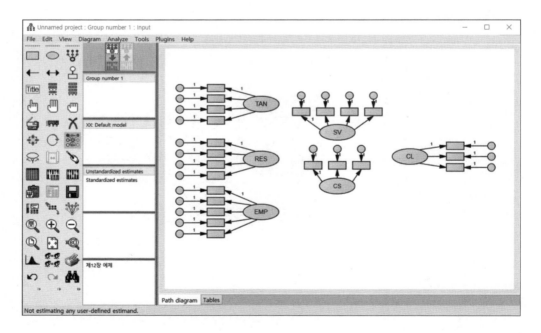

⑫ 아래 화면과 같이 완성한다. CS의 경우에 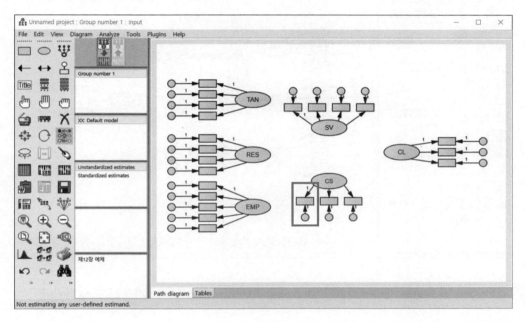를 3번 클릭해야 한다. CL과 연결된 측정변수 ▭ 3개 중 하나는 1로 표시되어 있는데, 1이 표시된 ▭가 가장 왼쪽(또는 위)에 위치해야 한다. 나중에 결과에 표시되는 순서는 변수가 만들어진 순서를 따르기 때문에 순서에 유의해서 작성한다.

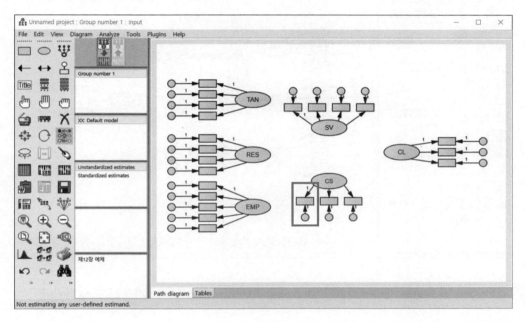

⑬ ▦를 선택한 후, File Name을 선택하여 사용할 데이터 집합을 선택한다. [제13장 예제.sav] 파일을 선택한다.

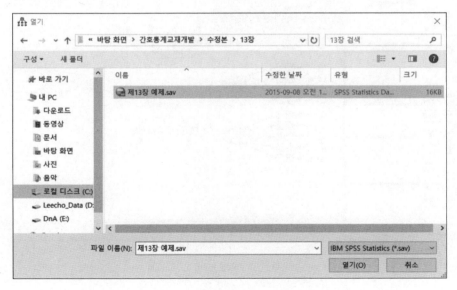

⑭ 🔳를 선택하면 아래와 같이 데이터 집합에 들어 있는 측정변수들의 리스트가 보인다.

⑮ 데이터 집합에 있는 리스트를 마우스로 선택하여 측정문항으로 이동한다.

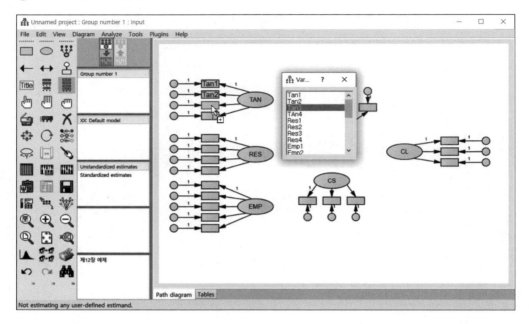

⑯ Plugins → Name Unobserved Variables를 선택하면, 오차항이 자동으로 입력된다.

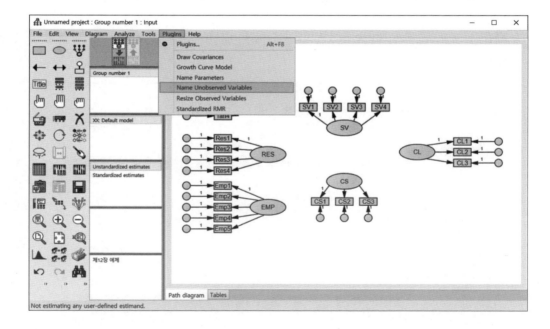

이전에는 아래와 같이 직접 오차항을 입력했으나 Plugins를 사용하면 간단하게 오차항을 입력할 수 있다.

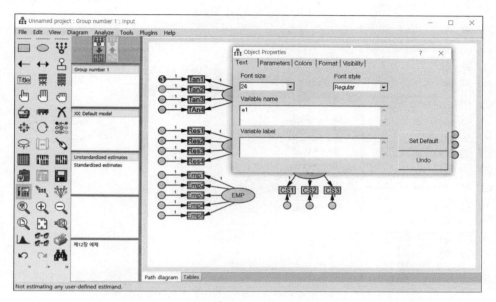

⑰ 확인적 요인분석을 위하여 잠재요인들 간의 상관관계를 그려준다. ↔을 이용하여 5개 잠재요인들과의 상관관계를 일일이 그려줄 수도 있지만, 오차항처럼 Plugins를 이용하여 처리할 수도 있다. 먼저 ✋를 이용하여 TAN을 포함한 5개 변수를 선택한다. 선택한 변수는 파란색으로 바뀐다.

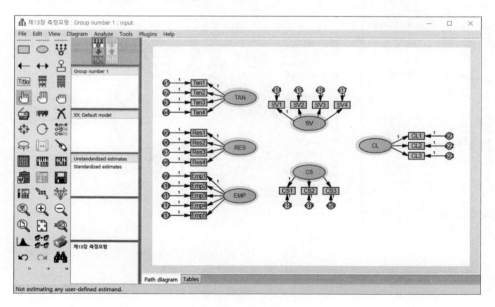

⑱ Plugins → Draw Covariances를 선택하면, 상관관계가 자동으로 그려진다.

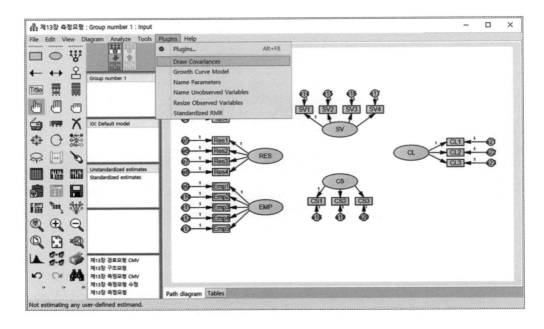

⑲ 🖐를 이용하여 선택을 해제하면 아래와 같이 최종 모형이 완성된다.

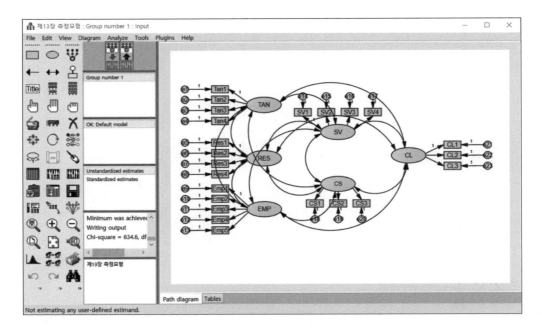

⑳ File → Save를 선택하여 [제13장 **측정모형**.amw]로 모형을 저장한다.

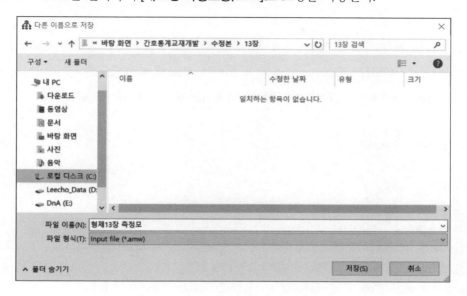

▦를 선택하여 결과에서 보여줄 옵션을 선택한다.

[Output] → [Standardized estimates], [Squared multiple correlation]을 선택한다.

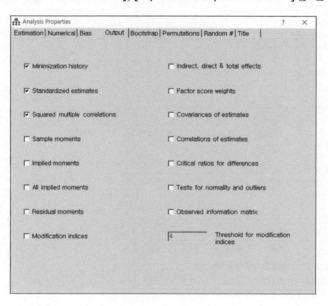

㉑ ▦를 클릭하여 모형을 실행한다.

㉒ ▦를 클릭하여 Output 창을 실행한다.

2) 결과 분석

먼저, 본 연구에서 사용된 연구모형의 적합도를 살펴보자. 모델의 적합도는 Model Fit에 표시되어 있다. CMIM은 chi-square값을 의미한다. 모델의 적합도를 평가하는 지표와 기준은 아래와 같다. 아래의 지표를 대부분 만족하면 좋은 모델이라고 볼 수 있다

① P(CMIN): < 0.05
② CMIN/DF: < 3
③ GFI(Goodness-of-fit Index): ≧ 0.9 (또는 0.8)
④ AGFI(Adjusted Goodness-of-fit Index): ≧ 0.8
⑤ NFI(Normed Fit Index): ≧ 0.9
⑥ CFI(Comparative Fit Index): ≧ 0.9
⑦ RMR(Root Mean Square Residual): ≦ 0.05(또는 0.1)
⑧ RMSEA(Root Mean Square error of approximation): ≦ 0.05(또는 0.1)

아래 결과를 보면 본 연구모형의 경우 GFI=0.886으로 기준에 미달된 것을 볼 수 있다. 물론 기준을 0.8로 보는 연구도 있으나, 이는 뒤에서 집중타당도의 검증 결과를 모두 통과한 후에도 0.9가 넘지 않을 때 이용할 수 있다.

CMIN

Model	NPAR	CMIN	DF	P	CMIN/DF
Default model	61	634.649	215	.000	2.952
Saturated model	276	.000	0		
Independence model	23	8911.978	253	.000	35.225

RMR, GFI

Model	RMR	GFI	AGFI	PGFI
Default model	.060	.886	.854	.690
Saturated model	.000	1.000		
Independence model	.610	.158	.081	.145

Baseline Comparisons

Model	NFI Delta1	RFI rho1	IFI Delta2	TLI rho2	CFI
Default model	.929	.916	.952	.943	.952
Saturated model	1.000		1.000		1.000
Independence model	.000	.000	.000	.000	.000

RMSEA

Model	RMSEA	LO 90	HI 90	PCLOSE
Default model	.068	.062	.074	.000
Independence model	.284	.279	.289	.000

다음으로 집중타당도를 검증하기 위하여 Estimates → Scalars → Standardized Regression Weights로 이동한 후 표준요인부하량(FL)을 검정한다. FL의 기준값은 > 0.7 이다. 아래 결과에서 보듯이 [TAN3], [RES1], [EMP5]가 기준값보다 작은 것으로 나타 났다. 따라서 Input 창으로 들어가서 위의 변수를 제거한 후에 다시 모형의 타당도를 검 증해야 한다.

Standardized Regression Weights: (Group number 1 - Default model)

	Estimate
TAN1 <--- TAN	.863
TAN2 <--- TAN	.852
TAN3 <--- TAN	.578
TAN4 <--- TAN	.837
RES1 <--- RES	.567
RES2 <--- RES	.826
RES3 <--- RES	.880
RES4 <--- RES	.873
EMP1 <--- EMP	.816
EMP2 <--- EMP	.866
EMP3 <--- EMP	.891
EMP4 <--- EMP	.842
EMP5 <--- EMP	.605
SV1 <--- SV	.840
SV2 <--- SV	.914
SV3 <--- SV	.883
SV4 <--- SV	.812
CS1 <--- CS	.833
CS2 <--- CS	.951
CS3 <--- CS	.922
CL1 <--- CL	.919
CL2 <--- CL	.961
CL3 <--- CL	.960

2-3 수정모형 분석

① Input 창으로 들어가서, ⊠를 선택한 후 [TAN3], [RES1], [EMP5]를 제거한다. 제거할 때 오차항도 같이 제거해준다.

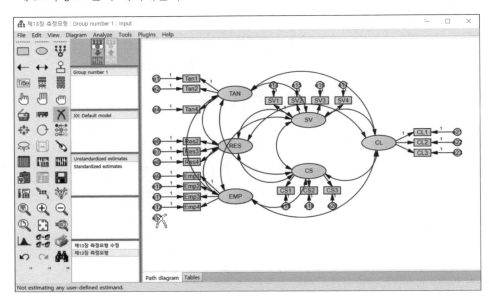

② ▦를 클릭하여 모형을 실행하면 에러 메시지가 나타난다. 확인적 요인분석에서는 요인(◯)과 측정문항(▢) 사이의 요인경로 중 하나는 꼭 1이 되어야 한다.

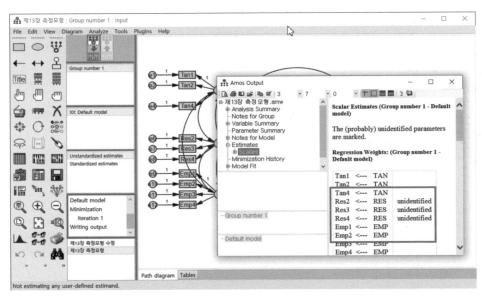

③ 아래와 같이 [RES] → [RES2] 사이의 경로를 선택하여 Object Properties를 선택한다.
[Parameters]로 이동한 후에 [Regression weight] → 1을 입력한다.

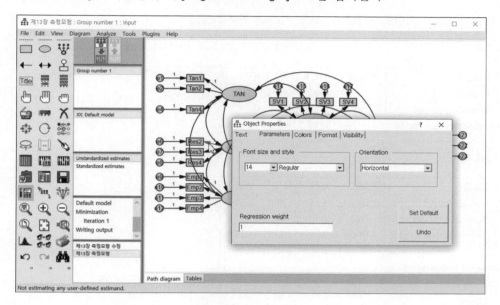

④ File → Save As를 선택하여 [제13장 측정모형 수정.amw]로 모형을 저장한다.

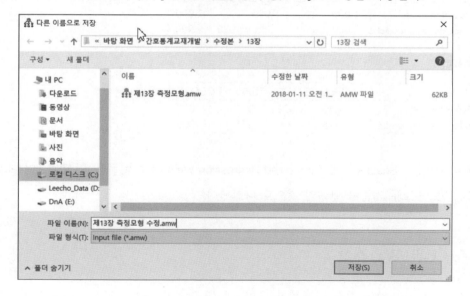

⑤ ▥를 클릭하여 모형을 실행한다.
⑥ ▦를 클릭하여 Output 창을 실행한다.

먼저, Model Fit로 이동하여 수정된 모형의 적합도를 살펴보자. 아래의 결과를 보면 초기모형의 GFI=0.886이었으나, 수정된 연구모형의 경우에는 GFI=0.914로 올라간 것을 볼 수 있다. 그 외 적합도 지표들도 모두 기준을 만족하고 있다.

CMIN

Model	NPAR	CMIN	DF	P	CMIN/DF
Default model	55	390.690	155	.000	2.521
Saturated model	210	.000	0		
Independence model	20	8196.715	190	.000	43.141

RMR, GFI

Model	RMR	GFI	AGFI	PGFI
Default model	.039	.914	.884	.675
Saturated model	.000	1.000		
Independence model	.646	.164	.076	.148

Baseline Comparisons

Model	NFI Delta1	RFI rho1	IFI Delta2	TLI rho2	CFI
Default model	.952	.942	.971	.964	.971
Saturated model	1.000		1.000		1.000
Independence model	.000	.000	.000	.000	.000

RMSEA

Model	RMSEA	LO 90	HI 90	PCLOSE
Default model	.060	.052	.067	.015
Independence model	.315	.309	.321	.000

Estimates → Scalars → Standardized Regression Weights로 이동한 후 표준요인부하량 (FL)을 보면 모두 기준을 만족한 것으로 나타난다.

2-4 CR과 AVE 계산

다음으로 CR과 AVE 값을 구해보자. CR과 AVE 값을 구하기 위해서는 표준요인부하량 값(FL)과 측정분산(variances)를 이용해서 직접 계산해야 하는데, 초보자들에게는 어려울 수 있다. 여기서는 초보자들도 쉽게 계산할 수 있도록 저자가 엑셀함수를 이용해 직접 만든 파일을 사용한다. 잠재요인의 측정문항이 2개일 경우부터, 6개일 경우까지 자동으로 계산하도록 만들어 두었다.

① 제13장 신뢰도분석.xls 파일을 실행하면 아래와 같은 화면이 나타난다.

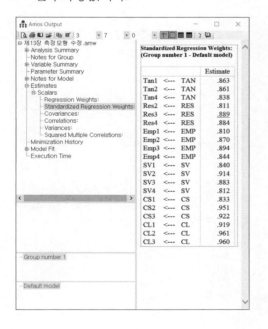

② Estimates → Scalars → Standardized Regression Weights의 값을 엑셀로 복사한다. 표준부하량값이다.

③ Estimates → Scalars → Variances의 값을 엑셀로 복사한다. 측정오차값이다.

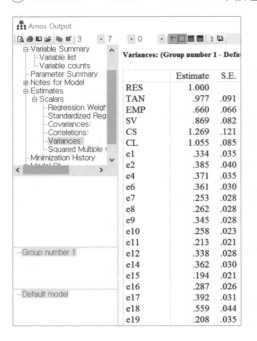

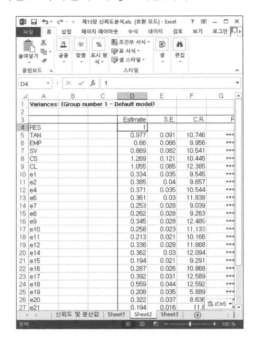

④ Variance 값 중에서 [e1~e23]의 값을 복사한 후에 표준부하량 옆에 붙여넣는다. 예를 들어 [TAN1]의 Variance값은 [e1]으로 [.334]이다.

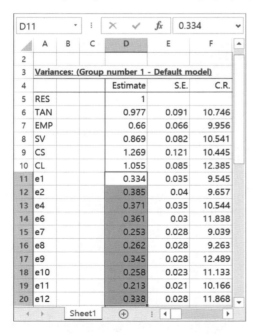

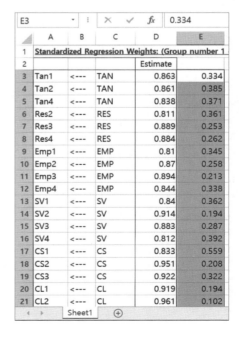

⑤ [신뢰도 및 분산값] 탭으로 이동한 후 [표준부하량2]~[AVE]까지 선택하여 수식을 복사한다. [TAN]은 3개 문항으로 구성되어 있으므로 두 번째 항목을 복사한다.

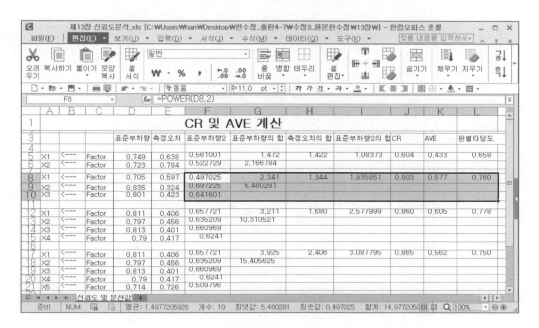

⑥ 본 연구모형에서 구한 FL과 측정오차에 붙여넣기를 하면 자동으로 CR과 AVE값이 계산된다.

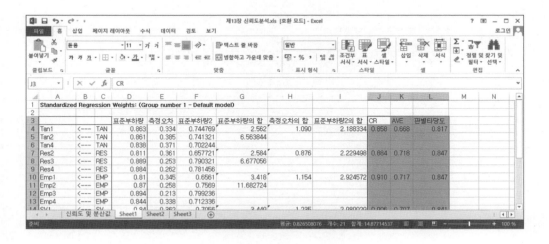

구해진 결과를 아래 표와 같이 정리하여 논문에 붙인다. 연구 보고서용 정리는 뒤에서 설명할 것이다.

경로			표준부하량	측정오차	CR	AVE
TAN1	⟨---		.86	.33		
TAN2	⟨---	TAN	.86	.38	.86	.67
TAN4	⟨---		.84	.37		
RES2	⟨---		.81	.36		
RES3	⟨---	RES	.89	.25	.88	.71
RES4	⟨---		.88	.26		
EMP1	⟨---		.81	.35		
EMP2	⟨---	EMP	.87	.26	.91	.72
EMP3	⟨---		.89	.21		
EMP4	⟨---		.84	.34		
SEV1	⟨---		.84	.36		
SEV2	⟨---	SV	.91	.19	.91	.71
SEV3	⟨---		.88	.29		
SEV4	⟨---		.81	.39		
CS1	⟨---		.83	.56		
CS2	⟨---	CS	.95	.21	.87	.69
CS3	⟨---		.92	.32		
CL1	⟨---		.92	.19		
CL2	⟨---	CL	.96	.10	.95	.87
CL3	⟨---		.96	.09		

2-5 판별타당도 계산

① Estimates → Scalars → Correlations에 있는 상관계수값을 엑셀로 이동한다.

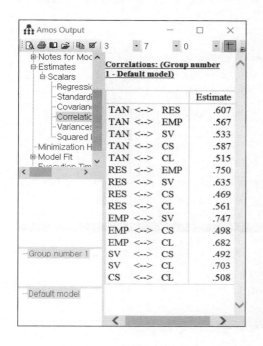 

② 아래와 같이 엑셀표로 정리한다. Input 창에서 순서대로 상관관계를 그렸다면 순서대로 정렬되어 있어 쉽게 아래 표처럼 정리할 수 있다.

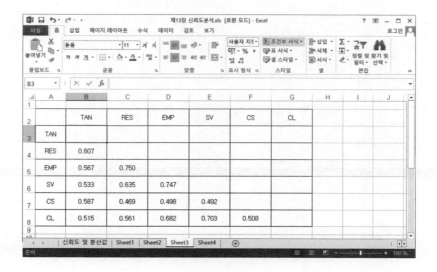

③ AVE 옆의 값을 보면 판별타당도 값이 나와 있다.

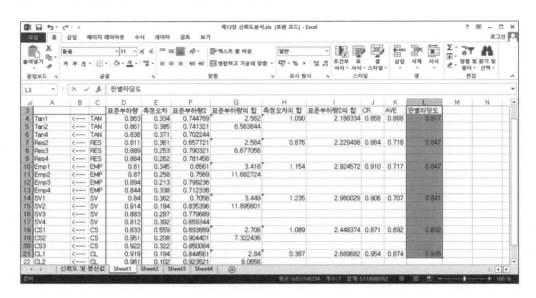

④ 아래와 같이 상관행렬에 $\sqrt{AVE}$ 값을 입력한다.

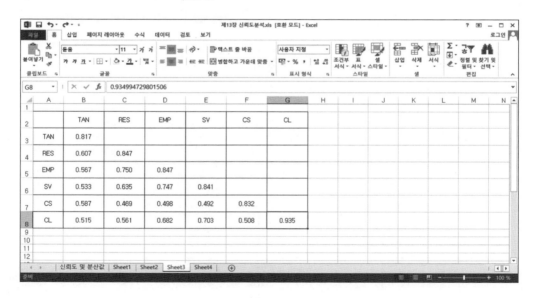

⑤ 아래와 같이 판별타당도 표를 만들어 논문에 붙인다.

	TAN	RES	EMP	SV	CS	CL
TAN	.82					
RES	.61	.85				
EMP	.57	.75	.85			
SV	.53	.64	.75	.84		
CS	.59	.47	.50	.49	.83	
CL	.52	.56	.68	.70	.51	.94

결론적으로 변수들 간의 상관계수값이 변수의 $\sqrt{AVE}$ 값보다 작으므로 판별타당도가 있다고 할 수 있다. 예를 들어 [RES]와 [EMP]의 $\sqrt{AVE}$ 값은 모두 .85이다. 이 2개의 변수와 관련되어 있는 상관계수들은 모두 .85보다 작다. 모든 변수의 $\sqrt{AVE}$ 값이 상관행렬의 값보다 큰 것을 알 수 있다. 따라서 본 모형의 판별다당도가 유의한 것으로 볼 수 있다.

2-6 동일방법편의 분석

최근 들어 논문의 한계점에 동일방법편의(common method bias)에 대한 언급이 많다. 동일방법편의란 독립변수와 종속변수를 같은 도구를 이용해서 수집하는 경우에 발생한다.[3] 대부분의 연구에서는 설문지를 이용해서 자료를 측정하는데 같은 방법으로 변수를 측정하면 방법 간 상관관계가 발생하기 때문에 편의(bias)가 발생한다.

그러나 대부분의 연구에서는 자기기입식 설문 문항을 이용해 자료를 수집할 수밖에 없는 상황이 많다. 그래서 이러한 동일방법편의를 해결하는 방법이 제시되었다. 먼저, 특정 편의변수를 이용하는 방법, 특히 사회적 바람직성(social desirability)을 이용해서 통제하는 방법이 있다. 두 번째로, 마커변수(marker)를 이용하는 방법이 있다. 세 번째로, 동일방법분산(common methods variance)이라는 잠재변수를 이용해서 통제하는 방법이 있다. 네 번째로, MTMM(multitrait–multimethod)을 이용하는 방법 등이 있다.[4] 본 저서에서는

---

3 박원우 외 (2007). "동일방법편의의 원인과 해결방안". 인사조직연구, 15(1), pp.89–133.
4 Podsakoff et al. (2003). Common Method Biases in Behavioral Research: A Critical Review of the Literature and Recommended Remedies. *Journal of Applied Psychology*, 88(5), pp.879–903.

구조방정식모형에서 사용할 수 있는 동일방법분산을 설명할 것이다.

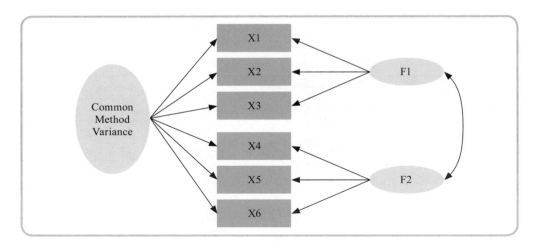

① ⬭를 선택하여 잠재요인을 만든 후에, Object Properties → Variable name → [CMV]라
고 입력한다.

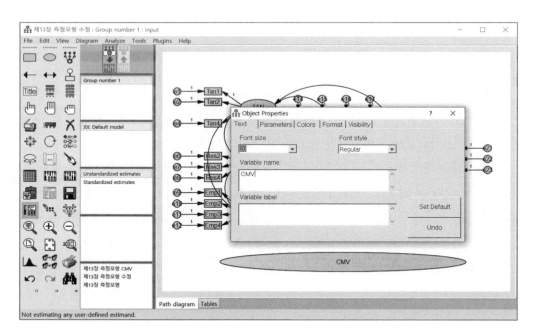

② ←를 선택하여 CMV(동일방법분산)와 모든 측정항목 [Tan1~CL3] 간 경로를 그린다.

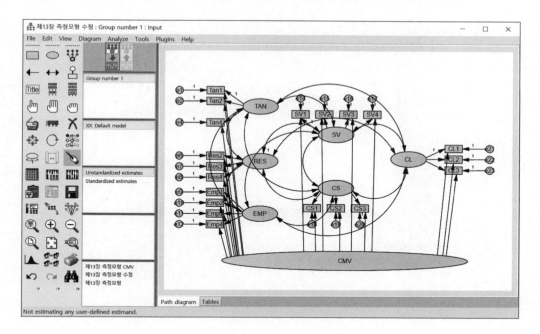

③ 아래와 같이 [CMV] → [Tan1] 사이의 경로를 선택하여 Object Properties를 선택한다.
[Parameters]로 이동한 후에 [Regression weight] → 1을 입력한다.

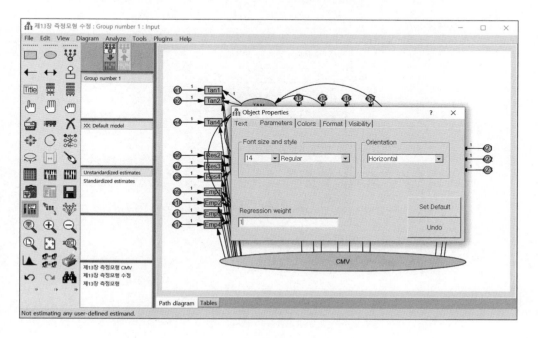

④ File → Save As를 선택하여 [제13장 측정모형 CMV.amw]로 모형을 저장한다.

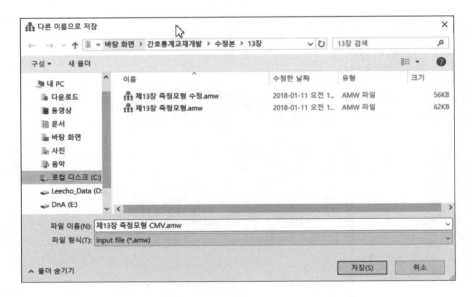

⑤ [도구모음]에서 ▦를 클릭하여 모형을 실행하면 아래와 같이 경고 창이 나타난다. CMV도 독립변수로 인식하기 때문에 상관관계를 연결하라는 메시지이다. CMV는 다른 변수와 상관관계가 없기 때문에 무시하고, [Proceed with the analysis]를 선택한다.

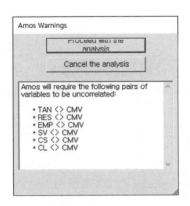

⑥ Estimates → Scalars → Standardized Regression Weights의 값을 엑셀로 복사한다.

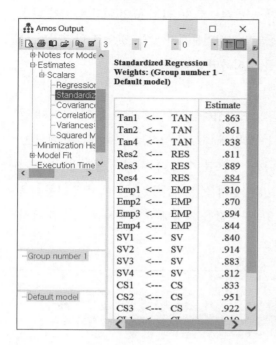
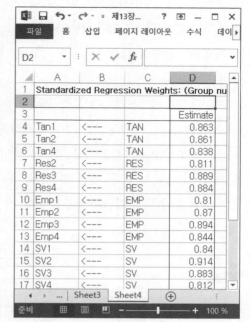

⑦ 기존에 수정모형을 통해서 구한 값을 같이 복사해놓고, CMV로 편의를 제거한 값과 원래 값을 아래와 같이 비교한다.

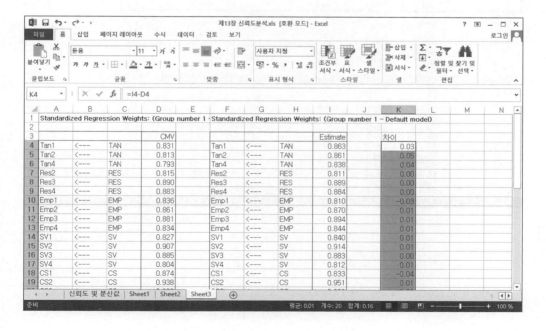

CMV 편의를 제거한 요인적재량 값과 원래 요인적재량 값의 차이를 분석한 결과, 본 연구에서는 큰 차이가 없는 것으로 나타났다. 일반적으로 두 값이 [0.2] 이상 차이가 나면 문제가 있다고 볼 수 있다. 본 연구에서는 동일방법편의문제가 없는 것으로 나타났기 때문에 CMV변수를 제거하고 구조모형 분석을 실시하면 된다.

그러나 연구를 진행하다 보면 동일방법편의가 발생하는 경우도 많다. 만약 아래와 같이 동일방법편의가 발생했을 경우에 처리하는 방법에 대해서 알아보자. 아래 그림에서 보면 몇 개의 문항에서 0.2 이상 점수가 차이나는 것을 볼 수 있다. 따라서 동일방법편의가 발생했다고 볼 수 있다. 이런 경우에는 동일방법편의를 통제한 값을 구해서 경로분석을 실시하면 된다.[5] 즉, 회귀분석을 이용할 때 요인분석값을 저장해서 이용하는 방법과 유사하다.

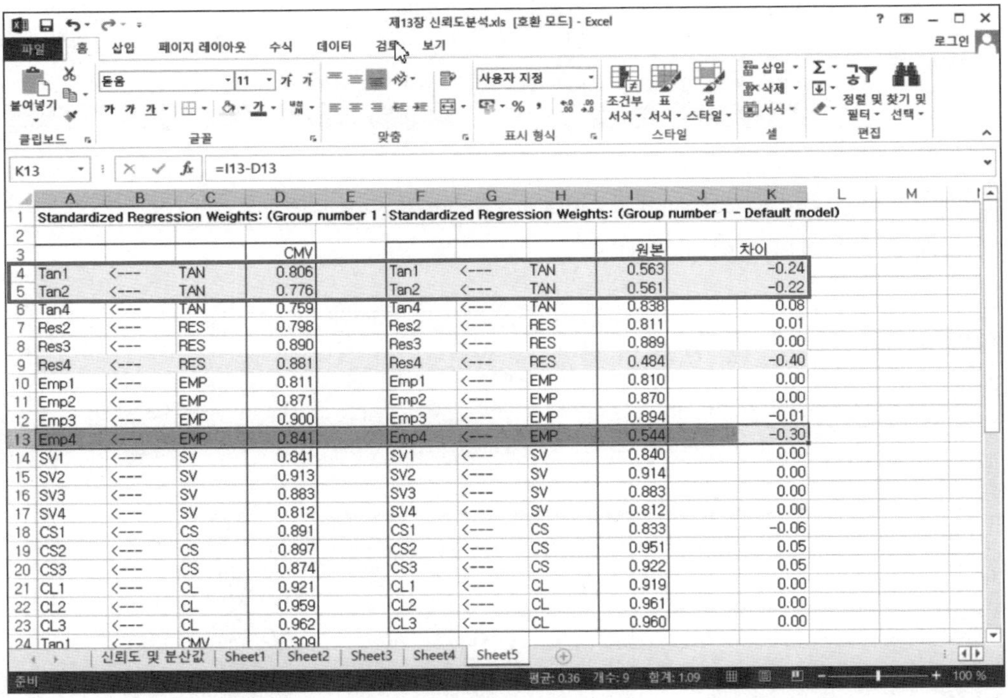

	A	B	C	D	E	F	G	H	I	J	K
1	Standardized Regression Weights: (Group number 1 -					Standardized Regression Weights: (Group number 1 – Default model)					
2											
3				CMV					원본		차이
4	Tan1	<---	TAN	0.806		Tan1	<---	TAN	0.563		−0.24
5	Tan2	<---	TAN	0.776		Tan2	<---	TAN	0.561		−0.22
6	Tan4	<---	TAN	0.759		Tan4	<---	TAN	0.838		0.08
7	Res2	<---	RES	0.798		Res2	<---	RES	0.811		0.01
8	Res3	<---	RES	0.890		Res3	<---	RES	0.889		0.00
9	Res4	<---	RES	0.881		Res4	<---	RES	0.484		−0.40
10	Emp1	<---	EMP	0.811		Emp1	<---	EMP	0.810		0.00
11	Emp2	<---	EMP	0.871		Emp2	<---	EMP	0.870		0.00
12	Emp3	<---	EMP	0.900		Emp3	<---	EMP	0.894		−0.01
13	Emp4	<---	EMP	0.841		Emp4	<---	EMP	0.544		−0.30
14	SV1	<---	SV	0.841		SV1	<---	SV	0.840		0.00
15	SV2	<---	SV	0.913		SV2	<---	SV	0.914		0.00
16	SV3	<---	SV	0.883		SV3	<---	SV	0.883		0.00
17	SV4	<---	SV	0.812		SV4	<---	SV	0.812		0.00
18	CS1	<---	CS	0.891		CS1	<---	CS	0.833		−0.06
19	CS2	<---	CS	0.897		CS2	<---	CS	0.951		0.05
20	CS3	<---	CS	0.874		CS3	<---	CS	0.922		0.05
21	CL1	<---	CL	0.921		CL1	<---	CL	0.919		0.00
22	CL2	<---	CL	0.959		CL2	<---	CL	0.961		0.00
23	CL3	<---	CL	0.962		CL3	<---	CL	0.960		0.00

5 Lowry et al. (2013). "Taking "Fun and Games" Seriously: Proposing the Hedonic-Motivation System Adoption Model (HMSAM)". *Journal of the Association for Information System*, 14(11), pp.617–671.

① Analyze → Data Imputation을 선택해서 새로운 변수를 생성한다.

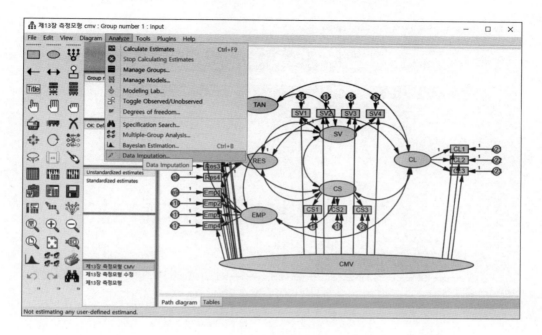

② Amos Data Imputation → Regression Imputation을 선택한 후, Impute를 클릭한다. [제 13장 예제_C.sav] 파일로 값이 저장된다.

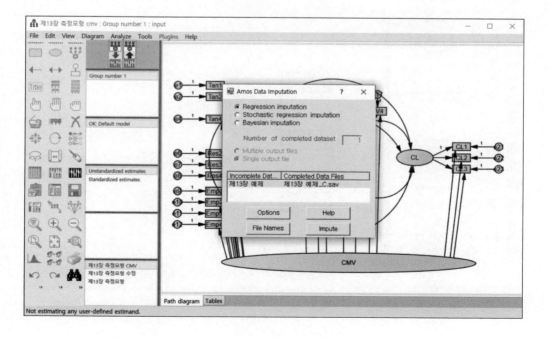

③ 아래와 같이 [제13장 예제_C.sav]의 변수가 생성된 것을 볼 수 있다.

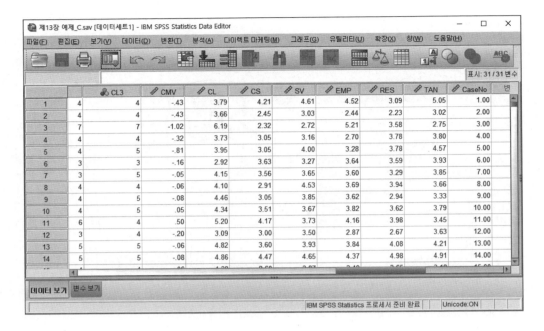

④ File → New를 선택한 후에 측정문항을 6개를 만든다.

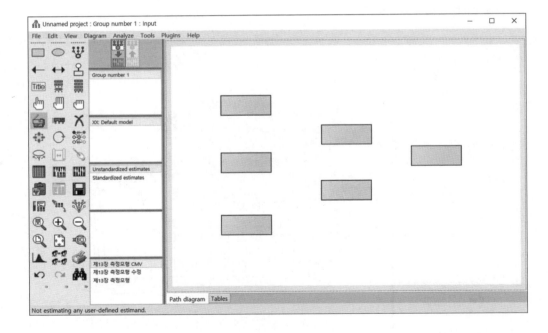

⑤ ▦를 선택하여 모형에서 사용할 데이터 집합을 선택한다. [제13장 예제_C.sav]를 선택한다.

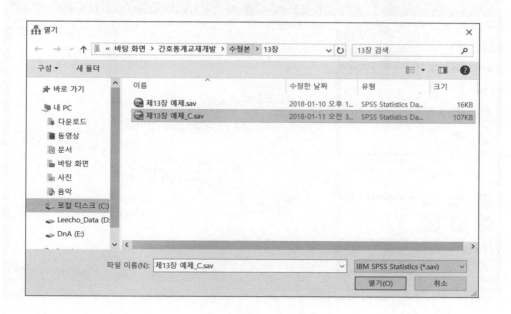

⑥ 데이터 집합에 있는 리스트 중에서 Imputation을 통해서 생성된 문항 [TAN~CL]을 측정문항으로 이동한다.

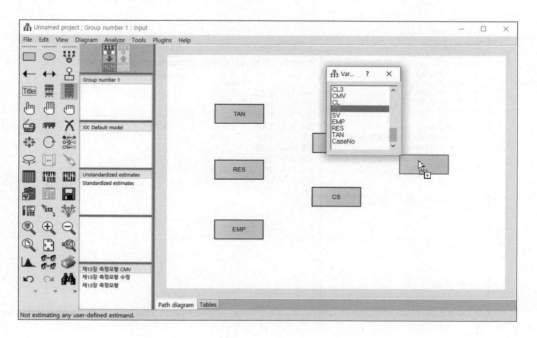

⑦ 12장에서 설명한 방법을 이용하여 아래와 같이 경로모형을 만들어서 분석한다.

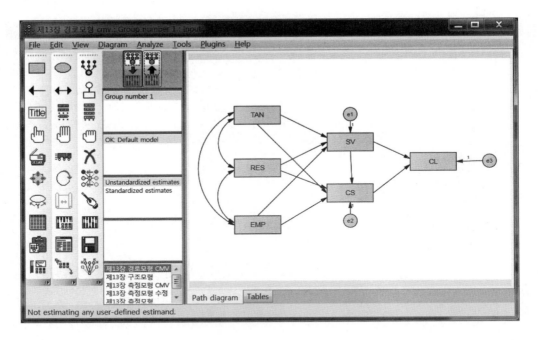

⑧ File → Save As를 선택하여 [제13장 경로모형 CMV.amw]로 모형을 저장한다.

⑨ 최종 경로모형 분석 결과이다.

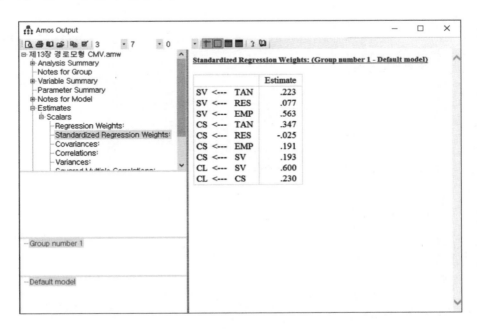

3 구조모형

3-1 구조모형 개발

확인적 요인분석을 통해 집중타당도와 신뢰도, 판별타당도가 검증되었으며, 모델의 적합도도 모두 적합한 것으로 검증되었으므로 구조모형을 통해 가설을 검정할 수 있다.

1) AMOS 분석

① Input 창으로 들어가서, $\boxed{\text{X}}$를 선택한 후 매개변수와 독립변수 및 종속변수 간의 상관관계를 모두 제거해준다.

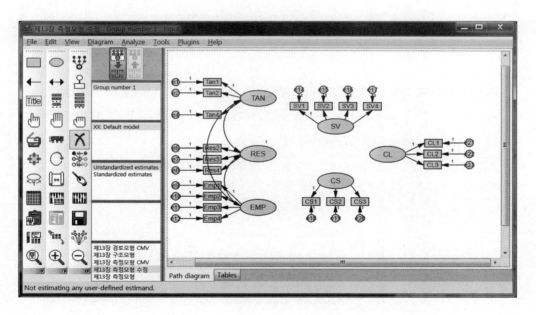

② ←를 선택하여 연구모형에 맞게 경로를 그린다.

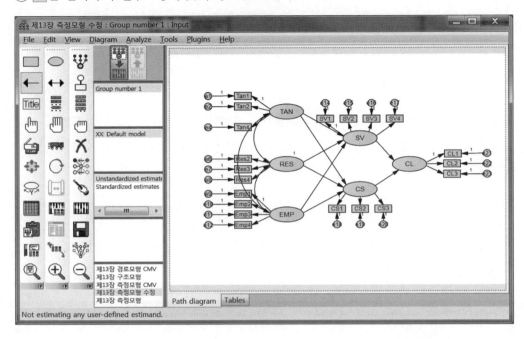

③ ⬛를 클릭하여 모형을 실행하면 다음과 같은 에러 메시지가 나타난다. AMOS에서는 독립변수들 간에 상관관계가 있어야 하며, 매개변수와 종속변수는 오차가 있어야 한다. Cancel the analysis를 클릭한다.

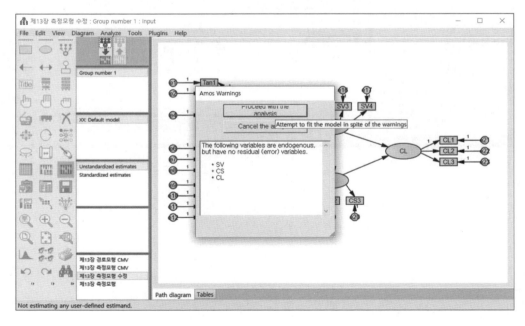

④ 옴를 선택하여 매개변수 [SV], [CS]와 종속변수 [CL]에 오차항을 만들어준다. Plugins → Name Unobserved Variables를 이용하여 오차항 이름을 부여한다.

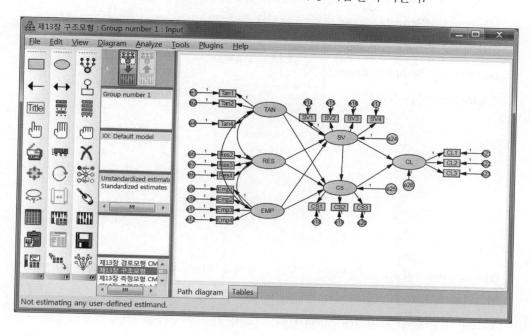

⑤ File → Save As를 선택하여 [제13장 구조모형.amw]로 모형을 저장한다.

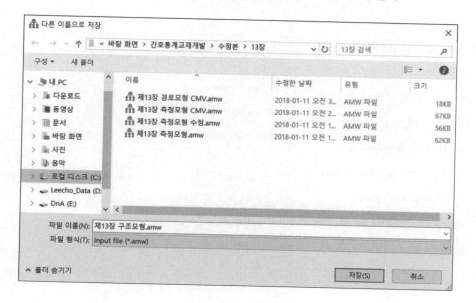

⑥ ▦를 선택하여 결과에서
보여줄 옵션을 선택한다.
[Output]→[Standardized
estimates], [Squared multiple
correlation], [Indirect, direct
& total effects]를 선택한다.

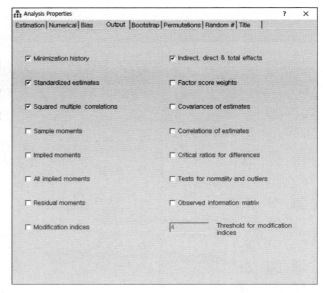

[Indirect, direct & total effects]는 모형의 총효과와 직·간접효과를 검증하는 옵션이다.
직접효과는 경로계수의 결과에서 확인이 되지만, 간접효과의 유의성을 검증하기 위해서
는 아래와 같은 옵션을 지정해주어야 한다. 그러나 최근 연구들을 보면, 가설검정을 위한
직접효과만을 검증하는 추세이며, 총효과와 간접효과를 이용한 연구는 줄어드는 추세이
다.

⑦ 다음으로 간접효과의 유의성
을 확인하기 위하여 결과에
서 보여줄 옵션을 선택한다.
[Bootstrap] → [Perform
bootstrap], [Percentile
confidence intervals], [Bias-
corrected confidence
intervals], [Bootstrap ML]을
선택한다.

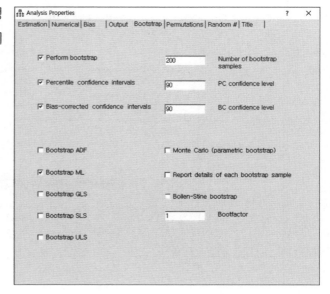

⑧ 🔛를 클릭하여 모형을 실행한다.

⑨ 📰를 클릭하여 Output 창을 실행한다.

2) 결과 분석

[Model Fit]에서 구조모형의 적합도를 보면 확인적 요인분석의 적합도와 큰 차이가 없다. 분석 결과 적합도가 충족된 것을 알 수 있다.

CMIN

Model	NPAR	CMIN	DF	P	CMIN/DF
Default model	52	418.068	158	.000	2.646
Saturated model	210	.000	0		
Independence model	20	8196.715	190	.000	43.141

RMR, GFI

Model	RMR	GFI	AGFI	PGFI
Default model	.050	.911	.881	.685
Saturated model	.000	1.000		
Independence model	.646	.164	.076	.148

RMSEA

Model	RMSEA	LO 90	HI 90	PCLOSE
Default model	.062	.055	.070	.003
Independence model	.315	.309	.321	.000

다음으로 경로계수의 결과를 보기 위해 Estimates → Scalars로 이동한다. 경로계수는 회귀분석과 마찬가지로 비표준화된 계수인 Regression Weights와 표준화된 계수인 Standardized Regression Weights가 있다. AMOS에서는 Regression Weights에만 확률값이 나타난다. 따라서 Standardized Regression Weights에서는 경로계수값을 확인하고, Regression Weights에서 유의수준과 유의확률값을 확인해야 한다.

아래 결과를 보면, 반응성[RES]이 서비스 가치[SV]로 가는 경로는 p=.086으로 귀무가설($H_0 : \beta_1 = 0$)이 채택된다. 따라서 경로는 유의하지 않다고 할 수 있다. 반면, 유형성[TAN]이 서비스 가치[SV]로 가는 경로는 p=.009로 유의하게 나타났다($H_1 : \beta_1 \neq 0$). 따라서 경로는 의미가 있으며, 이때 경로계수의 값은 Standardized Regression Weights를 보면 .131인 것으로 나타났다.

Standardized Regression Weights: (Group

			Estimate
SV	<---	TAN	.131
SV	<---	RES	.113
SV	<---	EMP	.601
CS	<---	TAN	.420
CS	<---	RES	.017
CS	<---	EMP	.132
CS	<---	SV	.155
CL	<---	SV	.616
CL	<---	CS	.208

표준화 경로계수

Regression Weights: (Group number 1 - Default model)

			Estimate	S.E.	C.R.	P	Label
SV	<---	TAN	.124	.047	2.613	.009	
SV	<---	RES	.127	.074	1.719	.086	
SV	<---	EMP	.689	.078	8.874	***	
CS	<---	TAN	.479	.070	6.863	***	
CS	<---	RES	.024	.103	.230	.818	
CS	<---	EMP	.182	.120	1.520	.128	
CS	<---	SV	.187	.087	2.144	.032	
CL	<---	SV	.678	.053	12.898	***	
CL	<---	CS	.190	.039	4.872	***	

비표준화 경로계수

위의 결과값을 이용하여 아래와 같이 경로분석 결과를 표로 만든다.

경로		Estimate	S.E.	C.R.	p	가설채택 여부
TAN		0.13	0.05	2.61	.009	채택
RES	SV	0.11	0.07	1.72	.086	기각
EMP		0.60	0.08	8.87	<.001	채택
TAN		0.42	0.07	6.86	<.001	채택
RES	CS	0.02	0.10	0.23	.818	기각
EMP		0.13	0.12	1.52	.128	기각
SV		0.16	0.09	2.14	.032	채택
SV	CL	0.62	0.05	12.90	<.001	채택
CS		0.21	0.04	4.87	<.001	채택

SMC(Squared Multiple Correlations)는 독립변수에 의한 설명력이다. 아래의 예를 보면 서비스 품질 3개 변수가 서비스 가치[SV]를 설명하는 설명력은 60%이다.

Squared Multiple Correlations:

	Estimate
SV	.600
CS	.398
CL	.549

총효과와 직·간접효과는 Estimates → Matrices를 통해서 볼 수 있으며, 이때 결과는 Standardized Effects(표준화된 값)으로 보아야 한다. 예를 들어 서비스 가치[SV]의 경우를 보면, 충성도[CL]에 총 .648만큼의 영향력을 준다. 총효과를 분석하면, 직접적으로는 .616의 효과를 주며(이는 경로계수값이다), 만족[CS]을 거쳐서 간접적으로 0.032의 효과를 준다고 할 수 있다.

Standardized Total Effects (Group number 1 - Default model)

	EMP	RES	TAN	SV	CS	CL
SV	.601	.113	.131	.000	.000	.000
CS	.225	.035	.440	.155	.000	.000
CL	.417	.077	.172	.648	.208	.000

Standardized Direct Effects (Group number 1 - Default model)

	EMP	RES	TAN	SV	CS	CL
SV	.601	.113	.131	.000	.000	.000
CS	.132	.017	.420	.155	.000	.000
CL	.000	.000	.000	.616	.208	.000

Standardized Indirect Effects (Group number 1 - Default model)

	EMP	RES	TAN	SV	CS	CL
SV	.000	.000	.000	.000	.000	.000
CS	.093	.017	.020	.000	.000	.000
CL	.417	.077	.172	.032	.000	.000

간접효과의 유의성을 검증하기 위해서는 Estimates → Matrices → Standardized Indirect Effects를 선택한 후, 하단의 Estimates/Bootstrap → Bias-corrected percentile method → Bias-corrected percentile method → Two Tailed Significance(BC)를 선택한다. 서비스 가치[SV]가 만족[CS]을 통해 충성도[CL]에 미치는 간접효과(.032)는 p=.040으로 유의한 것으로 나타났다.

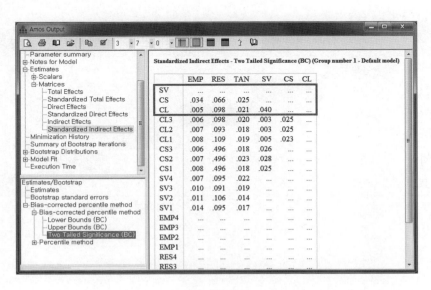

3-2 연구 보고서

1) 측정모형 개발

구조방정식모형을 통해 가설을 검증하기에 앞서서 구조모형에 투입될 설문 문항과 요인들의 타당도를 검증하였다. 이를 위해 AMOS 24.0을 이용한 확인적 요인분석을 실시하였으며, 이를 통해 집중타당도, 판별타당도를 검증하였다.

먼저, 집중타당도를 검증하기 위해서 설문 문항과 요인 간의 표준요인부하량(Standardized Factor Loadings: FL > .70), 개념신뢰도(Construct Reliability: CR > .70), 평균분산추출(Average Variance Extracted: AVE > .50)을 검증하였다. 분석 결과, 유형성의 측정문항 중에서 TAN3, 반응성의 측정문항 중에서 RES1, 공감성의 측정문항 중에서 EMP5가 기준에 미달되어 제거되었다. 종합해보면 총 23개의 측정문항 중에서 20개의 측정문항이 최종적으로 분석에 사용되었다. 다음으로 요인들의 개념신뢰도와 평균분산추출을 검증한 결과 모두 기준치인 .70과 .50 이상으로 나타났다.

다음으로 집중타당도가 검증되었으므로 판별타당도를 검증하였다. 본 연구에서는 요인들 간의 상관계수가 각 요인의 AVE의 제곱근값보다 작은지를 검증하였다. 판별타당도를 검증한 결과는 [표 13–1]과 같으며, 모든 요인들의 상관계수가 AVE의 제곱근보다 낮으므로 판별타당성이 있는 것으로 나타났다.

[표 13-1] 판별타당도 검증 결과

	유형성	반응성	공감성	서비스 가치	만족	충성도
유형성	.82					
반응성	.61	.85				
공감성	.57	.75	.85			
서비스 가치	.53	.64	.75	.84		
만족	.59	.47	.50	.49	.83	
충성도	.52	.56	.68	.70	.51	.94

음영 부분: 판별타당도, 비음영 부분: 상관계수

또한 자기보고(self-report) 방식에 의한 설문방법의 동일방법편의(common method bias) 문제로 인해 야기될 수 있는 변수들의 과대평가 문제를 해소하기 위해 Podsakoff et al.(2003)가 제시한 방법을 이용하여 분석하였다. 본 연구에서는 동일방법분산(common method variance)을 이용하였으며, 그 결과 동일방법편의는 미비한 것으로 나타났다.

최종적으로 측정모형의 적합도는 χ^2=418, p=.000, χ^2/d.f=2.646, GFI=.911, AGFI=.881, NFI=.949, CFI=.968, RMSEA=.062로 전체적으로 적합도 기준을 만족하는 것으로 나타났다.

2) 구조모형 분석 및 가설검정

최종적으로 구조모형 분석을 통해 요인들 간의 인과관계를 검증하였다. 모형의 설명력 (SMC, Squared Multiple Correlation)은 서비스 가치=60.0%, 고객만족=39.8%, 고객충성도=54.9%로 나타났다. 서비스 품질과 서비스 가치, 고객만족, 고객충성도 사이의 영향을 분석한 결과는 [표 13-2], [그림 13-1]과 같다.

먼저, 유형성(.131)과 공감성(.601)은 서비스 가치에 긍정적인 영향을 미치는 것으로 나타났다. 반면 반응성은 서비스 가치에 영향을 주지 않는 것으로 나타났다. 특히, 공감성이 서비스 가치에 가장 큰 영향을 주는 것으로 나타났다. 다음으로 유형성(.420)과 서비스 가치(.155)는 고객만족에 영향을 주는 것으로 나타났다. 반면, 반응성과 공감성은 고객만족에 영향을 주지 않는 것으로 나타났다. 특히, 유형성이 서비스 가치에 가장 큰 영향을 주는 것으로 나타났다. 서비스 가치(.616)와 고객만족(.208)은 고객충성도에 긍정적인 영향을 주는 것으로 나타났으며, 서비스 가치가 더 큰 영향력을 주는 것으로 나타났다.

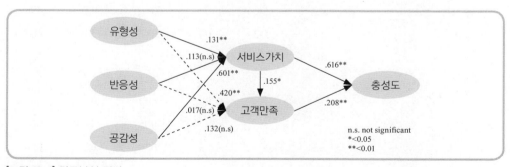

[그림 13-1] 경로분석 결과

가설을 검증한 결과, 총 9개의 가설 중에서 3개의 가설은 기각되었고, 6개 가설은 유의한 것으로 나타났다.

[표 13-2] 가설검정

경로		estimate	S.E.	C.R.	p	가설 채택 여부
유형성	서비스 가치	.13	.05	2.61	.009	채택
반응성		.11	.07	1.72	.086	기각
공감성		.60	.08	8.87	<.001	채택
유형성	고객만족	.42	.07	6.86	<.001	채택
반응성		.02	.10	.23	.818	기각
공감성		.13	.12	1.52	.128	기각
서비스 가치		.16	.09	2.14	.032	채택
서비스 가치	고객충성도	.62	.05	12.90	<.001	채택
고객만족		.21	.04	4.87	<.001	채택

[표 13-3] 직·간접효과 및 총효과

경로		직접효과		간접효과		총효과	
		경로값	p	경로값	p	경로값	p
유용성	서비스가치	.13	.018	–	–	.13	.018
반응성		.11	.081	–	–	.11	.081
공감성		.60	.013	–	–	.60	.013
유용성	고객만족	.42	.019	.02	.025	.44	.021
반응성		.02	.712	.02	.066	.04	.496
공감성		.13	.042	.09	.034	.23	.008
서비스 가치		.16	.026	–	–	.16	.026
유용성	충성도	–	–	.17	.021	.17	.024
반응성		–	–	.08	.098	.08	.098
공감성		–	–	.42	.005	.42	.005
서비스 가치		.62	.005	.03	.040	.65	.004
직무만족		.21	.023	–	–	.21	.023

χ^2=418.07, χ^2/d.f=2.64, GFI=.911, AGFI=.881, NFI=.949, CFI=.968, RMR=.050, RMSEA=.062

2차요인 구조방정식모델

간호 분야에서 사용하는 설문 도구의 경우, 하나의 요인을 측정하기 위한 설문 문항이 수십 개에 이르는 경우가 많이 있다. 따라서 이러한 설문 문항을 그대로 구조방정식모델에 투입하면 분석하는 데 어려움이 많다. 또한 그래픽을 이용한 AMOS에서도 설문 문항과 요인이 많을 경우에는 분석에 한계가 있다. 이를 위해서는 고차요인분석(high-order factor analysis)을 이용해 설문 문항을 축소해서 사용하는 방법이 있다. 고차요인분석이란 1차요인(first order factor) 위에 2차요인(second order factor), 3차요인(third order factor)이 존재하는 모델이다.

고차요인분석을 이용한 구조방정식모델의 구체적인 분석 방법은 다음과 같다.

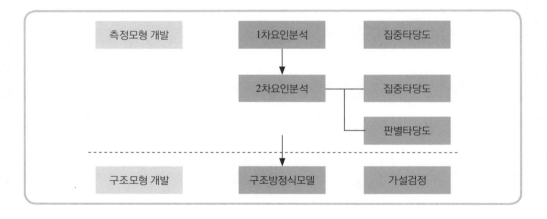

① 측정모델을 개발한다. 측정모델은 AMOS 24.0을 이용한 확인적 요인분석을 이용한다. 측정모델의 개발을 통해 연구에서 사용하고자 하는 요인들의 집중타당도(convergent validity)를 검증한다.

② 먼저, 하부요인들과 설문 문항들 간의 타당도를 검증하기 위하여 1차요인분석을 실시하여 의미 없는 설문 문항을 제거한다. 요인들의 집중타당도, 개념신뢰도(construct reliability), 평균분산추출지수(AVE, Average Variance Extracted)와 판별타당도(discriminant validity)를 검증한다.

③ 다음으로 하부요인들의 평균값(또는 합계)을 구해서 하부요인들이 속해 있는 상위요인들과 2차요인분석을 실시한다. 요인들의 집중타당도, 개념신뢰도, 평균분산추출지수와 판별타당도를 검증한다.

④ 연구 모형의 가설을 검정하기 위해 AMOS 24.0을 이용한 구조방정식모형 분석을 실시한다.

2 측정모형

2-1 문제의 정의

임파워먼트는 무력감이나 스트레스 등을 유발하는 상황을 극복해가는 과정으로서, 간호사를 매우 활동적이고 자신감 있게 하여 높은 성과를 내도록 한다. 반면에 스트레스에 시달리는 사람들은 업무 성과가 낮을 뿐만 아니라 자신에게까지 부정적인 태도를 보인다. 또한 조직몰입은 간호사들에게 동기를 부여하고 이직률을 감소시킬 뿐만 아니라 업무 수행에 대한 태도와 밀접한 관련성을 갖는 것으로 밝혀지면서, 업무 성과를 넘어 환자 간호의 질에 많은 영향을 미친다는 점에서 주요 개념으로 부각되고 있다. 본 장에서는 임파워먼트와 스트레스, 직무만족이 조직몰입과 어떤 인과관계가 있는지를 살펴보고자 한다.[1]

제14장 예제1.sav

이 가설을 검정하기 위해 사용할 변수는 다음과 같다.

변수	정의(definition)	척도(measure)
임파워먼트 (EMP)	효율적인 변화를 위해 다른 사람과 함께 행동하는 힘을 의미하며, 의미성 4문항, 역량 4문항, 자율성 3문항, 영향력 4문항, 총 15문항으로 구성	비율(점수)
스트레스 (STR)	환경적 요인에 의해 나타나는 조직 구성원들의 육체적, 심리적, 생리적 이탈을 초래하는 개인의 외적인 상황에 대한 적응적인 반응으로, 역할갈등 5문항, 역할모호 5문항, 비동질성 4문항, 총 14문항으로 구성	비율(점수)
직무만족 (JS)	개인이 직무를 평가하거나 또는 직무를 통해 얻게 되는 경험을 즐겁고 긍정적인 것으로 인식하는 직무에 대한 태도로, 행정 4문항, 전문성 4문항, 대인관계 3문항, 보수 4문항, 총 15문항으로 구성	비율(점수)
조직몰입 (OI)	현 조직에 계속 남아 있으려는 성향으로서 한 개인의 특정 조직에 대한 상대적 동일화나 관여의 정도로, 애착 3문항, 동일시 3문항, 근속 3문항, 총 9문항으로 구성	비율(점수)

1　실제 연구는 임파워먼트와 스트레스, 직무만족, 조직몰입, 소진이 간호사의 이직의도와 어떤 인과관계가 있는지를 살펴보는 것이나, 지면의 한계로 본 장에서는 임파워먼트와 스트레스, 직무만족, 조직몰입과의 관계만 살펴보도록 한다.

본 장에서 사용될 연구모형은 다음과 같다.

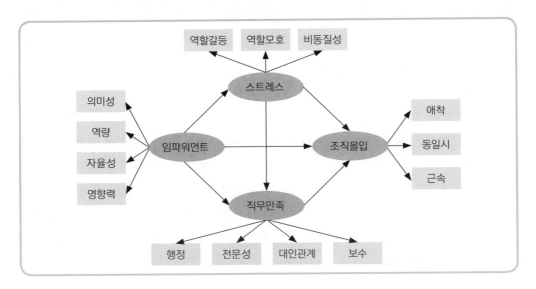

2-2 1차 확인적 요인분석

1) AMOS 분석

① 먼저 자료를 수집한 후에 다음과 같이 입력한다.

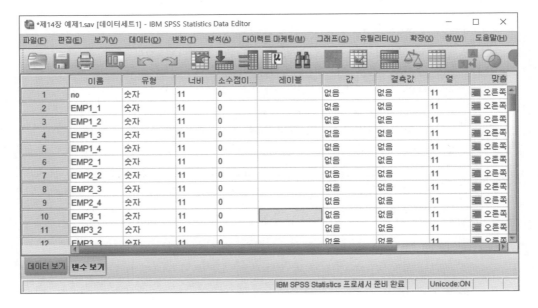

② **임파워먼트[EMP]**에 대한 1차요인분석을 한다. 새 파일을 만들고 ▦를 누른다. File Name을 눌러 사용할 데이터 집합을 선택한다. 제14장 예제1.sav 파일을 선택한다.

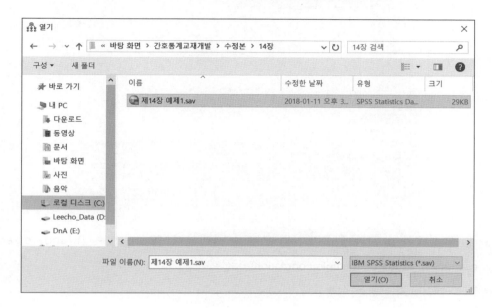

③ 아래와 같이 모형을 만든다.

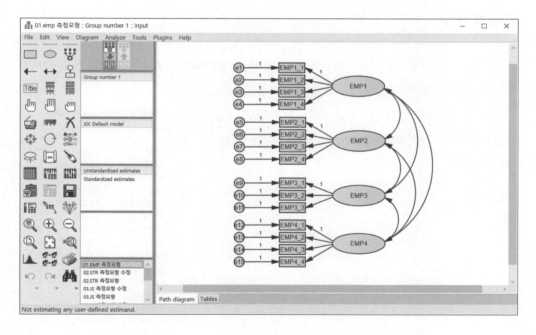

④ File → Save를 선택하여 [01.EMP 측정모형.amw]로 모형을 저장한다.

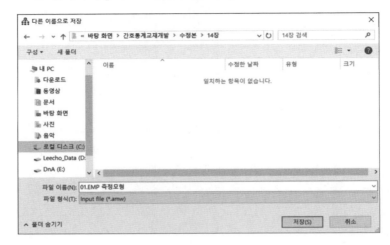

⑤ ▦를 선택하여 결과에서 보여줄 옵션을 선택한다. [Output] → [Standardized estimates], [Squared multiple correlation]을 선택한다.

⑥ ▦를 클릭하여 모형을 실행한다.

⑦ ▦를 클릭하여 Output 창을 실행한다.

2) 결과 분석

먼저, 집중타당도를 검증하기 위하여 Estimates → Scalars → Standardized Regression Weights로 이동한 후 표준요인부하량(FL)을 검정한다.

결과에서 [EMP2_1], [EMP2_4]의 경우 .70으로 기준을 정할 경우에는 제거해야 하지만, 본 연구에서는 .60으로 정하고자 한다.

Standardized Regression Weights

			Estimate
EMP1_1	<---	EMP1	.725
EMP1_2	<---	EMP1	.870
EMP1_3	<---	EMP1	.840
EMP1_4	<---	EMP1	.751
EMP2_1	<---	EMP2	.639
EMP2_2	<---	EMP2	.737
EMP2_3	<---	EMP2	.770
EMP2_4	<---	EMP2	.654
EMP3_1	<---	EMP3	.712
EMP3_2	<---	EMP3	.815
EMP3_3	<---	EMP3	.768
EMP4_1	<---	EMP4	.807
EMP4_2	<---	EMP4	.835
EMP4_3	<---	EMP4	.812
EMP4_4	<---	EMP4	.720

[Model Fit]로 이동하여 모형의 적합도를 살펴보면, 아래와 같이 GFI=.901 등 모든 적합도 지표들이 기준을 만족한다.

CMIN

Model	NPAR	CMIN	DF	P	CMIN/DF
Default model	36	324.068	84	.000	3.858
Saturated model	120	.000	0		
Independence model	15	3299.327	105	.000	31.422

RMR, GFI

Model	RMR	GFI	AGFI	PGFI
Default model	.033	.901	.859	.631
Saturated model	.000	1.000		
Independence model	.202	.313	.215	.274

Baseline Comparisons

Model	NFI Delta1	RFI rho1	IFI Delta2	TLI rho2	CFI
Default model	.902	.877	.925	.906	.925
Saturated model	1.000		1.000		1.000
Independence model	.000	.000	.000	.000	.000

RMSEA

Model	RMSEA	LO 90	HI 90	PCLOSE
Default model	.084	.074	.094	.000
Independence model	.273	.265	.281	.000

3) CR과 AVE 계산

다음으로 표준요인부하량값(FL)과 측정분산(variances)을 이용해서 CR과 AVE값을 구해보자. 아래의 그림처럼 4개 변수의 값은 기준값을 충족한다.

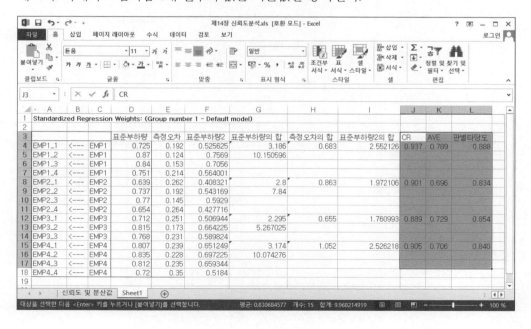

4) 요인분석 추가

① 아래와 같이 스트레스 파일을 만든 후, File → Save를 선택하여 **[02.STR 측정모형.amw]**로 모형을 저장한다.

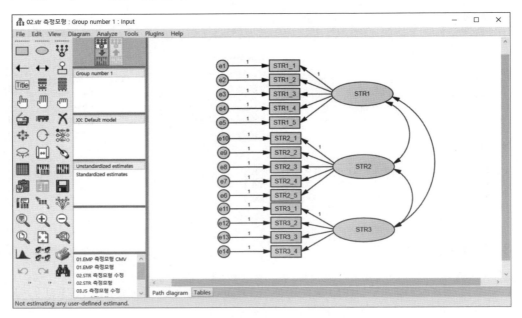

스트레스 요인의 집중타당도를 검증한 결과, 요인적 재량 (FL)이 .60보다 낮은 [STR1_1], [STR2_1], [STR2_2], [STR2_5] 를 제거한다.

Standardized Regression Weights

			Estimate
STR1_1	<---	STR1	.413
STR1_2	<---	STR1	.669
STR1_3	<---	STR1	.680
STR1_4	<---	STR1	.840
STR1_5	<---	STR1	.683
STR2_1	<---	STR2	.553
STR2_2	<---	STR2	.554
STR2_3	<---	STR2	.786
STR2_4	<---	STR2	.714
STR2_5	<---	STR2	.523
STR3_1	<---	STR3	.651
STR3_2	<---	STR3	.869
STR3_3	<---	STR3	.922
STR3_4	<---	STR3	.613

② Input 창으로 들어가서, X를 선택한 후 [STR1_1], [STR2_1], [STR2_2], [STR2_5]를 제거한다.

③ [STR1] → [STR1_2], [STR2] → [STR2_3] 사이의 경로를 선택하여 [Regression weight] → 1을 입력한다.

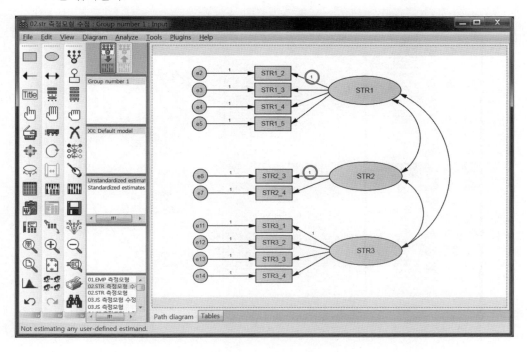

④ File → Save As를 선택하여 [02.STR 측정모형 수정.amw]로 모형을 저장한다.

⑤ 표준요인부하량값(FL)과 측정분산을 이용해서 CR과 AVE 값을 구한다.

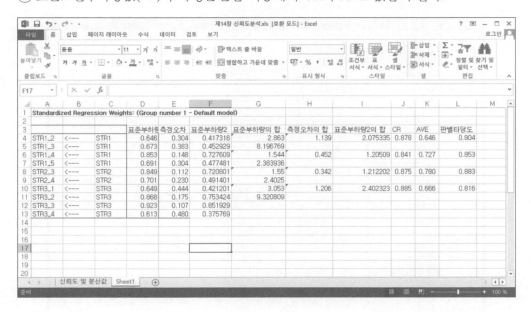

⑥ 아래와 같이 직무만족 파일을 만든 후, File → Save를 선택하여 [03.JS 측정모형.amw]
로 모형을 저장한다.

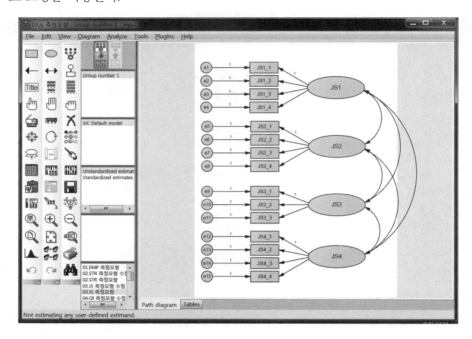

⑦ 앞에서와 같이 집중타당도를 검증해서 요인부하량(FL)이 .60보다 낮은 [JS1_1],
[JS2_4], [JS3_1]를 제거한다. [03.JS 측정모형 수정.amw]로 모형을 저장한다.

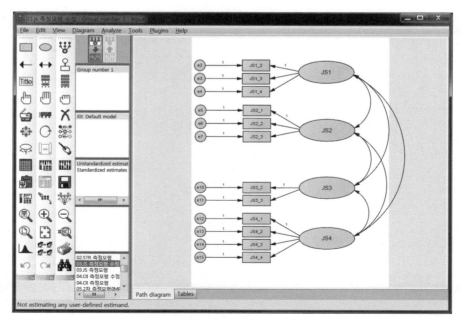

⑧ 표준요인부하량값(FL)과 측정분산을 이용해서 CR과 AVE 값을 구한다.

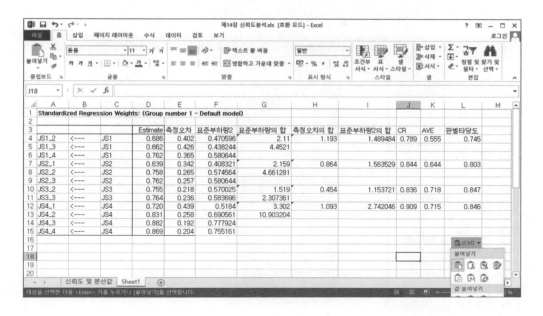

⑨ 아래와 같이 조직몰입 파일을 만든 후, File → Save를 선택하여 [04.OI 측정모형.amw]
로 모형을 저장한다.

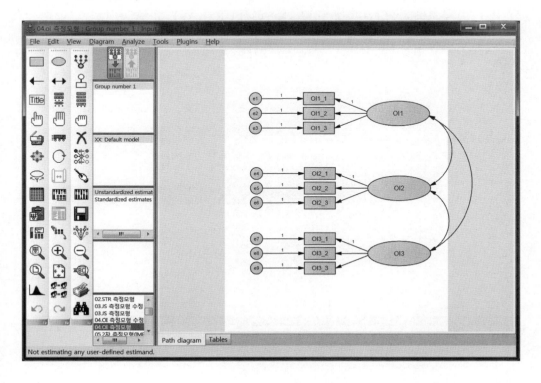

⑩ 앞에서와 같이 집중타당도를 검증해서 요인부하량(FL)이 .60보다 낮은 [OI2_3]를 제거한다. [04.OI 측정모형 수정.amw]로 모형을 저장한다.

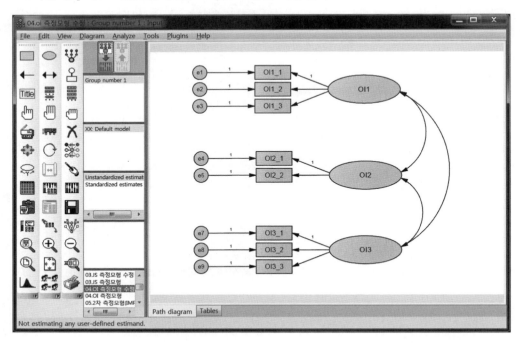

⑪ 표준요인부하량값(FL)과 측정분산을 이용해서 CR과 AVE 값을 구한다.

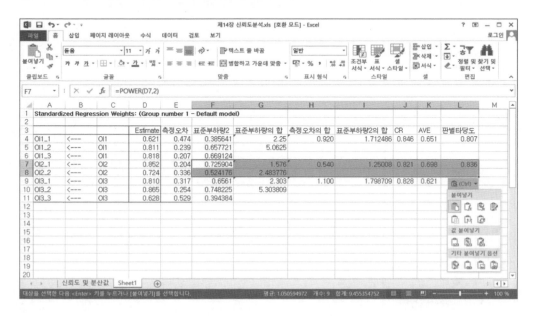

2-3 2차 확인적 요인분석(Imputation 이용)

1) 파일 통합

2차요인분석을 실시하기 위해서는 1차요인분석을 통해서 타당도가 검증된 측정문항을 이용해 하나의 값으로 변환해서 사용해야 한다. 이때 측정문항의 평균값을 이용할 수도 있지만, AMOS의 Imputation 기능을 이용해 하나의 요인 값으로 생성할 수 있다.

① Analyze → Data Imputation → Amos Data Imputation → Regression Imputation을 선택한 후, File Names → 01.EMP.sav → Impute를 클릭한다.

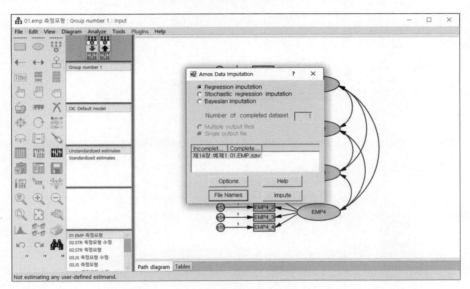

② 아래와 같이 [01.EMP.sav]의 변수가 생성된 것을 볼 수 있다.

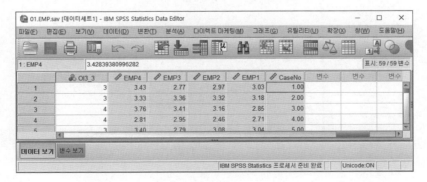

③ Analyze → Data Imputation → Amos Data Imputation → Regression Imputation을 선택한 후, File Names → 02.STR.sav → Impute를 클릭한다.

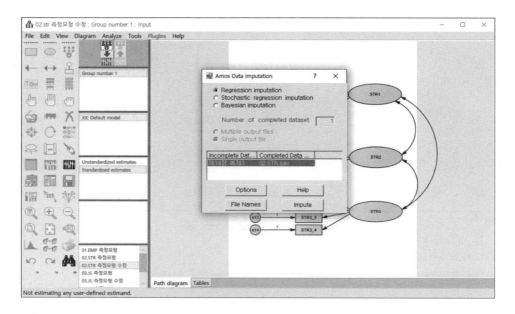

④ Analyze → Data Imputation → Amos Data Imputation → Regression Imputation을 선택한 후, File Names → 03.JS.sav → Impute를 클릭한다.

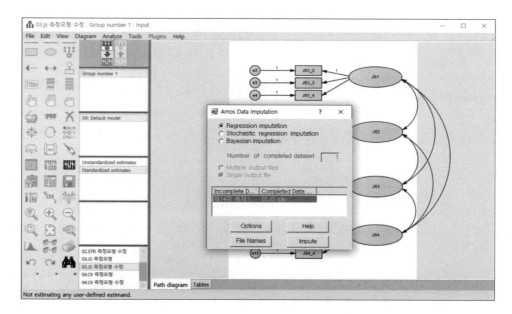

⑤ Analyze → Data Imputation → Amos Data Imputation → Regression Imputation을 선택
한 후, File Names → 04.OI.sav → Impute를 클릭한다.

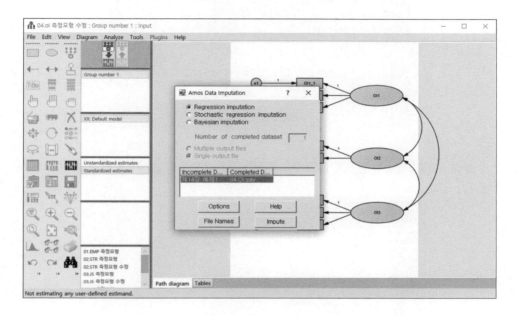

⑥ 4개로 분리된 파일을 하나의 파일로 합친다. 메뉴에서 **데이터(D) → 파일합치기(G) → 변
수 추가(V)**를 선택한다.

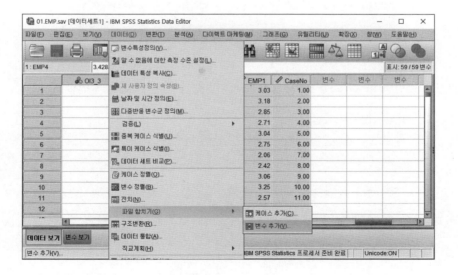

⑦ 추가할 파일인 [02.STR.sav]를 선택한 후 **계속**을 클릭한다.

⑧ **새 활성 데이터 파일의 변수에 [STR1(+), STR2(+), STR3(+)]가 옮겨지면서 통합된다.**

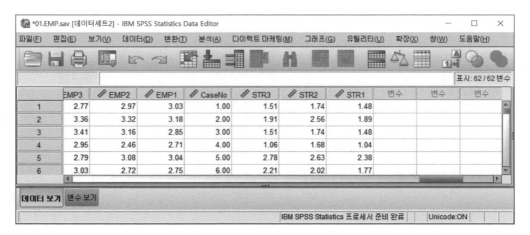

⑨ **확인** 누르면 [01.EMP.sav]와 [02.STR.sav]의 변수가 합쳐진 것을 확인할 수 있다.

	EMP3	EMP2	EMP1	CaseNo	STR3	STR2	STR1	변수	변수	변수
1	2.77	2.97	3.03	1.00	1.51	1.74	1.48			
2	3.36	3.32	3.18	2.00	1.91	2.56	1.89			
3	3.41	3.16	2.85	3.00	1.51	1.74	1.48			
4	2.95	2.46	2.71	4.00	1.06	1.68	1.04			
5	2.79	3.08	3.04	5.00	2.78	2.63	2.38			
6	3.03	2.72	2.75	6.00	2.21	2.02	1.77			

⑩ 아래 화면처럼 기존데이터를 삭제하고 필요한 [EMP1]~[EMP4], [STR1]~[STR3], [JS1]
  ~[JS4], [OI1]~[OI3]의 순서를 정리한다.

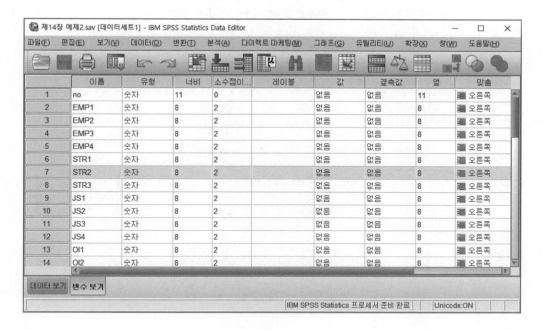

⑪ 메뉴의 파일(F) → 다른 이름으로 저장(A) → [제14장 예제2.sav]를 저장한다.

제14장 예제2.sav

2) AMOS 분석

① ■를 선택한 후, File Name → [제14장 예제2.sav] 파일을 선택한다.
② 아래와 같이 2차 확인적 요인분석 모델을 만든다.

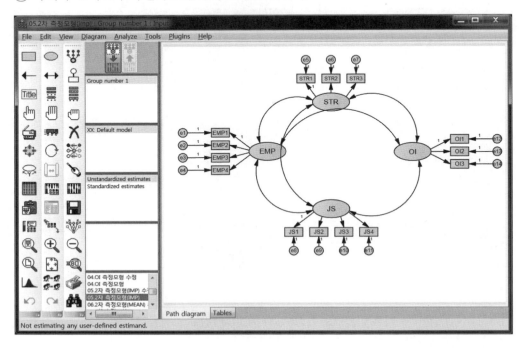

③ File → Save를 선택하여 [05.2차 측정모형(IMP).amw]로 모형을 저장한다.

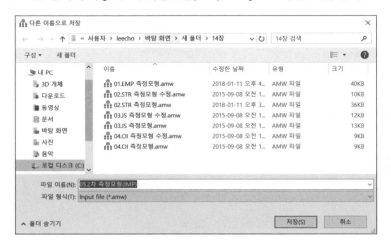

④ ▦를 클릭하여 모형을 실행한다.
⑤ ▦를 클릭하여 Output 창을 실행한다.

3) 결과 분석

먼저, 집중타당도를 검증한 결과, 요인적재량이 0.6 이하
인 [EMP1]과 [STR2], [JS4]를 제거하였다.

Standardized Regression Weights

			Estimate
EMP1	<---	EMP	.534
EMP2	<---	EMP	.781
EMP3	<---	EMP	.963
EMP4	<---	EMP	.805
STR1	<---	STR	.865
STR2	<---	STR	.553
STR3	<---	STR	.712
JS1	<---	JS	.718
JS2	<---	JS	.983
JS3	<---	JS	.729
JS4	<---	JS	.345
OI1	<---	OI	.954
OI2	<---	OI	.972
OI3	<---	OI	.752

4) 수정모형 분석

① Input 창으로 들어가서, ⎇를 선택한 후 [EMP1], [STR2]와 [JS4]를 제거한다.
② File → Save As를 선택하여 [05.2차 측정모형(IMP) 수정.amw]로 모형을 저장한다.

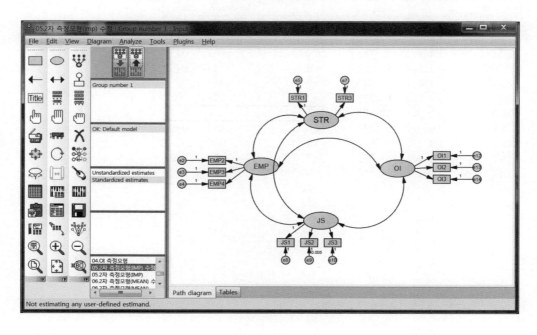

③ ▦를 클릭하여 모형을 실행한다.

④ ▦를 클릭하여 Output 창을 실행한다.

[Model Fit]로 이동하여 수정된 모형의 적합도를 살펴본 결과, GFI=0.912 등 모든 적합도 지표들도 모두 기준을 만족하고 있다.

RMR, GFI

Model	RMR	GFI	AGFI	PGFI
Default model	.024	.910	.847	.537
Saturated model	.000	1.000		
Independence model	.107	.383	.259	.319

표준요인부하량(FL)을 보면 1이 넘는 것을 볼 수 있다. 이러한 것을 헤이우즈 케이스(Heywood case)라고 하는데 음오차분산이 발생했기 때문이다. 이는 측정문항이 적을 경우(3개 이하)에 발생하는 경우가 많다. 해결 방법으로는 관련된 변수를 제거하거나, 음오차분산을 0.005로 고정시켜주거나, 오차 간 상관관계를 만들어 주는 방법이 있다. 본 연구에서는 음오차분산을 0.005로 고정시키는 방법과 오차 간 상관관계를 만드는 방법을 적용해볼 것이다. 실제로는 이 중 한 가지 방법을 사용하면 된다.

Standardized Regression Weights:

			Estimate
EMP2	<---	EMP	.729
EMP3	<---	EMP	1.032
EMP4	<---	EMP	.781
STR1	<---	STR	.984
STR3	<---	STR	.646
JS1	<---	JS	.713
JS2	<---	JS	.987
JS3	<---	JS	.729
OI1	<---	OI	.954
OI2	<---	OI	.972
OI3	<---	OI	.752

Variances: (Group number 1 - Def

	Estimate	S.E.
EMP	.081	.010
STR	.179	.030
JS	.143	.017
OI	.233	.018
e9	.005	
e2	.072	.005
e3	-.014	.007
e4	.155	.013
e5	.006	.028
e7	.172	.022
e8	.138	.010
e10	.103	.007
e12	.023	.004
e13	.025	.007
e14	.227	.017

⑤ 오차 간 상관관계를 만들기 위해 ↔를 이용해 [e2]와 [e3]를 연결한다[05. 2차 측정모형 (imp)수정2.amw].

⑥ 음오차분산을 0.005로 고정시키기 위해 [e9]의 분산값을 [0.005]로 고정시켜준다[05. 2차 측정모형(imp)수정3.amw].

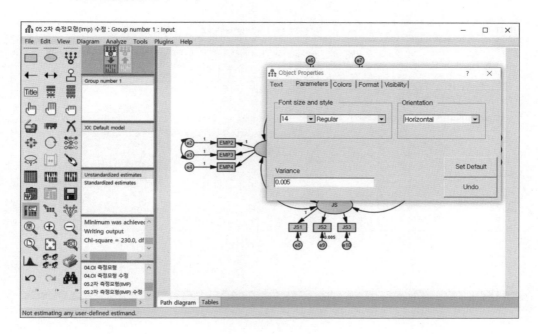

다음과 같이 2가지 방법 모두 표준요인부하량(FL)은 기준을 만족한 것으로 나타났다.

| ↔를 이용해 [e2]와 [e3]를 연결 | [e3]의 분산값을 [0.005]로 고정 |

Standardized Regression Weights:

			Estimate
EMP2	<---	EMP	.713
EMP3	<---	EMP	1.016
EMP4	<---	EMP	.794
STR1	<---	STR	.986
STR3	<---	STR	.644
JS1	<---	JS	.713
JS2	<---	JS	.987
JS3	<---	JS	.729
OI1	<---	OI	.954
OI2	<---	OI	.972
OI3	<---	OI	.752

Standardized Regression Weights:

			Estimate
EMP2	<---	EMP	.755
EMP3	<---	EMP	.989
EMP4	<---	EMP	.806
STR1	<---	STR	.985
STR3	<---	STR	.645
JS1	<---	JS	.713
JS2	<---	JS	.987
JS3	<---	JS	.729
OI1	<---	OI	.954
OI2	<---	OI	.972
OI3	<---	OI	.752

5) CR과 AVE 계산

다음으로 표준요인부하량(FL) 값과 측정분산을 이용해서 CR과 AVE 값을 구해보자. 아래와 같이 모두 기준값을 만족하고 있다.

	A	B	C	D	E	F	G	H	I	J	K	L
1	Standardized Regression Weights: (Group number 1 – Default model)											
2												
3				Estimate	측정오차	표준부하량2	표준부하량의 합	측정오차의 합	표준부하량2의 합	CR	AVE	판별타당도
4	EMP2	<---	EMP	0.635	0.091	0.403225	2.435	0.222	2.028027	0.964	0.901	0.949
5	EMP3	<---	EMP	0.949	0.022	0.900601	5.929225					
6	EMP4	<---	EMP	0.851	0.109	0.724201						
7	STR1	<---	STR	0.995	0.002	0.990025	1.633	0.177	1.397069	0.938	0.888	0.942
8	STR3	<---	STR	0.638	0.175	0.407044	2.666689					
9	JS1	<---	JS	0.713	0.138	0.508369	2.429	0.246	2.013979	0.960	0.891	0.944
10	JS2	<---	JS	0.987	0.005	0.974169	5.900041					
11	JS3	<---	JS	0.729	0.103	0.531441						
12	OI1	<---	OI	0.954	0.023	0.910116	2.678	0.274	2.420404	0.963	0.898	0.948
13	OI2	<---	OI	0.972	0.025	0.944784	7.171684					
14	OI3	<---	OI	0.752	0.226	0.565504						
15												

6) 판별타당도 계산

Estimates → Scalars → Covariances에 있는 상관계수값을 이용해서 판별타당도를 계산해보자. 아래 표에서 보듯이, 변수들 간의 상관계수값이 변수의 $\sqrt{AVE}$ 값보다 작으므로 판별타당도가 있다고 할 수 있다.

	EMP	STR	JS	OI
EMP	.949			
STR	-.232	.942		
JS	.456	-.348	.944	
OI	.218	-.138	.410	.948

2-4 2차 확인적 요인분석(평균 이용)

1) 변수 생성

① 평균값을 이용해서 분석하는 방법이다. 논문에서는 imputation과 평균값을 이용하는 방법 중에 하나를 선택 한다. 메뉴에서 **변환(T) → 변수 계산(C)**을 선택한다.

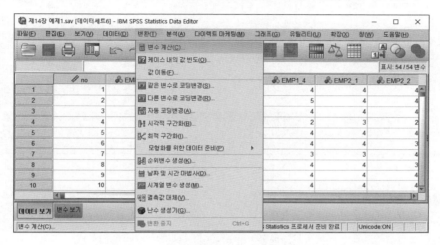

② 변수 계산(compute variable)의 대상변수(T): → [EMP1], 변수 계산의 함수 집단(G) → 통계, 함수 및 특수변수(F) → Mean, 유형 및 설명(L)에 나와 있는 변수들 중에서 [EMP1_1]~ [EMP1_4] → 숫자표현식(E)으로 이동시킨다.

③ 아래 화면처럼 [EMP1]~[EMP4], [STR1]~[STR3], [JS1]~[JS4], [OI1]~[OI3]을 계산한
후, [제14장 예제3.sav] 파일로 저장한다.　제14장 예제3.sav

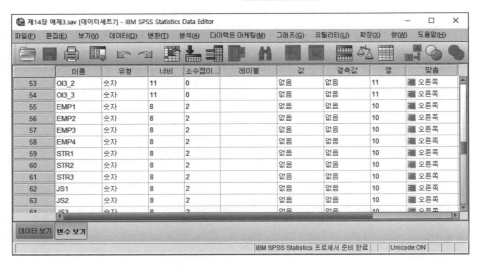

2) AMOS 분석

① ▦를 선택한 후, File Name → 제14장 예제3.sav 파일을 선택한다.
② 아래와 같이 2차 확인적 요인분석 모델을 만든다.

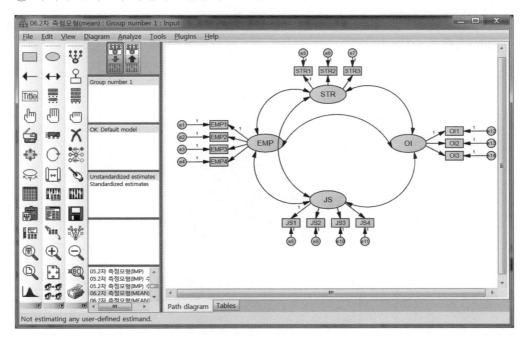

③ File → Save를 선택하여 [06.2차 측정모형(MEAN).amw]로 모형을 저장한다.

④ 🎛를 클릭하여 모형을 실행한 후, 🗂를 클릭하여 Output 창을 실행한다.

3) 결과 분석

먼저, 집중타당도를 검증한 결과, [STR2]와 [JS4]를 제거하였다. [JS1]과 [JS3]의 경우에
0.6보다 작으나 두 변수를 제거하면 JS 요인이 삭제되므로 여기서는 삭제하지 않았다. 단,
이러한 경우에는 논문을 읽은 독자들이 결과를 해석하는 데 참고할 수 있도록 보고서에
연구의 한계로 언급해주어야 한다.

Standardized Regression Weights: (Group number 1 - Default model)

			Estimate
EMP1	<---	EMP	.644
EMP2	<---	EMP	.759
EMP3	<---	EMP	.730
EMP4	<---	EMP	.602
STR1	<---	STR	.714
STR2	<---	STR	.400
STR3	<---	STR	.626
JS1	<---	JS	.579
JS2	<---	JS	.782
JS3	<---	JS	.525
JS4	<---	JS	.386
OI1	<---	OI	.790
OI2	<---	OI	.783
OI3	<---	OI	.697

4) 수정모형 분석

① Input 창으로 들어가서, $\times$를 선택한 후 [STR2]와 [JS4]를 제거한다.
② File → Save As를 선택하여 [06.측정모형(MEAN) 수정.amw]로 모형을 저장한다.

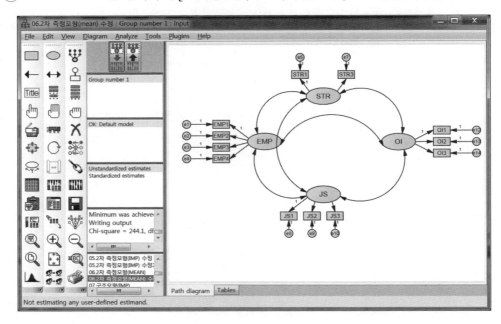

③ ▦를 클릭하여 모형을 실행한다.
④ ▦를 클릭하여 Output 창을 실행한다.

[Model Fit]로 이동하여 수정된 모형의 적합도를 살펴본 결과, GFI=0.907 등 적합도 지표들도 모두 기준을 만족한다.

RMR, GFI

Model	RMR	GFI	AGFI	PGFI
Default model	.032	.907	.849	.558
Saturated model	.000	1.000		
Independence model	.132	.476	.381	.403

Estimates → Scalars → Standardized Regression Weights로 이동한 후 표준요인부하량 (FL)을 보면 모두 기준을 만족한 것으로 나타난다.

5) CR과 AVE 계산

다음으로 표준요인부하량값(FL)과 측정분산을 이용해서 CR과 AVE 값을 구해보자. 아래와 같이 모두 기준값을 만족한다.

6) 판별타당도 계산

Estimates → Scalars → Covariances에 있는 상관계수값을 이용해서 판별타당도를 계산해보자. 아래 표에서 보듯이, 변수들 간의 상관계수값이 변수의 $\sqrt{AVE}$ 값보다 작으므로 판별타당도가 있다고 할 수 있다.

	EMP	STR	JS	OI
EMP	.83			
STR	-.34	.83		
JS	.70	-.46	.79	
OI	.47	-.26	.53	.83

음영 부분: 판별타당도, 비음영 부분: 상관계수

3 구조모형

3-1 구조모형 분석

확인적 요인분석을 통해 집중타당도와 신뢰도, 판별타당도가 검증되었으며, 구조모형을 통해 가설을 검정할 수 있다. 14장 '2 측정모형'에서 평균값과 imputation을 이용한 2개의 모델을 개발하였고, 본 절에서도 2개 모델을 분석해보려고 한다. 추후에 두 모델을 비교해보고 본인의 연구에 적합한 방법을 사용하면 된다.

1) Imputation을 이용한 구조모형

① 아래와 같이 구조모형을 만든다.

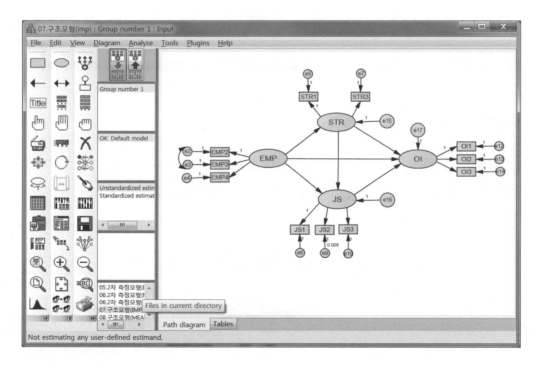

② File → Save As를 선택하여 [07.구조모형(IMP).amw]로 모형을 저장한다.

③ ▦를 클릭하여 모형을 실행한 후, ▦를 클릭하여 Output 창을 실행한다.

[Model Fit]에서 구조모형의 적합도를 보면 확인적 요인분석의 적합도와 큰 차이가 없다. 분석 결과 적합도가 충족된 것을 알 수 있다.

RMR, GFI

Model	RMR	GFI	AGFI	PGFI
Default model	.025	.911	.845	.524
Saturated model	.000	1.000		
Independence model	.107	.383	.259	.319

다음으로 경로계수의 결과를 보기 위해 Estimates → Scalars로 이동한다. 아래의 결과를 보면, **임파워먼트[EMP]**와 **스트레스[STR]**가 **조직몰입[OI]**에 미치는 영향만 유의하지 않은 것으로 나타났다.

Standardized Regression Weights: ((

			Estimate
STR	<---	EMP	-.232
JS	<---	EMP	.397
JS	<---	STR	-.256
OI	<---	EMP	.039
OI	<---	STR	.008
OI	<---	JS	.395

표준화 경로계수

Regression Weights: (Group number 1 - Default model)

			Estimate	S.E.	C.R.	P	Label
STR	<---	EMP	-.400	.094	-4.279	***	
JS	<---	EMP	.604	.094	6.398	***	
JS	<---	STR	-.225	.056	-4.034	***	
OI	<---	EMP	.077	.107	.719	.472	
OI	<---	STR	.009	.056	.162	.872	
OI	<---	JS	.505	.075	6.691	***	

비표준화 경로계수

SMC(Squared Multiple Correlations)를 통한 설명력을 보면, 조직몰입에 대한 설명력은 17%인 것으로 나타났다.

Squared Multiple Correlations:

	Estimate
STR	.054
JS	.270
OI	.170

2) 평균을 이용한 구조모형

① 아래와 같이 구조모형을 만든다.

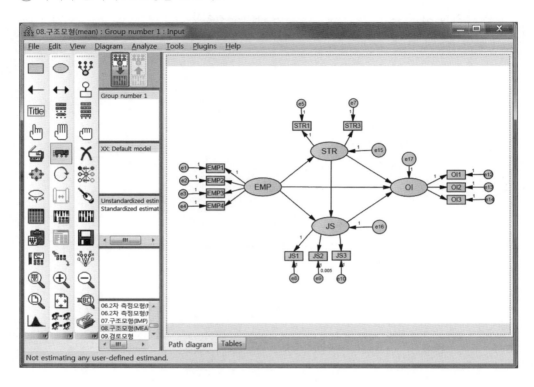

② File → Save As를 선택하여 [08.구조모형(MEAN).amw]로 모형을 저장한다.
③ ▦를 클릭하여 모형을 실행한 후, ▦를 클릭하여 Output 창을 실행한다.

[Model Fit]에서 구조모형의 적합도를 보면 확인적 요인분석의 적합도와 큰 차이가 없다. 분석 결과 적합도가 충족된 것을 알 수 있다.

RMR, GFI

Model	RMR	GFI	AGFI	PGFI
Default model	.032	.907	.849	.558
Saturated model	.000	1.000		
Independence model	.132	.476	.381	.403

다음으로 경로계수의 결과를 보기 위해 Estimates → Scalars로 이동한다. 아래 결과를 보면, **임파워먼트[EMP]**와 **스트레스[STR]**가 **조직몰입[OI]**에 미치는 영향만 유의하지 않은 것으로 나타났다.

Standardized Regression Weights: (Gr

			Estimate
STR	<---	EMP	-.336
JS	<---	EMP	.621
JS	<---	STR	-.247
OI	<---	EMP	.189
OI	<---	STR	-.015
OI	<---	JS	.393

표준화 경로계수

Regression Weights: (Group number 1 - Default model)

			Estimate	S.E.	C.R.	P	Label
STR	<---	EMP	-.418	.088	-4.770	***	
JS	<---	EMP	.635	.091	6.976	***	
JS	<---	STR	-.203	.060	-3.362	***	
OI	<---	EMP	.274	.142	1.932	.053	
OI	<---	STR	-.018	.084	-.214	.830	
OI	<---	JS	.558	.160	3.482	***	

비표준화 경로계수

SMC를 통한 설명력을 보면, 조직몰입에 대한 설명력은 30%인 것으로 나타났다.

Squared Multiple Correlations:

	Estimate
STR	.113
JS	.550
OI	.302

3-2 연구 보고서

본 절의 연구 보고서는 평균을 이용한 결과를 반영하여 작성하였다.

1) 측정모형 개발

구조방정식모형을 통해 가설을 검증하기에 앞서 구조모형에 투입될 설문 문항과 요인들의 타당도를 검증하였다. 이를 위해 AMOS 24.0을 이용한 확인적 요인분석을 실시하였으며, 이를 통해 집중타당도, 판별타당도를 검증하였다. 특히, 본 연구에서는 고차원적으로 구성된 요인들의 타당도를 평가하기 위하여 고차요인분석(high-order factor analysis)을 이용하여 분석하였다. 먼저, 하부요인들과 설문 문항들 간의 타당도를 검증하기 위하여 1차요인분석을 실시하였으며, 타당도를 평가하기 위해 집중타당도를 평가하였다. 다음으로 하부요인들의 평균값을 구해서 하부요인들이 속해 있는 상위요인들과 2차요인분석을 실시하였으며, 집중타당도와 판별타당도를 평가하였다.

(1) 1차요인분석

1차요인분석을 하기 위해 4개의 요인별로 AMOS 24.0을 이용하여 확인적 요인분석을 실시하였다. 먼저, 집중타당도를 검증하기 위해서 설문 문항과 요인 간 표준요인부하량(Standardized Factor Loadings: FL > .70), 개념신뢰도(Construct Reliability: CR > .70), 평균분산추출(Average Variance Extracted: AVE > .50)을 검증하였다. 분석 결과, 스트레스 측정문항 중에서 STR1_1, STR2_1, STR2_2, STR2_5, 직무만족 측정문항 중에서 JS1_1, JS2_4, JS3_1, 조직몰입 측정문항 중에서 OI2_3이 기준에 미달되어 제거되었다. 종합해보면 총 53개의 측정문항 중에서 8개의 측정문항이 제거되고, 최종적으로 45개 문항이 분석에 사용되었다. 다음으로 요인들의 개념신뢰도와 평균분산추출를 검증한 결과 모두 기준치인 .70과 .50 이상으로 나타났다.

(2) 2차요인분석

다음으로, 1차요인에서 구한 문항을 이용하여 각 하부요인들의 평균값으로 2차요인분석을 실시하였다. 2차요인분석은 4개의 요인을 모두 포함해서 AMOS 24.0을 이용하여 실시하였다. 2차요인분석에서도 기준에 미달된 요인을 제거하기 위해서 1차요인분석의 기준을 이용하였다. 스트레스에서 역할모호(STR2)가, 직무만족에서 보수(JBS4)가 제거되어 총 14개 요인 중에 12개 요인이 남게 되었다.

최종 분석 후, 연구모형의 적합도를 분석한 결과 χ^2=244.109, χ^2/d.f=5.086, GFI=.907, AGFI=.849, NFI=.852, CFI=.876, RMR=.032, RMSEA=.100으로 나타났다. 최종적으로 요인들의 신뢰도를 검증하기 위해 개념신뢰도와 평균분산추출값을 검증하였으며, 분석 결과, 모든 요인들의 개념신뢰도와 평균분산추출값은 모두 기준치인 .70과 .50 이상이었다[표 14-1].

[표 14-1] 2차 확인적 요인분석 결과

요인	문항	표준요인부하량	CR	AVE
임파워먼트 (EMP)	의미성(EMP1)	.65	.90	.70
	역량(EMP2)	.77		
	자율성(EMP3)	.72		
	영향력(EMP4)	.59		
스트레스 (STR)	역할갈등(STR1)	.78	.82	.69
	비동질성(STR3)	.63		
직무만족 (JS)	행정(JS1)	.54	.82	.62
	전문성(JS2)	.84		
	대인관계(JS3)	.54		
조직몰입 (OI)	애착(OI1)	.79	.87	.69
	동일시(OI2)	.79		
	근속(OI3)	.69		

(3) 판별타당도 검증

판별타당도란 요인들 간에 상관성이 없이 독립적인지를 검증하는 것으로, 요인이 서로 다른 구조로 되어 있는지를 검증하는 것이다. 본 연구에서는 판별타당도를 검증하기 위해서 상관계수와 AVE값을 이용하였다. 즉, 각 요인들 간의 상관계수가 AVE값의 제곱근(square roots; $\sqrt{}$)보다 작아야 된다는 것이다. 판별타당도의 결과는 [표 14-2]에 나와 있으며, 모든 요인들의 상관계수는 AVE값보다 작으므로 판별타당도가 있다는 것이 검증되었다.

[표 14-2] 판별타당도 검증 결과

	임파워먼트	스트레스	직무만족	조직몰입
임파워먼트	.84			
스트레스	-.34	.83		
직무만족	.70	-.46	.79	
조직몰입	.47	-.26	.53	.83

음영 부분: 판별타당도,　비음영 부분: 상관계수

2) 구조모형 분석 및 가설검정

최종적으로 구조모형 분석을 통해 요인들 간의 인과관계를 검증하였다. 모형의 설명력 (SMC: Squared Multiple Correlation)은 스트레스=11.3%, 직무만족=55.0%, 조직몰입 =30.2%로 나타났다. 임파워먼트와 스트레스, 직무만족, 조직몰입 사이의 영향을 분석한 결과는 [표 14-3], [그림 14-1]과 같다.

먼저, 임파워먼트(-.336)는 스트레스에 부정적인 영향을 미치는 것으로 나타났다. 또한 임파워먼트(.621)는 직무만족에 긍정적인 영향을 주는 것으로 나타났으나, 스트레스 (-.247)는 직무만족에 부정적인 영향을 주는 것으로 나타났다. 특히, 임파워먼트가 직무 만족에 더 큰 영향을 주는 것으로 나타났다.

다음으로 직무만족(.393)만 조직몰입에 긍정적인 영향을 주는 것으로 나타났다. 임파워먼트(.189)는 조직몰입에 영향을 주지 않는 것으로 나타났으나, 유의수준에 근접한 것으로 나타나 해석에 주의할 필요가 있다. 스트레스(-.015)는 조직몰입에 영향을 주지 않는 것으로 나타났다.[2]

가설을 검증한 결과, 총 6개의 가설 중에서 2개의 가설은 기각되었고, 4개 가설은 유의한 것으로 나타났다.

[표 14-3] 경로분석 결과

경로		Estimate	S.E.	C.R.	p	가설채택 여부
임파워먼트	스트레스	-.34	.09	-4.77	<.001	채택
임파워먼트	직무만족	.62	.09	6.98	<.001	채택
스트레스		-.25	.06	-3.36	<.001	채택
임파워먼트	조직몰입	.19	.14	1.93	.053	기각
스트레스		-.02	.08	-.21	.830	기각
직무만족		.39	.16	3.48	<.001	채택

---

2 연구 결과(results)를 기반으로 논의(discussion)와 결론(conclusion)에 이러한 결과가 나온 원인이 무엇이며 이를 어떻게 학문적으로 해석할 수 있는지 언급해야 한다. 본 연구의 결과가 간호학에서 어떠한 의미를 갖고, 병원 실무에서 어떻게 활용할 수 있을지 또한 언급해야 한다.

[표 14-4] 직 · 간접효과 및 총효과

경 로		직접효과		간접효과		총효과	
		경로값	p	경로값	p	경로값	p
임파워먼트	스트레스	-.34	.008	–	–	-.34	.008
임파워먼트	직무만족	.62	.021	.08	.001	.70	.007
스트레스		-.25	.003	–	–	-.25	.003
임파워먼트		.19	.170	.28	.015	.47	.012
스트레스	조직몰입	-.02	.738	-.10	.005	-.11	.290
직무만족		.39	.012	–	–	.39	.012

χ^2=244.109, χ^2/d.f=5.086, GFI=.907, AGFI=.849, NFI=.852, CFI=.876, RMR=.032, RMSEA=.100

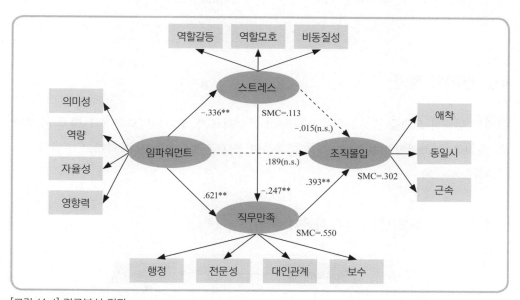

[그림 14-1] 경로분석 결과

4 경로분석

앞에서는 1차요인분석을 통해서 하부요인을 검증하고, 다시 2차요인분석을 실시하는 구조방정식모델을 이용하였다. 그러나 측정문항이 많을 경우, 그리고 하부요인이 명확하지 않을 경우에는 측정문항의 합을 이용해서 경로분석을 바로 이용할 수 있다. 구조방정식모형은 요인분석과 회귀분석이 동시에 포함되어 모형을 검증하지만, 경로분석(path analysis)은 측정문항만을 가지고 경로에 대한 분석을 할 때 사용된다. 경로분석은 측정문항이 단독 요인으로 쓰인 경우에, 또는 측정문항이 너무 많아서 모형에 다 표시하지 못할 경우에 측정문항들의 합계를 이용해 하나의 요인값을 도출하여 분석할 때 사용된다. 앞에서 서술한 것과 같이 평균을 이용하는 방법과 imputation을 이용한 방법이 있다.

4-1 문제의 정의

위에서 검증한 모형을 경로분석을 이용해서 분석해보자. 임파워먼트와 스트레스, 직무만족, 조직몰입, 소진이 간호사의 이직의도와 어떤 인과관계가 있는지 살펴보고자 한다.

제14장 예제4.sav

　　본 장에서 사용될 연구모형은 다음과 같다.

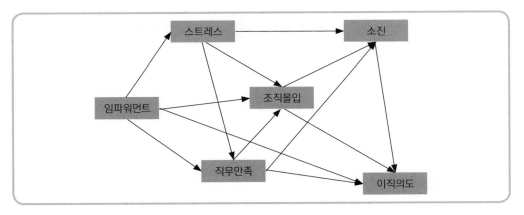

[그림 14-2] 가설모형

4-2 경로분석

1) 변수 생성

메뉴에서 **변환(T) → 변수 계산(C)**을 선택하여 아래와 같이 변수를 각각 생성한다.

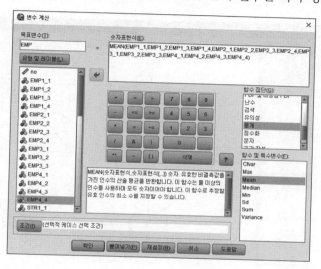

Analyze → Data Imputation → Amos Data Imputation → Regression Imputation을 선택한 후 각각 생성한다.

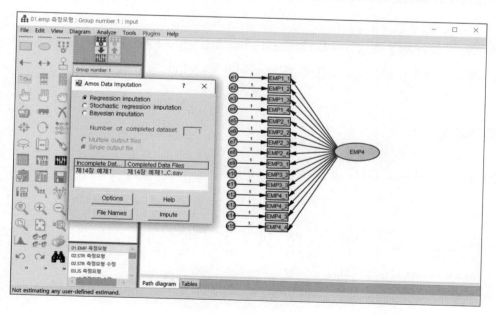

2) AMOS 분석

본 절에서는 평균을 이용한 방법만 설명한다.

① 아래와 같이 경로모형을 만든다.

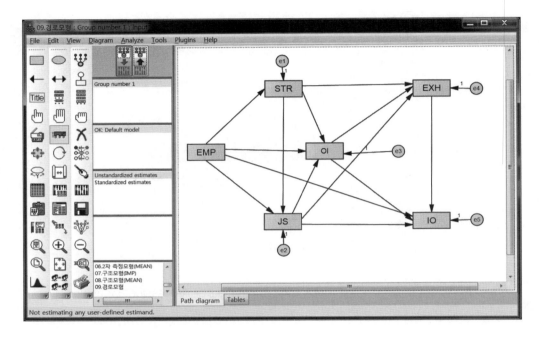

② File → Save As를 선택하여 [09.경로모형.amw]로 모형을 저장한다.
③ 圖를 클릭하여 모형을 실행한 후, 圖를 클릭하여 Output 창을 실행한다.

3) 결과 분석

[Model Fit]에서 구조모형의 적합도를 보면 GFI 등의 값이 적합한 것으로 나타났다.

CMIN

Model	NPAR	CMIN	DF	P	CMIN/DF
Default model	19	20.825	2	.000	10.413
Saturated model	21	.000	0		
Independence model	6	738.206	15	.000	49.214

RMR, GFI

Model	RMR	GFI	AGFI	PGFI
Default model	.012	.983	.826	.094
Saturated model	.000	1.000		
Independence model	.134	.526	.337	.376

Baseline Comparisons

Model	NFI Delta1	RFI rho1	IFI Delta2	TLI rho2	CFI
Default model	.972	.788	.974	.805	.974
Saturated model	1.000		1.000		1.000
Independence model	.000	.000	.000	.000	.000

RMSEA

Model	RMSEA	LO 90	HI 90	PCLOSE
Default model	.152	.097	.214	.002
Independence model	.344	.323	.366	.000

다음으로 경로계수의 결과를 보기 위해 Estimates → Scalars로 이동한다.

Standardized Regression Weights: ((

			Estimate
STR	<---	EMP	-.358
JS	<---	EMP	.397
JS	<---	STR	-.243
OI	<---	EMP	.102
OI	<---	STR	-.113
OI	<---	JS	.463
EXH	<---	STR	.294
EXH	<---	JS	-.066
EXH	<---	OI	-.288
IO	<---	EMP	.007
IO	<---	JS	-.162
IO	<---	OI	-.384
IO	<---	EXH	.280

표준화 경로계수

Regression Weights: (Group number 1 - Default model)

			Estimate	S.E.	C.R.	P	Label
STR	<---	EMP	-.350	.045	-7.728	***	
JS	<---	EMP	.423	.048	8.852	***	
JS	<---	STR	-.265	.049	-5.420	***	
OI	<---	EMP	.136	.063	2.155	.031	
OI	<---	STR	-.154	.061	-2.511	.012	
OI	<---	JS	.579	.060	9.650	***	
EXH	<---	STR	.406	.064	6.310	***	
EXH	<---	JS	-.083	.067	-1.238	.216	
EXH	<---	OI	-.292	.052	-5.573	***	
IO	<---	EMP	.013	.075	.169	.866	
IO	<---	JS	-.265	.079	-3.365	***	
IO	<---	OI	-.501	.061	-8.172	***	
IO	<---	EXH	.361	.053	6.777	***	

비표준화 경로계수

위의 결과값을 이용하여 아래와 같이 경로분석 결과를 표로 만든다.

[표 14-5] 경로분석 결과

경로		Estimate	S.E.	C.R.	p	가설채택 여부
EMP	STR	-.36	.05	-7.73	<.001	채택
EMP	JS	.40	.05	8.85	<.001	채택
STR		-.24	.05	-5.42	<.001	채택
EMP	OI	.10	.06	2.16	.031	채택
STR		-.11	.06	-2.51	.012	채택
JS		.46	.06	9.65	<.001	채택
STR	EXH	.29	.06	6.31	<.001	채택
JS		-.07	.07	-1.24	.216	기각
OI		-.29	.05	-5.57	<.001	채택
EMP	IO	.01	.08	.17	.87	기각
JS		-.16	.08	-3.37	<.001	채택
OI		-.38	.06	-8.17	<.001	채택
EXH		.28	.05	6.78	<.001	채택

SMC(Squared Multiple Correlations)는 독립변수에 의한 설명력이다.

Squared Multiple Correlations:

	Estimate
STR	.128
JS	.286
OI	.332
EXH	.265
IO	.439

총효과와 직·간접효과는 Estimates → Matrices를 통해서 볼 수 있으며, 이때 결과는 Standardized Effects(표준화된 값)로 보아야 한다.

Standardized Total Effects (Group number 1 - Default model)

	EMP	STR	JS	OI	EXH
STR	-.358	.000	.000	.000	.000
JS	.484	-.243	.000	.000	.000
OI	.367	-.225	.463	.000	.000
EXH	-.242	.375	-.199	-.288	.000
IO	-.280	.231	-.396	-.465	.280

Standardized Direct Effects (Group number 1 - Default model)

	EMP	STR	JS	OI	EXH
STR	-.358	.000	.000	.000	.000
JS	.397	-.243	.000	.000	.000
OI	.102	-.113	.463	.000	.000
EXH	.000	.294	-.066	-.288	.000
IO	.007	.000	-.162	-.384	.280

Standardized Indirect Effects (Group number 1 - Default model)

	EMP	STR	JS	OI	EXH
STR	.000	.000	.000	.000	.000
JS	.087	.000	.000	.000	.000
OI	.264	-.113	.000	.000	.000
EXH	-.242	.081	-.133	.000	.000
IO	-.287	.231	-.234	-.081	.000

각 효과의 유의성을 검증하기 위해서는 Estimates → Matrices → Standardized Indirect Effects를 선택한 후, 하단의 Estimates/Bootstrap → Bias-corrected percentile method → Bias-corrected percentile method → Two Tailed Significance(BC)를 선택한다.

Standardized Total Effects - Two Tailed Significance (BC)

	EMP	STR	JS	OI	EXH
STR	.012	...	...	...	...
JS	.015	.004	...	...	...
OI	.014	.006	.016	...	...
EXH	.012	.012	.006	.013	...
IO	.005	.009	.014	.019	.006

Standardized Direct Effects - Two Tailed Significance (BC)

	EMP	STR	JS	OI	EXH
STR	.012	...	...	...	...
JS	.009	.004	...	...	...
OI	.072	.013	.016	...	...
EXH	...	.016	.154	.013	...
IO	.918	...	.009	.016	.006

Standardized Indirect Effects - Two Tailed Significance (BC)

	EMP	STR	JS	OI	EXH
STR	...	...	...	...	...
JS	.002	...	...	...	...
OI	.011	.008	...	...	...
EXH	.012	.002	.011	...	...
IO	.015	.009	.009	.013	...

위의 결과값을 이용하여 아래와 같이 직·간접효과를 표로 만든다.

[표 14-6] 경로분석의 직·간접효과 및 총효과

경로		직접효과		간접효과		총효과	
		경로값	p	경로값	p	경로값	p
EMP	STR	-.36	.012	-	-	-.36	.012
EMP	JS	.40	.009	.08	.002	.48	.015
STR		-.24	.004	.00	-	-.24	.004
EMP	OI	.10	.072	.27	.011	.37	.014
STR		-.11	.013	-.11	.008	-.22	.006
JS		.46	.016	-	-	.46	.016
EMP	EXH	-	-	-.27	.012	-.24	.012
STR		.29	.016	.08	.002	.37	.012
JS		-.07	.154	-.13	.011	-.20	.006
OI		-.29	.013	-	-	-.29	.013
EMP	IO	.01	.918	-.29	.015	-.28	.005
STR		-	-	.23	.009	.23	.009
JS		-.16	.009	-.24	.009	-.40	.014
OI		-.38	.016	-.09	.013	-.47	.019
EXH		.28	.006	-	-	.28	.006

4-3 연구 보고서

연구 보고서는 구조방정식모형의 구조모형 결과와 같이 작성하면 된다.

Chapter 15

다중집단 구조방정식모델

다중집단 구조방정식모델(MSEM, Multi-group Structural Equation Model)이란 집단 간에 인과관계에 차이가 있는지를 분석하는 모형이다. 간호 분야에서는 외래환자와 입원환자, 또는 한국과 미국 간에 인과관계의 차이가 있는지 등을 분석할 때 사용할 수 있다. 이전에는 두 집단 간의 경로(인과관계)를 직접 비교할 수 있는 통계방법이 없었지만, 지금은 두 집단 간의 경로값을 직접 분석할 수 있는 방법론이 개발되어서 사용되고 있다.

　　이론적으로 MSEM은 아래의 그림처럼 조절효과(moderating effect)를 검정할 때 사용한다. 조절효과란 두 변수 간 인과관계에 제3의 변수가 미치는 영향력을 의미한다. 논문에서는 2가지로 구분하는데 하나는 MSEM을 이용해 그룹 간 차이를 분석하는 방법이고, 다른 하나는 상호작용효과(interaction effect)를 이용하는 방법이다.

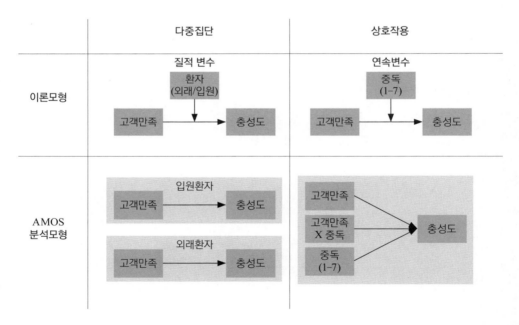

　　그림처럼 MSEM은 조절변수가 질적 변수일 때 사용하며, 상호작용은 조절변수가 연속변수일 때 사용한다. 논문에서 표시되는 연구모형은 조절효과를 의미하기 때문에 같은 이론모형으로 표시되지만, 실제로 AMOS에서 분석할 때는 서로 다른 분석방법이 사용된다. 상호작용효과 검정방법은 두 변수 간의 상호작용 측정문항을 만들어서 사용하기 때문에 변수가 많을 때는 AMOS에서 분석하기 어렵다. 상호작용을 연구하기 위해서는 Smart PLS 프로그램을 이용하면 편하다. 본 연구에서는 MSEM에 대한 분석방법만 설명한다.

MSEM의 구체적인 분석 방법은 다음과 같다.

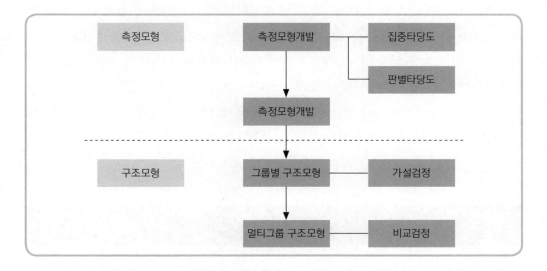

① 각 집단별 측정모형을 개발한다. 측정모형의 개발을 통해 연구에서 사용하고자 하는 요인들의 집중타당도와 판별타당도를 검증한다.

② 측정 동질성(measurement equivalence, measurement invariance)을 검정한다. 측정 동질성이란 한 그룹에서 측정된 측정모형이 다른 그룹에서 측정된 측정모델과 서로 동일해야 한다는 것이다.[1]

③ 각 그룹별로 구조모형을 검증한다.

④ 집단별로 경로의 차이가 있는 지를 검증한다.

MSEM에서는 측정 동질성이 중요한 개념이다. 측정 동질성 검정에 문제가 없어야 경로의 차이를 검정할 수 있기 때문이다. 예를 들면, 하나의 설문지를 이용해 서로 다른 나라에서 연구하고자 할 때, 각각의 언어로 번역을 하게 된다. 이때 같은 내용을 번역하더라도 언어의 특성상 의미가 잘 전달되지 않을 수 있기 때문에 하나의 설문지가 동일한 의

---

1   Mullen (1995). Diagnosing Measurement Equivalence in Cross-National Research. *Journal of International Business Studies*, 26, pp573-596.

미를 가지고 있는지 먼저 검증해야 한다. 따라서 그룹 간 구조분석을 실시하기에 앞서 사용된 요인이 같은 요인구조를 가지고 있는지를 다중집단 확인적 요인분석(이후 MCFA, Multigroup Confirmatory Factor Analysis)을 통해 검증하는 것이 필요하다.

Steenkamp and Baumgartner(1998)는 이러한 동질성을 검사하기 위한 방법으로 몇 가지를 제시하고 있다. 측정 동질성을 검증하기 위해서는 요인적재량(λ)과 공분산(ϕ), 측정오차(δ)의 분산 동질성 등을 검증할 수 있다. 기본적으로 요인적재량(λ)에 대한 동질성만 검증할 수 있지만, 더욱 엄격하게 적용하기 위해서 완전(full) 측정 동질성(λ, ϕ, δ의 동질성을 모두 만족시키는 모형)에 대한 검증을 실시한다. 그러나 완전 측정 동질성은 모델이 복잡하거나 데이터가 많은 경우에는 적용하기가 힘들다. 따라서 기본적으로 요인적재량(λ)에 대한 측정 동질성 검증이 문제가 없으면 MSEM을 분석한다.[2]

2 측정모형

2-1 문제의 정의

13장에서 의료서비스 품질요인과 의료서비스 가치, 환자만족, 환자충성도 간에 어떤 인과관계가 있는지를 살펴보았다. 그러나 이러한 인과관계는 고객의 입장이나 상황에 따라 달라질 수 있다. 입원환자의 경우에는 심한 질병이 있는 경우가 많으므로 명성, 의사의 실력, 병원시설 등이 병원선택 기준이 되며, 외래환자의 경우에는 가벼운 질병이 많으므로 의료기관의 위치, 의료자의 친절 등이 주요한 고려요인이라고 밝히고 있다. 따라서 다중집단 공분산구조모형이라는 방법론을 이용하여 입원환자와 외래환자 간 인과관계에 대한 경로의 차이가 있는 지를 검증하고자 한다.[3] 제15장 예제.sav

---

2 Steenkamp and Baumgartner (1998). Assessing Measurement Invariance in Cross-National Consumer Research. *Journal of Consumer Research*, 25, pp79–90.

3 본 연구의 결과는 다음의 논문을 참조하기 바란다. 이상철 외 (2008). "대학병원환자의 의료서비스 충성도에 영향을 미치는 요인에 관한 연구: 멀티그룹 공분산구조분석을 이용한 입원환자와 외래환자의 인식차이 비교분석". 병원경영학회지, 13(4), pp.76–100.

본 장에서 사용될 연구모형은 다음과 같다.

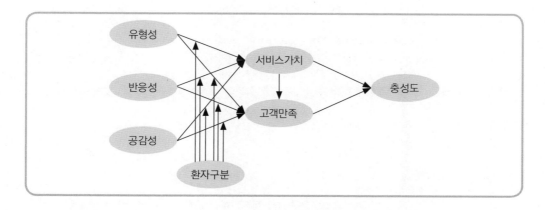

2-2 집단별 확인적 요인분석

1) AMOS 분석

① 아래와 같이 측정모형을 만든다. 측정모형을 만드는 방법은 13장을 참조한다.

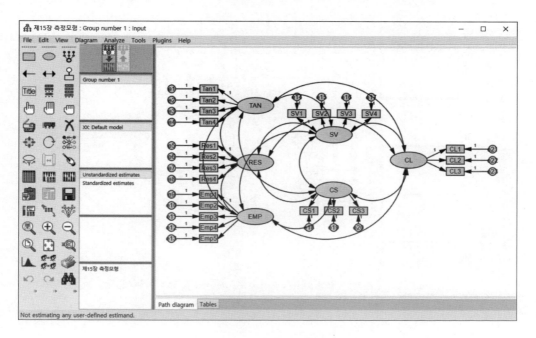

② File → Save를 선택하여 [제15장 측정모형.amw]로 모형을 저장한다.

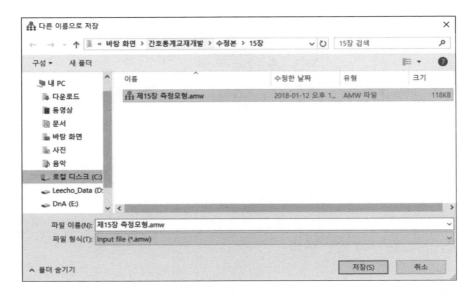

③ [Group number 1] → [입원환자]로 수정한다.

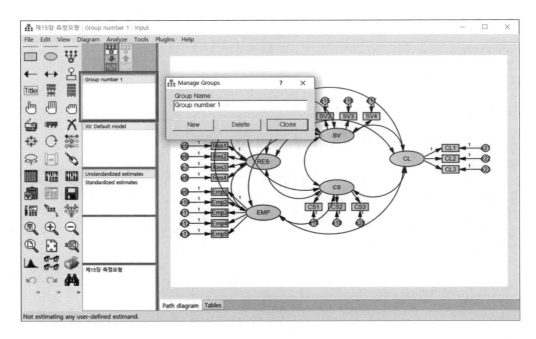

④ New를 클릭해서 집단을 하나 더 생성한다. [Group number 2] → [외래환자]로 수정한다.

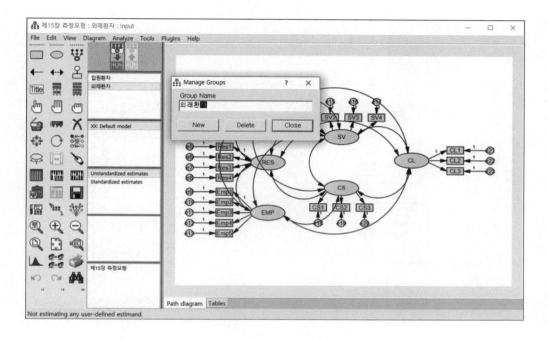

⑤ 그룹별로 데이터를 연결한다. 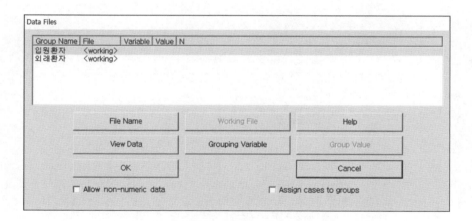를 선택한 후, [Group Name]에서 [입원환자]를 선택한다.

⑥ [제15장 예제.sav] 파일을 선택한다.

⑦ [Grouping Variable]을 선택한 후 [구분]을 선택한다.

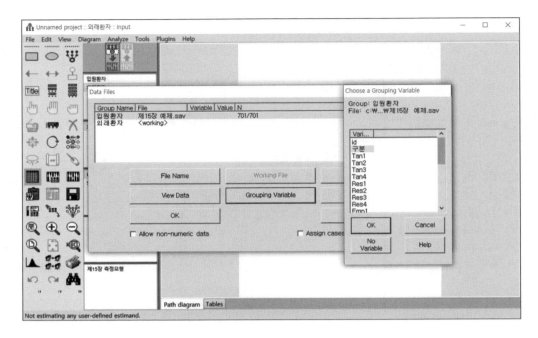

⑧ [Group Value]를 선택한 후 [1]을 선택한다.

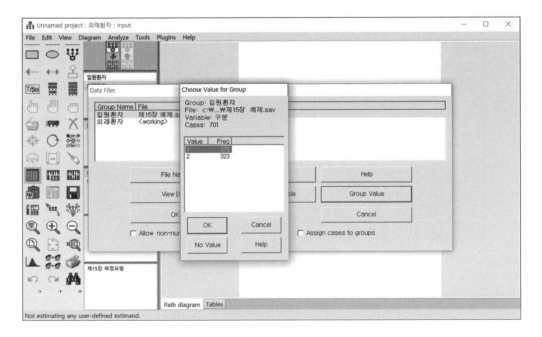

⑨ [Group Name]에서 [외래환자]를 선택한다.

⑩ [제15장 예제.sav] 파일을 선택한다.

⑪ [Grouping Variable]을 선택한 후 [구분]을 선택한다.

⑫ [Group Value]를 선택한 후 [2]를 선택한다.

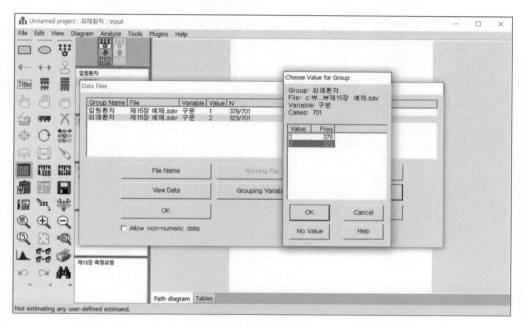

⑬ 모형을 실행한 후, Output 창을 연다.

2) 결과 분석

왼쪽 메뉴에서 입원환자를 클릭하면, 입원환자에 대한 결과가 나타나고, 외래환자를 클릭하면 외래환자의 결과가 나타난다.

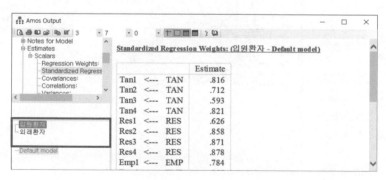

집중타당도를 검증한 결과, [TAN3], [RES1], [EMP5]가 기준값보다 작은 것으로 나타났다. 위의 변수를 제거한 후에 다시 모형의 타당도를 검증해야 한다.

Standardized Regression Weights: (외래환자

			Estimate
Tan1	<---	TAN	.831
Tan2	<---	TAN	.854
Tan3	<---	TAN	.570
Tan4	<---	TAN	.820
Res1	<---	RES	.595
Res2	<---	RES	.871
Res3	<---	RES	.879
Res4	<---	RES	.865
Emp1	<---	EMP	.825
Emp2	<---	EMP	.859
Emp3	<---	EMP	.880
Emp4	<---	EMP	.811
Emp5	<---	EMP	.560
SV1	<---	SV	.893
SV2	<---	SV	.930
SV3	<---	SV	.937
SV4	<---	SV	.848
CS1	<---	CS	.904
CS2	<---	CS	.909
CS3	<---	CS	.795
CL1	<---	CL	.946
CL2	<---	CL	.952
CL3	<---	CL	.951

Standardized Regression Weights: (입원환자

			Estimate
Tan1	<---	TAN	.816
Tan2	<---	TAN	.712
Tan3	<---	TAN	.593
Tan4	<---	TAN	.821
Res1	<---	RES	.626
Res2	<---	RES	.858
Res3	<---	RES	.871
Res4	<---	RES	.878
Emp1	<---	EMP	.784
Emp2	<---	EMP	.855
Emp3	<---	EMP	.839
Emp4	<---	EMP	.803
Emp5	<---	EMP	.717
SV1	<---	SV	.860
SV2	<---	SV	.919
SV3	<---	SV	.839
SV4	<---	SV	.835
CS1	<---	CS	.907
CS2	<---	CS	.878
CS3	<---	CS	.757
CL1	<---	CL	.933
CL2	<---	CL	.926
CL3	<---	CL	.959

3) 수정모형

① Input 창으로 들어가서, X를 선택한 후 [TAN3], [RES1], [EMP5]를 제거한다.

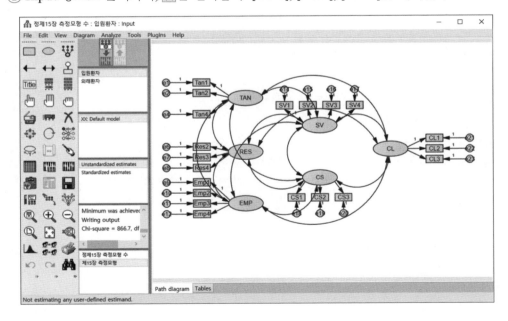

② File → Save As를 선택하여 **[제15장 측정모형 수정.amw]**로 모형을 저장한다.

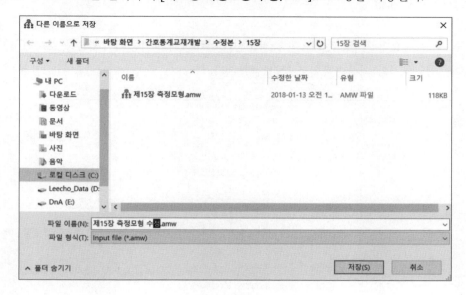

먼저, [Model Fit]로 이동하여 수정된 모형의 적합도를 살펴보자. 아래 결과를 보면 초기 모형의 GFI=0.904이었으나, 수정된 연구모형의 경우에는 GFI=0.928로 올라간 것을 볼 수 있다. 그 외의 적합도 지표들도 모두 기준을 만족하고 있다.

CMIN

Model	NPAR	CMIN	DF	P	CMIN/DF
Default model	110	547.825	310	.000	1.767
Saturated model	420	.000	0		
Independence model	40	13594.253	380	.000	35.774

RMR, GFI

Model	RMR	GFI	AGFI	PGFI
Default model	.037	.928	.903	.685
Saturated model	.000	1.000		
Independence model	.664	.142	.052	.128

Baseline Comparisons

Model	NFI Delta1	RFI rho1	IFI Delta2	TLI rho2	CFI
Default model	.960	.951	.982	.978	.982
Saturated model	1.000		1.000		1.000
Independence model	.000	.000	.000	.000	.000

4) CR과 AVE 계산

다음으로 표준요인부하량값(FL)과 측정분산(variances)을 이용해서 CR과 AVE값을 구해보자. 입원환자와 외래환자별로 각각 검증한다.

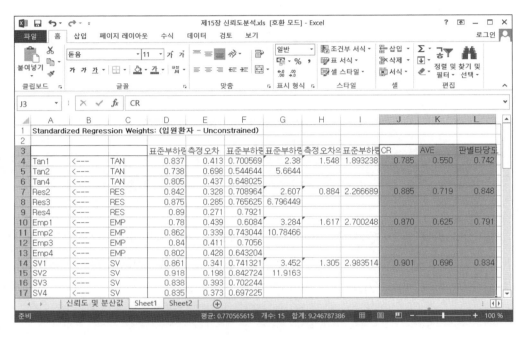

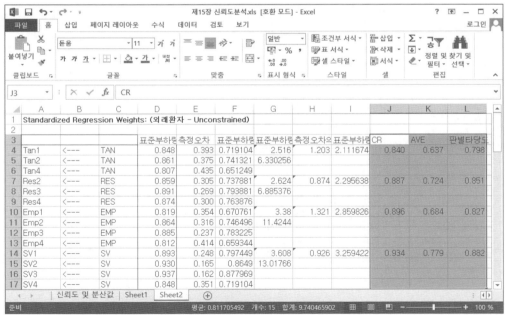

2-3 다중집단 요인분석(MCFA)(측정 동질성 검정)

1) AMOS 분석

① ▦를 이용하여 비제약모델(unconstrained model)과 제약모델(constrained model)을
   만든다. 아래와 같이 안내창이 나오면 **확인**을 클릭한다.

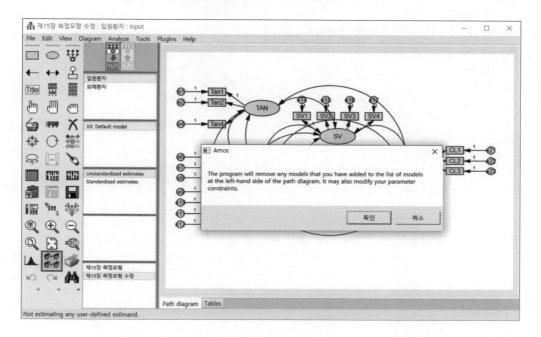

② [Measurement weight], [Structural covariances], [Measurement residuals]가 기본으로
   선택이 되어 있다. OK를 클릭한다.

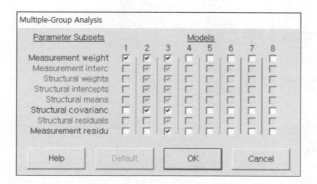

③ 아래와 같은 모형이 자동으로 만들어진다. 각 경로값에 이름이 부여된다.

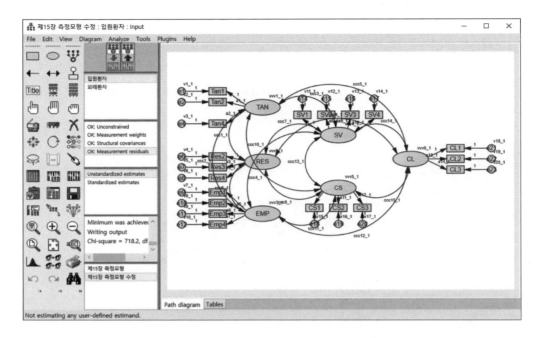

④ [Measurement weight]를 클릭하면 요인부하량 동질성 검사 내용을 볼 수 있다. a는 요인적재량(λ)을 의미한다.

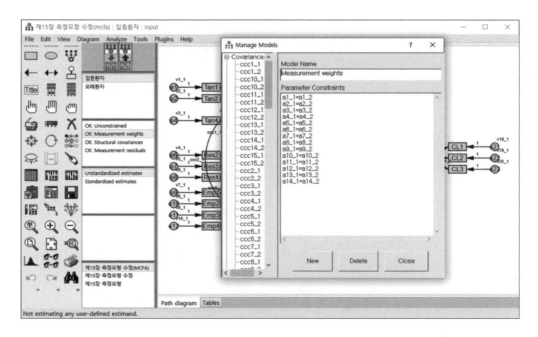

⑤ [Measurement residuals]를 클릭하면 공분산과 측정오차의 동질성 검사 내용을 볼 수 있다. ccc는 공분산(ϕ)을, v는 측정오차(δ)를 의미한다.

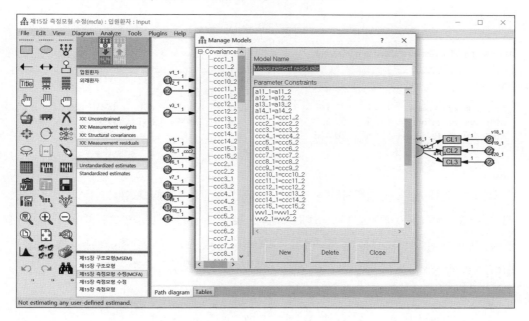

⑥ ▦를 클릭하여 모형을 실행한다.
⑦ ▦를 클릭하여 Output 창을 실행한다.

2) 결과 분석

그룹의 측정모형이 서로 동질한지를 검증하기 위해 χ^2차이검정을 실시한다. χ^2차이검정은 입원환자와 외래환자의 측정문항들이 서로 동질함을 검증하는 방법으로 제약모델과 비제약모델 간의 차이를 분석하는 방법이다. 예를 들어 제약모델의 경우에는 Tan2_in=Tan2_out 라고 제약하는 방법으로, 본 연구에서 사용된 모든 변수들이 서로 동질하다고 제약한다. 비제약모델은 모든 변수들을 자유롭게 해서 모델을 구성한다. 이 2가지 모델을 서로 비교하여 제약모델과 비제약모델의 차이가 없다면 두 그룹 간에는 측정모형이 동질하다고 할 수 있다.

[Model Comparison]로 이동하면 측정 동질성의 검정값을 볼 수 있다. [Measurement weight]는 요인적재량(λ)의 동질성 검증 결과이며, [Structural covariances]는 요인적재량

(λ)+공분산(ϕ)의 동질성 검증 결과이며, [Measurement residuals]는 요인적재량(λ)+공분산(ϕ)+측정오차(δ)의 동질성 검증 결과이다. 이 중에서 요인적재량(λ) 동질성은 기준을 통과해야 한다.

Assuming model Unconstrained to be correct:

Model	DF	CMIN	P	NFI Delta-1	IFI Delta-2	RFI rho-1	TLI rho2
Measurement weights	14	21.165	.097	.002	.002	.000	.000
Structural covariances	35	52.058	.032	.004	.004	-.001	-.001
Measurement residuals	55	170.406	.000	.013	.013	.006	.006

MCFA 분석 결과, 입원환자와 외래환자 자료를 포함한 비제약모델과의 χ^2차이검정에서는 χ^2=21.165 (p=0.097)로 나타났다. 통계적으로 $p > 0.05$이므로 입원환자와 외래환자 간 측정 동질성의 타당성은 검증되었고 이후의 구조모형의 차이를 검증하는 데 무리가 없다고 할 수 있다.

[Model Fit]에서 비제약모델과 제약모델의 모델 적합도를 확인할 수 있다. 두 모델 간 차이가 없는 것으로 나타났다.

CMIN

Model	NPAR	CMIN	DF	P	CMIN/DF
Unconstrained	110	547.825	310	.000	1.767
Measurement weights	96	568.989	324	.000	1.756
Structural covariances	75	599.882	345	.000	1.739
Measurement residuals	55	718.230	365	.000	1.968
Saturated model	420	.000	0		
Independence model	40	13594.253	380	.000	35.774

RMR, GFI

Model	RMR	GFI	AGFI	PGFI
Unconstrained	.037	.928	.903	.685
Measurement weights	.045	.926	.904	.714
Structural covariances	.054	.922	.905	.757
Measurement residuals	.054	.909	.895	.790
Saturated model	.000	1.000		
Independence model	.664	.142	.052	.128

구해진 결과를 아래의 표와 같이 정리하여 논문에 붙인다.

경로			표준부하량		CR		AVE	
			IP	OP	IP	OP	IP	OP
TAN	---⟩	Tan1	0.837	0.848				
	---⟩	Tan2	0.738	0.861	0.785	0.840	0.550	0.637
	---⟩	Tan4	0.805	0.807				
RES	---⟩	Res2	0.842	0.859				
	---⟩	Res3	0.875	0.891	0.885	0.887	0.719	0.724
	---⟩	Res4	0.890	0.874				
EMP	---⟩	Emp1	0.780	0.819				
	---⟩	Emp2	0.862	0.864	0.870	0.896	0.625	0.684
	---⟩	Emp3	0.840	0.885				
	---⟩	Emp4	0.802	0.812				
SV	---⟩	SV1	0.861	0.893				
	---⟩	SV2	0.918	0.930	0.901	0.934	0.696	0.779
	---⟩	SV3	0.838	0.937				
	---⟩	SV4	0.835	0.848				
CS	---⟩	CS1	0.908	0.905				
	---⟩	CS2	0.878	0.908	0.879	0.89	0.708	0.731
	---⟩	CS3	0.756	0.795				
CL	---⟩	CL1	0.933	0.945				
	---⟩	CL2	0.926	0.952	0.941	0.959	0.842	0.887
	---⟩	CL3	0.959	0.951				

비제약모델 : χ^2=547.8(df=310), χ^2/df=1.767, GFI=0.928, RMRS=0.037, AGFI=0.903
제약모델 : χ^2=569.0(df=324), χ^2/df=1.756, GFI=0.926, RMRS=0.045, AGFI=0.904
χ^2차이검증 : χ^2=21.165 (p=0.097)

판별타당도를 정리한다. 입원환자/외래환자 순으로 정리한다.

	TAN	RES	EMP	SV	CS	CL
TAN	0.742					
	0.798					
RES	0.568	0.848				
	0.497	0.851				
EMP	0.552	0.883	0.791			
	0.533	0.770	0.827			
SV	0.412	0.659	0.796	0.834		
	0.473	0.654	0.788	0.882		
CS	0.534	0.788	0.863	0.888	0.842	
	0.571	0.720	0.858	0.893	0.855	
CL	0.462	0.614	0.673	0.713	0.770	0.917
	0.536	0.585	0.690	0.744	0.782	0.942

3 구조모형

3-1 MSEM 분석

MCFA(다중집단 확인적 요인분석)을 통해 각 집단별 집중타당도와 신뢰도, 판별타당도가 검증되었으며, 또한 측정 동질성 검사를 통해서 측정이 동질하다는 것이 검정되었다. 따라서 구조모형을 통해 집단별 가설을 검정하고, 각 경로별 집단 간 차이를 검정 할 수 있다. 경로별 차이분석은 Critical ratios를 이용하는 방법과 χ^2차이검정을 이용하는 방법이 있다.

1) Critical ratios

① [제15장 측정모형 수정.amw] 파일을 불러와서 아래와 같이 구조모형을 만든다.

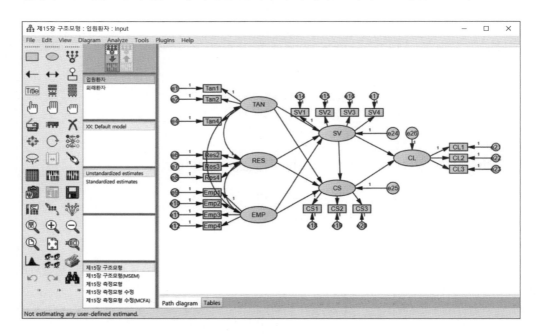

② File → Save As를 선택하여 [제15장 구조모형.amw]로 모형을 저장한다.

③ ⬇️를 이용하여 비제약모델과 제약모델을 만든다. [Measurement weight], [Structural weight], [Structural covariances], [Measurement residuals]가 기본으로 선택이 되어 있는데, OK를 클릭한다.

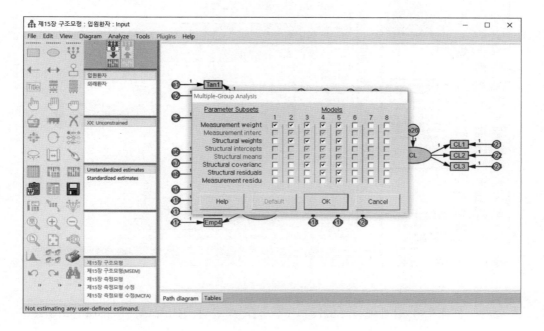

④ File → Save As를 선택하여 [제15장 **구조모형**(MSEM).amw]로 모형을 저장한다.

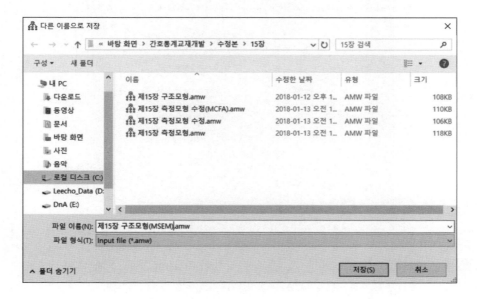

⑤ [Structural weights]를 클릭하면 경로계수 동질성 검사 내용을 볼 수 있다. a는 요인적 재량(λ)을, b는 경로계수값를 의미한다.

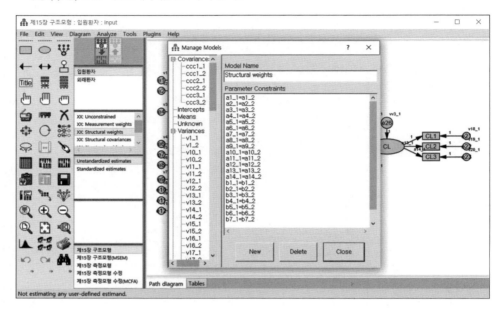

⑥ ▦를 선택하여 결과에서 보여줄 옵션을 선택한다. [Output] → [Standardized estimates], [Squared multiple correlation], [Critical ratios for differences]를 선택한다.

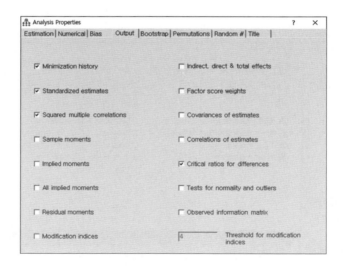

⑦ ▦를 클릭하여 모형을 실행한 후, ▦를 클릭하여 Output 창을 실행한다.

2) χ^2 차이검정

① 모델정의 창에서 [Structural covariances], [Measurement residuals]를 삭제한다. [Structural weight]를 클릭한 후 [b1_1=b1_2]~[b9_1=b9_2]를 복사한다.

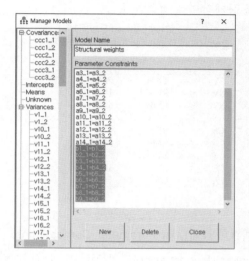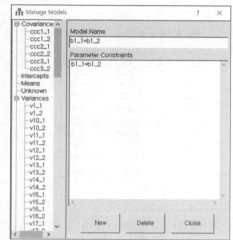

② 새로운 모델을 각 경로별로 9개 만들어준다.

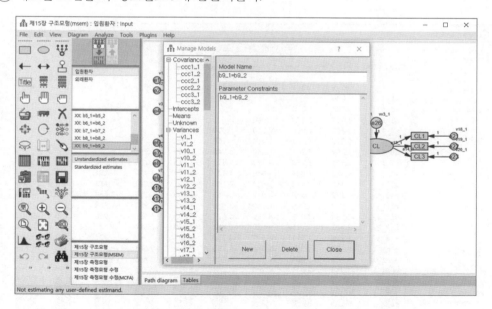

③ ▦를 클릭하여 모형을 실행한 후, ▥를 클릭하여 Output 창을 실행한다.

3) 결과 분석

Estimates → Scalars → Regression Weights로 이동한 후 입원환자와 외래환자의 경로계수값을 확인한다. 아래 표에서 나타나듯이 두 집단의 경로계수값은 차이가 있는 것으로 보인다. 2개의 경로계수값이 차이가 나는지를 통계적으로 검증한다.

Standardized Regression Weights: (입원환자)

			Estimate
SV	<---	TAN	-.017
SV	<---	RES	-.191
SV	<---	EMP	.973
CS	<---	TAN	.093
CS	<---	RES	.206
CS	<---	EMP	.170
CS	<---	SV	.580
CL	<---	SV	.105
CL	<---	CS	.682

Standardized Regression Weights: (외래환자)

			Estimate
SV	<---	TAN	.064
SV	<---	RES	.101
SV	<---	EMP	.676
CS	<---	TAN	.128
CS	<---	RES	.056
CS	<---	EMP	.319
CS	<---	SV	.546
CL	<---	SV	.168
CL	<---	CS	.642

먼저 Critical Ratios를 이용해서 비교해본다. Pariwist Parameter Comparisons → Critical Ratios for Differences between Parameters(Unconstrained)로 이동하면 파라미터별 차이를 분석한 결과가 보인다.

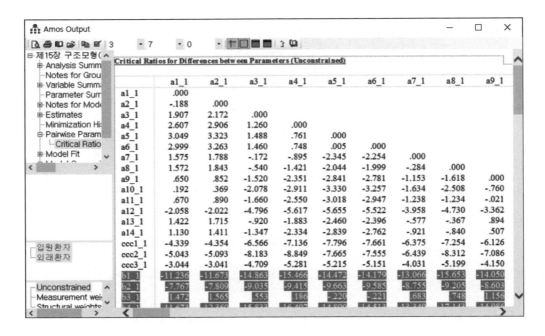

엑셀로 복사해서 경로별로 정리한다. 아래 표에서 b1_1과 b1_2를 비교하면 된다. t > 1.96인 경우가 차이가 나는 경로이며, 검정 결과 b2(RES → SV)와 b3(EMP → SV)가 차이가 나는 경로로 나타났다.

다음으로 χ^2차이검정 결과와 비교해보자. [Model Comparison]로 이동하면 측정 동질성의 검정값을 볼 수 있다. CMIN이 χ^2값이며, p가 유의확률이다. 위의 결과와 유사하게 나타났다.

Assuming model Unconstrained to be correct:

Model	DF	CMIN	P	NFI Delta-1	IFI Delta-2	RFI rho-1	TLI rho2
Measurement weights	14	21.254	.095	.002	.002	.000	.000
Structural weights	23	32.748	.086	.002	.002	-.001	-.001
b1_1=b1_2	1	1.189	.276	.000	.000	.000	.000
b2_1=b2_2	1	4.601	.032	.000	.000	.000	.000
b3_1=b3_2	1	4.814	.028	.000	.000	.000	.000
b4_1=b4_2	1	.417	.518	.000	.000	.000	.000
b5_1=b5_2	1	2.474	.116	.000	.000	.000	.000
b6_1=b6_2	1	1.302	.254	.000	.000	.000	.000
b7_1=b7_2	1	.100	.752	.000	.000	.000	.000
b8_1=b8_2	1	.111	.739	.000	.000	.000	.000
b9_1=b9_2	1	.523	.469	.000	.000	.000	.000

위의 결과값을 이용하여 아래와 같이 경로분석 결과를 표로 만든다.

경로		IP				OP			
		Estimate	S.E.	C.R.	P	Estimate	S.E.	C.R.	P
TAN	SV	−0.017	0.054	−0.317	0.751	0.064	0.049	1.272	0.203
RES		−0.191	0.131	−1.605	0.109	0.101	0.076	1.414	0.157
EMP		0.973	0.153	7.628	$\langle.001$	0.676	0.093	8.470	$\langle.001$
TAN	CS	0.093	0.037	2.518	0.012	0.128	0.036	3.535	$\langle.001$
RES		0.206	0.089	2.519	0.012	0.056	0.054	1.115	0.265
EMP		0.170	0.125	1.611	0.107	0.319	0.078	4.781	$\langle.001$
SV		0.580	0.058	9.930	$\langle.001$	0.546	0.054	10.183	$\langle.001$

χ^2차이검정 결과(또는 critical ratios 결과)도 표로 정리한다. MSEM은 각 경로별로 비제약모델과 제약모델을 통한 χ^2차이검정(df=1)일 때 $p < 0.05 = 3.84$, $p < 0.01 = 6.63$을 통해 검증할 수 있으며, critical ratios는 t < 1.96로 검증한다. 예를 들어 반응성과 공감성의 결과를 분석하면, $\chi^2 = 4.601$(df=1), $p = 0.032$로 경로계수의 차이가 있는 것으로 나타났으며, 경로계수값을 비교하면 외래환자(0.101)가 입원환자(−0.191)보다 더 큰 영향을 받는다는 것을 의미한다.

경로		그룹분석 결과	차이
유형성	서비스가치	입원환자=외래환자	1.189 (n.s.)
반응성		입원환자<외래환자	4.601*
공감성		입원환자>외래환자	4.814*
유형성	만족	입원환자=외래환자	.417 (n.s.)
반응성		입원환자=외래환자	2.474 (n.s.)
공감성		입원환자=외래환자	1.302 (n.s.)
서비스가치		입원환자=외래환자	.100 (n.s.)
서비스가치	충성도	입원환자=외래환자	.111(n.s.)
만족		입원환자=외래환자	.523(n.s.)

3-2 연구 보고서

1) 그룹별 확인적 요인분석

연구 보고서는 13장의 구조방정식모형와 같이 작성하면 된다.

[표 15-1] 확인적 요인분석 결과

경로			표준부하량		CR		AVE	
			IP	OP	IP	OP	IP	OP
TAN	→	Tan1	0.837	0.848				
	→	Tan2	0.738	0.861	0.785	0.840	0.550	0.637
	→	Tan4	0.805	0.807				
RES	→	Res2	0.842	0.859				
	→	Res3	0.875	0.891	0.885	0.887	0.719	0.724
	→	Res4	0.890	0.874				
EMP	→	Emp1	0.780	0.819				
	→	Emp2	0.862	0.864				
	→	Emp3	0.840	0.885	0.870	0.896	0.625	0.684
	→	Emp4	0.802	0.812				
SV	→	SV1	0.861	0.893				
	→	SV2	0.918	0.930				
	→	SV3	0.838	0.937	0.901	0.934	0.696	0.779
	→	SV4	0.835	0.848				
CS	→	CS1	0.908	0.905				
	→	CS2	0.878	0.908	0.879	0.89	0.708	0.731
	→	CS3	0.756	0.795				
CL	→	CL1	0.933	0.945				
	→	CL2	0.926	0.952	0.941	0.959	0.842	0.887
	→	CL3	0.959	0.951				

비제약모델: χ^2=547.8(df=310), χ^2/df=1.767, GFI=0.928, RMRS=0.037, AGFI=0.903
제약모델: χ^2=569.0(df=324), χ^2/df=1.756, GFI=0.926, RMRS=0.045, AGFI=0.904
χ^2차이검증: χ^2=21.165 (p=0.097)

[표 15-2] 판별타당도 결과

	TAN	RES	EMP	SV	CS	CL
TAN	0.742 0.798					
RES	0.568 0.497	0.848 0.851				
EMP	0.552 0.533	0.883 0.770	0.791 0.827			
SV	0.412 0.473	0.659 0.654	0.796 0.788	0.834 0.882		
CS	0.534 0.571	0.788 0.720	0.863 0.858	0.888 0.893	0.842 0.855	
CL	0.462 0.536	0.614 0.585	0.673 0.690	0.713 0.744	0.770 0.782	0.917 0.942

2) 다중그룹 확인적 요인분석(MCFA)

위의 분석 결과 입원환자와 외래환자 모형의 요인구조 타당성이 각각 검증되었다. 그러나 입원환자와 외래환자 경로 간 차이를 분석하기 위해서는 먼저 두 그룹의 측정모형이 서로 동질한지를 검증해야 한다. 이를 위해서 χ^2차이검정을 실시하였다. χ^2차이검정이란 입원환자와 외래환자의 측정문항들이 서로 동질하다는 것을 검증하는 방법으로 제약모델과 비제약모델 간의 차이를 분석하는 방법이다. 예를 들어 제약모델의 경우에는 Tan2_in=Tan2_out이라고 제약하는 방법으로, 본 연구에서 사용된 모든 변수들이 서로 동질하다고 제약한다. 비제약모델은 모든 변수들을 자유롭게 해서 모델을 구성한다. 이 두 가지 모델을 서로 비교하여 제약모델과 비제약모델의 차이가 없다면 두 그룹 간에는 측정모형이 동질하다고 할 수 있다.

다중그룹 확인적 요인분석 결과, 입원환자와 외래환자 자료를 포함한 비제약모델의 적합도는 χ^2_{110}=547.8, χ^2_{110}/d.f=1.767, GFI=0.928, AGFI=0.903, NFI=0.9960, CFI=0.982, RMR=0.037, RMSEA=0.033으로 나타났으며, 제약모델의 적합도는 χ^2_{96}=569,0, χ^2_{96}/d.f=1,756, GFI=0.926, AGFI=0.904, NFI=0.958, CFI=0.981, RMR=0.045, RMSEA=0.033으로 나타났다. 두 모델 간의 차이를 검증한 χ^2차이검정에

서는 $\chi^2_{14}=21.165(p=0.097)$로 나타났다[표 15-1]. 따라서 입원환자와 외래환자의 측정 동질성의 타당성이 검증되어 이후 구조모형의 차이를 검증하는 데 무리가 없다고 할 수 있다.

3) 그룹별 구조모형

연구 보고서는 13장의 구조방정식모형과 같이 작성하면 된다.

[표 15-3] 경로분석 결과

경로		IP				OP			
		Estimate	S.E.	C.R.	P	Estimate	S.E.	C.R.	P
TAN		−0.02	0.05	−0.32	0.751	0.06	0.05	1.27	.203
RES	SV	−0.19	0.13	−1.61	0.109	0.10	0.08	1.41	.157
EMP		0.97	0.15	7.63	⟨.001	0.68	0.09	8.47	⟨.001
TAN		0.09	0.04	2.52	0.012	0.13	0.04	3.54	⟨.001
RES		0.20	0.09	2.52	0.012	0.06	0.05	1.12	.265
EMP	CS	0.17	0.13	1.61	0.107	0.32	0.08	4.78	⟨.001
SV		0.58	0.06	9.93	⟨.001	0.55	0.05	10.18	⟨.001
SV		0.11	0.14	1.02	0.31	0.17	0.11	1.60	0.110
CS	CL	0.68	0.12	6.50	⟨.001	0.642	0.11	5.96	⟨.001

4) 다중그룹 구조모형(MSEM)

위에서 다중그룹 확인적 요인분석 결과 측정도구의 동질성이 검증되었기 때문에 이후 분석에서는 입원환자와 외래환자의 개별적 구조모형을 먼저 검증하고자 한다. 입원환자와 외래환자의 구조분석 결과를 보면, 경로에 따른 인과관계가 입원환자와 외래환자에 따라 차이가 있음을 알 수 있다. 따라서 본 연구에서는 두 그룹 간에 차이가 있는지를 검증하기 위하여 χ^2차이검정을 이용한 다중그룹 비교분석을 실시하였다. 이는 각 경로별로 비제약모델과 제약모델을 통한 χ^2차이검정(goodness-of-fit tests; df1일 때 $p<0.05=3.84$, $p<0.01=6.63$)을 통해 검증할 수 있다.

입원환자와 외래환자의 경로를 비교분석한 결과는 [표 15-4]와 같다. 반응성과 공감성이 서비스가치에 미치는 영향력에서만 차이가 있는 것으로 나타났다. 반응성이 서비스가치에 미치는 영향은 외래환자가 더 큰 것으로 나타났으며, 공감성이 서비스가치에 미치는 영향은 입원환자가 더 큰 것으로 나타났다.

[표 15-4] 다중그룹 경로분석 결과

경로		그룹분석 결과	차이
유형성		입원환자=외래환자	1.189 (n.s.)
반응성	서비스가치	입원자<외래환자	4.601*
공감성		입원환자>외래환자	4.814*
유형성		입원환자=외래환자	.417 (n.s.)
반응성		입원환자=외래환자	2.474 (n.s.)
공감성	만족	입원환자=외래환자	1.302 (n.s.)
서비스가치		입원환자=외래환자	.100 (n.s.)
서비스가치		입원환자=외래환자	.111(n.s.)
만족	충성도	입원환자=외래환자	.523(n.s.)

부록

통계분포표

SPSS / AMOS
Nursing and Health Statistical Analysis

1. 이항분포표

$$P(X=x) = nC_x\pi^x(1-\pi)^{n-x}$$

n	x	π 0.05	0.10	0.15	0.20	0.25	0.30	0.35	0.40	0.45	0.50
1	0	0.9500	0.9000	0.8500	0.8000	0.7500	0.7000	0.6500	0.6000	0.5500	0.5000
	1	0.0500	0.1000	0.1500	0.2000	0.2500	0.3000	0.3500	0.4000	0.4500	0.5000
2	0	0.9025	0.8100	0.7225	0.6400	0.5625	0.4900	0.4225	0.3600	0.3025	0.2500
	1	0.0950	0.1800	0.2550	0.3200	0.3750	0.4200	0.4550	0.4800	0.4950	0.5000
	2	0.0025	0.0100	0.0225	0.0400	0.0625	0.0900	0.1225	0.1600	0.2025	0.2500
3	0	0.8574	0.7290	0.6141	0.5120	0.4219	0.3430	0.2746	0.2160	0.1664	0.1250
	1	0.1354	0.2430	0.3251	0.3840	0.4219	0.4410	0.4436	0.4320	0.4084	0.3750
	2	0.0071	0.0270	0.0574	0.0960	0.1406	0.1890	0.2389	0.2880	0.3341	0.3750
	3	0.0001	0.0010	0.0034	0.0080	0.0156	0.0270	0.0429	0.0640	0.0911	0.1250
4	0	0.8145	0.6561	0.5220	0.4096	0.3164	0.2401	0.1785	0.1296	0.0915	0.0625
	1	0.1715	0.2916	0.3685	0.4096	0.4219	0.4116	0.3845	0.3456	0.2995	0.2500
	2	0.0135	0.0486	0.0975	0.1536	0.2109	0.2646	0.3105	0.3456	0.3675	0.3750
	3	0.0005	0.0036	0.0115	0.0256	0.0469	0.0756	0.1115	0.1536	0.2005	0.2500
	4	0.0000	0.0001	0.0005	0.0016	0.0039	0.0081	0.0150	0.0256	0.0410	0.0625
5	0	0.7738	0.5905	0.4437	0.3277	0.2373	0.1681	0.1160	0.0778	0.0503	0.0312
	1	0.2036	0.3280	0.3915	0.4096	0.3955	0.3602	0.3124	0.2592	0.2059	0.1562
	2	0.0214	0.0729	0.1382	0.2048	0.2637	0.3087	0.3364	0.3456	0.3369	0.3125
	3	0.0011	0.0081	0.0244	0.0512	0.0879	0.1323	0.1811	0.2304	0.2757	0.3125
	4	0.0000	0.0004	0.0022	0.0064	0.0146	0.0284	0.0488	0.0768	0.1128	0.1562
	5	0.0000	0.0000	0.0001	0.0003	0.0010	0.0024	0.0053	0.102	0.0185	0.0132
6	0	0.7351	0.5314	0.3771	0.2621	0.1780	0.1176	0.0754	0.0467	0.0277	0.0156
	1	0.2321	0.3543	0.3993	0.3932	0.3560	0.3025	0.2437	0.1866	0.1359	0.0938
	2	0.0305	0.0984	0.1762	0.2458	0.2966	0.3241	0.3280	0.3110	0.2780	0.2344
	3	0.0021	0.0146	0.0415	0.0819	0.1318	0.1852	0.2355	0.2765	0.3032	0.3125
	4	0.0001	0.0012	0.0055	0.0154	0.0330	0.0595	0.0951	0.1382	0.1861	0.2344
	5	0.0000	0.0001	0.0004	0.0015	0.0044	0.0102	0.0205	0.0369	0.0609	0.0938
	6	0.0000	0.0000	0.000	0.0001	0.0002	0.0007	0.0018	0.0041	0.0083	0.0156
7	0	0.6983	0.4783	0.3206	0.2097	0.1335	0.0824	0.0490	0.0280	0.0152	0.0078
	1	0.2573	0.3720	0.3960	0.3670	0.3115	0.2471	0.1848	0.1306	0.0872	0.0547
	2	0.0406	0.1240	0.2097	0.2753	0.3115	0.3177	0.2985	0.2613	0.2140	0.1641
	3	0.0036	0.0230	0.0617	0.1147	0.1730	0.2269	0.2679	0.2903	0.2918	0.2734
	4	0.0002	0.0026	0.0109	0.0287	0.0577	0.0972	0.1442	0.1935	0.2388	0.2734
	5	0.0000	0.0002	0.0012	0.0043	0.0115	0.0250	0.0466	0.0774	0.1172	0.1641
	6	0.0000	0.0000	0.0001	0.0004	0.0013	0.0036	0.0084	0.0172	0.0320	0.0547
	7	0.0000	0.0000	0.000	0.000	0.0001	0.0002	0.0006	0.0016	0.0037	0.0078

						π					
n	x	0.05	0.10	0.15	0.20	0.25	0.30	0.35	0.40	0.45	0.50
8	0	0.6634	0.4305	0.2725	0.1678	0.1001	0.0576	0.0319	0.0168	0.0084	0.0039
	1	0.2279	0.3826	0.3847	0.3355	0.2670	0.1977	0.1373	0.0896	0.0548	0.0312
	2	0.0515	0.1488	0.2376	0.2936	0.3155	0.2965	0.2587	0.2090	0.1569	0.1094
	3	0.0054	0.0331	0.0839	0.1468	0.2076	0.2541	0.2786	0.2787	0.2568	0.2188
	4	0.0004	0.0046	0.0185	0.0459	0.0865	0.1361	0.1875	0.2322	0.2627	0.2734
	5	0.0000	0.0004	0.0026	0.0092	0.0231	0.0467	0.0808	0.1239	0.1719	0.2188
	6	0.0000	0.0000	0.0002	0.0011	0.0038	0.0100	0.0217	0.0413	0.0703	0.1094
	7	0.0000	0.0000	0.0000	0.0001	0.0004	0.0012	0.0033	0.0079	0.0164	0.0312
	8	0.0000	0.0000	0.0000	0.0000	0.0000	0.0001	0.0002	0.0007	0.0017	0.0039
9	0	0.6302	0.3874	0.2316	0.1342	0.0751	0.0404	0.0207	0.0101	0.0046	0.0020
	1	0.2985	0.3874	0.3679	0.3020	0.2253	0.1556	0.1004	0.0605	0.0339	0.0176
	2	0.0629	0.1722	0.2597	0.3020	0.3003	0.2668	0.2162	0.1612	0.1110	0.0703
	3	0.0077	0.0446	0.1069	0.1762	0.2336	0.2668	0.2716	0.2508	0.2119	0.1641
	4	0.0006	0.0074	0.0283	0.0661	0.1168	0.1715	0.2194	0.2508	0.2600	0.2461
	5	0.0000	0.0008	0.0050	0.0165	0.0389	0.0735	0.1181	0.1672	0.2128	0.2461
	6	0.0000	0.0001	0.0006	0.0028	0.0087	0.0210	0.0424	0.0743	0.1160	0.1641
	7	0.0000	0.0000	0.0000	0.0003	0.0012	0.0039	0.0098	0.0212	0.0407	0.0703
	8	0.0000	0.0000	0.0000	0.0000	0.0001	0.0004	0.0013	0.0035	0.0083	0.0176
	9	0.0000	0.0000	0.0000	0.0000	0.0000	0.0000	0.0001	0.0003	0.0008	0.0020
10	0	0.5987	0.3487	0.1969	0.1074	0.0563	0.0282	0.0135	0.0060	0.0025	0.0010
	1	0.3151	0.3874	0.3474	0.2684	0.1877	0.1211	0.0725	0.0403	0.0207	0.0098
	2	0.0746	0.1937	0.2759	0.3020	0.2816	0.2335	0.1757	0.1209	0.0763	0.0439
	3	0.0105	0.0574	0.1298	0.2013	0.2503	0.2668	0.2522	0.2150	0.1665	0.1172
	4	0.0010	0.0112	0.0401	0.0881	0.1460	0.2001	0.2377	0.2508	0.2384	0.2051
	5	0.0001	0.0015	0.0085	0.0264	0.0584	0.1029	0.1536	0.2007	0.2340	0.2461
	6	0.0000	0.0001	0.0012	0.0055	0.0162	0.0368	0.0689	0.1115	0.1596	0.2051
	7	0.0000	0.0000	0.0001	0.0008	0.0031	0.0090	0.0212	0.0425	0.0746	0.1172
	8	0.0000	0.0000	0.0000	0.0001	0.0004	0.0014	0.0043	0.0106	0.0229	0.0439
	9	0.0000	0.0000	0.0000	0.0000	0.0000	0.0001	0.0005	0.0016	0.0042	0.0098
	10	0.0000	0.0000	0.0000	0.0000	0.0000	0.0000	0.0000	0.0001	0.0003	0.0010
11	0	0.5688	0.3138	0.1673	0.0859	0.0422	0.0198	0.0088	0.0036	0.0014	0.0005
	1	0.3293	0.3835	0.3248	0.2362	0.1549	0.0932	0.0518	0.0266	0.0125	0.0054
	2	0.0867	0.2131	0.2866	0.2953	0.2581	0.1988	0.1395	0.0887	0.0513	0.0269
	3	0.0137	0.0710	0.1517	0.2215	0.2581	0.2568	0.2254	0.1774	0.1259	0.0806
	4	0.0014	0.0158	0.0536	0.1107	0.1721	0.2201	0.2428	0.2365	0.2060	0.1611
	5	0.0001	0.0025	0.0132	0.0388	0.0803	0.1321	0.1830	0.2207	0.2360	0.2256
	6	0.0000	0.0003	0.0023	0.0097	0.0268	0.0566	0.0985	0.1471	0.1931	0.2256
	7	0.0000	0.0000	0.0003	0.0017	0.0064	0.0173	0.0379	0.0701	0.1128	0.1611
	8	0.0000	0.0000	0.0000	0.0002	0.0011	0.0037	0.0102	0.0234	0.0462	0.0806
	9	0.0000	0.0000	0.0000	0.0000	0.0001	0.0005	0.0018	0.0052	0.0126	0.0269
	10	0.0000	0.0000	0.0000	0.0000	0.0000	0.0000	0.0002	0.0007	0.0021	0.0054
	11	0.0000	0.0000	0.0000	0.0000	0.0000	0.0000	0.0000	0.0000	0.0002	0.0005

n	x	\(\pi\)									
		0.05	0.10	0.15	0.20	0.25	0.30	0.35	0.40	0.45	0.50
12	0	0.5404	0.2824	0.1422	0.0687	0.0317	0.0138	0.0057	0.0022	0.0008	0.0002
	1	0.3413	0.3766	0.3012	0.2062	0.1267	0.0712	0.0368	0.014	0.0075	0.0029
	2	0.0988	0.2301	0.2924	0.2835	0.2323	0.1678	0.1088	0.0639	0.0339	0.0161
	3	0.0173	0.0852	0.1720	0.2362	0.2581	0.2397	0.1954	0.1419	0.0923	0.0537
	4	0.0021	0.0213	0.0683	0.1329	0.1936	0.2311	0.2367	0.2128	0.1700	0.1208
	5	0.0002	0.0038	0.0193	0.0532	0.1032	0.1585	0.2039	0.2270	0.2225	0.1934
	6	0.0000	0.0005	0.0040	0.0155	0.0401	0.0792	0.1281	0.1766	0.2124	0.2256
	7	0.0000	0.0000	0.0006	0.0033	0.0115	0.0291	0.0591	0.1009	0.1489	0.1934
	8	0.0000	0.0000	0.0001	0.0005	0.0024	0.0078	0.0199	0.0420	0.0762	0.1208
	9	0.0000	0.0000	0.0000	0.0001	0.0004	0.0015	0.0048	0.0125	0.0277	0.2537
	10	0.0000	0.0000	0.0000	0.0000	0.0000	0.0000	0.0002	0.0025	0.0068	0.0161
	11	0.0000	0.0000	0.0000	0.0000	0.0000	0.0000	0.0001	0.0003	0.0010	0.0029
	12	0.0000	0.0000	0.0000	0.0000	0.0000	0.0000	0.0000	0.0000	0.0001	0.0002
13	0	0.5133	0.2542	0.1209	0.0550	0.023	0.0097	0.0037	0.0013	0.0004	0.0001
	1	0.3512	0.3672	0.2774	0.1787	0.1029	0.0540	0.0259	0.0113	0.0045	0.0016
	2	0.1109	0.2448	0.2937	0.2680	0.2059	0.1388	0.0836	0.0453	0.0220	0.0095
	3	0.0214	0.0997	0.1900	0.2457	0.2517	0.2181	0.1651	0.1107	0.0660	0.0349
	4	0.0028	0.0277	0.0838	0.1535	0.2097	0.2337	0.2222	0.1845	0.1350	0.0873
	5	0.0003	0.0055	0.0266	0.0691	0.1258	0.1803	0.2154	0.2214	0.1989	0.1571
	6	0.0000	0.0008	0.0063	0.0230	0.0559	0.1030	0.1546	0.1968	0.2169	0.2095
	7	0.0000	0.0001	0.0011	0.0058	0.0186	0.0442	0.0833	0.1312	0.1775	0.2095
	8	0.0000	0.0000	0.0001	0.0011	0.0047	0.0142	0.0336	0.0656	0.1089	0.1571
	9	0.0000	0.0000	0.0000	0.0001	0.0009	0.0034	0.0101	0.0243	0.0495	0.0873
	10	0.0000	0.0000	0.0000	0.0000	0.0001	0.0006	0.0022	0.0065	0.0162	0.0349
	11	0.0000	0.0000	0.0000	0.0000	0.0000	0.0001	0.0003	0.0012	0.0036	0.0095
	12	0.0000	0.0000	0.0000	0.0000	0.0000	0.0000	0.0000	0.0001	0.0005	0.0016
	13	0.0000	0.0000	0.0000	0.0000	0.0000	0.0000	0.0000	0.0000	0.0000	0.0001
14	0	0.4877	0.2288	0.1028	0.0440	0.0178	0.0068	0.0024	0.0008	0.0002	0.0001
	1	0.3593	0.3559	0.2539	0.1539	0.0832	0.0407	0.0181	0.0073	0.0027	0.0009
	2	0.1229	0.2570	0.2912	0.2501	0.1802	0.1134	0.0634	0.0317	0.0141	0.0056
	3	0.0259	0.1142	0.2056	0.2501	0.2402	0.1943	0.136	0.0845	0.0462	0.0222
	4	0.0037	0.0349	0.0998	0.1720	0.2202	0.2290	0.2022	0.1549	0.1040	0.0611
	5	0.0004	0.0078	0.0352	0.0860	0.1468	0.1963	0.2178	0.2066	0.1701	0.1222
	6	0.0000	0.0013	0.0093	0.0322	0.0734	0.1262	0.1759	0.2066	0.2088	0.1833
	7	0.0000	0.0002	0.0019	0.0092	0.0280	0.0618	0.1082	0.1574	0.1952	0.2095
	8	0.0000	0.0000	0.0003	0.0020	0.0082	0.0232	0.0510	0.0918	0.1398	0.1833
	9	0.0000	0.0000	0.0000	0.0003	0.0018	0.0066	0.0183	0.0408	0.0762	0.1222
	10	0.0000	0.0000	0.0000	0.0000	0.0003	0.0014	0.0049	0.0136	0.0312	0.0611
	11	0.0000	0.0000	0.0000	0.0000	0.0000	0.0002	0.0010	0.0033	0.0093	0.0222
	12	0.0000	0.0000	0.0000	0.0000	0.0000	0.0000	0.0001	0.0005	0.0019	0.0056
	13	0.0000	0.0000	0.0000	0.0000	0.0000	0.0000	0.0000	0.0001	0.0002	0.0009
	14	0.0000	0.0000	0.0000	0.0000	0.0000	0.0000	0.0000	0.0000	0.0000	0.0001

		π									
n	x	0.05	0.10	0.15	0.20	0.25	0.30	0.35	0.40	0.45	0.50
15	0	0.4633	0.2059	0.0874	0.0352	0.0134	0.0047	0.0016	0.0005	0.0001	0.0000
	1	0.3658	0.3432	0.2312	0.1319	0.0668	0.0305	0.0126	0.0047	0.0016	0.0005
	2	0.1348	0.2669	0.2856	0.2309	0.1559	0.0916	0.0476	0.0219	0.0090	0.0032
	3	0.0307	0.1285	0.2184	0.2501	0.2252	0.1700	0.1110	0.0634	0.0318	0.0139
	4	0.0049	0.0428	0.1156	0.1876	0.2252	0.2186	0.1792	0.1268	0.0780	0.0417
	5	0.0006	0.0105	0.0449	0.1032	0.1651	0.2061	0.2123	0.1859	0.1404	0.0916
	6	0.0000	0.0019	0.0132	0.0430	0.0917	0.1472	0.1906	0.2066	0.1914	0.1527
	7	0.0000	0.0003	0.0030	0.0138	0.0393	0.0811	0.1319	0.1771	0.2013	0.1964
	8	0.0000	0.0000	0.0005	0.0035	0.0131	0.0348	0.0710	0.1181	0.1647	0.1964
	9	0.0000	0.0000	0.0001	0.0007	0.0034	0.0116	0.0298	0.0612	0.1048	0.1527
	10	0.0000	0.0000	0.0000	0.0001	0.0007	0.0030	0.0096	0.0245	0.0515	0.0916
	11	0.0000	0.0000	0.0000	0.0000	0.0001	0.0006	0.0024	0.0074	0.0191	0.0417
	12	0.0000	0.0000	0.0000	0.0000	0.0000	0.0001	0.0004	0.0016	0.0052	0.0139
	13	0.0000	0.0000	0.0000	0.0000	0.0000	0.0000	0.0001	0.0003	0.0010	0.0032
	14	0.0000	0.0000	0.0000	0.0000	0.0000	0.0000	0.0000	0.0000	0.0001	0.0005
	15	0.0000	0.0000	0.0000	0.0000	0.0000	0.0000	0.0000	0.0000	0.0000	0.0000
16	0	0.4401	0.1853	0.7043	0.0281	0.0100	0.0033	0.0010	0.0003	0.0001	0.0000
	1	0.3706	0.3294	0.2097	0.1126	0.0535	0.0228	0.0087	0.0030	0.0009	0.0002
	2	0.1463	0.2745	0.2775	0.2111	0.1336	0.0732	0.0353	0.0150	0.0056	0.0018
	3	0.0359	0.1423	0.2285	0.2463	0.2079	0.1465	0.0888	0.0468	0.0215	0.0005
	4	0.0061	0.0514	0.1311	0.2001	0.2252	0.2040	0.1553	0.1014	0.0572	0.0278
	5	0.0008	0.0137	0.0555	0.1201	0.1802	0.2099	0.2008	0.1623	0.1123	0.0667
	6	0.0001	0.0028	0.0180	0.0550	0.1101	0.1649	0.1982	0.1983	0.1684	0.1222
	7	0.0000	0.0004	0.0045	0.0197	0.0524	0.1010	0.1524	0.1889	0.1969	0.1746
	8	0.0000	0.0001	0.0009	0.0055	0.0197	0.0487	0.0923	0.1417	0.1812	0.1964
	9	0.0000	0.0000	0.0001	0.0012	0.0058	0.0185	0.0442	0.0840	0.1318	0.1746
	10	0.0000	0.0000	0.0000	0.0002	0.0014	0.0056	0.0167	0.0392	0.0755	0.1222
	11	0.0000	0.0000	0.0000	0.0000	0.0002	0.0013	0.0049	0.0142	0.0337	0.0667
	12	0.0000	0.0000	0.0000	0.0000	0.0000	0.0002	0.0011	0.0040	0.0115	0.027
	13	0.0000	0.0000	0.0000	0.0000	0.0000	0.0000	0.0002	0.0008	0.0029	0.0085
	14	0.0000	0.0000	0.0000	0.0000	0.0000	0.0000	0.0000	0.0001	0.0005	0.0018
	15	0.0000	0.0000	0.0000	0.0000	0.0000	0.0000	0.0000	0.0000	0.0001	0.0002
	16	0.0000	0.0000	0.0000	0.0000	0.0000	0.0000	0.0000	0.0000	0.0000	0.0000

						π					
n	x	0.05	0.10	0.15	0.20	0.25	0.30	0.35	0.40	0.45	0.50
17	0	0.4181	0.1668	0.0631	0.0225	0.0075	0.0023	0.0007	0.0002	0.0000	0.0000
	1	0.3741	0.3150	0.1893	0.0957	0.0426	0.0169	0.0060	0.0019	0.0005	0.0001
	2	0.1575	0.2800	0.2673	0.1914	0.1136	0.0581	0.0260	0.0102	0.0035	0.0010
	3	0.0415	0.1556	0.2359	0.2393	0.1893	0.1245	0.0701	0.0341	0.0144	0.0052
	4	0.0076	0.0605	0.1457	0.2093	0.2209	0.1868	0.1320	0.0796	0.0411	0.0182
	5	0.0010	0.0175	0.0668	0.1361	0.1914	0.2081	0.1849	0.1379	0.0875	0.0472
	6	0.0001	0.0039	0.0236	0.0680	0.1276	0.1784	0.1991	0.1839	0.1432	0.0944
	7	0.0000	0.0007	0.0065	0.0267	0.0668	0.1201	0.1685	0.1927	0.1841	0.1484
	8	0.0000	0.0001	0.0014	0.0084	0.0279	0.0644	0.1134	0.1006	0.1883	0.1855
	9	0.0000	0.0000	0.0003	0.0021	0.0093	0.0276	0.0611	0.1070	0.1540	0.4855
	10	0.0000	0.0000	0.0000	0.0004	0.0025	0.0095	0.0263	0.0571	0.1008	0.1484
	11	0.0000	0.0000	0.0000	0.0001	0.0005	0.0026	0.0090	0.0242	0.0525	0.0944
	12	0.0000	0.0000	0.0000	0.0000	0.0001	0.0006	0.0024	0.0081	0.0215	0.0472
	13	0.0000	0.0000	0.0000	0.0000	0.0000	0.0001	0.0005	0.0021	0.0068	0.0182
	14	0.0000	0.0000	0.0000	0.0000	0.0000	0.0000	0.0001	0.0004	0.0016	0.0052
	15	0.0000	0.0000	0.0000	0.0000	0.0000	0.0000	0.0000	0.0001	0.0003	0.0010
	16	0.0000	0.0000	0.0000	0.0000	0.0000	0.0000	0.0000	0.0000	0.0000	0.0001
	17	0.0000	0.0000	0.0000	0.0000	0.0000	0.0000	0.0000	0.0000	0.0000	0.0000
18	0	0.3972	0.1501	0.0536	0.0180	0.0056	0.0016	0.0004	0.0001	0.0000	0.0000
	1	0.3763	0.3002	0.1704	0.0811	0.0338	0.0126	0.0042	0.0012	0.0003	0.0001
	2	0.1683	0.2835	0.2556	0.1723	0.0958	0.0458	0.0190	0.0069	0.0022	0.0006
	3	0.0473	0.1680	0.2406	0.2297	0.1704	0.1046	0.0547	0.0246	0.0095	0.0031
	4	0.0093	0.0700	0.1592	0.2153	0.2130	0.1681	0.1104	0.0614	0.0291	0.0117
	5	0.0014	0.0218	0.0787	0.1507	0.1988	0.2017	0.1664	0.1146	0.0666	0.0327
	6	0.0002	0.0052	0.0301	0.0816	0.1436	0.173	0.1941	0.1655	0.1181	0.0708
	7	0.0000	0.0010	0.0091	0.0350	0.0820	0.1376	0.1792	0.1892	0.1657	0.1214
	8	0.0000	0.0002	0.0022	0.0120	0.0376	0.0811	0.1327	0.1734	0.1864	0.1669
	9	0.0000	0.0000	0.0004	0.0033	0.0139	0.0386	0.0794	0.1284	0.1694	0.1855
	10	0.0000	0.0000	0.0001	0.0008	0.0042	0.0149	0.0385	0.0771	0.1248	0.1669
	11	0.0000	0.0000	0.0000	0.0001	0.0010	0.0046	0.0151	0.0374	0.0742	0.1214
	12	0.0000	0.0000	0.0000	0.0000	0.0002	0.0012	0.0047	0.0145	0.0354	0.0708
	13	0.0000	0.0000	0.0000	0.0000	0.0000	0.0002	0.0012	0.0045	0.0134	0.0327
	14	0.0000	0.0000	0.0000	0.0000	0.0000	0.0000	0.0002	0.0011	0.0039	0.0117
	15	0.0000	0.0000	0.0000	0.0000	0.0000	0.0000	0.0000	0.0002	0.0009	0.0031
	16	0.0000	0.0000	0.0000	0.0000	0.0000	0.0000	0.0000	0.0000	0.0001	0.0006
	17	0.0000	0.0000	0.0000	0.0000	0.0000	0.0000	0.0000	0.0000	0.0000	0.0001
	18	0.0000	0.0000	0.0000	0.0000	0.0000	0.0000	0.0000	0.0000	0.0000	0.0000

n	x	π 0.05	0.10	0.15	0.20	0.25	0.30	0.35	0.40	0.45	0.50
19	0	0.3774	0.1351	0.0456	0.0144	0.0042	0.0011	0.0003	0.0001	0.0000	0.0000
	1	0.3774	0.2852	0.1529	0.0685	0.0268	0.0093	0.0029	0.0008	0.0002	0.0000
	2	0.1787	0.2852	0.2428	0.1540	0.0803	0.0358	0.0138	0.0046	0.0013	0.0003
	3	0.0533	0.1796	0.2428	0.2182	0.1517	0.0869	0.0422	0.0175	0.0062	0.0018
	4	0.0112	0.0798	0.1714	0.2182	0.2023	0.1491	0.0909	0.0467	0.0203	0.0074
	5	0.0018	0.0266	0.0907	0.1636	0.2023	0.1916	0.1468	0.0933	0.0497	0.0222
	6	0.0002	0.0069	0.0374	0.0955	0.1574	0.1916	0.1844	0.1451	0.0949	0.0518
	7	0.0000	0.0014	0.0122	0.0443	0.0974	0.1525	0.1844	0.1797	0.1443	0.0961
	8	0.0000	0.0002	0.0032	0.0166	0.0487	0.0981	0.1489	0.1797	0.1771	0.1762
	9	0.0000	0.0000	0.0007	0.0051	0.0198	0.0514	0.0980	0.1464	0.1771	0.1762
	10	0.0000	0.0000	0.0001	0.0013	0.0066	0.0220	0.0528	0.0976	0.1449	0.1762
	11	0.0000	0.0000	0.0000	0.0003	0.0018	0.0077	0.0233	0.0532	0.0970	0.1442
	12	0.0000	0.0000	0.0000	0.0000	0.0004	0.0022	0.0083	0.0237	0.0529	0.0961
	13	0.0000	0.0000	0.0000	0.0000	0.0001	0.0005	0.0024	0.0085	0.0233	0.0518
	14	0.0000	0.0000	0.0000	0.0000	0.0000	0.0001	0.0006	0.0024	0.0082	0.0222
	15	0.0000	0.0000	0.0000	0.0000	0.0000	0.0000	0.0001	0.0005	0.0022	0.0074
	16	0.0000	0.0000	0.0000	0.0000	0.0000	0.0000	0.0000	0.0001	0.0005	0.0018
	17	0.0000	0.0000	0.0000	0.0000	0.0000	0.0000	0.0000	0.0000	0.0001	0.0003
	18	0.0000	0.0000	0.0000	0.0000	0.0000	0.0000	0.0000	0.0000	0.0000	0.0000
	19	0.0000	0.0000	0.0000	0.0000	0.0000	0.0000	0.0000	0.0000	0.0000	0.0000
20	0	0.3585	0.1216	0.0388	0.0115	0.0032	0.0008	0.0002	0.0000	0.0000	0.0000
	1	0.3774	0.2702	0.1368	0.0576	0.0211	0.0068	0.0020	0.0005	0.0001	0.0000
	2	0.1887	0.2852	0.2293	0.1369	0.0669	0.0278	0.0100	0.0031	0.0008	0.0002
	3	0.0596	0.1901	0.2428	0.2054	0.1339	0.0716	0.0323	0.0123	0.0040	0.0011
	4	0.0133	0.0898	0.1821	0.2182	0.1897	0.1304	0.0738	0.0350	0.0139	0.0046
	5	0.0022	0.0319	0.1028	0.1746	0.2023	0.1789	0.1272	0.0746	0.0365	0.0148
	6	0.0003	0.0089	0.0454	0.1091	0.1686	0.1916	0.1712	0.1244	0.0746	0.0370
	7	0.0000	0.0020	0.0160	0.0545	0.1124	0.1643	0.1844	0.1659	0.1221	0.0739
	8	0.0000	0.0004	0.0046	0.0222	0.0609	0.1144	0.1614	0.1797	0.1623	0.1201
	9	0.0000	0.0001	0.0011	0.0074	0.0271	0.0654	0.1158	0.1597	0.1771	0.1602
	10	0.0000	0.0000	0.0002	0.0020	0.0099	0.0308	0.0686	0.1171	0.1593	0.1762
	11	0.0000	0.0000	0.0000	0.0005	0.0030	0.0120	0.0336	0.0710	0.1185	0.1602
	12	0.0000	0.0000	0.0000	0.0001	0.0008	0.0039	0.0136	0.0355	0.0727	0.1201
	13	0.0000	0.0000	0.0000	0.0000	0.0002	0.0010	0.0045	0.0146	0.0366	0.0739
	14	0.0000	0.0000	0.0000	0.0000	0.0000	0.0002	0.0012	0.0049	0.0150	0.0370
	15	0.0000	0.0000	0.0000	0.0000	0.0000	0.0000	0.0003	0.0013	0.0049	0.0148
	16	0.0000	0.0000	0.0000	0.0000	0.0000	0.0000	0.0000	0.0003	0.0013	0.0046
	17	0.0000	0.0000	0.0000	0.0000	0.0000	0.0000	0.0000	0.0000	0.0002	0.0011
	18	0.0000	0.0000	0.0000	0.0000	0.0000	0.0000	0.0000	0.0000	0.0000	0.0002
	19	0.0000	0.0000	0.0000	0.0000	0.0000	0.0000	0.0000	0.0000	0.0000	0.0000
	20	0.0000	0.0000	0.0000	0.0000	0.0000	0.0000	0.0000	0.0000	0.0000	0.0000

2. 포아송분포표

$$P(X = x) = \frac{e^{-\lambda}\lambda^x}{x!}$$

x	λ 0.1	0.2	0.3	0.4	0.5	0.6	0.7	0.8	0.9	1.0
0	0.9048	0.8187	0.7408	0.9703	0.6065	0.5488	0.4966	0.4493	0.4066	0.3679
1	0.0905	0.1637	0.2222	0.2681	0.3033	0.3293	0.3476	0.3595	0.3659	0.3679
2	0.0045	0.0164	0.0333	0.0536	0.0758	0.0988	0.1217	0.1438	0.1647	0.1839
3	0.0002	0.0011	0.0033	0.0072	0.0126	0.0198	0.0284	0.0383	0.0494	0.0613
4	0.0000	0.0001	0.0003	0.0007	0.0016	0.0030	0.0050	0.0077	0.0111	0.0153
5	0.0000	0.0000	0.0000	0.0001	0.0002	0.0004	0.0007	0.0012	0.0020	0.0031
6	0.0000	0.0000	0.0000	0.0000	0.0000	0.0000	0.0001	0.0002	0.0003	0.0005
7	0.0000	0.0000	0.0000	0.0000	0.0000	0.0000	0.0000	0.0000	0.0000	0.0001

x	λ 1.1	1.2	1.3	1.4	1.5	1.6	1.7	1.8	1.9	2.0
0	0.3329	0.3012	0.2725	0.2466	0.2231	0.2019	0.1827	0.1653	0.1496	0.1353
1	0.3662	0.3614	0.3543	0.3452	0.3347	0.3230	0.3106	0.2975	0.2842	0.2707
2	0.2014	0.2169	0.2303	0.2417	0.2510	0.2584	0.2640	0.2678	0.2700	0.2707
3	0.0738	0.0867	0.0998	0.1168	0.1255	0.1378	0.1496	0.1607	0.1710	0.1804
4	0.0203	0.0260	0.0324	0.0395	0.0471	0.0551	0.0636	0.0723	0.0812	0.0902
5	0.0045	0.0062	0.0084	0.0111	0.0141	0.0176	0.0216	0.0260	0.0309	0.0361
6	0.0008	0.0012	0.0018	0.0026	0.0035	0.0047	0.0061	0.0078	0.0098	0.0120
7	0.0001	0.0002	0.0003	0.0005	0.0008	0.0011	0.0015	0.0020	0.0027	0.0034
8	0.0000	0.0000	0.0001	0.0001	0.0001	0.0002	0.0003	0.0005	0.0006	0.0009
9	0.0000	0.0000	0.0000	0.0000	0.0000	0.0000	0.0001	0.0001	0.0001	0.0002

x	λ 2.1	2.2	2.3	2.4	2.5	2.6	2.7	2.8	2.9	3.0
0	0.1225	0.1108	0.1003	0.0907	0.0821	0.0743	0.0672	0.0608	0.0550	0.0498
1	0.2572	0.2438	0.2306	0.2177	0.2052	0.1931	0.1815	0.1703	0.1596	0.1494
2	0.2700	0.2681	0.2652	0.2613	0.2565	0.2510	0.2450	0.2384	0.2314	0.2240
3	0.1890	0.1966	0.2033	0.2090	0.2138	0.2176	0.2205	0.2225	0.2237	0.2240
4	0.0992	0.1082	0.1169	0.1254	0.1336	0.1414	0.1488	0.1557	0.1622	0.1680
5	0.0417	0.0476	0.0538	0.0602	0.0668	0.0735	0.0804	0.0842	0.0940	0.1008
6	0.0146	0.0174	0.0206	0.0241	0.0278	0.0319	0.0362	0.0407	0.0455	0.0504
7	0.0044	0.0055	0.0068	0.0083	0.0099	0.0118	0.0139	0.0163	0.0188	0.0216
8	0.0011	0.0015	0.0019	0.0025	0.0031	0.0038	0.0047	0.0057	0.0068	0.0081
9	0.0003	0.0004	0.0005	0.0007	0.0009	0.0011	0.0014	0.0018	0.0022	0.0027
10	0.0001	0.0001	0.0001	0.0002	0.0002	0.0003	0.0004	0.0005	0.0006	0.0008
11	0.0000	0.0000	0.0000	0.0000	0.0000	0.0001	0.0001	0.0001	0.0002	0.0002
12	0.0000	0.0000	0.0000	0.0000	0.0000	0.0000	0.0000	0.0000	0.0000	0.0001

x	λ									
	3.1	3.2	3.3	3.4	3.5	3.6	3.7	3.8	3.9	4.0
0	0.0450	0.0408	0.0369	0.0334	0.0302	0.0273	0.0247	0.0224	0.0202	0.0183
1	0.1397	0.1304	0.1217	0.1135	0.1057	0.0984	0.0915	0.0850	0.0789	0.0733
2	0.2165	0.2087	0.2008	0.1929	0.1850	0.1771	0.1692	0.1615	0.1539	0.1465
3	0.2237	0.2226	0.2209	0.2186	0.2158	0.2125	0.2087	0.2046	0.2001	0.1954
4	0.1734	0.1781	0.1823	0.158	0.1888	0.1912	0.1931	0.1944	0.1951	0.1954
5	0.1075	0.1140	0.1203	0.1264	0.1322	0.1377	0.1429	0.1477	0.1522	0.1563
6	0.0555	0.0608	0.0662	0.0716	0.0771	0.0826	0.0881	0.0936	0.0989	0.1042
7	0.0246	0.0278	0.0312	0.0348	0.0385	0.0425	0.0466	0.0508	0.0551	0.0595
8	0.0095	0.0111	0.0129	0.0148	0.0169	0.0191	0.0215	0.0241	0.0269	0.0298
9	0.0033	0.0040	0.0047	0.0056	0.0066	0.0076	0.0089	0.0102	0.0116	0.0132
10	0.0010	0.0013	0.0016	0.0019	0.0023	0.0028	0.0033	0.0039	0.0015	0.0053
11	0.0003	0.0004	0.0005	0.0006	0.0007	0.0009	0.0011	0.0013	0.0016	0.0019
12	0.0001	0.0001	0.0001	0.0002	0.0002	0.0003	0.0003	0.0004	0.0005	0.0006
13	0.0000	0.0000	0.0000	0.0000	0.0001	0.0001	0.0001	0.0001	0.0002	0.0002
14	0.0000	0.0000	0.0000	0.0000	0.0000	0.0000	0.0000	0.0000	0.0000	0.0000

x	λ									
	4.1	4.2	4.3	4.4	4.5	4.6	4.7	4.8	4.9	5.0
0	0.0166	0.0150	0.0136	0.0123	0.0111	0.0101	0.0091	0.0082	0.0074	0.0067
1	0.0679	0.0630	0.0583	0.0540	0.0500	0.0462	0.0427	0.0395	0.0365	0.0337
2	0.1393	0.1323	0.1254	0.1188	0.1125	0.1063	0.1005	0.0948	0.0894	0.0842
3	0.1904	0.1852	0.1798	0.1743	0.1687	0.1631	0.1574	0.1517	0.1460	0.1404
4	0.1951	0.1944	0.1933	0.1917	0.1893	0.1875	0.1849	0.1820	0.1789	0.1755
5	0.1600	0.1633	0.1662	0.1687	0.1708	0.1725	0.1738	0.1747	0.1753	0.1755
6	0.1093	0.1143	0.1191	0.1237	0.1281	0.1323	0.1362	0.1398	0.1432	0.1462
7	0.0640	0.0686	0.0732	0.0778	0.0824	0.0869	0.0914	0.0959	0.1002	0.1044
8	0.0328	0.0360	0.0393	0.0428	0.0463	0.0500	0.0537	0.0575	0.0614	0.0653
9	0.0150	0.0168	0.0188	0.0209	0.0232	0.0255	0.0280	0.0307	0.0334	0.0363
10	0.0061	0.0071	0.0081	0.0092	0.0104	0.0118	0.0132	0.0147	0.0164	0.0181
11	0.0023	0.0027	0.0032	0.0037	0.0043	0.0049	0.0056	0.0064	0.0073	0.0082
12	0.0008	0.0009	0.0011	0.0014	0.0016	0.0019	0.0022	0.0026	0.0030	0.0034
13	0.0002	0.0003	0.0004	0.0005	0.0006	0.0007	0.0008	0.0009	0.0011	0.0013
14	0.0001	0.0001	0.0001	0.0001	0.0002	0.0002	0.0003	0.0003	0.0004	0.0005
15	0.0000	0.0000	0.0000	0.0000	0.0000	0.0001	0.0001	0.0001	0.0001	0.0002

x	5.1	5.2	5.3	5.4	5.5	5.6	5.7	5.8	5.9	6.0
					λ					
0	0.0061	0.0055	0.0050	0.0045	0.0041	0.0037	0.0033	0.0030	0.0027	0.0025
1	0.0311	0.0287	0.0265	0.0244	0.0225	0.0207	0.0191	0.0176	0.0162	0.0149
2	0.0793	0.0746	0.0701	0.0659	0.0618	0.0580	0.0544	0.0509	0.0477	0.0446
3	0.1348	0.1293	0.1239	0.1185	0.1133	0.1082	0.1033	0.0985	0.0938	0.0892
4	0.1719	0.1681	0.1641	0.1641	0.1600	0.1558	0.1515	0.1472	0.1428	0.1383
5	0.1753	0.1748	0.1740	0.1728	0.1714	0.1697	0.1678	0.1656	0.1632	0.1606
6	0.1490	0.1515	0.1537	0.1555	0.1571	0.1584	0.1594	0.1601	0.1605	0.1606
7	0.1086	0.1125	0.1163	0.1200	0.1234	0.1267	0.1298	0.1326	0.1353	0.1377
8	0.0692	0.0731	0.0771	0.0810	0.0849	0.0887	0.0925	0.0962	0.0998	0.1033
9	0.0392	0.0423	0.0454	0.0486	0.0519	0.0552	0.0586	0.0620	0.0654	0.0688
10	0.0200	0.0220	0.0241	0.0262	0.0285	0.0309	0.0334	0.0359	0.0386	0.0413
11	0.0093	0.0104	0.0116	0.0129	0.0143	0.0157	0.0173	0.0190	0.0207	0.0225
12	0.0039	0.0045	0.0051	0.0058	0.0065	0.0073	0.0082	0.0092	0.0102	0.0113
13	0.0015	0.0018	0.0021	0.0024	0.0028	0.0032	0.0036	0.0041	0.0046	0.0052
14	0.0006	0.0007	0.0008	0.0009	0.0011	0.0013	0.0015	0.0017	0.0019	0.0022
15	0.0002	0.0002	0.0003	0.0003	0.0004	0.0005	0.0006	0.0007	0.0008	0.0009
16	0.0001	0.0001	0.0001	0.0001	0.0001	0.0002	0.0002	0.0002	0.0003	0.0003
17	0.0000	0.0000	0.0000	0.0000	0.0000	0.0000	0.0001	0.0001	0.0001	0.0001

x	7.1	7.2	7.3	7.4	7.5	7.6	7.7	7.8	7.9	8.0
					λ					
0	0.0008	0.0007	0.0007	0.0006	0.0005	0.0005	0.0005	0.0004	0.0004	0.0003
1	0.0059	0.0054	0.0049	0.0045	0.0041	0.0038	0.0035	0.0032	0.0029	0.0027
2	0.0208	0.0194	0.0180	0.0167	0.0156	0.0145	0.0134	0.0125	0.0116	0.0107
3	0.0492	0.0464	0.0438	0.0413	0.0389	0.0366	0.0345	0.0324	0.0305	0.0286
4	0.0874	0.0836	0.0799	0.0764	0.0729	0.0696	0.0663	0.0632	0.0602	0.0573
5	0.1241	0.1204	0.1167	0.1130	0.1094	0.1057	0.1021	0.0986	0.0951	0.0916
6	0.1468	0.1445	0.1420	0.1394	0.1367	0.1339	0.1311	0.1282	0.1252	0.1221
7	0.1489	0.1486	0.1481	0.1474	0.1465	0.1454	0.1442	0.1428	0.1413	0.1396
8	0.1321	0.1337	0.1351	0.1363	0.1373	0.1382	0.1388	0.1392	0.1395	0.1396
9	0.1042	0.1070	0.1096	0.1121	0.1144	0.1167	0.1187	0.1207	0.1224	0.1241
10	0.0740	0.0770	0.0800	0.0829	0.0858	0.0887	0.0914	0.0941	0.0967	0.0993
11	0.0478	0.0504	0.0531	0.0558	0.0585	0.0613	0.0640	0.0667	0.0695	0.0722
12	0.0283	0.0303	0.0323	0.0344	0.0366	0.0388	0.0411	0.0434	0.0457	0.0481
13	0.0154	0.0168	0.0181	0.0196	0.0211	0.0227	0.0243	0.0260	0.0278	0.0296
14	0.0078	0.0086	0.0095	0.0104	0.1113	0.0123	0.0134	0.0145	0.0157	0.0169
15	0.0037	0.0041	0.0046	0.0051	0.0057	0.0062	0.0069	0.0075	0.0083	0.0090
16	0.0016	0.0019	0.0021	0.0024	0.0026	0.0030	0.0033	0.0037	0.0041	0.0045
17	0.0007	0.0008	0.0009	0.0010	0.0012	0.0013	0.0015	0.0017	0.0019	0.0021
18	0.0003	0.0003	0.0004	0.0004	0.0005	0.0006	0.0006	0.0007	0.0008	0.0009
19	0.0001	0.0001	0.0001	0.0002	0.0002	0.0002	0.0003	0.0003	0.0003	0.0004
20	0.0000	0.0000	0.0001	0.0001	0.0001	0.0001	0.0001	0.0001	0.0001	0.0002
21	0.0000	0.0000	0.0000	0.0000	0.0000	0.0000	0.0000	0.0000	0.0001	0.0001

x	λ									
	8.1	8.2	8.3	8.4	8.5	8.6	8.7	8.8	8.9	9.0
0	0.0003	0.0003	0.0002	0.0002	0.0002	0.0002	0.0002	0.0002	0.0001	0.0001
1	0.0025	0.0023	0.0021	0.0019	0.0017	0.0016	0.0014	0.0013	0.0012	0.0011
2	0.0100	0.0092	0.0086	0.0079	0.0074	0.0068	0.0063	0.0058	0.0054	0.0050
3	0.0269	0.0252	0.0237	0.0222	0.0208	0.0195	0.0183	0.0171	0.0160	0.0150
4	0.0544	0.0517	0.0491	0.0466	0.0443	0.0420	0.0398	0.0377	0.0357	0.0337
5	0.0882	0.0849	0.0816	0.0784	0.0752	0.0722	0.0692	0.0663	0.0935	0.0607
6	0.1191	0.1160	0.1128	0.1097	0.1066	0.1034	0.1003	0.0972	0.0941	0.0911
7	0.1378	0.1358	0.1338	0.1317	0.1294	0.1271	0.1247	0.1222	0.1197	0.1171
8	0.1395	0.1392	0.1388	0.1382	0.1375	0.1366	0.1356	0.1344	0.1332	0.1318
9	0.1256	0.1269	0.1280	0.1290	0.1299	0.1306	0.1311	0.1315	0.1317	0.1318
10	0.1017	0.1040	0.1063	0.1084	0.1104	0.1123	0.1140	0.1157	0.1172	0.1186
11	0.0749	0.0776	0.0802	0.0828	0.0853	0.0878	0.0902	0.0925	0.0948	0.0970
12	0.0505	0.0530	0.0555	0.0579	0.0604	0.0629	0.0654	0.0679	0.0703	0.0728
13	0.0315	0.0334	0.0354	0.0374	0.0395	0.0416	0.0438	0.0459	0.0481	0.0504
14	0.0182	0.0196	0.0210	0.0225	0.0240	0.0256	0.0272	0.0289	0.0306	0.0324
15	0.0098	0.0107	0.0116	0.0126	0.0136	0.0147	0.0158	0.0169	0.0182	0.0194
16	0.0050	0.0055	0.0060	0.0066	0.0072	0.0079	0.0086	0.0093	0.0101	0.0109
17	0.0024	0.0026	0.0029	0.0033	0.0036	0.0040	0.0044	0.0048	0.0053	0.0058
18	0.0011	0.0012	0.0014	0.0015	0.0017	0.0019	0.0021	0.0024	0.0026	0.0029
19	0.0005	0.0005	0.0006	0.0007	0.0008	0.0009	0.0010	0.0011	0.0012	0.0014
20	0.0002	0.0002	0.0002	0.0003	0.0003	0.0004	0.0004	0.0005	0.0005	0.0006
21	0.0001	0.0001	0.0001	0.0001	0.0001	0.0002	0.0002	0.0002	0.0002	0.0003
22	0.0000	0.0000	0.0000	0.0000	0.0001	0.0001	0.0001	0.0001	0.0001	0.0001

x	λ									
	9.1	9.2	9.3	9.4	9.5	9.6	9.7	9.8	9.9	10
0	0.0001	0.0001	0.0001	0.0001	0.0001	0.0001	0.0001	0.0001	0.0001	0.0000
1	0.0010	0.0009	0.0009	0.0008	0.0007	0.0007	0.0006	0.0005	0.0005	0.0005
2	0.0046	0.0043	0.0040	0.0037	0.0034	0.0031	0.0029	0.0027	0.0025	0.0023
3	0.0140	0.0131	0.0123	0.0115	0.0107	0.0100	0.0093	0.0087	0.0081	0.0076
4	0.0319	0.0302	0.0285	0.0269	0.0254	0.0240	0.0226	0.0213	0.0201	0.0189
5	0.0581	0.0555	0.0530	0.0506	0.0483	0.0460	0.0439	0.0418	0.0398	0.0378
6	0.0881	0.0851	0.0822	0.0793	0.0764	0.0736	0.0709	0.0682	0.0656	0.0631
7	0.1145	0.1118	0.1091	0.1064	0.1037	0.1010	0.0982	0.0955	0.0928	0.0901
8	0.1302	0.1286	0.1269	0.1251	0.1232	0.1212	0.1191	0.1170	0.1148	0.1126
9	0.1317	0.1315	0.1311	0.1306	0.1300	0.1293	0.1284	0.1274	0.1263	0.1251
10	0.1198	0.1210	0.1219	0.1228	0.1235	0.1241	0.1245	0.1249	0.1250	0.1251
11	0.0991	0.1012	0.1031	0.1049	0.1067	0.1083	0.1098	0.1112	0.1125	0.1137
12	0.0752	0.0776	0.0799	0.0822	0.0844	0.0866	0.0888	0.0908	0.0928	0.0948
13	0.0526	0.0776	0.0799	0.0822	0.0844	0.0866	0.0888	0.0908	0.0928	0.0948
14	0.0342	0.0361	0.0380	0.0399	0.0419	0.0439	0.0459	0.0479	0.0500	0.0521
15	0.0208	0.0221	0.0235	0.0250	0.0265	0.0281	0.0297	0.0313	0.0330	0.0347
16	0.0118	0.0127	0.0137	0.0147	0.0157	0.0168	0.0180	0.0192	0.0204	0.0217
17	0.0063	0.0069	0.0075	0.0081	0.0088	0.0095	0.0103	0.0111	0.0119	0.0128
18	0.0032	0.0035	0.0039	0.0042	0.0046	0.0051	0.0055	0.0060	0.0065	0.0071
19	0.0015	0.0017	0.0019	0.0021	0.0023	0.0026	0.0028	0.0031	0.0034	0.0037
20	0.0007	0.0008	0.0009	0.0010	0.0011	0.0012	0.0014	0.0015	0.0017	0.0019
21	0.0003	0.0003	0.0004	0.0004	0.0005	0.0006	0.0006	0.0007	0.0008	0.0009
22	0.0001	0.0001	0.0002	0.0002	0.0002	0.0002	0.0003	0.0003	0.0004	0.0004
23	0.0000	0.0001	0.0001	0.0001	0.0001	0.0001	0.0001	0.0001	0.0002	0.0002
24	0.0000	0.0000	0.0000	0.0000	0.0000	0.0000	0.0000	0.0001	0.0001	0.0001

					λ					
x	11	12	13	14	15	16	17	18	19	20
0	0.0000	0.0000	0.0000	0.0000	0.0000	0.0000	0.0000	0.0000	0.0000	0.0000
1	0.0002	0.0001	0.0000	0.0000	0.0000	0.0000	0.0000	0.0000	0.0000	0.0000
2	0.0010	0.0004	0.0002	0.0001	0.0000	0.0000	0.0000	0.0000	0.0000	0.0000
3	0.0037	0.0018	0.0008	0.0004	0.0002	0.0001	0.0000	0.0000	0.0000	0.0000
4	0.0102	0.0053	0.0027	0.0013	0.0006	0.0003	0.0001	0.0001	0.0000	0.0000
5	0.0224	0.0127	0.0070	0.0037	0.0019	0.0010	0.0005	0.0002	0.0001	0.0001
6	0.0411	0.0255	0.0152	0.0087	0.0048	0.0026	0.0014	0.0007	0.0004	0.0002
7	0.0646	0.0437	0.0281	0.0174	0.0104	0.0060	0.0034	0.0018	0.0010	0.0005
8	0.0888	0.0655	0.0457	0.0304	0.0194	0.120	0.0072	0.0042	0.0024	0.0013
9	0.1085	0.0874	0.0661	0.0473	0.0324	0.0213	0.0135	0.0083	0.0050	0.0029
10	0.1194	0.1048	0.0859	0.0663	0.0486	0.0341	0.0230	0.0150	0.0095	0.0058
11	0.1194	0.1144	0.1015	0.0844	0.0663	0.0496	0.0355	0.0245	0.0164	0.0106
12	0.1094	0.1144	0.1099	0.0984	0.0829	0.0661	0.0504	0.0368	0.0259	0.0176
13	0.0926	0.1056	0.1099	0.1060	0.0956	0.0814	0.0658	0.0509	0.0378	0.0271
14	0.0728	0.0905	0.1021	0.1060	0.1024	0.0930	0.0800	0.0655	0.0514	0.0387
15	0.0534	0.0724	0.0885	0.0989	0.1024	0.0992	0.0906	0.0786	0.0650	0.0516
16	0.0367	0.0543	0.0719	0.0866	0.0960	0.0992	0.0963	0.0884	0.0772	0.0646
17	0.0237	0.0383	0.0550	0.0713	0.0847	0.0934	0.0963	0.0936	0.0863	0.0760
18	0.0145	0.0256	0.0397	0.0554	0.0706	0.0830	0.0909	0.0936	0.0911	0.0844
19	0.0084	0.0161	0.0272	0.0409	0.0557	0.0699	0.0814	0.0887	0.0911	0.0888
20	0.0046	0.0097	0.0177	0.0286	0.0418	0.0559	0.0692	0.0798	0.0866	0.0888
21	0.0024	0.0055	0.0109	0.0191	0.0299	0.0426	0.0560	0.0684	0.0783	0.0846
22	0.0012	0.0030	0.0065	0.0121	0.0204	0.0310	0.0433	0.0560	0.0676	0.0769
23	0.0006	0.0016	0.0037	0.0074	0.0133	0.0216	0.0320	0.0438	0.0559	0.0669
24	0.0003	0.0008	0.0020	0.0043	0.0083	0.0144	0.0226	0.0328	0.0442	0.0557
25	0.0001	0.0004	0.0010	0.0024	0.0050	0.0092	0.0154	0.0237	0.0336	0.0446
26	0.0000	0.0002	0.0005	0.0013	0.0029	0.0057	0.0101	0.0164	0.0246	0.0343
27	0.0000	0.0001	0.0002	0.0007	0.0016	0.0034	0.0063	0.0109	0.0173	0.0254
28	0.0000	0.0000	0.0001	0.0003	0.0009	0.0019	0.0038	0.0070	0.0117	0.0181
29	0.0000	0.0000	0.0001	0.0002	0.0004	0.0011	0.0023	0.0044	0.0077	0.0125
30	0.0000	0.0000	0.0000	0.0001	0.0002	0.0006	0.0013	0.0026	0.0049	0.0083
31	0.0000	0.0000	0.0000	0.0000	0.0001	0.0003	0.0007	0.0015	0.0030	0.0054
32	0.0000	0.0000	0.0000	0.0000	0.0001	0.0001	0.0004	0.0009	0.0018	0.0034
33	0.0000	0.0000	0.0000	0.0000	0.0000	0.0000	0.0001	0.0002	0.0006	0.0012
34	0.0000	0.0000	0.0000	0.0000	0.0000	0.0000	0.0001	0.0002	0.0006	0.0012
35	0.0000	0.0000	0.0000	0.0000	0.0000	0.0000	0.0000	0.0001	0.0003	0.0007
36	0.0000	0.0000	0.0000	0.0000	0.0000	0.0000	0.0000	0.0001	0.0002	0.0004
37	0.0000	0.0000	0.0000	0.0000	0.0000	0.0000	0.0000	0.0000	0.0001	0.0002
38	0.0000	0.0000	0.0000	0.0000	0.0000	0.0000	0.0000	0.0000	0.0000	0.0001
39	0.0000	0.0000	0.0000	0.0000	0.0000	0.0000	0.0000	0.0000	0.0000	0.0001

3. 표준정규분포표

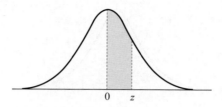

이 표는 Z=0에서 Z값까지의 면적을 나타낸다. 예를 들어 Z=1.25일 때 0~1.25 사이의 면적은 .3944이다.

Z	.00	.01	.02	.03	.04	.05	.06	.07	08	.09
0.0	.0000	.0040	.0080	.012	.0160	.0199	.0239	.0279	.0319	.0359
0.1	.0398	.0438	.0478	.0517	.0557	.0596	.0636	.0675	.0714	.0753
0.2	.0793	.0832	.0871	.0910	.0948	.0987	.1026	.1064	.1103	.1141
0.3	.1179	.1217	.1255	.1293	.1331	.1368	.1406	.1443	.1480	.1517
0.4	.1554	.1591	.1628	.1664	.1700	.1736	.1772	.1808	.1844	.1879
0.5	.1915	.1950	.1985	.2019	.2054	.2088	.2123	.2157	.2190	.2224
0.6	.2257	.2291	.2324	.2357	.2389	.2422	.2454	.2486	.2517	.2549
0.7	.2580	.2611	.2642	.2673	.2704	.2734	.2764	.2794	.2823	.2852
0.8	.2881	.2910	.2939	.2967	.2995	.3023	.3051	.3078	.3106	.3133
0.9	.3159	.3186	.3212	.3238	.3264	.3289	.3315	.3340	.3365	.3389
1.0	.3413	.3438	.3461	.3485	.3508	.3531	.3554	.3577	.3599	.3621
1.1	.3643	.3665	.3686	.3708	.3279	.3749	.3770	.3790	.3810	.3830
1.2	.3849	.3869	.3888	.3907	.3925	.3944	.3962	.3980	.3997	.4015
1.3	.4032	.4049	.4066	.4082	.4099	.4115	.4131	.4147	.4162	.4177
1.4	.4192	.4207	.4222	.4236	.4251	.4265	.4279	.4292	.4306	.4319
1.5	.4332	.4345	.4357	.4370	.7382	.4394	.4406	.4418	.4429	.4441
1.6	.4452	.4463	.4474	.4484	.4495	.4505	.4515	.4525	.4535	.4545
1.7	.4554	.4564	.4573	.4582	.4591	.4599	.4608	.4616	.4625	.4633
1.8	.4641	.4649	.4656	.4664	.4671	.4678	.4686	.4693	.4699	.4706
1.9	.4713	.4719	.4726	.4732	.4738	.4744	.4750	.4756	.4761	.4767
2.0	.4772	.4778	.4783	.4788	.4793	.4798	.4803	.4808	.4812	.4817
2.1	.4821	.4826	.4830	.4834	.4838	.4842	.4846	.4850	.4856	.4857
2.2	.4861	.4864	.4868	.4871	.4875	.4878	.4881	.4884	.4887	.4890
2.3	.4893	.4896	.4898	.4901	.4904	.4906	.4909	.4911	.4913	.4916
2.4	.4918	.4920	.4922	.4925	.4927	.4929	.4931	.4932	.4934	.4936
2.5	.4938	.4940	.4941	.4943	.4945	.4946	.4948	.4949	.4951	.4952
2.6	.4953	.4955	.4956	.4957	.4959	.4960	.4961	.4962	.4963	.4964
2.7	.4965	.4966	.4967	.4968	.4969	.4970	.4971	.4972	.4973	.4974
2.8	.4974	.4975	.4976	.4977	.4977	.4978	.4979	.4979	.4980	.4981
2.9	.4981	.4982	.4982	.4983	.4984	.4984	.4985	.4985	.4986	.4986
3.0	.4987	.4987	.4987	.4988	.4988	.4989	.4989	.4989	.4990	.4990

4. t-분포표

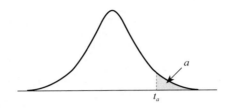

d.f.	$t_{.250}$	$t_{.100}$	$t_{.050}$	$t_{.025}$	$t_{.010}$	$t_{.005}$
1	1.000	3.078	6.314	12.706	31.821	63.657
2	0.816	1.886	2.920	4.303	6.965	9.925
3	0.745	1.638	2.353	3.182	4.541	5.841
4	0.741	1.533	2.132	2.776	3.747	4.604
5	0.727	1.476	2.015	2.571	3.365	4.032
6	0.718	1.440	1.943	2.447	3.143	3.707
7	0.711	1.415	1.895	2.365	2.998	3.499
8	0.706	1.397	1.860	2.306	2.896	3.355
9	0.703	1.383	1.833	2.262	2.821	3.250
10	0.700	1.372	1.812	2.228	2.876	3.169
11	0.697	1.363	1.796	2.201	2.718	3.106
12	0.695	1.356	1.782	2.179	2.681	3.055
13	0.694	1.350	1.771	2.160	2.650	3.012
14	0.692	1.345	1.761	2.145	2.624	2.977
15	0.691	1.341	1.753	2.131	2.602	2.947
16	0.690	1.337	1.746	2.120	2.583	2.921
17	0.689	1.333	1.740	2.110	2.567	2.898
18	0.688	1.330	1.734	2.101	2.552	2.878
19	0.688	1.328	1.729	2.093	2.539	2.861
20	0.687	1.325	1.725	2.086	2.528	2.845
21	0.686	1.323	1.721	2.080	2.518	2.831
22	0.686	1.321	1.717	2.074	2.508	2.819
23	0.685	1.319	1.714	2.069	2.500	2.807
24	0.685	1.318	1.711	2.064	2.492	2.797
25	0.684	1.316	1.708	2.060	2.485	2.787
26	0.684	1.315	1.706	2.056	2.479	2.779
27	0684	1.314	1.703	2.052	2.473	2.771
28	0.683	1.313	1.701	2.048	2.467	2.763
29	0.683	1.311	1.699	2.045	2.464	2.756
30	0.683	1.310	1.697	2.042	2.457	2.750
40	0.681	1.303	1.684	2.021	2.423	2.704
60	0.697	1.296	1.671	2.000	2.390	2.660
120	0.677	1.289	1.658	1.980	2.358	2.617
∞	0.674	1.282	1.645	1.960	2.326	2.576

d.f.	$t_{0.0025}$	$t_{0.001}$	$t_{0.0005}$	$t_{0.00025}$	$t_{0.0001}$	$t_{0.00005}$	$t_{0.000025}$	$t_{0.00001}$
1	127.321	318.309	636.919	1,273.239	3,183.099	6,366.198	12,732.395	31,380.989
2	14.089	22.327	31.598	44.705	70.700	99.950	141.416	223.603
3	7.453	10.214	12.924	16.326	22.204	28.000	35.298	47.928
4	5.598	7.173	8.610	10.306	13.034	15.544	18.522	23.332
5	4.773	5.893	6.869	7.976	9.678	11.178	12.893	15.547
6	4.317	5.208	5.959	6.788	8.025	9.082	10.261	12.032
7	4.029	4.785	5.408	6.082	7.063	7.885	8.782	10.103
8	3.833	4.501	5.041	5.618	6.442	7.120	7.851	8.907
9	3.690	4.297	4.781	5.291	6.010	6.594	7.215	8.102
10	3.581	4.144	4.587	5.049	5.694	6.211	6.757	7.527
11	3.497	4.025	4.437	4.863	5.453	5.921	6.412	7.098
12	3.428	3.930	4.318	4.716	5.263	5.694	6.143	6.756
13	3.372	3.852	4.221	4.597	5.111	5.513	5.928	6.501
14	3.326	3.787	4.140	4.499	4.985	5.363	5.753	6.287
15	3.286	3.733	4.073	4.417	4.880	5.239	5.607	6.109
16	3.252	3.686	4.015	4.346	4.791	5.134	5.484	5.960
17	3.223	3.646	3.965	4.286	4.714	5.044	5.379	5.832
18	3.197	3.610	3.922	4.233	4.648	4.966	5.288	5.722
19	3.174	3.579	3.883	4.187	4.590	4.897	5.209	5.627
20	3.153	3.552	3.850	4.146	4.539	4.837	5.139	5.543
21	3.135	3.527	3.819	4.110	4.493	4.784	5.077	5.469
22	3.119	3.505	3.792	4.077	4.452	4.736	5.022	5.402
23	3.104	3.485	3.768	4.048	4.415	4.693	4.992	5.343
24	3.090	3.467	3.745	4.021	4.382	4.654	4.927	5.290
25	3.078	3.450	3.725	3.997	4.352	4.619	4.887	5.241
26	3.067	3.435	3.707	3.974	4.324	4.587	4.850	5.197
27	3.057	3.421	3.690	3.954	4.299	4.558	4.816	5.157
28	3.047	3.408	3.674	3.935	4.275	4.530	4.784	5.120
29	3.038	3.396	3.659	3.918	4.254	4.506	4.756	5.086
30	3.030	3.385	3.646	3.902	4.234	4.482	4.729	5.054
40	2.971	3.307	3.551	3.788	4.094	4.321	4.544	4.835
60	2.915	3.232	3.460	3.681	3.962	4.169	4.370	4.631
100	2.871	3.174	3.390	3.598	3.862	4.053	4.240	4.478
∞	2.807	3.090	3.291	3.481	3.719	3.891	4.056	4.265

5. χ^2-분포표

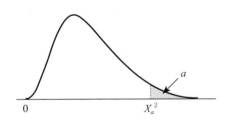

d.f.	$\chi_{0.990}$	$\chi_{0.975}$	$\chi_{0.950}$	$\chi_{0.900}$	$\chi_{0.500}$	$\chi_{0.100}$	$\chi_{0.050}$	$\chi_{0.025}$	$\chi_{0.010}$	$\chi_{0.005}$
1	0.0002	0.0001	0.004	0.02	0.45	2.71	3.84	5.02	6.63	7.88
2	0.02	0.05	0.10	0.21	1.39	4.61	5.99	7.38	9.21	10.60
3	0.11	0.22	0.35	0.58	2.37	6.25	7.81	9.35	11.34	12.84
4	0.30	0.48	0.71	1.06	3.36	7.78	9.49	11.14	13.28	14.86
5	0.55	0.83	1.15	1.61	4.35	9.24	11.07	12.83	15.09	16.75
6	0.87	1.24	1.64	2.20	5.35	10.64	12.59	14.45	16.81	18.55
7	1.24	1.69	2.17	2.83	6.35	12.02	14.07	16.01	18.48	20.28
8	1.65	2.18	2.73	3.49	7.34	13.36	15.51	17.53	20.09	21.95
9	2.09	2.70	3.33	4.17	8.34	14.68	16.92	19.02	21.67	23.59
10	2.56	3.25	3.94	4.87	9.34	15.99	18.31	20.48	23.21	25.19
11	3.05	3.82	4.57	5.58	10.34	17.28	19.68	21.92	24.72	26.76
12	3.57	4.40	5.23	6.30	11.34	18.55	21.03	23.34	26.22	28.30
13	4.11	5.01	5.89	7.04	12.34	19.81	22.36	24.74	27.69	29.82
14	4.66	5.63	6.57	7.79	13.34	21.06	23.68	26.12	29.14	31.32
15	5.23	6.26	7.26	8.55	14.34	22.31	25.00	27.49	30.58	32.80
16	5.81	6.91	7.96	9.31	15.34	23.54	26.30	28.85	32.00	34.27
17	6.41	7.56	8.67	10.09	16.34	24.77	27.59	30.19	33.41	35.72
18	7.01	8.23	9.39	10.86	17.34	25.99	28.87	31.53	34.81	37.16
19	7.63	8.91	10.12	11.65	18.34	27.20	30.14	32.85	36.19	38.58
20	8.26	9.59	10.85	12.44	19.34	28.41	31.14	34.17	37.57	40.00
21	8.90	10.28	11.59	13.24	20.34	29.62	32.67	35.48	38.93	41.40
22	9.54	10.98	12.34	14.04	21.34	30.81	33.92	36.78	40.29	42.80
23	10.20	11.69	13.09	14.85	22.34	32.01	35.17	38.08	41.64	44.18
24	10.86	12.40	13.85	15.66	23.34	33.20	36.74	39.36	42.98	45.56
25	11.52	13.12	14.61	16.47	24.34	34.38	37.92	40.65	44.31	46.93
26	12.20	13.84	15.38	17.29	25.34	35.56	38.89	41.92	45.64	48.29
27	12.83	14.57	16.15	18.11	26.34	36.74	40.11	43.19	46.96	49.64
28	13.56	15.31	16.93	18.94	27.34	37.92	41.34	44.46	48.28	50.99
29	14.26	16.05	17.71	19.77	28.34	39.09	42.56	45.72	49.59	52.34
30	14.95	16.79	18.49	20.60	29.34	40.26	43.77	46.98	50.89	53.67
40	22.16	24.43	26.51	29.05	39.34	51.81	55.76	59.34	63.69	66.77
50	29.71	32.36	34.76	37.69	49.33	63.17	67.50	71.42	76.15	79.49
60	37.48	40.48	43.19	46.46	59.33	74.40	79.08	83.30	88.38	91.95
70	45.44	48.76	51.74	55.33	69.33	85.53	90.53	95.02	100.43	104.21
80	53.54	57.15	60.39	64.28	79.33	96.58	101.88	106.63	112.33	116.32
90	61.75	65.65	69.13	73.29	89.33	107.57	113.15	118.14	124.12	128.30
100	70.06	74.22	77.93	82.36	99.33	118.50	124.34	129.56	135.81	140.17

6. F-분포표

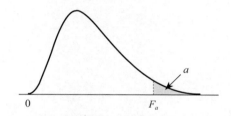

$\alpha=0.01$									
d.f.	1	2	3	4	5	6	7	8	9
1	4052.0	4999.0	5403.0	5625.0	5764.0	5859.0	5928.0	5982.0	5022.0
2	98.50	99.00	99.17	99.25	99.30	99.33	99.36	99.37	99.39
3	34.12	30.82	29.46	28.71	28.24	27.91	27.67	27.49	27.34
4	21.20	18.00	16.69	15.98	15.52	15.21	14.98	14.80	14.66
5	16.26	13.27	12.06	11.39	10.97	10.67	10.46	10.29	10.16
	13.74								
6	13.74	10.92	9.78	9.15	8.75	8.47	8.26	8.10	7.98
7	12.25	9.55	8.45	7.85	7.46	7.19	6.99	6.84	6.72
8	11.26	8.65	7.59	7.01	6.63	6.37	6.18	6.03	5.91
9	10.56	8.02	6.99	6.42	6.06	5.80	5.61	5.47	5.35
10	10.04	7.56	6.55	5.99	5.64	5.39	5.20	5.06	4.94
11	9.65	7.21	6.22	5.67	5.32	5.07	4.89	4.74	4.63
12	9.33	6.93	5.95	5.41	5.06	4.82	4.64	4.50	4.39
13	9.07	6.70	5.74	5.21	4.86	4.62	4.44	4.30	4.19
14	8.86	6.51	5.56	5.04	4.69	4.46	4.28	4.14	4.03
15	8.68	6.36	5.42	4.89	4.56	4.32	4.14	4.00	3.89
16	8.53	6.23	5.29	4.77	4.44	4.20	4.03	3.89	3.78
17	8.40	6.11	5.18	4.67	4.34	4.10	3.93	3.79	3.68
18	8.29	6.01	5.09	4.58	4.25	4.01	3.84	3.71	3.60
19	8.18	5.93	5.01	4.50	4.17	3.94	3.77	3.63	3.52
20	8.10	5.85	4.94	4.43	4.10	3.87	3.70	3.56	3.46
21	8.02	5.78	4.87	4.37	4.04	3.81	3.64	3.51	3.40
22	7.95	5.72	4.82	4.31	3.99	3.76	3.59	3.45	3.35
23	7.88	5.66	4.76	4.26	3.94	3.71	3.54	3.41	3.30
24	7.82	5.61	4.72	4.22	3.90	3.67	3.50	3.36	3.26
25	7.77	5.57	4.68	4.18	3.85	3.63	3.46	3.32	3.22
26	7.72	5.53	4.64	4.14	3.82	3.59	3.42	3.29	3.18
27	7.68	5.49	4.60	4.11	3.78	3.56	3.39	3.26	3.15
28	7.64	5.45	4.57	4.07	3.75	3.53	3.36	3.23	3.12
29	7.60	5.42	4.54	4.04	3.73	3.50	3.33	3.20	3.09
30	7.56	5.39	4.51	4.02	3.70	3.47	3.30	3.17	3.07
40	7.31	5.18	4.31	3.83	3.51	3.29	3.12	2.99	2.89
60	7.08	4.98	4.13	3.65	3.34	3.12	2.95	2.82	2.72
120	6.85	4.79	3.95	3.48	3.17	2.96	2.79	2.66	2.56
∞	6.63	4.61	3.78	3.32	3.02	2.80	2.64	2.51	2.41

d.f.					$\alpha = 0.01$				
	10	15	20	24	30	40	60	120	∞
1	6056.0	6157.0	6209.0	6235.0	6261.0	6387.0	6313.0	6339.0	6366.0
2	99.40	99.43	99.45	99.46	99.47	99.47	99.48	99.49	99.50
3	27.23	26.87	26.69	26.60	26.50	26.41	26.32	26.22	26.12
4	14.55	14.20	14.02	13.93	13.84	13.74	13.65	13.56	13.46
5	10.05	9.72	9.55	9.47	9.38	9.29	9.20	9.11	9.02
6	7.87	7.56	7.40	7.31	7.23	7.14	7.06	6.97	6.88
7	6.62	6.31	6.16	6.07	5.99	5.91	5.82	5.74	5.65
8	5.81	5.52	5.36	5.28	5.20	5.12	5.03	4.95	4.86
9	5.26	4.96	4.81	4.73	4.65	4.57	4.48	4.40	4.31
10	4.85	4.56	4.41	4.33	4.25	4.17	4.08	4.00	3.91
11	4.54	4.25	4.10	4.02	3.94	3.86	3.78	3.69	3.60
12	4.30	4.01	3.86	3.78	3.70	3.62	3.54	3.45	3.36
13	4.10	3.82	3.66	3.59	3.51	3.43	3.34	3.25	3.17
14	3.94	3.66	3.51	3.43	3.35	3.27	3.18	3.09	3.00
15	3.80	3.52	3.37	3.29	3.21	3.13	3.05	2.96	2.87
16	3.69	3.41	3.26	3.18	3.10	3.02	2.93	2.84	2.75
17	3.59	3.23	3.16	3.08	3.00	2.92	2.83	2.75	2.65
18	3.51	3.23	3.08	3.00	2.92	2.84	2.75	2.66	2.57
19	3.43	3.15	3.00	2.92	2.84	2.76	2.67	2.58	2.49
20	3.37	3.09	2.94	2.86	2.78	2.69	2.61	2.52	2.42
21	3.31	3.03	2.88	2.80	2.72	2.64	2.55	2.46	2.36
22	3.26	2.98	2.83	2.75	2.67	2.58	2.50	2.40	2.31
23	3.21	2.93	2.78	2.70	2.62	2.54	2.45	2.35	2.26
24	3.17	2.89	2.74	2.66	2.58	2.49	2.40	2.31	2.21
25	3.13	2.85	2.70	2.62	2.54	2.45	2.36	2.27	2.17
26	3.09	2.81	2.66	2.58	2.50	2.42	2.33	2.23	2.13
27	3.06	2.78	2.63	2.55	2.47	2.38	2.29	2.20	2.10
28	3.03	2.75	2.60	2.52	2.44	2.35	2.26	2.17	2.06
29	3.00	2.73	2.57	2.49	2.41	2.33	2.23	2.14	2.03
30	2.98	2.70	2.55	2.47	2.39	2.30	2.21	2.11	2.01
40	2.80	2.52	2.37	2.29	2.20	2.11	2.02	1.92	1.80
60	2.63	2.35	2.20	2.12	2.03	1.94	1.84	1.73	1.60
120	2.47	2.19	2.03	1.95	1.86	1.76	1.66	1.53	1.38
∞	2.32	2.04	1.88	1.79	1.70	1.59	1.47	1.32	1.00

d.f.	α=0.05								
	1	2	3	4	5	6	7	8	9
1	161.45	199.50	215.71	224.58	230.16	233.99	236.77	238.88	240.54
2	18.51	19.00	19.16	19.25	19.30	19.33	19.35	19.37	19.38
3	10.13	9.55	9.28	9.12	9.01	8.94	8.89	8.85	8.81
4	7.71	6.94	6.59	6.39	6.26	6.16	6.09	6.04	6.00
5	6.61	5.79	5.41	5.19	5.05	4.95	4.88	4.82	4.77
6	5.99	5.14	4.76	4.53	4.39	4.28	4.21	4.15	4.10
7	5.59	4.74	4.35	4.12	3.97	3.87	3.79	3.73	3.68
8	5.32	4.46	4.07	3.84	3.69	3.58	3.50	3.44	3.39
9	5.12	4.26	3.86	3.63	3.48	3.37	3.29	3.23	3.18
10	4.96	4.10	3.71	3.48	3.33	3.22	3.14	3.07	3.02
11	4.84	3.98	3.59	3.36	3.20	3.09	3.01	2.95	2.90
12	4.75	3.89	3.49	3.26	3.11	3.00	2.91	2.85	2.80
13	4.67	3.81	3.41	3.18	3.03	2.92	2.83	2.77	2.71
14	4.60	3.74	3.34	3.11	2.96	2.85	2.76	2.70	2.65
15	4.54	3.68	3.29	3.06	2.90	2.79	2.71	2.64	2.59
16	4.49	3.63	3.24	3.01	2.85	2.74	2.66	2.59	2.54
17	4.45	3.59	3.20	2.96	2.81	2.70	2.61	2.55	2.49
18	4.41	3.52	3.16	2.93	2.77	2.66	2.58	2.51	2.46
19	4.38	3.52	3.13	2.90	2.74	2.63	2.54	2.48	2.42
20	4.35	3.49	3.10	2.87	2.71	2.60	2.51	2.45	2.39
21	4.32	3.47	3.07	2.84	2.68	2.57	2.49	2.42	2.37
22	4.30	3.44	3.05	2.82	2.66	2.55	2.46	2.40	2.34
23	4.28	3.42	3.03	2.80	2.64	2.53	2.44	2.37	2.32
24	4.26	3.40	3.01	2.78	2.62	2.51	2.42	2.36	2.30
25	4.24	3.39	2.99	2.76	2.60	2.49	2.40	2.34	2.28
26	4.23	3.37	2.98	2.74	2.59	2.47	2.39	2.32	2.27
27	4.21	3.35	2.96	2.73	2.57	2.46	2.37	2.31	2.25
28	4.20	3.34	2.95	2.71	2.56	2.45	2.36	2.29	2.24
29	4.18	3.33	2.93	2.70	2.55	2.43	2.35	2.28	2.22
30	4.17	3.32	2.92	2.69	2.53	2.42	2.33	2.27	2.21
40	4.08	3.23	2.84	2.61	2.45	2.34	2.25	2.18	2.12
60	4.00	3.15	2.76	2.53	2.37	2.25	2.17	2.10	2.04
120	3.92	3.07	2.68	2.45	2.29	2.17	2.09	2.02	1.96
∞	3.84	3.00	2.60	2.37	2.21	2.10	2.01	1.94	1.88

d.f.	\multicolumn{9}{c}{$\alpha = 0.05$}
	10	15	20	24	30	40	60	120	∞
1	241.88	245.95	248.01	249.05	250.09	251.14	252.20	253.25	254.32
2	19.40	19.43	19.45	19.45	19.46	19.47	19.48	19.49	19.50
3	8.76	8.70	8.66	8.64	8.62	8.59	8.57	8.55	8.53
4	5.96	5.86	5.80	5.77	5.75	5.72	5.69	5.66	5.63
5	4.74	4.62	4.56	4.53	4.50	4.46	4.43	4.40	4.36
6	4.06	3.94	3.87	3.84	3.81	3.77	3.74	3.70	3.67
7	3.64	3.51	3.44	3.41	3.38	3.34	3.30	3.27	3.23
8	3.35	3.22	3.15	3.12	3.08	3.04	3.01	2.97	2.93
9	3.14	3.01	2.94	2.90	2.86	2.83	2.79	2.75	2.71
10	2.98	2.84	2.77	2.74	2.70	2.66	2.62	2.58	2.54
11	2.85	2.72	2.65	2.61	2.57	2.53	2.49	2.45	2.40
12	2.75	2.62	2.54	2.51	2.47	2.43	2.38	2.34	2.30
13	2.67	2.53	2.46	2.42	2.38	2.34	2.30	2.25	2.21
14	2.60	2.46	2.39	2.35	2.31	2.27	2.22	2.18	2.13
15	2.54	2.40	2.33	2.29	2.25	2.20	2.16	2.11	2.07
16	2.49	2.35	2.28	2.24	2.19	2.15	2.11	2.06	2.01
17	2.45	2.31	2.23	2.19	2.15	2.10	2.06	2.01	1.96
18	2.41	2.27	2.19	2.15	2.11	2.06	2.02	1.97	1.92
19	2.38	2.23	2.16	2.11	2.07	2.03	1.98	1.93	1.88
20	2.35	2.20	2.12	2.08	2.04	1.99	1.95	1.90	1.84
21	2.32	2.18	2.10	2.05	2.01	1.96	1.92	1.87	1.81
22	2.30	2.15	2.07	2.03	1.98	1.94	1.89	1.84	1.78
23	2.27	2.13	2.05	2.00	1.96	1.91	1.86	1.81	1.76
24	2.25	2.11	2.03	1.98	1.94	1.89	1.84	1.79	1.73
25	2.24	2.09	2.01	1.96	1.92	1.87	1.82	1.77	1.71
26	2.22	2.07	1.99	1.95	1.90	1.85	1.80	1.75	1.69
27	2.20	2.06	1.97	1.93	1.88	1.84	1.79	1.73	1.67
28	2.19	2.04	1.96	1.91	1.87	1.82	1.77	1.71	1.65
29	2.18	2.03	1.94	1.90	1.85	1.81	1.75	1.70	1.64
30	2.16	2.01	1.93	1.89	1.84	1.79	1.74	1.68	1.62
40	2.08	1.92	1.84	1.79	1.74	1.69	1.64	1.58	1.51
60	1.99	1.84	1.75	1.70	1.65	1.59	1.53	1.47	1.39
120	1.91	1.75	1.66	1.61	1.55	1.50	1.43	1.35	1.25
∞	1.83	1.67	1.57	1.52	1.46	1.39	1.31	1.22	1.00

d.f.	1	2	3	4	5	6	7	8	9
					$\alpha = 0.10$				
1	39.86	49.50	53.59	55.83	57.24	58.20	58.91	59.44	59.86
2	8.53	9.00	9.16	9.24	9.26	9.33	9.35	9.37	9.38
3	5.54	5.46	5.39	5.34	5.31	5.28	5.27	5.25	5.24
4	4.54	5.32	4.19	4.11	4.05	4.01	3.98	3.95	3.94
5	4.06	3.78	3.62	3.52	3.45	3.40	3.37	3.34	3.32
6	3.78	3.46	3.29	3.18	3.11	3.05	3.01	2.98	2.96
7	3.59	3.26	3.07	2.96	2.88	2.83	2.78	2.75	2.72
8	3.46	3.11	2.92	2.81	2.73	2.67	2.62	2.59	2.56
9	3.36	3.01	2.81	2.69	2.61	2.55	2.51	2.47	2.44
10	3.28	2.92	2.73	2.61	2.52	2.46	2.41	2.38	2.35
11	3.23	2.86	2.66	2.54	2.45	2.39	2.34	2.30	2.27
12	3.13	2.81	2.61	2.48	2.39	2.33	2.28	2.24	2.21
13	3.14	2.76	2.56	2.43	2.35	2.28	2.23	2.20	2.16
14	3.10	2.73	2.52	2.39	2.31	2.24	2.19	2.15	2.12
15	3.07	2.70	2.49	2.36	2.27	2.21	2.16	2.12	2.09
16	3.05	2.67	2.46	2.33	2.24	2.18	2.13	2.09	2.06
17	3.03	2.64	2.44	2.31	2.22	2.15	2.10	2.06	2.03
18	3.01	2.62	2.42	2.29	2.20	2.13	2.08	2.04	2.00
19	2.99	2.61	2.40	2.27	2.18	2.11	2.06	2.02	1.98
20	2.97	2.59	2.38	2.25	2.16	2.09	2.04	2.00	1.96
21	2.96	2.57	2.36	2.23	2.14	2.08	2.02	1.98	1.95
22	2.95	2.56	2.35	2.22	2.13	2.06	2.01	1.97	1.93
23	2.94	2.55	2.34	2.21	2.11	2.05	1.99	1.95	1.92
24	2.93	2.54	2.33	2.19	2.10	2.04	1.98	1.94	1.91
25	2.92	2.53	2.32	2.18	2.09	2.02	1.97	1.93	1.89
26	2.91	2.52	2.31	2.17	2.08	2.01	1.96	1.92	1.88
27	2.90	2.51	2.30	2.17	2.07	2.00	1.95	1.91	1.87
28	2.89	2.50	2.29	2.16	2.06	2.00	1.94	1.90	1.87
29	2.89	2.50	2.28	2.15	2.06	1.99	1.93	1.89	1.86
30	2.88	2.49	2.28	2.14	2.05	1.98	1.93	1.88	1.85
40	2.84	2.44	2.23	2.09	2.00	1.93	1.87	1.83	1.79
60	2.79	2.39	2.18	2.04	1.95	1.87	1.82	1.77	1.74
120	2.75	2.35	2.13	1.99	1.90	1.82	1.77	1.72	1.68
∞	2.71	2.30	2.08	1.94	1.85	1.77	1.72	1.67	1.63

d.f.					$\alpha=0.10$					
	10	12	15	20	24	30	40	60	120	∞
1	60.20	60.71	61.22	61.74	62.00	62.26	62.53	62.79	63.06	63.83
2	9.39	9.41	9.42	9.44	9.45	9.46	9.47	9.47	9.48	9.49
3	5.23	5.22	5.20	5.18	5.18	5.17	5.16	5.15	5.14	5.13
4	3.92	3.90	3.87	3.84	3.83	3.82	3.80	3.79	3.78	3.76
5	3.30	3.27	3.24	3.21	3.19	3.17	3.16	3.14	3.12	3.10
6	2.94	2.90	2.87	2.84	2.82	2.80	2.78	2.70	2.74	2.72
7	2.70	2.67	2.63	2.59	2.58	2.56	2.54	2.51	2.49	2.47
8	2.54	2.50	2.46	2.42	2.40	2.38	2.36	2.34	2.32	2.29
9	2.42	2.38	2.34	2.30	2.28	2.25	2.23	2.21	2.18	2.16
10	2.32	2.28	2.24	2.20	2.18	2.16	2.13	2.11	2.08	2.06
11	2.25	2.21	2.17	2.12	2.10	2.08	2.05	2.03	2.00	1.97
12	2.19	2.15	2.10	2.06	2.04	2.01	1.99	1.96	1.93	1.90
13	2.14	2.10	2.05	2.01	1.98	1.96	1.93	1.90	1.88	1.85
14	2.10	2.05	2.01	1.96	1.94	1.91	1.89	1.86	1.83	1.80
15	2.06	2.02	1.97	1.92	1.90	1.87	1.85	1.82	1.79	1.76
16	2.03	1.99	1.94	1.89	1.87	1.84	1.81	1.78	1.75	1.72
17	2.00	1.96	1.91	1.86	1.84	1.81	1.78	1.75	1.72	1.69
18	1.98	1.93	1.89	1.84	1.81	1.78	1.75	1.72	1.69	1.66
19	1.96	1.91	1.86	1.81	1.79	1.76	1.73	1.70	1.67	1.63
20	1.94	1.89	1.84	1.79	1.77	1.74	1.71	1.68	1.64	1.61
21	1.92	1.88	1.83	1.78	1.75	1.72	1.69	1.66	1.62	1.59
22	1.90	1.86	1.81	1.76	1.73	1.70	1.67	1.64	1.60	1.57
23	1.89	1.84	1.80	1.74	1.72	1.69	1.66	1.62	1.59	1.55
24	1.88	1.83	1.78	1.73	1.70	1.67	1.64	1.61	1.57	1.53
25	1.87	1.82	1.77	1.72	1.69	1.66	1.63	1.59	1.56	1.52
26	1.86	1.81	1.76	1.71	1.68	1.65	1.61	1.58	1.54	1.50
27	1.85	1.80	1.75	1.70	1.67	1.64	1.60	1.57	1.53	1.49
28	1.84	1.79	1.74	1.69	1.66	1.63	1.59	1.56	1.52	1.48
29	1.83	1.78	1.73	1.68	1.65	1.62	1.58	1.55	1.51	1.47
30	1.82	1.77	1.72	1.67	1.64	1.61	1.57	1.54	1.50	1.49
40	1.76	1.71	1.66	1.61	1.57	1.54	1.51	1.47	1.42	1.38
60	1.71	1.66	1.60	1.54	1.51	1.48	1.44	1.40	1.35	1.29
120	1.65	1.60	1.54	1.48	1.45	1.41	1.37	1.32	1.26	1.19
∞	1.60	1.55	1.49	1.42	1.38	1.34	1.30	1.24	1.17	1.00

7. Durbin-Watson 검정의 상한과 하한

k: 독립변수의 수
d_L: 하한
d_U: 상한

n	$\alpha=0.05$									
	k=1		k=2		k=3		k=4		k=5	
	d_L	d_U	d_L	d_U	d_L	d_U	d_L	d_U	d_L	d_U
15	1.08	1.36	0.95	1.54	0.82	1.75	0.69	1.97	0.56	2.21
16	1.10	1.37	0.98	1.54	0.86	1.73	0.74	1.93	0.62	2.15
17	1.13	1.38	1.02	1.54	0.90	1.71	0.78	1.90	0.67	2.10
18	1.16	1.39	1.05	1.53	0.93	1.69	0.82	1.87	0.71	2.06
19	1.18	1.40	1.08	1.53	0.97	1.68	0.86	1.85	0.75	2.02
20	1.20	1.41	1.10	1.54	1.00	1.68	0.90	1.83	0.79	1.99
21	1.22	1.42	1.13	1.54	1.03	1.67	0.93	1.18	0.83	1.96
22	1.24	1.43	1.15	1.54	1.05	1.66	0.96	1.80	0.86	1.94
23	1.26	1.44	1.17	1.54	1.08	1.66	0.99	1.79	0.90	1.92
24	1.27	1.45	1.19	1.55	1.10	1.66	1.01	1.78	0.93	1.90
25	1.29	1.45	1.21	1.55	1.12	1.66	1.04	1.77	0.95	1.89
26	1.30	1.46	1.22	1.55	1.14	1.65	1.06	1.76	0.98	1.88
27	1.32	1.47	1.24	1.56	1.16	1.65	1.08	1.76	1.01	1.86
28	1.33	1.48	1.26	1.56	1.18	1.65	1.10	1.75	1.03	1.85
29	1.34	1.48	1.27	1.56	1.20	1.65	1.12	1.74	1.05	1.84
30	1.35	1.49	1.28	1.57	1.21	1.65	1.14	1.74	1.07	1.83
31	1.36	1.50	1.30	1.57	1.23	1.65	1.16	1.74	1.09	1.83
32	1.37	1.51	1.31	1.57	1.24	1.65	1.18	1.73	1.11	1.82
33	1.38	1.51	1.32	1.58	1.26	1.65	1.19	1.73	1.13	1.81
34	1.39	1.51	1.33	1.58	1.27	1.65	1.21	1.73	1.15	1.81
35	1.40	1.52	1.34	1.58	1.28	1.65	1.22	1.73	1.16	1.80
36	1.41	1.52	1.35	1.59	1.29	1.65	1.24	1.73	1.18	1.80
37	1.42	1.53	1.36	1.59	1.31	1.66	1.25	1.72	1.19	1.80
38	1.43	1.54	1.37	1.59	1.32	1.66	1.26	1.72	1.21	1.79
39	1.43	1.54	1.38	1.60	1.33	1.66	1.27	1.72	1.22	1.79
40	1.44	1.54	1.39	1.60	1.34	1.66	1.29	1.72	1.23	1.79
45	1.48	1.57	1.43	1.62	1.38	1.67	1.34	1.72	1.29	1.78
50	1.50	1.59	1.46	1.63	1.42	1.67	1.38	1.72	1.34	1.77
55	1.53	1.60	1.49	1.64	1.45	1.68	1.41	1.72	1.38	1.77
60	1.55	1.62	1.51	1.65	1.48	1.69	1.44	1.73	1.41	1.77
65	1.57	1.63	1.54	1.66	1.50	1.70	1.47	1.73	1.44	1.77
70	1.58	1.64	1.55	1.67	1.52	1.70	1.49	1.74	1.46	1.77
75	1.60	1.65	1.57	1.68	1.54	1.71	1.51	1.74	1.49	1.77
80	1.61	1.66	1.59	1.69	1.56	1.72	1.53	1.74	1.51	1.77
85	1.62	1.67	1.60	1.70	1.57	1.72	1.55	1.75	1.52	1.77
90	1.63	1.68	1.61	1.70	1.59	1.73	1.57	1.75	1.54	1.78
95	1.64	1.68	1.62	1.71	1.60	1.73	1.58	1.75	1.56	1.78
100	1.65	1.69	1.63	1.72	1.61	1.74	1.59	1.76	1.57	1.78